DIALÉTICA DA COLONIZAÇÃO

ALFREDO BOSI

DIALÉTICA
DA COLONIZAÇÃO

4ª edição
Acrescida de Posfácio
13ª reimpressão

COMPANHIA DAS LETRAS

Copyright © 1992 by Alfredo Bosi

*Grafia atualizada segundo o Acordo Ortográfico da Língua Portuguesa
de 1990, que entrou em vigor no Brasil em 2009.*

Capa
Ettore Bottini sobre foto de Maureen Bisilliat

Preparação
Márcia Copola

Revisão
Carmen Simões da Costa
Eliana Antonioli
Eduardo Russo
Maria Prado

Coordenação editorial
Página Viva

Dados Internacionais de Catalogação na Publicação (CIP)
(Câmara Brasileira do Livro, SP, Brasil)

Bosi, Alfredo, 1936
Dialética da colonização / Alfredo Bosi. — 4ª ed. — São Paulo:
Companhia das Letras, 1992.

ISBN 978-85-7164-276-8

1. Brasil — Civilização 2. Brasil — Colinização
3. Brasil — História — Período colonial 4. Cultura — Brasil I. Título

92-2347   CDD-981

Índices para catálogo sistemático:
1. BRASIL: CIVILIZAÇÃO 981
2. BRASIL HISTÓRIA SOCIAL 981

[2021]
Todos os direitos desta edição reservados à
EDITORA SCHWARCZ S.A.
Rua Bandeira Paulista, 702, cj. 32
04532-002 — São Paulo — SP
Telefone: (11) 3707-3500
www.companhiadasletras.com.br
www.blogdacompanhia.com.br
facebook.com/companhiadasletras
instagram.com/companhiadasletras
twitter.com/cialetras

Para

Celso Furtado
Jacob Gorender
Pedro Casaldáliga,

pensamento que se fez ação.

ÍNDICE

Agradecimentos 9

1. Colônia, culto e cultura.. 11
2. Anchieta ou as flechas opostas do sagrado 64
3. Do antigo Estado à máquina mercante.............................. 94
4. Vieira ou a cruz da desigualdade................................ 119
5. Antonil ou as lágrimas da mercadoria............................ 149
6. Um mito sacrificial: o indianismo de Alencar 176
7. A escravidão entre dois liberalismos........................... 194
8. Sob o signo de Cam 246
9. A arqueologia do Estado-providência 273
10. Cultura brasileira e culturas brasileiras..................... 308

Post-scriptum 1992 347
Olhar em retrospecto 377
Posfácio 2001 385
Notas 393
Índice onomástico.. 411
Crédito das ilustrações.. 419

AGRADECIMENTOS

Este livro foi escrito em diferentes momentos. O seu ponto de partida está nos cursos de Literatura Brasileira que venho ministrando na Universidade de São Paulo desde 1970. Algumas passagens já saíram em versões que alterei a fundo ou apenas retoquei. A maior parte dos textos, porém, achava-se inédita. Cabe-me agradecer à Fundação Guggenheim, que me concedeu, em 1986, uma bolsa para pesquisar em arquivos de Roma e de Lisboa. Sou especialmente grato a amigos que me facultaram o acesso a obras esgotadas ou raras: Helena Hirata, Jaime Ginzburg, José Sebastião Witter, Marcus Vinicius Mazzari, Almuth Grésillon, Sandra Teixeira Vasconcelos e Eduardo Portella. Na pesquisa iconográfica recebi ajuda solícita de Maureen Bisilliat, Ruy Gama, Olivier Toni, Cláudio Veiga, Pe. Pedro Américo Maia, Aloysio de Oliveira Ribeiro, Emanoel Araújo e Sérgio da Costa Franco. A Ariovaldo Augusto Peterlini devo conselhos de exímio latinista; a Dora e José Paulo Paes, o presente de lupas providenciais; a Viviana, a leitura dos primeiros manuscritos; a Hermínia Guedes Bernardi, a dedicação com que preparou os originais; enfim, a Ecléa a generosidade de sempre, "puro orvalho da alma", com que acompanhou todos os passos deste trabalho.

A. B.

1
COLÔNIA, CULTO E CULTURA

O novo é para nós, contraditoriamente, a liberdade e a submissão.

Ferreira Gullar

COLO-CULTUS-CULTURA

Começar pelas palavras talvez não seja coisa vã. As relações entre os fenômenos deixam marcas no corpo da linguagem. As palavras *cultura, culto* e *colonização* derivam do mesmo verbo latino *colo*, cujo particípio passado é *cultus* e o particípio futuro é *culturus*.

Colo significou, na língua de Roma, *eu moro, eu ocupo a terra*, e, por extensão, *eu trabalho, eu cultivo o campo.*[1] Um herdeiro antigo de *colo* é *incola*, o habitante; outro é *inquilinus*, aquele que reside em terra alheia. Quanto a *agricola*, já pertence a um segundo plano semântico vinculado à ideia de trabalho.

A ação expressa neste *colo*, no chamado sistema verbal do presente, denota sempre alguma coisa de incompleto e transitivo. É o movimento que passa, ou passava, de um agente para um objeto. *Colo* é a matriz de *colonia* enquanto espaço que se está ocupando, terra ou povo que se pode trabalhar e sujeitar.

"*Colonus* é o que cultiva uma propriedade rural em vez do seu dono; o seu feitor no sentido técnico e legal da palavra. Está em Plauto e Catão, como *colonia* [...]; o habitante de colônia, em grego m. *ápoikos*, que vem estabelecer-se em lugar dos *incolae*."[2]

Não por acaso, sempre que se quer classificar os tipos de colonização, distinguem-se dois processos: o que se atém ao simples povoamento, e o que conduz à exploração do solo. *Colo* está em ambos: eu moro; eu cultivo.

Na expressão verbal do ato de colonizar opera ainda o código dos velhos romanos. E, a rigor, o que diferencia o habitar e o cultivar do colonizar? Em princípio, o deslocamento que os agentes sociais fazem do seu mundo de vida para outro onde irão exercer a capacidade de lavrar ou fazer lavrar o solo alheio. O *incola* que emigra torna-se *colonus*.

Como se fossem verdadeiros universais das sociedades humanas, a produção dos meios de vida e as relações de poder, a esfera econômica e a esfera política, reproduzem-se e potenciam-se toda vez que se põe em marcha um ciclo de colonização.

Mas o novo processo não se esgota na reiteração dos esquemas originais: há um *plus* estrutural de domínio, há um acréscimo de forças que se investem no desígnio do conquistador emprestando-lhe às vezes um tônus épico de risco e aventura. A colonização dá um ar de recomeço e de arranque a culturas seculares.

O traço grosso da dominação é inerente às diversas formas de colonizar e, quase sempre, as sobredetermina. *Tomar conta de*, sentido básico de *colo*, importa não só em *cuidar*, mas também em *mandar*. Nem sempre, é verdade, o colonizador se verá a si mesmo como a um simples conquistador; então buscará passar aos descendentes a imagem do descobridor e do povoador, títulos a que, enquanto pioneiro, faria jus. Sabe-se que, em 1556, quando já se difundia pela Europa cristã a *leyenda negra* da colonização ibérica, decreta-se na Espanha a proibição oficial do uso das palavras *conquista* e *conquistadores*, que são substituídas por *descubrimiento* e *pobladores*, isto é, colonos.

O surto de poderosas estruturas políticas na Antiguidade foi coetâneo daqueles verdadeiros complexos imperiais que se seguiram a guerras de conquista. Os impérios do Oriente Médio, de Alexandre e Romano contam-se entre as mais velhas concentrações de poder estatal que conhecemos. No caso particular de Roma, a organização central resistiu até que as invasões dos bárbaros atomizaram a Europa e abriram a via de sua feudalização.

Quanto à gênese dos sistemas, há mais de uma hipótese. As tensões internas que se dão em uma determinada formação social resolvem-se, quando possível, em movimentos para fora dela enquanto desejo, busca e conquista de terras e povos colonizáveis. Assim, o desequilíbrio demográfico terá sido uma das causas da colonização grega no Mediterrâneo entre os séculos oitavo e sexto antes de Cristo. E a necessidade de uma saída para o comércio, durante o árduo ascenso da burguesia, entrou como fator dinâmico do expansionismo português no século xv.[3] Em ambos os exemplos, a colonização não pode ser tratada como uma simples corrente migratória: ela é a resolução de carências e conflitos da matriz e uma tentativa de retomar, sob novas condições, o domínio sobre a natureza e o semelhante que tem acompanhado universalmente o chamado processo civilizatório.

Se passo agora do presente, *colo*, com toda a sua garra de atividade e poder imediato, para as formas nominais do verbo, *cultus* e *cultura*, tenho que me deslocar do aqui e agora para os regimes mediatizados do passado e do futuro.

Para o passado. Como adjetivo deverbal, *cultus* atribuía-se ao campo que já fora arroteado e plantado por gerações sucessivas de lavradores. *Cultus* traz em si não só a ação sempre reproposta de *colo*, o cultivar através dos séculos, mas principalmente a qualidade resultante desse trabalho e já incorporada à terra que se lavrou. Quando os camponeses do Lácio chamavam *culta* às suas plantações, queriam dizer algo de cumulativo: o ato em si de cultivar e o efeito de incontáveis tarefas, o que torna o particípio *cultus*, esse nome que é verbo, uma forma significante mais densa e vivida que a simples nomeação do labor presente. O *ager cultus*, a lavra, o nosso *roçado* (também um deverbal), junta a denotação de trabalho sistemático à qualidade obtida, e funde-se com esta no sentimento de quem fala. *Cultus* é sinal de que a sociedade que produziu o seu alimento já tem memória. A luta que se travou entre o sujeito e o objeto do suor coletivo contém-se dentro do particípio, e o torna apto a designar a inerência de tudo quanto foi no que se passa agora. Processo e produto convêm no mesmo signo.

Quanto a *cultus, us*, substantivo, queria dizer não só o trato da terra como também o *culto dos mortos*, forma primeira de religião como lembrança, chamamento ou esconjuro dos que já partiram. A Antropologia parece não ter mais dúvidas sobre a precedência do enterro sagrado em relação ao amanho do solo; enquanto este data apenas do Neolítico e da Revolução Agrícola (a partir de 7000 a.C., aproximadamente), a inumação dos mortos já se fazia nos tempos do Homem de Neanderthal há oitenta mil anos atrás.

Diz Gordon Childe:

Quanto às noções mágico-religiosas conservadas pelas comunidades neolíticas em geral, podemos aventurar algumas conjecturas. A assistência aos mortos, cuja origem remonta à idade paleolítica, deve ter adquirido uma significação mais profunda na idade neolítica. No caso de vários grupos neolíticos, na realidade não se descobriu enterro algum. Mas, em geral, os mortos eram sepultados cuidadosamente em tumbas edificadas ou escavadas, quer agrupadas em cemitérios próximos aos povoados, quer cavadas perto das casas individuais. Normalmente provia-se o morto de utensílios ou armas, vasilhas com comida e bebida e artigos de toucador. No Egito pré-histórico, os vasos funerários eram pintados com figuras de animais e objetos. É de presumir que tinham o mesmo significado mágico das pinturas, figuras talhadas nas cavernas dos caçadores da idade paleolítica. Na época histórica, essas figuras foram transladadas para os muros das tumbas, acrescentando-se-lhes legendas, as quais mostram que tinham por objeto assegurar ao morto o gozo contínuo dos serviços representados por elas. Tal assistência denota uma atitude para com os espíritos dos antepassados que remonta aos períodos mais antigos. Mas, agora, a terra na qual repousam os antepassados é considerada como o solo do qual brota cada ano, magicamente, o sustento alimentício da comunidade. Os espíritos dos antepassados devem ter sido considerados, seguramente, como cooperadores na germinação das plantas cultivadas. O culto à fertilidade, os ritos mágicos praticados para ajudar ou obrigar as forças da reprodução, devem ter-se feito mais importantes do que outros nos períodos neolíticos. Nos campos da idade paleolítica encontram-se figurinhas, talhadas em pedra ou marfim, com os caracteres sexuais muito acentuados. Figurinhas semelhantes, só que agora modeladas geralmente em argila, são muito comuns nos povoados e tumbas neolíticas. Com frequência chamam-nas "deusas da fecundidade". Por acaso a terra, de cujas entranhas brota o pão, teria sido concebida à semelhança de uma mulher com cujas funções geradoras o homem estava certamente familiarizado?[4]

Convém amarrar os dois significados desse nome-verbo que mostra o ser humano preso à terra e nela abrindo covas que o alimentam vivo e abrigam morto:

cultus (1): o que foi trabalhado sobre a terra; cultivado;
cultus (2): o que se trabalha sob a terra; culto, enterro dos mortos; ritual feito em honra dos antepassados.

A possibilidade de enraizar no passado a experiência atual de um grupo se perfaz pelas mediações simbólicas. É o gesto, o canto, a dança, o rito, a oração, a fala que evoca, a fala que invoca. No mundo arcaico tudo isto é fundamentalmente religião, vínculo do presente com o outrora-tornado-agora, laço da comunidade com as forças que a criaram em outro tempo e que sustêm a sua identidade.

A esfera do culto, com a sua constante reatualização das origens e dos ancestrais, afirma-se como um outro universal das sociedades humanas juntamente com a luta pelos meios materiais de vida e as consequentes relações de poder implícitas, literal e metaforicamente, na forma ativa de *colo*.

Na fundação de algumas colônias gregas não era raro apontar-se o desígnio dos deuses, decifrado pelos oráculos, como a sua causa primeira. Apolo Archegeta é o deus que preside, em Delfos, à fundação das colônias. As motivações expressas dos colonizadores portugueses nas Américas, na Ásia e na África inspiram-se no projeto de *dilatar a Fé* ao lado de *dilatar o Império*, de camoniana memória. E os puritanos que aportaram às praias da Nova Inglaterra também declararam *to perform the ways of God*.

A colonização é um projeto totalizante cujas forças motrizes poderão sempre buscar-se no nível do *colo*: ocupar um novo chão, explorar os seus bens, submeter os seus naturais. Mas os agentes desse processo não são apenas suportes físicos de operações econômicas; são também crentes que trouxeram nas arcas da memória e da linguagem aqueles mortos que não devem morrer. Mortos bifrontes, é bem verdade: servem de aguilhão ou de escudo nas lutas ferozes do cotidiano, mas podem intervir no teatro dos crimes com vozes doridas de censura e remorso. Santiago de Compostela excita os *matamoros* nas lutas da reconquista ibérica; a Cruz vencedora do Crescente será chantada na terra do pau-brasil, e subjugará os tupis, mas, em nome da mesma cruz, haverá quem peça liberdade para os índios e misericórdia para os negros. O culto celebrado nas missões jesuíticas dos Sete Povos será igualmente rezado pelos bandeirantes, que, ungidos por seus capelães, irão massacrá-las sem piedade. Atenderá o Deus dos missionários e dos profetas pelo mesmo nome que o deus dos guerreiros e dos fariseus? A questão nodal é saber como cada grupo em situação lê a Escritura, e interpreta, do ângulo da sua prática, os discursos universalizantes da religião.

Os símbolos, os ritos, as narrativas da criação, queda e salvação, o que fazem se não recompor, no sentido de uma totalidade ideal, o dia a dia cortado pela divisão econômica e oprimido pelas hierarquias do poder?

De *cultum*, supino de *colo*, deriva outro particípio: o futuro, *culturus*, o que se vai trabalhar, o que se quer cultivar.

O termo, na sua forma substantiva, aplicava-se tanto às labutas do solo, a agri-cultura, quanto ao trabalho feito no ser humano desde a infância; e nesta última acepção vertia romanamente o grego *paideia*. O seu significado mais geral conserva-se até nossos dias. Cultura é o conjunto das práticas, das técnicas, dos símbolos e dos valores que se devem transmitir às novas gerações para garantir a reprodução de um estado de coexistência social. A educação é o momento institucional marcado do processo.

A terminação *-urus*, em *culturus*, enforma a ideia de porvir ou de movimento em sua direção. Nas sociedades densamente urbanizadas cultura foi tomando também o sentido de condição de vida mais humana, digna de almejar-se, termo final de um processo cujo valor é estimado, mais ou menos conscientemente, por todas as classes e grupos. Como ideal de status, já descolado do antigo culto religioso, aparece tardio em Roma, espelhando o programa, igualmente tardio, da *paideia* que só se autodefine a partir do século IV a.C., conforme esclarecem os estudos capitais de Jaeger e de Marrou.[5] *Paideia*: ideal pedagógico voltado para a formação do adulto na pólis e no mundo.

Cultura supõe uma consciência grupal operosa e operante que desentranha da vida presente os planos para o futuro. Essa *dimensão de projeto*, implícita no mito de Prometeu, que arrebatou o fogo dos céus para mudar o destino material dos homens, tende a crescer em épocas nas quais há classes ou estratos capazes de esperanças e propostas como na Renascença florentina, nas Luzes dos Setecentos, ao longo das revoluções científicas e técnicas ou no ciclo das revoluções socialistas. O vetor moderno do titanismo, manifesto nas teorias de evolução social, prolonga as certezas dos ilustrados e prefere conceituar cultura em oposição a *natureza*, gerando uma visão ergótica da História como progresso das técnicas e desenvolvimento das forças produtivas. Cultura aproxima-se, então, de *colo*, enquanto trabalho, e distancia-se, às vezes polemicamente, de *cultus*. O presente se torna mola, instrumento, potencialidade de futuro. Acentua-se a função da produtividade que requer um domínio sistemático do homem sobre a matéria e sobre outros homens. Aculturar um povo se traduziria, afinal, em sujeitá-lo ou, no melhor dos casos, adaptá-lo tecnologicamente a um certo padrão tido como superior. Em certos regimes industrial-militares essa relação se desnuda sem pudores. Produzir é controlar o trabalhador e o consumidor, eventualmente cidadãos. Economia já é política em estado bruto. Saber é poder, na equação crua de Francis Bacon.

Uma certa ótica, que tende ao reducionismo, julga de modo estrito o vínculo que as superestruturas mantêm com a esfera econômico-política. É preciso lembrar, porém, que alguns traços formadores da cultura moderna (traços mais evidentes a partir da Ilustração) conferem à ciência, às artes e à filosofia um caráter de resistência, ou a possibilidade de resistência, às pressões *estruturais* dominantes em cada contexto. Nas palavras agonísticas do historiador Jakob Burckhardt, para quem *o poder é em si maligno*,

> a cultura exerce uma ação constantemente modificadora e desagregadora sobre as duas instituições sociais estáveis [Estado e Igreja — o texto é dos meados do século XIX], exceto nos casos em que estas já a tenham subjugado e circunscrito de todo a seus próprios fins. Mas quando assim não se dá, a cultura constitui a crítica de ambas, o relógio que bate a hora em que forma e substância já não mais coincidem.[6]

Esse vetor da cultura como consciência de um presente minado por graves desequilíbrios é o momento que preside à criação de alternativas para um futuro de algum modo novo. Em outro contexto ideológico Antonio Gramsci propôs a *crítica do senso comum* e a *consciência da historicidade* da própria visão do mundo como pré-requisitos de uma nova ordem cultural.[7]

A partir do século XVIII aproximam-se e, às vezes, fundem-se as noções de *cultura* e *progresso*.

As Luzes não se apagaram pelo fato de as terem refletido criticamente o pensamento hegeliano-marxista, a sociologia do conhecimento e uma certa fenomenologia avessa ao racionalismo clássico.[8] E, se me for permitida uma comparação com o que aconteceu com o idealismo neoplatônico no seu encontro com o cristianismo, diria que, assim como o Logos precisou *fazer-se carne* e *habitar entre nós* para manifestar-se de modo pleno aos homens, também a razão contemporânea saiu à procura da encarnação e da socialização no desejo de superar o já velho projeto ilustrado, salvando-o do risco de involuir para aquela *filosofia estática da Razão*, de que se queixava o insuspeito Mannheim, ou de pôr-se irresponsavelmente a serviço do capital e da máquina burocrática. A inteligência dos povos ex-coloniais tem motivos de sobra e experiência acumulada para desconfiar de uma linguagem ostensivamente neoilustrada que se reproduz complacente em meio às mazelas e aos escombros deixados por uma pseudomodernidade racional sem outro horizonte além dos próprios lucros.

No entanto, quando as Luzes se iluminam a si mesmas reconhecendo sua fonte e seus limites, o retorno que podem empreender junto aos homens e às coisas traz o benefício da modéstia que só diz o que sabe e nada promete além do que pode cumprir. A *dialética da Ilustração*, porque se move e enquanto se move, não se exaure nos efeitos perversos que nela apontaram os leitores *apocalípticos* da tecnocracia e da indústria cultural quando se puseram a desmistificar a imagem acrítica do neocapitalismo que os *integrados* não cessam de pintar e difundir. De qualquer modo, a cultura encarnada e socializada tem um papel cada vez mais central a desempenhar na construção de um futuro para as nações pobres.

Convém recapitular as áreas semânticas da díade *colo-cultus*, lembrando que cada elemento podia, conforme o contexto, atualizar significados materiais ou simbólicos:

1) Os aspectos econômicos figurados em *colo* representam o momento ativo e energético de uma sociedade em transplante. A exploração da terra, por exemplo, era a prática fundamental de sobrevivência na velha Roma e na Europa medieval. O latim, língua entranhadamente campesina, forjou a locução *colere vitam*, ao pé da letra, *lavrar a vida*, que aparece em uma das comédias de Plauto com o significado puro e simples de viver. *Egomet vix vitam colo*: eu mesmo mal vou lavrando a vida (*Rudens*, 1, 5, 25). *Vou gramando*, como se diria em gíria brasileira. E quem saberia deslindar, nesta expressão, o social da sua metáfora natural? A vida se faz aqui objeto de uma ação

continuada, uma tarefa com que o lavrador, enquanto labuta, se lavra a si mesmo.

2) Quanto ao momento religioso, realiza a lembrança, reapresenta as origens, repropõe o nexo do indivíduo com uma totalidade espiritual ou cósmica. O culto dá sentido ao tempo redimindo-o da entropia cotidiana e da morte que cada novo minuto decreta sobre o anterior. *Morte, onde está tua vitória?*, este desafio que Paulo faz à grande inimiga em sua fala aos coríntios, é o sumo e a suma de todas as crenças. O culto não se confunde com a manipulação direta dos objetos e do outro com fins práticos (vale aqui a distinção universal entre magia e devoção); o culto, em si, na sua pureza, e enquanto alheio às instâncias de poder que dele se apropriam, significa o respeito pela alteridade das criaturas, pela sua transcendência, o desejo de ultrapassar os confins do próprio ego, e vencer com as forças da alma as angústias da existência carnal e finita. Há um vetor de despojamento e oblação que atravessa todo culto, e o culto em espírito e verdade em primeiro lugar.

Merece uma palavra à parte a devoção aos antepassados, que é comum ao africano, ao indígena e ao católico popular sob a forma de culto aos santos.

O morto é, a um só tempo, o outro absoluto fechado no seu silêncio imutável, posto fora da luta econômica, e aquela imagem familiar que ronda a casa dos vivos: chamada, poderá dar o consolo bem-vindo nas agruras do presente. Para conjurar a sua força, a comunidade abre um círculo de rituais e orações que não substituem (antes, consagram) as técnicas do cotidiano. Trabalho manual e culto não se excluem nem se contrapõem nos estilos de vida tradicionais, completam-se mutuamente. *Ora et labora* é o lema da Ordem de São Bento, uma das primeiras comunidades monásticas da Idade Média.

REFLEXO AMPLIADO E CONTRADIÇÃO NO PROCESSO COLONIZADOR

A ação colonizadora reinstaura e dialetiza as três ordens: do cultivo, do culto e da cultura.

A ordem do cultivo, em primeiro lugar. As migrações e o povoamento reforçam o princípio básico do domínio sobre a natureza, peculiar a todas as sociedades humanas. Novas terras, novos bens abrem-se à cobiça dos invasores. Reaviva-se o ímpeto predatório e mercantil que leva à aceleração econômica da matriz em termos de uma acumulação de riqueza em geral rápida e grávida de consequências para o sistema de trocas internacional. Pode-se calcular o que significou para a burguesia europeia, em pleno mercantilismo, a maciça exploração açucareira e mineira da América Latina. Se o aumento na circulação de mercadorias se traduz em *progresso*, não resta dúvida de que a colonização do Novo Mundo atuou como um agente modernizador da rede comercial europeia durante os séculos XVI, XVII e XVIII. Nesse contexto, a economia colonial foi efeito e estímulo dos mercados metropolitanos na longa fase que medeia entre a agonia do feudalismo e o surto da Revolução Industrial.

Duas citações de Karl Marx parecem-me aqui obrigatórias:

> O descobrimento das jazidas de ouro e prata da América, a cruzada de extermínio, escravização e sepultamento nas minas da população aborígine, o começo da conquista e o saqueio das Índias Orientais, a conversão do continente africano em zona de caça de escravos negros, são todos fatos que assinalam os albores da era de produção capitalista. Estes processos idílicos representam outros tantos fatores fundamentais no movimento da acumulação originária. Atrás deles, pisando em suas pegadas, vem a guerra comercial das nações europeias, cujo cenário foi o planeta inteiro.[9]

> Onde predomina o capital comercial, implanta por toda parte um sistema de saque, e seu desenvolvimento, que é o mesmo nos povos comerciais da Antiguidade e nos tempos modernos, se acha diretamente relacionado com os despojos pela violência, com a pirataria marítima, o roubo dos escravos e a submissão; assim sucedeu em Cartago e em Roma, e mais tarde entre os venezianos, os portugueses, os holandeses etc.[10]

Marx via com lucidez que o processo colonizador não se esgota no seu efeito modernizante de eventual propulsor do capitalismo mundial; quando estimulado, aciona ou reinventa regimes arcaicos de trabalho, começando pelo extermínio ou a escravidão dos nativos nas áreas de maior interesse econômico. Quando é aguçado o móvel da exploração a curto prazo, implantam-se nas regiões colonizáveis estilos violentos de interação social. Estilos de que são exemplos, diversos entre si, a *encomienda* mexicana ou peruana, o engenho do Nordeste brasileiro e das Antilhas, a *hacienda* platina. Sem entrar aqui na questão espinhosa dos conceitos qualificadores da economia colonial (feudal? semifeudal? capitalista?), não se pode negar o caráter constante de coação e dependência estrita a que foram submetidos índios, negros e mestiços nas várias formas produtivas das Américas portuguesa e espanhola. Para extrair os seus bens com mais eficácia e segurança, o conquistador enrijou os mecanismos de exploração e de controle. A regressão das táticas parece ter sido estrutural na estratégia da colonização, e a mistura de colono com agente mercantil não é de molde a humanizar as relações de trabalho.

Contraditória e necessariamente, a expansão moderna do capital comercial, assanhada com a oportunidade de ganhar novos espaços, brutaliza e faz retroceder a formas cruentas o cotidiano vivido pelos dominados.

O genocídio dos astecas e dos incas, obra de Cortez e de Pizarro, foi apenas o marco inaugural. Os recomeços foram numerosos. Cito um exemplo, decerto menos conhecido. Nos meados do século XIX, a Argentina conheceu a sangrenta *conquista del desierto* à custa dos índios e mestiços patagões.

> Pagava-se em moeda inglesa o par de orelhas *de índio*, mas, como em pouco tempo viam-se muitos indígenas com as orelhas cortadas, e ainda vivos, recorreu-se ao expediente mais eficaz de pagar pelo par de testículos *de índio*. Os autores desse genocídio, amiúde aventureiros internacionais, acumularam fabulosas fortunas. Outros, com as terras assim arrebatadas, passaram a se alistar no patriciado.[11]

Comenta, em seguida, o historiador Manuel Galich:

> Por que essa ambição de terra? Certamente, para centuplicar o gado vacum, porque se havia centuplicado o seu valor no mercado inglês. Pois já não se contavam só o couro, o sebo, os chifres e os cascos. Também a carne passou a ser um grande negócio, no exterior, desde que o francês Thillier descobriu a sua conservação pelo frio e surgiram as companhias exportadoras como The River Plate Fresh Co. ou La Negra. Chama a atenção e dá o que pensar a circunstância de que a época da *conquista del desierto* coincida com a abertura do mercado internacional de carne e com a grande invenção do frigorífico (1876). Um passo progressista do capitalismo, sem dúvida.

Os contemporâneos do ciclo das conquistas ibéricas não ignoraram a extensão do crime. Frei Bartolomé de Las Casas, dominicano, publicou em Sevilha a *Brevísima relación de la destrucción de las Indias* (1552), onde estima em 15 milhões o número de índios mortos entre 1492 e 1542. E um seu provável leitor, o primeiro dos humanistas leigos, Michel de Montaigne, deixou, no Livro III dos *Essais* (1588), estas palavras de fogo:

> Quem jamais pôs a tal preço o serviço da mercancia e do tráfico? Tantas cidades arrasadas, tantas nações exterminadas, tantos milhões de homens passados a fio de espada, e a mais rica e bela parte do mundo conturbada pelo negócio das pérolas e da pimenta: mecânicas vitórias. Jamais a ambição, jamais as inimizades públicas empurraram os homens uns contra os outros a tão horríveis hostilidades e calamidades tão miseráveis.[12]

A barbarização ecológica e populacional acompanhou as marchas colonizadoras entre nós, tanto na zona canavieira quanto no sertão bandeirante; daí as queimadas, a morte ou a preação dos nativos. Diz Gilberto Freyre, insuspeito no caso porque apologista da colonização portuguesa no Brasil e no mundo: "O açúcar eliminou o índio". Hoje poderíamos dizer: o gado expulsa o posseiro; a soja, o sitiante; a cana, o morador. O projeto expansionista dos anos 70 e 80 foi e continua sendo uma reatualização em nada menos cruenta do que foram as incursões militares e econômicas dos tempos coloniais.

Carl Siger, autor de um *Essai sur la colonisation* (Paris, 1907), fez uma curiosa defesa dos métodos coloniais, que considerava autênticas "válvulas de segurança" (*soupapes de sûreté*) das metrópoles:

> Les pays neufs sont un vaste champ ouvert aux activités individuelles, violentes, qui, dans les métropoles, se heurteraient à certains préjugés, à une conception sage et réglée de la vie et qui, aux colonies, peuvent se développer plus librement et mieux affirmer, par suite, leur valeur. Ainsi les colonies peuvent, à un certain point, servir de soupapes de sûreté à la société moderne. Cette utilité serait-elle la seule, elle est immense.[13]

Uma economia ao mesmo tempo presa ao capitalismo europeu e assentada sobre o trabalho escravo parecia, no juízo de Marx, uma *ano-*

malia. É o que diz um trecho sugestivo das *Formações econômicas pré-capitalistas*: "Se falarmos, agora, dos proprietários de plantations na América como capitalistas, e que eles *sejam* capitalistas, isto se baseará no fato de eles existirem como anomalias em um mercado mundial baseado no trabalho livre".[14]

A rigor, o termo *anomalia*, aplicado por Marx ao regime dos latifúndios escravistas americanos, pressupõe a vigência de uma norma (*nomos*), ou lei exemplar, que, no caso, era o modo de produção capitalista da Inglaterra nos meados do século XIX; modo cuja precondição fora, precisamente, a passagem compulsória do servo do campo a assalariado. Na cabeça do parágrafo citado, Marx afirmara, categórico: "A produção de capitalistas e trabalhadores assalariados é, portanto, um produto fundamental do processo pelo qual o capital se transforma em valores".

A longa vida de um sistema de trabalho *não assalariado* nas fazendas do Brasil e do Sul dos Estados Unidos aparecia, ao autor de *O capital* em plena segunda metade do século XIX, como algo aberrante, uma sobrevida prestes a extinguir-se em face do crescimento mundial das forças produtivas abertamente capitalistas.

Entretanto, se o objetivo é conhecer a situação interna e peculiar às formações colonizadas, a verdade nua é que tal *anomalia* durou longamente e vincou fundo a nossa existência social e psicológica. Ainda Marx, em outro contexto: "Os horrores bárbaros civilizados do sobretrabalho são enxertados nos horrores bárbaros da escravidão".[15] Foi ao longo dessa enxertia ao mesmo tempo moderna e retrógrada que se gestaram as práticas políticas do povo brasileiro. Se Marx tem razão no uso do termo, então cabe-nos estudar a fenomenologia de uma situação anômala.

Para efeito de um mapeamento geral poder-se-ia descrever o Brasil-Colônia como uma formação econômico-social cujas características de base foram as seguintes:

1) Predominou uma camada de latifundiários com seus interesses vinculados a grupos mercantis europeus dentre os quais se destacavam os traficantes de escravos africanos; dada essa dependência estrutural, tornava-se inviável a perspectiva de um capitalismo interno dinâmico na área colonizada. A expressão *capitalismo colonial* deve ser entendida como uma dimensão mercantil e reflexa.

2) A força de trabalho se constituía basicamente de escravos; de

onde a possibilidade de qualificar como *escravismo colonial* o nosso sistema econômico, como o fez Jacob Gorender, em obra homônima, aplicando a mesma expressão às Antilhas e ao Sul dos Estados Unidos das plantagens (termo pelo qual o autor traduz plantations).

3) A alternativa para o escravo não era, em princípio, a passagem para um regime assalariado, mas a fuga para os quilombos. Lei, trabalho e opressão são correlatos sob o escravismo colonial. Nos casos de alforria, que se tornam menos raros a partir do apogeu das minas, a alternativa para o escravo passou a ser ou a mera vida de subsistência como posseiro em sítios marginais, ou a condição subalterna de agregado que subsistiu ainda depois da abolição do cativeiro. De qualquer modo, ser negro livre era sempre sinônimo de dependência.

4) A estrutura política enfeixa os interesses dos senhores rurais sob uma administração local que se exerce pelas câmaras dos *homens bons do povo*, isto é, proprietários. Mas o seu raio de poder é curto. É o rei que nomeia o *governador* com mandato de quatro anos, tendo competência militar e administrativa enquanto preside os corpos armados e as *Juntas da Fazenda e da Justiça* com critérios estabelecidos pela Coroa e expressos em regimentos e em cartas e ordens régias. As juntas se compõem de funcionários reais: *provedores, ouvidores, procuradores* e, ao tempo das minas, *intendentes*; a sua ação é controlada em Lisboa (a partir de 1642, pelo Conselho Ultramarino). De 1696 em diante, até as câmaras municipais sofrerão interferência da metrópole, que nomeará os *juízes de fora* sobrepondo-se à instituição dos juízes eleitos nas suas vilas. Os historiadores têm salientado a estreita margem de ação das câmaras sob a onipresença das Ordenações e Leis do Reino de Portugal: a tensão entre as oligarquias e a centralização crescente da Coroa será um dos fatores da crise do sistema político desde os fins do século XVIII. Feita a Independência, o mandonismo local poderá afirmar-se e obter legitimação formal mediante a presença dos bacharéis nos parlamentos e nas assembleias provinciais.[16]

5) O exercício da cidadania é duplamente limitado: pelo Estado absolutista e pelo esquema interno de forças. O instituto da representação praticamente inexiste, situação que pouco se altera, quantitativamente ao menos, com as independências nacionais no começo do século XIX. No Brasil-Império a centralização administrativa não chega a ser contrastada pelo sistema eleitoral, que é censitário e indireto.

6) O clero secular vive imprensado entre os senhores de terra e a Coroa da qual depende econômica e juridicamente mercê do sistema de padroado: daí formarem-se os tipos do capelão de fazenda e do padre-funcionário. Só quando o pacto colonial entrar em crise, entre fins dos Setecentos e primeiro quartel dos Oitocentos, é que vão aparecer as figuras do padre liberal e do padre radical.

7) Quanto às ordens religiosas, especialmente os jesuítas, empenhados na prática de uma Igreja supranacional, cumprem o projeto das missões junto aos índios. Essa possibilidade, aberta no início da colonização, quando era moeda corrente a ideia do papel cristianizador da expansão portuguesa, passaria depois a exercer-se apenas às margens ou nas folgas do sistema; enfim, a longo prazo sucumbirá sob a pressão dos bandeirantes e à força do Exército colonial. Aos jesuítas sobraria a alternativa de ministrar educação humanística aos jovens provenientes de famílias abastadas.

8) A cultura letrada é rigorosamente estamental, não dando azo à mobilidade vertical, a não ser em raros casos de apadrinhamento que confirmam a regra geral. O domínio do alfabeto, reservado a poucos, serve como divisor de águas entre a cultura oficial e a vida popular. O cotidiano colonial-popular se organizou e se reproduziu sob o limiar da escrita.

9) A criação popular dispôs de condições de produzir-se:

a) ou em espaços ilhados vistos hoje, retrospectivamente, como arcaizantes ou rústicos;

b) ou na fronteira com certos códigos eruditos ou semieruditos da arte europeia: na música, nas festas e na imaginária sacra, por exemplo. O romance de cordel, caso de criação de fronteira, é tardio, o que se explica pelos entraves à alfabetização e à impressão em todo o período colonial.

Em síntese apertada, pode-se dizer que a formação colonial no Brasil vinculou-se: economicamente, aos interesses dos mercadores de escravos, de açúcar, de ouro; politicamente, ao absolutismo reinol e ao mandonismo rural, que engendrou um estilo de convivência patriarcal e estamental entre os poderosos, escravista ou dependente entre os subalternos.

A DIALÉTICA DO CULTO E DA CULTURA
NA CONDIÇÃO COLONIAL

O que pesa e importa quando se pesquisa a vida colonial brasileira como tecido de valores e significados é justamente essa complexa aliança de um sistema agromercantil, voltado para a máquina econômica europeia, com uma condição doméstica tradicional, quando não francamente arcaica nos seus *mores* e nas suas políticas.

Distingo os termos *sistema* e *condição* para marcar nitidamente as notas desse acorde que parece justo e consonante a alguns ouvidos, mas dissonante e desafinado a outros. Por *sistema* entendo uma totalidade articulada objetivamente. O *sistema colonial*, como realidade histórica de longa duração, tem sido objeto de análises estruturais de fôlego, como o fizeram, com tônicas diversas, Caio Prado Jr., Nelson Werneck Sodré, Celso Furtado, Fernando Novais, Maria Sylvia Carvalho Franco e Jacob Gorender,[17] para citar apenas alguns de seus maiores estudiosos.

A vida econômica nos três primeiros séculos da colonização portuguesa no Brasil travou-se por meio de mecanismos que podem ser quantificados, pois se traduzem em números de produção e circulação, isto é, em cifras de bens e de força de trabalho. Muito antes de se pensar em história quantitativa o poeta Gregório de Matos, em um ardido soneto barroco que dedicou à cidade da Bahia nos fins do século XVII, falava em *maquina mercante*, à letra, nau de mercadorias, expressão que se poderia, por metonímia, estender a toda a engrenagem comercial vigente na Colônia.

Na formação do sistema exigiram-se reciprocamente tráfico e senzala, monopólio e monocultura. No plano internacional determinou-se o ciclo de fluxo e refluxo da mercancia colonizada na linha das flutuações do mercado e sob o império da concorrência entre os Estados metropolitanos. Em suma, a reprodução do sistema no Brasil e o seu nexo com as economias centrais cunharam a frente e o verso da mesma moeda.

Quanto ao termo *condição*, atinge experiências mais difusas do que as regularidades da produção e do mercado. *Condição* toca em modos ou estilos de viver e sobreviver. Fala-se naturalmente em *condição humana*, não se diz jamais *sistema humano*. E não por acaso.

A condição senhorial e a condição escrava supunham um desempenho de papéis no sistema produtivo, objeto de uma análise funcional da economia do açúcar, mas não se reduziam ao exercício das ações correspondentes a esses mesmos papéis. *Condição* traz em si as múltiplas formas concretas da existência interpessoal e subjetiva, a memória e o sonho, as marcas do cotidiano no coração e na mente, o modo de nascer, de comer, de morar, de dormir, de amar, de chorar, de rezar, de cantar, de morrer e ser sepultado.

Em nota anterior foram assinaladas algumas obras capitais para a compreensão do sistema. Quanto à condição colonial, é obrigatório lembrar os estudos clássicos de Gilberto Freyre e de Sérgio Buarque de Holanda. O primeiro dedicou-se a construir uma antropologia existencial do Nordeste açucareiro em livros notáveis como *Casa-grande & senzala* e *Sobrados e mocambos*. O segundo descreveu com minúcia e elegância os hábitos do sertanejo luso-tupi em análises pioneiras de nossa cultura material (*Caminhos e fronteiras*) depois de ter empreendido uma síntese do processo colonizador em *Raízes do Brasil*.

No trato dos comportamentos familiares e clânicos, os ensaios de Gilberto Freyre e de Sérgio Buarque sugerem uma interpretação psicocultural do passado brasileiro. É uma leitura da nossa história escorada na hipótese geral de que o conquistador português já trazia em si traços de caráter recorrentes, que Sérgio Buarque chama de *determinantes psicológicas*, tais como o individualismo, qualificado como *exaltação extrema da personalidade*, o espírito aventureiro (daí, a *ética da aventura* oposta à *ética do trabalho*), *o nosso natural inquieto e desordenado*, a cordialidade, o sentimentalismo sensual, que se exerce sem peias no que Gilberto Freyre classifica de *patriarcalismo polígamo*, a plasticidade social, a versatilidade, a tendência à mestiçagem (que já viria dos cruzamentos com os mouros) intensificada pela *carência de orgulho racial*, atributo que comparece nas caracterizações de ambos os estudiosos.

Os vários modos da chamada *assimilação* luso-africana e luso-tupi adquirem, vistos por essa ótica, um relevo tal que acabam deixando em discreto ou subentendido segundo plano os aspectos estruturais e constantes de assenhoreamento e violência que marcaram a história da colonização tanto no Nordeste dos engenhos e quilombos quanto no Sul das bandeiras e missões.

Depois de feita plenamente justiça à obra dos mestres, talvez não faça mal arriscar uma prudente retificação semântica de termos como *assimilação* (Gilberto Freyre) e de expressões como *processo de feliz aclimação* e *solidariedade cultural* (S. B. de Holanda) quando se aplicam aos contactos entre colonizadores e colonizados. O uso desse vocabulário poderá levar o leitor menos avisado a supor que os povos em interação se tornaram *símiles* e *solidários* no seu cotidiano, ilustrado pelo regime alimentar, pelos hábitos sexuais, pelas técnicas de produção e transporte etc. Releiam-se alguns textos de *Casa-grande & senzala* e *Raízes do Brasil* sobre costumes africanos ou indígenas que os senhores de engenho ou os bandeirantes adotaram por força das novas condições de vida no trópico. Temos, na maioria dos casos, exemplos de desfrute (sexual e alimentar) do africano e de sua cultura por parte das famílias das casas-grandes, ou de simples apropriação de técnicas tupi-guaranis por parte dos paulistas. O colono *incorpora*, literalmente, os bens materiais e culturais do negro e do índio, pois lhe interessa e lhe dá sumo gosto tomar para si a força do seu braço, o corpo de suas mulheres, as suas receitas bem-sucedidas de plantar e cozer e, por extensão, os seus expedientes rústicos, logo indispensáveis, de sobrevivência.

Desfrute no nível da pele e apropriação daquelas técnicas do corpo, tão bem descritas por Marcel Mauss, não instauram um regime propriamente recíproco de aculturação. O máximo que se poderia afirmar é que o colonizador tirou para si bom proveito da sua relação com o índio e o negro.

Gilberto Freyre insiste, em *Casa-grande & senzala*, em louvar o senhor de engenho luso-nordestino que, despido de preconceitos, se misturou, fecunda e *poligamicamente*, com as escravas, dando assim ao mundo exemplo de um convívio racial democrático. Sérgio Buarque prefere atribuir a miscigenação à *carência de orgulho racial* peculiar ao colono português. Ainda aqui seria preciso matizar um tanto as cores para não resvalar de uma psicologia social incerta em uma certa ideologia que acaba idealizando o vencedor. A libido do conquistador teria sido antes falocrática do que democrática na medida em que se exercia quase sempre em uma só dimensão, a do contacto físico: as escravas emprenhadas pelos fazendeiros não foram guindadas, ipso facto, à categoria de esposas e senhoras de engenho, nem tampouco os filhos dessas uniões fugazes se ombrearam com os herdeiros ditos legítimos do patrimônio de seus genitores. As exceções, raras e tardias, servem apenas de matéria de anedotário e confirmam a regra geral. As atividades genésicas intensas não têm conexão necessária com a generosidade social.

Nos textos eruditíssimos de Sérgio Buarque uma sutil sublimação do bandeirismo, visto em feliz continuidade com os processos de aclimação do português à terra, relativiza o contexto de agressão e defesa que definiu objetivamente as incursões dos paulistas e as reações que os indígenas e os missionários lhes opuseram. Em abono de sua leitura e subscrevendo a apologia que Júlio de Mesquita Filho faz da colonização portuguesa nos seus *Estudos sul-americanos*, chega o autor de *Raízes do Brasil* a comparar a plasticidade dos lusitanos ao grão de trigo do Evangelho que aceita anular-se até a morte para dar muitos frutos.[18] Como poderiam suspeitar os negros presos no eito e os índios caçados na selva que os senhores de engenho e os bandeirantes estivessem cumprindo com eles algum rito sacrificial em que a vítima imolada era o próprio branco?

Os elementos de cultura material apontados *ad nauseam* como exemplos de adaptação do colonizador ao colonizado não deveriam ser chamados a provar mais do que podem. Ilustram o uso e abuso do nativo e do africano pelo português tanto no nível do sistema econômico global quanto nos hábitos enraizados na corporeidade. Por que idealizar o que aconteceu? Deve o estudioso brasileiro competir com outros povos irmãos para saber quem foi *melhor* colonizado? Não me parece que o conhecimento justo do processo avance por meio desse jogo inconsciente e muitas vezes ingênuo de comparações que necessariamente favoreçam o *nosso* colonizador.

Importaria perguntar se, para além das adaptações mais evidentes, não teriam o culto e a cultura (e a arte que de ambos se nutre) suprido, pela sua faculdade de dar sentido à vida, tudo quanto a rotina deixa insatisfeito ou intocado.

A reprodução de um certo esquema de hábitos suportou, é certo, os andaimes da estrutura colonial, mas teria essa máquina de consumir, produzir e vender preenchido todos os valores e ideais, todos os sonhos e desejos que colonizadores e colonizados trouxeram do seu passado ou projetaram no futuro ainda que de maneira apenas potencial? Em outras palavras: foi a colonização um processo de fusões e *positividades* no qual tudo se acabou ajustando, carências materiais e formas simbólicas, precisões imediatas e imaginário; ou, ao lado de uma engrenagem de peças entrosadas, se teria produzido uma dialética de rupturas, diferenças, contrastes?

Quando se leem as palavras de Marx sobre o papel da religião nas sociedades oprimidas, capta-se melhor o movimento de certos grupos sociais para a expressão imaginária dos seus desejos: "alma de um mundo sem alma, espírito das situações sem espírito".[19] Como o Eros platônico, que é filho da Riqueza e da Penúria, não sendo uma nem outra, mas vontade de livrar-se do jugo presente e ascender à fruição de valores que não pereçam, assim o labor simbólico de uma sociedade pode revelar o negativo do trabalho forçado e a procura de formas novas e mais livres de existência. Os ritos populares, a música e a imaginária sacra produzidas nos tempos coloniais nos dão signos ou acenos dessa condição anelada. Em algumas de suas manifestações é possível não só reconhecer o lastro do passado como entrever as esperanças do futuro que agem por entre os anéis de uma cadeia cerrada. A condição colonial, como o sistema, é reflexa e contraditória.

Diz T. S. Eliot a respeito da dinâmica mais geral instaurada entre a colônia e a metrópole:

> A cultura que se desenvolve no novo solo tornava-se, portanto, surpreendentemente semelhante e diferente da cultura original: era complicada, por vezes, pelas relações que fossem estabelecidas com uma raça nativa e, ainda mais, pela imigração de outros locais que não fossem a fonte original. Dessa forma, surgiam tipos especiais de *cultura-simpatia* e *cultura-conflito* entre as áreas habitadas pela colonização e os países da Europa de onde partiam os migrantes.[20]

Há casos de transplantes bem logrados, enxertias que vingam por gerações e gerações, encontros afortunados; e há casos de acordes dissonantes que revelam contrastes mal resolvidos, superposições que não colam. De empatias e antipatias se fez a história colonial.

Com a sua habitual perspicácia Alphonse Dupront nos alertou para os impasses de uma linguagem entre histórica e etnológica que se vale de termos latos como *aculturação*, *assimilação*, *encontro de culturas*, capazes de exprimir (ou de encobrir) relações de sentidos opostos:

> Há encontros que matam. Falaremos igualmente, a propósito deles, com uma espécie de humor negro, de trocas de cultura? De resto, os antropólogos responderiam: há assimilação. Mas não é esta também uma forma de

humor negro? E, como embusteiros da vida que somos, agruparemos sob a mesma insígnia verbal os processos de morte e os processos de vida?[21]

A transposição para o Novo Mundo de padrões de comportamento e linguagem deu resultados díspares. À primeira vista, a cultura letrada parece repetir, sem alternativa, o modelo europeu; mas, posta em situação, em face do índio, ela é estimulada, para não dizer constrangida, a inventar. Que o primeiro aculturador dê exemplo: Anchieta compõe em latim clássico o seu poema à Virgem Maria quando, refém dos tamoios na praia de Iperoígue, sente necessidade de purificar-se. O mesmo Anchieta aprende o tupi e faz cantar e rezar nessa língua os anjos e santos do catolicismo medieval nos autos que encena com os curumins. Uma antiga forma literária, a epopeia, nobilitada pela Renascença italiana, molda conteúdos de uma situação colonial, no primeiro caso. No segundo, porém, o jesuíta aguilhoado pelas urgências da missão precisou mudar de código, não por motivos de mensagem, mas de destinatário. O novo público e, mais do que público, participante de um novo e singular teatro, requer uma linguagem que não pode absolutamente ser a do colonizador.

E há mais: Anchieta inventa um imaginário estranho sincrético, nem só católico, nem puramente tupi-guarani, quando forja figuras míticas chamadas *karaibebé*, literalmente *profetas que voam*, nos quais o nativo identificava talvez os anunciadores da Terra sem Mal, e os cristãos reconheciam os anjos mensageiros alados da Bíblia. Ou *Tupansy*, mãe de Tupã, para dizer um atributo de Nossa Senhora. De mãos dadas caminhavam a cultura-reflexo e a cultura-criação.

É necessário acompanhar de perto o dinamismo peculiar à missão jesuítica no Brasil com toda a sua exigência de fidelidade aos votos jurados na península durante a Contrarreforma. Virá o momento de se apartarem e se hostilizarem a cruz e a espada, que desceram juntas das caravelas, mas que acabaram disputando o bem comum, o corpo e a alma do índio

O combate de morte entre o bandeirante de São Paulo e o jesuíta, com a derrota final deste em meados do século XVIII, diz eloquentemente de uma oposição virtual que explode quando a prática paternalista dos missionários e a crua exploração dos colonos já não se ajustam mutuamente.

Anchieta considerava os portugueses os maiores inimigos da catequese: "os maiores impedimentos nascem dos portugueses, e o primei-

31

ro é não haver neles zelo da salvação dos índios [...] antes os têm por selvagens.[22]

O que mais espanta os Índios e os faz fugir dos Portugueses e por consequência das igrejas, são as tiranias que com eles usam obrigando-os a servir toda a sua vida como escravos, apartando mulheres de maridos, pais de filhos, ferrando-os, vendendo-os, etc. [...] estas injustiças e sem razões foram a causa da destruição das igrejas que estavam congregadas e o são agora de muita perdição dos que estão em seu poder.[23]

E denunciando os mamelucos chefiados pelo patriarca João Ramalho:

[...] nos perseguiam com o maior ódio, esforçando-se em fazer-nos mal por todos os meios e modos, ameaçando-nos também com a morte, mas especialmente trabalhando para tornar nula a doutrina com que instruímos e doutrinamos os índios e movendo contra nós o ódio deles. E assim, se não se extinguir de todo este tão pernicioso contágio, não só não progredirá a conversão dos infiéis, como enfraquecerá, e de dia em dia, necessariamente desfalecerá.[24]

Assim foi já, no primeiro século da catequese. Os fatos confirmaram os temores do missionário, que assim relata a fuga dos índios de São Tomé:

Subitamente se alvoroçou toda aquela gente de São Tomé, e andava tão revolta que parecia andar o Demônio entre eles. Pregavam pelas ruas: "Vamo-nos, vamo-nos antes que venham estes Portugueses". Vendo o Padre Gaspar Lourenço tal alvoroço, fê-los ajuntar, falando a eles, dando--lhes a entender quão mal faziam em deixar a igreja por mentiras que lhes diziam, e eles chorando respondiam: "Não fugimos da igreja nem de tua companhia, porque, se tu quiseres ir conosco, viveremos contigo no meio desses matos ou sertão, que bem vemos que a lei de Deus é boa, mas estes Portugueses não nos deixam estar quietos, e se tu vês que tão poucos que aqui andam entre nós tomam nossos irmãos, que podemos esperar, quando os mais vierem se não que a nós, e às mulheres e filhos farão escravos?", mostrando alguns deles os perigos e açoites que em casa de Portugueses tinham recebido, e isto diziam com muitas lágrimas e sentimento.[25]

A narrativa de Anchieta põe em primeiro plano o contraste agudo entre a colonização, como preação, e o apostolado, que, no início, se entrosaram por necessidade. Ao que tudo indica, tratava-se de dois projetos distintos cuja conciliação foi sempre temporária e diplomática, mas cujo dinamismo interno teria que levar, como levou, ao aberto confronto.

O século XVII está pontuado de conflitos entre colonos e jesuítas no Grão-Pará, no Maranhão, onde Antônio Vieira seria parte e testemunho, em São Paulo e, mais dramaticamente, nas Missões dos Sete Povos do Uruguai. Mas a tensão entre Igreja e Estado não se limitou à ordem inaciana.

O poder eclesiástico entra em litígio frequente com os interesses e a jurisdição civil. Os motivos são naturalmente vários, e a tutela do índio reponta em mais de um caso. Conto, para ilustrar, as tribulações da prelazia do Rio de Janeiro. O seu primeiro titular, pe. Bartolomeu Simões Pereira, morreu envenenado em 1598; o segundo, pe. João da Costa, foi perseguido, expulso da cidade e deposto por sentença da magistratura colonial; o terceiro, pe. Mateus Aborim, também sucumbiu vítima de peçonha; declinaram prudentes da honra prelatícia o quarto e o quinto não assumindo o cargo vacante; teve o sexto, o reverendo Lourenço de Mendonça, que fugir para Portugal escapando ao incêndio que os colonos atearam à sua casa ao queimarem um barril de pólvora em seu quintal; o sétimo, pe. Antônio de Mariz Loureiro (parente, quem sabe, dos Mariz de alencariana memória), amargou tal oposição que preferiu recolher-se à capitania do Espírito Santo onde ensandeceu depois de sofrer tentativa de envenenamento. Passo em silêncio a história do oitavo, o famoso dr. Manoel de Sousa e Almada, pois aguda é a discrepância das fontes quanto à sua inocência ou culpa: o fato é que o seu palácio foi danificado por tiros de canhão, o Tribunal de Relação da Bahia absolveu os agressores e, para cúmulo dos agravos, foi o prelado coagido a pagar as custas do processo; o mais se encontra parodicamente no "Almada", poema herói-cômico de Machado de Assis.[26]

A luta é material e cultural ao mesmo tempo: logo, é política. Se o que nos interessa é perseguir o movimento das ideias, não em si mesmas, mas na sua conexão com os horizontes de vida de seus emissores, então poderemos reconhecer, na escrita dos tempos coloniais, um discurso orgânico e um discurso eclesiástico ou tradicional, para adotar a feliz distinção de Antonio Gramsci.

O discurso orgânico se produz rente às ações da empresa colonizadora, sendo, muitas vezes, proferido pelos seus próprios agentes. É o escrivão da armada que descobriu o Brasil, Pero Vaz de Caminha. É o senhor de engenho e cristão-novo Gabriel Soares de Sousa, informante preciso e precioso ("étonnant", no juízo de Alfred Métraux), que escreve com a mão na massa. É o cronista minudente e empenhado dos *Diálogos das grandezas do Brasil*. É Antonil, que, oculto sob este anagrama, e a si mesmo chamando-se discretamente Anônimo Toscano, acabou contando indiscreto onde se achavam e quanto valiam os nossos recursos em *Cultura e opulência do Brasil*, exemplo de mente pragmática e moderna a quem a roupeta de inaciano não impediu de entrar fundo nos meandros contábeis da produção colonial. É, enfim, o bispo maçom Azeredo Coutinho, que defende, em pleno limiar do século XIX, a manutenção do regime escravista para maior segurança do açúcar pernambucano e da Coroa lusa. Em todos manifesta-se cândida e lisamente o propósito de explorar, organizar e mandar, não sendo critério pertinente para uma divisão de águas a condição de leigo ou de religioso de quem escreve.

O outro discurso, de fundo ético pré-capitalista, resiste nas dobras do mesmo sistema mercantil e, embora viva dos seus excedentes na pena de altos burocratas, nobres e religiosos, não se mostra muito grato à fonte que lhe paga o ócio e lhe poupa os cuidados do negócio, preferindo verberar nos colonos a sede de lucro e a falta de desapego cristão. É a mensagem que se depreende das sátiras morais de Gregório de Matos e Guerra contra o mercador estrangeiro, *o sagaz Brichote*, e contra o usurário novo-rico que alardeia avós aristocráticos, *o fidalgo caramuru*. É a advertência sombria que sai das homilias de Antônio Vieira barrocamente cindidas entre a defesa dos bons negócios e a condenação dos abusos escravistas que eram a alma desses mesmos negócios. É o sentimento que oscila, no *Uraguai* de Basílio da Gama, entre a glorificação das armas coloniais, com Gomes Freire de Andrade à testa, instaurador do novo pacto entre as potências de além-mar, e a poetização dos selvagens rebeldes, afinal os únicos seres dignos de entoar o canto da liberdade.

A escrita colonial não é um todo uniforme: realiza não só um gesto de saber prático, afim às duras exigências do mercado ocidental, como também o seu contraponto onde se fundem obscuros sonhos de uma humanidade *naturaliter christiana* e valores de liberdade e equida de que a mesma ascensão burguesa estava lentissimamente gestando. Onde vislumbramos acenos contraideológicos descobrimos que o presente está ou sob o olhar do passado ou voltado para um futuro ideal, um olhar que se irradia do culto ou da cultura.

Os fantasmas desse longo sonho intermitente rondam as tiradas milenaristas de Vieira, as descrições idealizadas dos Sete Povos feitas por missionários, as figuras sofridas e indomáveis dos profetas do Aleijadinho e alguma paisagem de fuga dos árcades mineiros. Como se vê, há utopias e utopias, e só a análise de cada contexto dirá como se formaram, contra que e para quem se dirigiam.

Mas onde lança raízes essa vária fantasia se parece tão sáfaro o chão da cultura colonial? O filósofo napolitano Giambattista Vico interpretava a fantasia dos povos em termos de "memória ou dilatada ou composta".[27] O passado comum é remexido livremente em cada geração até que se formalize em mensagens novas. A memória extrai de uma história espiritual mais ou menos remota um sem-número de motivos e imagens, mas, ao fazê-lo, são os seus conflitos do aqui e agora que a levam a dar uma boa forma ao legado aberto e polivalente do culto e da cultura.

A Bíblia defende os judeus pela boca messiânica de Vieira, a Bíblia defende o mesmo Vieira dos inquisidores, que alegam a escritura sagrada para abonar a sua acusação... e afinal são todos, rabis, jesuítas e dominicanos, peritos na exegese dos Livros. Isaías, Daniel e Jeremias profetas dão ao missionário um verbo de açoite para fustigar a cupidez dos escravistas do Maranhão, e, no entanto, é o fanado argumento paulino da obediência dos servos a seus amos que Vieira endossa para negar aos quilombolas de Palmares a graça de uma política de mediação sobre a qual o consultara el-rei. Do cabedal da memória saca o grande advogado armas para o escravo ou para o capital. O passado ajuda a compor as aparências do presente, mas é o presente que escolhe na arca as roupas velhas ou novas.

Estranha religião meio barroca meio mercantil! Religião que acusa os vencedores, depois entrega os vencidos à própria sorte. Religião que abandona o verbo divino, frágil, indefeso, às manhas dos poderosos que dele saqueiam o que bem lhes apraz.

A arte — sacra ou profana — refaz a cara da tradição. Os santos macerados das imagens devotas produzidas às mancheias pela Contrarreforma ibérica inspiram alguns vultos hieráticos de Congonhas do Campo, obra do Aleijadinho maduro, nos quais já houve quem divisasse a rebeldia dos mineiros que o Reino jugulou. Naquele mesmo final de século Virgílio e Horácio matizavam de flores silvestres a várzea tropical do ribeirão do Carmo que os nossos árcades cantavam em sua lira. E na íngreme Vila Rica as sombras caíam longas dos montes lavados de ouro.

A fantasia é memória ou dilatada ou composta. Quem procura entender a condição colonial interpelando os processos simbólicos deve enfrentar a coexistência de uma cultura ao rés do chão, nascida e crescida em meio às práticas do migrante e do nativo, e uma outra cultura, que opõe à máquina das rotinas presentes as faces mutantes do passado e do futuro, olhares que se superpõem ou se convertem uns nos outros.

A censura que Vieira movia às cruezas da escravidão nos engenhos do Nordeste arrimava-se em um discurso universalista de cadências proféticas ou evangélicas, soando anacrônico falar, nessa altura, de princípios liberais ou, menos ainda, democráticos. A mensagem cristã de base, pela qual todos os homens são chamados filhos do mesmo Deus, logo irmãos, contraria, em tese, as pseudorrazões do particularismo colonial: este fabrica uma linguagem utilitária, fatalista, no limite racista, cujos argumentos interesseiros calçam o discurso do opressor. Ou seja, as razões orgânicas da conquista, que, com poucas variantes, se reproporia em escala planetária até a última fase do imperialismo colonial a partir dos fins do século XIX.[28]

Entre nós, os louvores aos donos de engenho, aos bandeirantes, aos capitães e governadores gerais, enfim, à Coroa com seu séquito de fâmulos e burocratas são o argumento pífio mas inesgotável das academias baianas dos Esquecidos e dos Renascidos, além de tema dileto dos linhagistas de São Paulo e de Pernambuco, focos de nossa prosápia desde o século XVIII. E são o motivo condutor de textos épicos redigidos em tempos diversos: a *Prosopopeia*, de Bento Teixeira, pastiche camoniano oferecido a Jorge de Albuquerque Coelho, donatário de Pernambuco, no romper dos Seiscentos; *O valoroso Lucideno*, de fr. Manuel Calado, que canta em prosa e verso os feitos de João Fernandes Vieira, o magnata português senhor de cinco engenhos *moentes e correntes* e um dos chefes da resistência contra os holandeses do Nordeste; o *Caramuru*, de fr. José de Santa Rita Durão, composto em honra do patriarca lusitano da Bahia, Diogo Álvares Correia; enfim,

Vila Rica, de Cláudio Manuel da Costa, o poema que celebra a ordem civil imposta ao arraial mineiro de Antônio Dias. Os dois últimos pertencem à literatura neoclássica luso-brasileira que foi lida e, em parte, treslida pelos nossos românticos do Segundo Império à cata de precursores para o seu nacionalismo oficial. Era uma interpretação equivocada: o *epos* setecentista ainda não se despregara da situação colonial sem prejuízo dos seus louvores à paisagem e às tradições da crônica provinciana. A sua costela localista, bem visível em Pernambuco depois da expulsão dos holandeses e na São Paulo pós-bandeirista, tinha a ver com a ideologia autonobilitadora dos estratos familiares que, em suas respectivas áreas de influência, iriam constituir a classe dirigente do futuro Estado nacional.

Recapitulando: duas retóricas correram paralelas, mas às vezes tangenciaram-se nas letras coloniais, a retórica humanista-cristã e a dos intelectuais porta-vozes do sistema agromercantil. Se a primeira aproxima cultura e culto, utopia e tradição, a segunda amarra firmemente a escrita à eficiência da máquina econômica articulando cultura e *colo*. Postas em rígido confronto, a linguagem humanista e a linguagem dos interesses acordam sentimentos de contradição; mas examinadas de perto, no desenho de cada contexto, deixam entrever mais de uma linha cruzada.

VOX POPULI VS. EPOS COLONIAL: UM PARÊNTESE CAMONIANO

> *Modern colonialism started with the fifteenth century voyages of the Portuguese along the west coast of Africa, which in 1498 brought Vasco da Gama to India.*
>
> *International encyclopedia of the social sciences*,
> 1968, vol. 3, verbete "Colonialism".

Ezra Pound afirmava que os poetas são antenas. Em um texto denso e complexo como *Os Lusíadas* é possível detectar os primeiros sinais de um contraste ideológico que preludia a dialética da colonização. No poema dá-se mais do que um simples convívio de pontos de vista diferentes. Camões concebe a empresa marítima e conquistadora sob o signo do dilaceramento. Observador e participante, autor e ator, o poeta vai construindo a epopeia da viagem do Gama com materiais diferenciados: nela entram, com igual direito, o sonho premonitório e o mito exemplar, a memória das rotas e derrotas atlânticas e o drama contemporâneo, encarnados às vezes em figuras hieráticas que beiram a alegoria.

O narrador soube dialetizar a substância épica do tema no exato momento em que ela se alçaria ao clímax da glorificação. Pois era bem de glória que se tratava: glória de dom Manuel, glória de Vasco da Gama, glória dos heróis da navegação africana, glória de Portugal.

Convém seguir de perto os passos que conduzem à hora capital da partida para as Índias:

A fala de Vasco da Gama ao rei de Melinde começa no Canto III. Nessa altura, o capitão narra a história de Portugal interpretada como luta incessante, e afinal vitoriosa, contra os mouros e contra a nobreza de Castela. Desse combate de séculos emergiu a Casa de Aviz, e a matéria do Canto IV é precisamente a aliança da burguesia, dita "povo", com dom João I, que tornaria viável a política dos descobrimentos,

que foi buscar na roxa Aurora
os términos, que eu vou buscando agora (IV, 60).

Movendo-se no encalço do clímax o poeta acelera o ritmo da narração e encurta o ciclo africano, todo voltado que está para a apoteose do Gama. A *tese*, que já é a afirmação do projeto expansionista do Reino, arma-se com a força irresistível do mito. O rei d. Manuel, "cujo intento/ foi sempre acrescentar a terra cara", não desvia um só minuto o pensamento "da obrigação que lhe ficara/ dos antepassados"; não repousa o espírito nem de dia, nem de noite, pois à vigília cuidosa sobrevêm sonhos perfeitamente alegóricos, "onde imaginações mais certas são".

E com que sonha o Venturoso? "Morfeu em várias formas lhe aparece." Sonha que se eleva a uma esfera altíssima de onde contempla outros mundos e longínquas nações. Vê que do Oriente extremo nascem duas fontes, origem de rios caudalosos. Esboça-se aqui a pintura de uma terra agreste, selvática, ainda não pisada por pés humanos. Do meio das águas saem em largos passos dois velhos, "de aspecto, inda que agreste, venerando". É de admirar a beleza plástica dessa transformação onírica: os fios das águas são barbas e cabelos dos anciãos. A cor baça da pele diz que ambos vêm de regiões tropicais, e a fronte cercada de ramos assim como a gravidade do rosto assinalam a condição de realeza. As palavras que eles dirigem a d. Manuel decifram o mistério da sua identidade: são os rios sagrados da Ásia, o Ganges e o Indo, fontes que descem dos céus para oferecer à soberania portuguesa os seus "tributos grandes".

O episódio solda ideias caras ao vate: a distância e a estranheza de um mundo hostil, "cuja cerviz nunca foi domada", e a potência fatal da Coroa portuguesa a que se rendem pressurosamente, e até "com ímpeto", a natureza e os homens de mais longes terras.

O sonho de d. Manuel deve ser prenúncio de bom sucesso, pois faz parte da economia ideológica da epopeia. É um sonho *onde imaginações mais certas são*, frase que define cabalmente toda alegoria enquanto figura resolvida em conceitos e no esquema finalista do texto. De resto, a ligação do episódio com o *telos* do poema perfaz-se imediatamente mal se esvaem os fantasmas da noite. D. Manuel desperta e logo convoca os seus leais conselheiros (sempre os há para adivinhar os desejos dos reis) que lhe decifram prestantes "as figuras da visão". Não há, a partir desse momento, qualquer lapso para hesitações, pois, ato contínuo, os sábios "determinam o náutico aparelho", e o Venturoso entrega às mãos de Vasco da Gama a chave da empresa.

Afastadas as sombras do sonho, o relato corre lépido e álacre para a cena da partida na qual deveriam soar todas as trompas e os clarins da musa camoniana. Abre-se um espaço de festa, um "alvoroço nobre", um "juvenil despejo", com soldados vestidos de muitas cores e, ondeando ao vento, os aéreos estandartes.

No entanto, se o cenário se faz jubiloso, o clima emotivo que o permeia é, para surpresa do leitor épico, todo feito de medo e pesar. Já a prece ritual dos navegantes fala em "aparelhar a alma para a morte". Impetra-se o favor divino, mas a resposta do céu é incerta. A narrativa inflecte para o mundo interior do herói, até então só conhecido, monoliticamente, como o *forte Capitão* empenhado nas glórias do Reino:

> *Certifico-te, ó Rei, que se contemplo*
> *Como fui destas praias apartado*
> *Cheio dentro de dúvida e receio*
> *Que apenas nos meus olhos ponho o freio*
>
> (IV, 87)

Profeta Ezequiel.
"Os profetas do Aleijadinho não são barrocos, são bíblicos."
Giuseppe Ungaretti

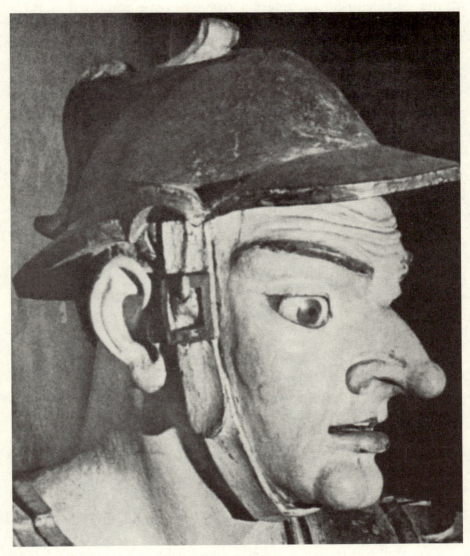

Soldado romano, oficina do Aleijadinho.
As figuras caricatas dos Passos: arte de fronteira entre o erudito e o popular.

Com a dúvida e o receio já estão dados os primeiros passos para a figuração do momento antitético do episódio. O trabalho espiritual de Vasco da Gama não é, aliás, uma expressão solitária. Ele se acompanha de um verdadeiro coro de tragédia, o coro dos que ficam, velhos, inválidos, crianças e, principalmente, mulheres, nas quais a saudade antecipada cede ao lamento, e o lamento à aberta revolta. Os sentimentos do Gama afinam-se com uma angústia coletiva bem concreta. A sua dúvida e o seu receio fundem-se com a dúvida e o receio de todos os que não estão partindo para a aventura de além-mar, mas que sofrerão na pele as consequências desta no cotidiano da vida portuguesa. A indecisão, traço anti-heroico por excelência, dobra o herói subjetivamente e marca objetivamente a rota insegura da viagem.

> *Em tão longo caminho e duvidoso*
> *Por perdidos as gentes nos julgavam,*
> *As mulheres c'um choro piadoso,*
> *Os homens com suspiros que arrancavam.*
> *Mães, Esposas, Irmãs, que o temeroso*
> *Amor mais desconfia, acrescentavam*
> *A desesperação e o frio medo*
> *De já nos não tornar a ver tão cedo*
>
> (IV, 89)

Ressalte-se a clara oposição entre as certezas e as alvíssaras que o sonho de d. Manuel despertara nos conselheiros da corte e o acento posto agora no termo *dúvida* e no seu adjetivo *duvidoso* que por três vezes comparecem em um contexto apertado de cinco estâncias:

> *Cheio dentro de dúvida e receio* (IV, 87);
> *Em tão longo caminho e duvidoso* (IV, 89);
> *Como, por um caminho duvidoso* (IV, 91).

Duvidoso é expressão interior do caráter dúbio de toda viagem feita à ventura.

As mulheres trazem as inflexões mais patéticas ao coro de despedida. A voz das mães é feita do choro lutuoso de quem teme a morte do filho no fundo do mar,

> *onde sejas de peixes mantimento.*

A voz das esposas diz bem da exigência apaixonada e bravia que nega ao amado, em nome do "nós", o direito de partir:

> *Por que is aventurar ao mar iroso*
> *Esta vida que é minha e não é vossa?*
> *Como, por um caminho duvidoso,*
> *Vos esquece a afeição tão doce nossa?*
> *Nosso amor, nosso vão contentamento,*
> *Quereis que com as velas leve o vento?*
>
> (IV, 91)

Épico? Lírico? Dramático? Épico na historicidade coral que serve de pano de fundo à expressão dos sentimentos; épico este aventurar ao mar iroso, épico este caminho todo sombra e risco, épico este vento que leva para onde quer as velas portuguesas. Lírica esta voz do eterno feminino, sempre dulcíssima entre as mais amargas queixas, das quais a mais pungente é a que vem do esquecimento: "como [...] vos esquece a afeição tão doce nossa?". Lírico este amor, este vão contentamento, intuição da fragilidade de um laço que as ondas podem desfazer em um só instante. Enfim, dramática a interpelação da mulher ao homem, interlocutor mudo e cindido entre as adversas paixões do amor e da glória; dramático o conflito que lavra entre as famílias assim laceradas e se aprofunda entre os dois modos de conceber a existência, o dos que partem e o dos que permanecem. Épico-lírico-dramático o texto inteiro, na verdade *poético*, sobrevoando as partições retóricas e relativizando o sentido dos grandes gêneros que afinal recobrem modos múltiplos de dizer as relações sociais e abrigam no seu bojo os tons mais variados da música afetiva.

O coro alcança dimensões cósmicas quando os montes respondem em eco às vozes das mulheres, dos velhos e dos meninos.

Mas o anticlímax ainda está por vir. Não basta o pranto coletivo: é necessário que o poeta clássico nos dê o discurso, eloquente e inteiro, e nos diga a verdade pelo encadeamento implacável das razões. Este *logos*, que contradiz os fastos nacionais de viagem, Camões vai desentranhá-lo do passado, da história portuguesa recalcada, da história do povo. É a fala do Velho do Restelo.

O Velho, um dos muitos que se quedaram meros espectadores na praia, "entre a gente", povo no meio do povo, rejeitará sem apelo a empresa navegadora no preciso momento em que as naus se lançam ao mar.[29]

A fala do Velho destrói ponto por ponto e mina por dentro o fim orgânico dos *Lusíadas*, que é cantar a façanha do Capitão, o nome dos Aviz, a nobreza guerreira e a máquina mercantil lusitana envolvida no projeto.

Nada ficará de pé. Ao motivo nobre da Fama, tão invocado na tópica renascentista, o Velho dará o nome real de vontade de poder:

> *Ó glória de mandar, ó vã cobiça*
> *desta vaidade, a quem chamamos Fama!*

O valor feudal da honra, ainda vivíssimo nos Quinhentos, será desmistificado como "fraudulento gosto,/ que se atiça com uma aura popular", soberba expressão de escárnio lançada contra a demagogia dos poderosos que excitam o fanatismo da massa para fazê-la engrossar a sua política de guerra:

> *Chamam-te Fama e Glória soberana,*
> *Nomes com que se o povo néscio engana* (IV, 96).

O velho interpela sarcástico:

> *A que novos desastres determinas*
> *De levar estes Reinos e esta gente?*
> *Que perigos, que mortes lhe destinas,*
> *Debaixo dalgum nome preeminente?*
> *Que promessas de reinos e de minas*
> *De ouro, que lhe farás tão facilmente?*
> *Que famas lhe prometerás? Que histórias?*
> *Que triunfos? Que palmas? Que vitórias?*

A viagem e todo o desígnio que ela enfeixa aparecem como um desastre para a sociedade portuguesa: o campo despovoado, a pobreza envergonhada ou mendiga, os homens válidos dispersos ou mortos, e, por toda parte, adultérios e orfandades. "Ao cheiro desta canela/ o reino se despovoa", já dissera Sá de Miranda.

A mudança radical de perspectiva (que dos olhos do Capitão passa para os do Velho do Restelo) dá a medida da força espiritual de um Camões ideológico e contraideológico, contraditório e vivo.

Da condenação passa o Velho à maldição, brado último da impotência do coração que não se rende. Ele execrará toda ambição que, desde a ruptura com o estado de paz do Éden e a Idade do Ouro, lançou o gênero humano nas eras de ferro do trabalho e da luta. Sobre as figuras míticas de Prometeu, Dédalo e Ícaro, heróis civilizadores do mundo grego, o Velho fará incidir a mesma luz crua que revela o orgulho e a *hybris*. Denunciará, enfim, a substância mesma do progresso e da técnica, como se toda aventura titânica precipitasse fatalmente na ruína os seus empreendedores. A *nau* e o *fogo*, as grandes invenções de um passado remoto que iriam calçar o êxito do projeto colonial moderno, são estigmas de um destino funesto:

> *Oh! Maldito o primeiro que, no mundo,*
> *Nas ondas vela pôs em seco lenho!*
> *Digno da eterna pena do Profundo,*
> *Se é justa a justa Lei que sigo e tenho!*
> ....
> *Trouxe o filho de Jápeto do Céu*
> *O fogo que ajuntou ao peito humano,*
> *Fogo que o mundo em armas acendeu*
> *Em mortes, em desonras (grande engano!)*
> *Quanto melhor nos fora, Prometeu,*
> *E quanto para o mundo menos dano,*
> *Que a tua estátua ilustre não tivera*
> *Fogos de altos desejos que a movera!*

(IV, 102-3)

No largar da aventura marítima e colonizadora o seu maior escritor orgânico se faria uma consciência perplexa: "Mísera sorte! Estranha condição!" (IV, 104).

O momento negativo passa depressa, porém, ao menos na superfície dos fatos. As palavras duras do Velho calam na alma dos navegantes, mas navegar é preciso:

> *Estas sentenças tais o velho honrado*
> *Vociferando estava, quando abrimos*
> *As asas ao sereno e sossegado*
> *Vento, e do porto amado nos partimos.*
> *E, como é já no mar costume usado,*
> *A vela desfraldando, o céu ferimos,*
> *Dizendo "Boa viagem!" Logo o vento*
> *Nos troncos fez o usado movimento*

(V, 1)

O sonho alegórico de d. Manuel preparou taticamente a viagem dos conquistadores: os rios sagrados da Índia afluirão para um mar domado pelos portugueses. Quanto aos que ficam na margem, renegam chorando o andamento brutal das coisas e, pela voz do Velho, lembram os mitos da primeira idade, afetando com um sinal de menos as figuras dos heróis que trouxeram o progresso material aos homens. Mas a História na qual se defrontam vencidos e vencedores segue o seu curso, o "usado movimento".[30]

SOB O LIMIAR DA ESCRITA

O Velho do Restelo e a gente do povo que assistiam à partida de Vasco da Gama seriam provavelmente, meio século depois, os migrantes sem eira nem beira que demandariam terra e trabalho na Índia, na África e no Brasil. E as suas vozes já não encontrariam um poeta da altura de Luís de Camões para ouvi-las e trazê-las à página impressa.

Sob o limiar da escrita tem vivido, desde o século XVI, uma cultura que se gestou em meio a um povo pobre e dominado. Em um espaço de raças cruzadas e populações de diversas origens a sua linguagem acabou ficando também mestiça, a tal ponto que hoje beira o anacronismo falar de cultura negra ou de cultura indígena ou mesmo de cultura rústica em estado puro.

No começo, naturalmente, o grau de distinção étnica era alto. Os cronistas do primeiro século ainda presenciaram as cerimônias tupis dos habitantes da costa; Jean de Léry, Hans Staden e Fernão Cardim informem por todos. E os ritos afro-baianos, que os estudiosos do século XIX já documentam, certamente remontam a séculos anteriores. Mas com o tempo a simbiose cabocla, mulata ou cafuza foi prevalecendo em todos os campos da vida material e simbólica: na comida, na roupa, na casa, na fala, no canto, na reza, na festa... A aculturação é, sem dúvida, o tema por excelência da antropologia colonial.

Um primeiro desbaste conceitual cumpre fazer nesse terreno. Há expressões acentuadamente primitivas ou arcaicas, isto é, formas de cultura material e espiritual peculiares ao homem que sempre viveu sob o limiar da escrita. E há *expressões de fronteira* que se produzem pelo contacto da vida popular com os códigos letrados para cá trazidos ao longo de todo o processo colonizador. Uma cerimônia de antropofagia entrevista por Hans Staden quando cativo dos tupinambás não é, evidentemente, do mesmo estofo que a cena de uma guerra posta em um auto escrito em tupi por Anchieta e cantado e dançado pelos mesmos tupinambás, já expostos à catequese e, eventualmente, aprendizes do alfabeto latino. Outro par dessemelhante: um rito africano de escravos ouvido com horror por Nuno Marques Pereira, no começo do século XVIII, e por ele chamado de *calundu* e exorcizado no seu *Peregrino da América*, não é a mesma coisa que uma procissão de enterro promovida pela Confraria de Nossa Senhora do Rosário dos Homens Pretos de Vila Rica poucos anos depois. Ainda: uma imagem de Exu ou o desenho geométrico riscado por uma tecelã guarani não é evidentemente uma imagem sacra imitada à arte devota portuguesa por algum santeiro mulato de capela de engenho. Enfim: um *ponto* cantado no candomblé nagô de Salvador não é a ladainha à Virgem entoada pelos confrades da Irmandade de São José dos Homens Pardos em alguma vila encravada nas Gerais.

São todas, porém, criações que podem, com igual direito, ser chamadas populares, independentemente da sua raiz étnica ou das suas filiações remotas, mesmo porque origem não é determinação. O certo é que o homem pobre e dominado foi o portador, quando não o agente direto, dessas expressões, tanto as *primitivas* como as de *fronteira*, tanto as *puras* quanto as *mistas*, tanto as proibidas quanto as toleradas ou estimuladas; e todas se equivalem antropologicamente. É papel da análise formal discernir os componentes (chamados em geral *traços*) de estilo que entram em cada rito, narrativa ou figura; e é trabalho da interpretação histórico-social colher os significados e os valores que organizaram essas criações simbólicas.

Da maior parte das expressões da cultura não letrada se poderá dizer que são um complexo de formas significantes cujo sentido comum é o culto, a devoção. São instituições regradas de tal modo que a comunidade possa atualizar em si o sentimento da própria existência e da própria identidade.

Tudo o que é necessário necessariamente retorna.

A repetição das fórmulas, o re-iterar dos ritmos, o risco abstrato do desenho indígena, a expressividade fixa e retida na máscara africana, os rituais em toda parte ciosamente idênticos a si mesmos, a marcação regular de cada partícipe no coro e na dança — tudo reflete uma vontade de conjurar, com fórmulas poucas e pregnantes, a temida e adorada transcendência (dos mortos, dos deuses, do Outro) que segura nas mãos o destino da pessoa e do grupo.

À medida, porém, que o processo de aculturação vai recebendo novos estímulos da matriz colonizadora, descola-se do fundo religioso--popular comum uma vontade de estilo já afetada pela cultura erudita. O barroco mineiro dos Setecentos estiliza-se e aligeira-se, se comparado à arquitetura religiosa baiana do século anterior, graças a uma verdadeira recolonização urbana que levas e levas de portugueses promoveram na zona do ouro recém-descoberto. As formações artísticas das Minas aparecem como tardias ou defasadas quando postas em confronto linear com a história dos estilos europeus respectivos; no entanto, não se tratava de uma arte de simples imitadores nem de uma cultura deslocada e epigônica, mas de um casamento original de novas necessidades internas de expressão com modelos ainda prestigiosos vindos de Portugal e da Itália.

Nessa arte de fronteira, os afetos vividos no cotidiano colonial, a veneração, o medo, o amor... se traduzem mediante uma economia de formas vindas de espaços e tempos distantes, mas nem por isso menos dúcteis e capazes de compor imagens fortes e coesas. A sensibilidade do mestiço em uma cidade colonial e a arte portuguesa dos Seis-Setecentos entram nas figuras do Aleijadinho em uma síntese na qual manifestamente é o estilo *alto* que rege a orquestra. Mas não importa aqui fazer a soma aritmética dos fatores estilísticos (tanto de culto, tanto de popular); importa determinar em cada caso a perspectiva e o sentido das formas.

A relação de forças inverte-se quando os exemplos são tomados a imagens sacras anônimas, a cantos e danças de Carnaval de rua, a hinos de procissão ou a narrativas do romanceiro ibérico transmitidas oralmente. Nesses casos todos de fronteira é a inspiração colonial popular que trabalhou, a seu modo, conteúdos de raiz remotamente europeia e letrada.

UMA LITANIA CABOCLA NA GRANDE SÃO PAULO

Lembro, a propósito, uma cerimônia religiosa a que assisti na noite de Santo Antônio de 1975 quando presente a uma festa em honra do padroeiro.

A capelinha, que ainda lá está, ergue-se a uns cem metros da via Raposo Tavares, naquele estirão onde a estrada sobe de Vargem Grande. Ou, com maior justeza, fica na Vila Camargo, no quintal da casa de Nhá--Leonor. Nem o lugar nem os empregos dos moradores permitem falar em bairro rural. Lá ninguém planta para comer ou vender, todos trabalham na cidade ou nas construções dos arredores. São há muitos anos assalariados e consumidores do supermercado e dos programas de televisão.

Nhá-Leonor oferecia então o churrasco de um boi que mandava matar todo ano para cumprir uma promessa feita ao santo. Pelas dez horas chegou o capelão, que não é, como se sabe, um padre (a dona da casa já tinha brigado, fazia tempo, com os padres irlandeses de Cotia, modernos demais para o seu gosto), mas, no caso, um gordo cinquentão de tez rosada e olhinhos sorridentes que vinha de São Roque acompanhado de dois rapazes mais uma preta magra de meia-idade.

O capelão se postou com seus acólitos junto ao altarzinho azul cheio de estrelas de purpurina e deu começo à reza puxando um terço alto e forte. Os fiéis, quase todos mulatos de pé no chão e tresandando a pinga, e algumas mulheres menos mal vestidas que os homens respondiam pelo mesmo tom e altura. Ia a coisa assim bonita e simples, até que, recitadas as cinco dezenas de ave-marias e os seus padre-nossos, chegou a hora do remate com o canto da Salve Rainha. O capelão começou a entoar nesse instante hino à Virgem, em latim ("Salve Regina, mater misericordiae"...), e, o que estranhei, foi seguido de pronto sem qualquer hesitação pelos presentes. Depois veio o espantoso, para mim: a reza, também entoada, de toda a extensa ladainha de Nossa Senhora igualmente em latim. Eu olhava e não acabava de crer: aqueles caboclos que eu via mourejando de serventes nas obras do bairro estavam agora ali acaipirando lindamente a poesia medieval do responso:

> "Espéco justiça" — *ora pro nobis*
> (*Speculum justitiae*)
> "Sedi sapiença" — *ora pro nobis*
> (*Sedes sapientiae*)
> "Rosa mistia" — *ora pro nobis*
> (*Rosa mística*)
> "Domus aura" — *ora pro nobis*
> (*Domus aurea*)
> ....

Espelho de justiça, sede da sabedoria, rosa mística, casa de ouro, estrela da manhã, arca da aliança, refúgio dos pecadores, consoladora dos aflitos, rainha dos anjos, rainha dos profetas, rainha da paz..., todos os atributos com que a piedade vem há séculos honrando a figura materna de Maria se cantaram na voz grave do capelão; depois, em primeira voz, pela preta alta que parecia improvisar a melodia com torneios de moda de viola e gestos a um só tempo compostos e arroubados de adoração; em segunda voz, pelos rapazes e pelos fiéis todos em um coral de arrepiante beleza.

Quando saí da capela perguntei ao mestre de reza quem lhe ensinara o ofício. Respondeu-me que seu pai, também capelão nos sítios de Sorocaba e Araçariguama. A noite estava gelada, a lua ia alta, mas os caminhões de carga ainda rangiam pesados sobre o asfalto lá perto.

O que pensar dessa fusão de latim litúrgico medieval posto em prosódia e em música de viola caipira, e da sua resistência à ação pertinaz da Igreja Católica que, desde o Vaticano II, decretou o uso exclusivo do vernáculo como idioma próprio para toda sorte de celebração?

Na verdade, a presença daquele capelão singularmente anacrônico já dizia muito da autonomia do culto popular em face da hierarquia oficial. A velha síntese de práticas luso-coloniais e cultura rústica parece manter o seu dinamismo interior nas cerimônias daqueles caipiras afinal já bastante urbanizados em termos de economia e cotidiano. Eles fazem resistência passiva às inovações do centro eclesiástico que, no caso brasileiro, se tem voltado para uma linguagem pastoral politizada e, nas décadas de 70 e 80, rente aos discursos da oposição ao regime dominante.

A devoção, mais talvez que outras esferas da vida em sociedade, propicia fenômenos de persistência simbólica que, em alguns momentos críticos de reação à prepotência do Estado modernizante, tomou a forma de uma obstinada re-arcaização da comunidade inteira. Foi o caso de certos movimentos ao mesmo tempo regressistas e proféticos, tradicionalistas e rebeldes, como Canudos e o Contestado, de caráter milenarista.[31]

Tudo leva a crer que, nesses cruzamentos da cultura letrada envolvente com a não letrada envolvida, a situação das áreas coloniais apresente aquele convívio de extremos: os projetos mais agressivos do capitalismo ocidental se plantam por entre modos de viver antigos e, nesta ou naquela medida, resistentes. Que esse coabitar do arcaico com o modernizador não seja um paradoxo conjuntural, mas um fenômeno recorrente na história da colonização, é hipótese que só novas pesquisas de campo e de texto poderão confirmar.

Um corte sincrônico feito na história popular de momentos em que a colonização retoma o seu ímpeto revelaria campos de força nos quais o novo interrompe ou desagrega o antigo e o primitivo. Ou então, o antigo adapta a si, sem maiores traumas, alguns traços modernos onde quer que a cultura tradicional tenha deitado raízes e guarde ainda condições de sobreviver.

A sugestão teórica dada por Oswaldo Elias Xidieh, um dos mais argutos estudiosos do nosso folclore, é esta: onde há povo, quer dizer, onde há vida popular razoavelmente articulada e estável (Simone Weil diria enraizada), haverá sempre uma cultura tradicional, tanto material quanto simbólica, com um mínimo de espontaneidade, coerência e sentimento, se não consciência, da sua identidade. Essa cultura, basicamente oral, absorve, a seu modo e nos seus limites, noções e valores de outras faixas da sociedade, quer por meio da Igreja e do Estado (desde os tempos coloniais), quer por meio da escola, da propaganda, das múltiplas agências da indústria cultural; mas, assim fazendo, não se destrói definitivamente, como temem os saudosistas e almejam os modernizadores: apenas deixa que algumas coisas e alguns símbolos mudem de aparência.[32]

Não há dúvida de que, nos traumas sociais e nas migrações forçadas, os sujeitos da cultura popular sofrem abalos materiais e espirituais graves, só conseguindo sobrenadar quando se agarram à tábua de salvação de certas engrenagens econômicas dominantes. Tal sobrevivência não dá, nem poderia dar, resultados felizes em termos de criação cultural, pois é conduzida às cegas pelos caminhos de exploração do sistema. O migrante que chega à cidade ou à terra alheia é um homem mutilado, um ser reduzido ao osso da privação. A figura de Fabiano, o cabra de *Vidas secas*, não é um mito literário inventado por Graciliano Ramos. A sua conduta oscilará entre o mais humilhado conformismo e surtos de violência..., até que um dia certas condições de emprego, de vizinhança ou de grupo familiar puderem reconstituir aquele tecido de signos e práticas que se chama vida popular. Para ele, toda situação de alívio ou melhora parecerá obra da fortuna. E quase sempre o tecelão procurado para urdir os fios da sorte será, ainda, o culto, as "seitas", como se diz hoje para nomear as várias igrejas de cunho pentecostal e milenarista que se multiplicaram rapidamente a partir dos anos de 60. More alguém nos bairros pobres das redondezas de São Paulo, do Rio de Janeiro, de Buenos Aires ou de Lima, e verá no que resultou essa condição peculiar do migrante, nem mais *folclórica* nem ainda totalmente absorvida pela indústria cultural que oferece infinitamente mais do que o povo pode consumir. O capitalismo sempre desenraizou, de um lado, e reutilizou, de outro (e só na medida estrita do seu interesse), a força de trabalho do homem que emigra das zonas tradicionais ou marginais. E de que fonte vem este bebendo energias para viver, ainda que de raro em raro, um palmo acima do chão frio da necessidade? Na maioria dos casos, só daquela *alma do mundo sem alma* que plasmou a crença e o rito, a palavra e o canto, a prece e o transe, e que só a devoção comunitária alcança exprimir.

O SENTIDO DAS FORMAS NA ARTE POPULAR

Voltando ao problema do cruzamento de culturas que a colonização instaura: nem sempre é fácil determinar precisamente o que é culto e o que é popular nas formas simbólicas de fronteira.

Nas peças anônimas da imaginária sacra, o modelo remoto pode ser de origem gótica tardia, ou barroca ibérica, mas o talho que faz a alma do rosto cria uma expressividade intensa, reconcentrada e fixa, quase-máscara, que trai um modo arcaico-popular de esculpir o ser do homem no lenho ou na terracota. São palavras de Leonardo da Vinci: "Aprende com os mudos o segredo dos gestos expressivos".

Na procura das constantes formais não basta verificar que o princípio da redundância parece conatural à arte do povo. Traços, linhas, cores, pontos de dança, ritmos, frases melódicas, ecos, versos inteiros ou estribilhos, motivos de abertura, de gancho e de fecho voltam, de fato, na maioria das criações populares. Quando percorremos as modas e trovas recolhidas por Sílvio Romero nos *Cantos populares do Brasil* e por Amadeu Amaral nas *Tradições populares*, a evidência do ritornelo nos toma de assalto. A tentação de citar é irresistível. Um exemplo, entre tantos, de parlenda que se recita como jogo infantil em nosso Nordeste desde o começo do século XIX:

> *Amanhã é domingo,*
> *pé de cachimbo,*
> *Galo monteiro*
> *Pisou na areia;*
> *A areia é fina*
> *Que dá no sino;*
> *O sino é de ouro*
> *Que dá no besouro;*
> *O besouro é de prata*
> *Que dá na mata;*
> *A mata é valente*
> *Que dá no tenente;*
> *O tenente é mofino,*
> *Que dá no menino;*
> *Menino é valente*
> *Que dá em toda gente.*[33]

A recorrência, que se firma pelo som (*domingo-cachimbo*; *monteiro-areia*), rege, a partir do primeiro dístico, a parlenda inteira na qual se entremeiam a rima e o *leixa-pren* medieval. Dão-se as mãos em mútua ajuda o som e o sentido, até sobrevir a imagem coral onde o mais pequenino — o menino —, porque é valente, dá em toda gente, fechando o cerco aberto pelo mais fino — a areia — que dava no sino. A necessidade da repetição é tão forte que o significado geral acaba acolhendo cadeias internas arbitrárias (sino que dá no besouro, mata valente...) para que o retorno sonoro e sintático se mantenha firme.

Como bem se sabe, processos iterativos ocorrem também na arte culta, embora veladamente, na medida em que o vetor ideológico modernizante, posto em movimento pela revolução romântica, ressaltou os valores de originalidade de um "eu" criador liberto de esquemas formais cerrados. A análise detém-se, às vezes, neste passo: ver no texto o que é recorrente, e o que não é, o que é simétrico, o que é assimétrico etc. Cabe à interpretação buscar o sentido cultural do movimento expressivo, dizendo de qual percepção parte e para quais valores se inclina o artista quando retoma um traço ou uma palavra.

O fundamento social da repetição pode ser o desejo de manter um acorde comunitário em torno de afetos e ideias que se partilham; neste caso, o seu lastro psicológico vem da memória, que grava melhor tudo quanto se dispõe de modo simétrico ou, pelo menos, recorrente.

Repare-se na constância da figuração do Bom Jesus na devoção luso-brasileira. O Bom Jesus é e não é um ser humano como todos nós. Há um corte austero no seu talhe, seja o de Iguape, seja o de Pirapora, seja o de Perdões, e em todas as suas variantes o caráter frontal e hierático se mantém severamente. Mas nesse porte sagrado, próprio de um Deus, a paixão marcou as feições do *Ecce Homo*. Braços caídos, mãos atadas, cabeça ferida de espinhos, as cinco chagas, olhos fundos: a criatura entregue à fúria do destino. O cetro, entre nós a cana verde (alguns o chamam Bom Jesus da Cana Verde), é a senha da realeza degradada em irrisão.

Reproduzir sempre o mesmo, corpo e feições, é obedecer aqui a uma necessidade interna de percepção social. O Bom Jesus, a humanidade que perdoa porque é divina, a divindade que padece porque é humana, o Bom Jesus deve aparecer sempre igual a si mesmo, à mão que o esculpe e ao crente que vai depois fitá-lo e venerá-lo.

As variações de material (um dia madeira, outro gesso, enfim cartão impresso), de tamanho ou de acabamento refletem diferenças de época e de meios técnicos, mas em nada alteram a imagem, que se refaz em nome da sua identidade religiosa. É a identidade que exige a reiteração, em um primeiro tempo, e não vice-versa. Nas *paulistinhas* de barro queimado feitas em São Paulo desde o século XVIII, os santos são reconhecidos por certos caracteres ou objetos indefectíveis: São Bento, pela barba escura e pela cobra que envolve o saião; Santa Gertrudes, pelo coração de Jesus cavado no peito; São José, pelas botas, livro e lírio; São Gonçalo do Amarante, pela viola ou o livro; Santo Antônio, pelo hábito franciscano e o Menino ao colo...[34]

O retorno de certos componentes reforça o intuito expressivo de base. Basta às vezes o reaparecimento de uma única marca para identificar a divindade: é o caso de um Xangô pernambucano que Luís Saia reconheceu sob as espécies do Menino Jesus em cujo ventre os devotos do candomblé tinham pintado uma faixa vermelha. O signo, motivado embora não figurativo, expressivo mas abstrato, cor e traço, meio símbolo, meio índice, dizia aos fiéis que aquela imagem, ainda que não parecesse a todos, *era Xangô*.[35] A identidade sagrada estava garantida por aquele único traço distintivo, a cor vermelha, que não

54

falta desde que se trate daquela entidade. O que volta, significa, e só volta porque significa.

As artes plásticas *altas*, da Renascença aos neoclássicos, também fogem aos riscos da indistinção. Mas os caminhos do artista são outros. O que faz o escultor acadêmico é conduzir o acabamento, a *rifinitura* do material, até às últimas, diferenciando e apurando as linhas de superfície a fim de obter a almejada individualização no plano e em cada pormenor. O mármore deve moldar-se flexível ao realismo das pregas que tornam icônica até a orla do planejamento... É verdade que o artesanato urbano europeu também se comprazia nesse virtuosismo da minúcia (lembro alguns presépios napolitanos do século XVIII, dos quais há um soberbo exemplar no Museu de Arte Sacra em São Paulo); mas é força convir que, nesse caso, já se tratava de uma sutil penetração do maneirismo e do barroco, logo da arte erudita, na imaginária católica semipopular, sempre mais contígua, na Itália, às técnicas experimentadas pelo artista culto.

O fundamental, nesta altura, é reter o caráter duplo da arte não letrada em nossa condição colonial: certa rigidez quase esquemática da composição geral, pelo que muitos analistas falam em *abstração* arcaica versus figurativismo ou realismo do artista urbano culto; e, ao mesmo tempo, a expressividade antes ontológica do que psicológica. Rigidez e expressividade tornam a imagem sacra anônima um objeto misterioso, um enigma em que o tosco e o solene guardam a mesma face.

Formalmente o hierático leva a reproduzir e a conservar posturas e linhas. O que é solene não pode, por natureza, variar; tende à boa forma, à Gestalt, que se perpetua. Assim é para toda expressão que chega a ser típica, alta ou baixa, sublime ou grotesca.

Dentro desse molde interno bastante amplo e dúctil, que já traz em si as potencialidades da arte toda, pois funde abstrato com expressivo, a cultura popular está generosamente aberta a múltiplas influências e sugestões, sem preconceito de cor, classe ou nação. E, o que é rico de consequências, sem preconceito de tempo. A cultura do povo é localista por fatalidade ecológica, mas na sua dialética humilde é virtualmente universal: nada refuga por princípio, tudo assimila e refaz por necessidade. As cheganças e os congos com que, desde o século XVIII até nossos dias, se representam as lutas entre cristãos e mouros sob a égide de Carlos Magno e seus pares são exemplos notórios de sincronia popular. Quanto à imaginária sacra, análises estilísticas mais detidas revelam traços bizantinos, góticos e barrocos em peças devotas paulistas do século XIX.[36]

É justamente este sincretismo democrático que faltou às vezes aos estilos consumados da cultura erudita sobretudo quando se codificaram no interior de instituições fechadas e autorreprodutoras. Muito do que parece invariável na arte popular, e como tal qualificado de *típico*, é apenas fidelidade vivida subjetivamente como boa forma; ao passo que, na educação acadêmica, houve durante muitas gerações um tipo de reiteração coatora que deu na imitação pela imitação, na *etichetta* (*piccola etica...*), ou seja, na fórmula repetida tão só porque social e politicamente prestigiada. Uma coisa é viver espontânea e fervorosamente a própria tradição; outra é exibi-la de maneira afetada, pedante, esnobe. *S. nob.*: *sine nobilitate*, expressão que se apunha, nos antigos colégios ingleses, aos nomes dos alunos de fidalguia suspeita.

Quanto à expressividade: na arte arcaico-popular costuma ser totalizante; na arte cultista tendia a multiplicar pormenores que se ostentavam por si mesmos, comprazendo-se o artista no requinte da cópia diante do modelo.

É o caso de perguntar: o que acontece na imaginária sacra anônima quando algum detalhe anatômico vem isolado ou agigantado? Este vale como figura em que a parte diz o todo. É o que se dá nos ex-votos encontráveis junto ao pé dos cruzeiros nordestinos e estudados finamente por Luís Saia na obra citada: mãos e pés de tamanho acrescido e tratados plasticamente com maior cuidado remetem à graça da cura alcançada. Não é a parte que se mostra a si mesma, maneiristicamente; é a saúde do homem inteiro que se agradece e se representa. O esquema de base continua sendo o da expressividade do todo.

Os ex-votos depostos ao pé dos *cruzeiros de acontecido* (cruzes erguidas em sítios onde se deram mortes trágicas) são, ao mesmo tempo, objeto de promessas feitas a santos católicos e esculturas de antiquíssima estampa africana. E desafiam o intérprete a enfrentar o problema do convívio dos tempos.

A arte popular brasileira, em estado de aculturação colonial, tem vivido pelo menos dois tempos: o da catequese e o da religiosidade negra. A catequese é apenas tradicionalista, entre tardo-medieval e barroca, mas o rito afro é manifestamente arcaico. O catolicismo cambiou signos com grandes estilos artísticos da História ocidental, de que é componente efetivo: daí, a sua tendência a deslizar do puramente alegórico para o figurativo realista e, sob o influxo da Renascença, a admitir cânones de perspectiva e representação clássica. Mas a arte ritual bantu ou sudanesa trazida pela mão do escravo não sofreu esse processo de *atualização* estilística: continuou simbólica e animista. De certa maneira, a aculturação colonial conseguiu fundir as duas vertentes na modelagem do objeto sagrado popular: enformou o éthos católico da promessa, inerente ao ex-voto, com o talhe arcaico da máscara africana.

Se a catequese do nosso povo não foi propriamente uma *ilusão*, como a definiu Nina Rodrigues,[37] com certeza foi parcial, tendo que compor-se dentro de um complexo religioso mais difuso e arcaico do que o catolicismo oficial. O exemplo do ex-voto vale como cultura de fronteira entre os dois universos, podendo ser qualificado também em termos de *aculturação formal*, na expressão de Roger Bastide, ou ainda de *reinterpretação* de uma cultura pela outra, segundo a via teórica aberta por Herskovits.

OS PROFETAS E O CALUNDU

Mantendo inalterados alguns esquemas tradicionais, a arte que vive sob o limiar da escrita parece sobreviver *fora da História* ou, pelo menos, fora do ritmo da história ideológica da Europa Ocidental que, por sua vez, se reflete com nitidez na vida mental das classes dominantes da Colônia.

Na verdade, existe uma certa porosidade, na cultura de fronteira, em relação a formas simbólicas de outros tempos, mesmo longínquos; o que indica uma diversa qualidade de consciência histórica, isto é, a presença de uma sincronia ampla e sagaz que procura o seu bem onde este se encontra. "Os profetas do Aleijadinho não são barrocos", exclamou Giuseppe Ungaretti depois de revê-los numa viagem que fez a Minas em 1968 em companhia do fotógrafo Sérgio Frederico, "são bíblicos." Como não existe uma estatuária bíblica, o que o olho de águia do poeta viu foi a expressão em pedra de uma religiosidade mais solene, coral e, ao mesmo tempo, mais intrépida e livre do que o consentiram os modelos maneiristas da escultura dos Setecentos.

O pleno reconhecimento da arte colonial brasileira só se fez possível quando a crise do gosto acadêmico burguês começou a dar os seus estertores no final da belle époque.[38] O modernismo, profundamente cindido entre o primordial e o novo, na sua ânsia de redescobrir o Brasil, redimiu o barroco mineiro do olhar desdenhoso com que o maltratara o critério neoclássico transplantado pela Missão Artística Francesa em 1816. Louvando os méritos desta, assim diz um seu historiador entusiasta:

> As instituições, sentimentos e pensamentos coloniais, apoiados no barroco, no jesuítico, no plateresco e no churrigueresco, foram substituídos por sentimentos e ações neoclássicos. Isto na arquitetura.
> Na pintura, o antigo, a mitologia e a história substituíram a obra quase que exclusivamente sacra dos "santeiros" pictoriais da Colônia e do último Vice-Reinado.[39]

Repare-se, por duas vezes, a ideia de *substituição* operada pela nova escola trazida por d. João VI. Do barroco religioso e popular (os *santeiros*) pelo neoclássico leigo e modernizante. E, como se sabe, muito de nossa arquitetura civil, principalmente no Rio de Janeiro oitocentista, iria conformar-se com este último padrão. A partir da Regência e, mais acentuadamente, ao longo do Segundo Reinado, também a nossa pintura dita *nacional* se enquadraria nas regras do academismo francês. Gonçalves de Magalhães, o *romântico arrependido*, e Araújo Porto Alegre foram discípulos diretos de Debret. Não admira, portanto, que um regionalista romântico, nascido e criado em Ouro Preto, Bernardo Guimarães, tenha dito dos profetas de Congonhas do Campo palavras de absoluta incompreensão estética misturadas embora de espanto pelo vigor excepcional do Aleijadinho:

> É sabido que estas estátuas são obras de um escultor maneta ou aleijado da mão direita, o qual, para trabalhar, era mister que lhe atassem ao punho os instrumentos.
> Por isso, sem dúvida, a execução artística está muito longe da perfeição. Não é preciso ser profissional para reconhecer neles a incorreção do desenho, a pouca harmonia e a falta de proporção de certas formas. Cabeças mal contornadas, proporções mal guardadas, corpos por demais espessos e curtos, e outros muitos defeitos capitais e de detalhe estão revelando que esses profetas são filhos de um cinzel tosco e ignorante. Toda-

via, as atitudes em geral são características, imponentes e majestosas, as montagens dispostas com arte, e por vezes o cinzel do rude escultor soube imprimir às fisionomias uma expressão digna dos profetas.

O sublime Isaías, o terrível e sombrio Habacuc, o melancólico Jeremias são especialmente notáveis pela beleza e solenidade da expressão e da atitude. A não encará-los com vistas minuciosas e escrutadoras do artista, esses vultos ao primeiro aspecto não deixam de causar uma forte impressão de respeito e mesmo de assombro. Parece que essas estátuas são cópias toscas e incorretas de belos modelos de arte, que o escultor tinha diante dos olhos ou impressos na imaginação.[40]

O que a sensibilidade romântica do narrador Bernardo Guimarães não poderia deixar de admirar incide precisamente na expressividade totalizante: *o sublime, o terrível, o sombrio, o melancólico, as atitudes em geral, expressão digna dos profetas, beleza e solenidade de atitude, forte impressão de respeito e assombro*. Mas, ao mesmo tempo, o que o critério da academia rejeitava era o tratamento plástico, que, afinal, garantia aquela mesma força expressiva; era o gesto criador que não podia (nem precisava) assumir a proporção anatômica, a perspectiva de Donatello, o virtuosismo do detalhe mimético, a doce harmonia das curvas em fecho... justamente porque a sua lógica poética reclamava outras formas simbólicas e outra qualidade de execução final. O comentário do último período, que presume a existência de "belos modelos de arte" dos quais os projetos seriam "cópias toscas e incorretas", dá a medida da distorção estética de um olhar endurecido pela fórmula neoclássica.

O desentendimento parece, aqui, estrutural. O critério erudito em causa conhece uma história própria, que mergulha nas lutas culturais da matriz europeia: é a oposição entre as Luzes com seus padrões neoclássicos e o "obscurantismo" barroco, devoto e semipopular, visto sumariamente como um todo a ser superado. O espírito dessa luta, quando penetra a ideologia da classe dominante no país colonizado, se manifesta sob a forma de julgamentos cortantes dos outros estratos culturais, não só puramente populares como também os que se exprimem na fronteira entre o iletrado e o culto. O elitismo se tornaria, assim, um componente inarredável do processo ideológico latino-americano na medida em que as ideias gerais da evolução, progresso e civilização não se casavam com os valores da democracia social e cultural.

O gosto oficial do século XIX e do começo do século XX separou, por força da própria divisão de trabalho e de poder, os valores do colonizador e os do colonizado, decaídos a não valores. Assim, o colonizado viveu sempre ambiguamente o seu próprio universo simbólico tomando-o como positivo (em si) e negativo (para o outro e para si como introjeção do outro).

Um dos propósitos deste ensaio é sugerir que a cisão cultural que acompanha o processo de modernização das elites conheceu outras formas, aparentemente mais duras, no interior da situação colonial.

É notório o fato de que os primeiros jesuítas demonizaram, de plano, as práticas religiosas tupis fazendo exceção ao nome Tupã arbitrariamente assimilado ao Deus bíblico. Com os ritos africanos a atitude de recusa foi ainda mais radical.

Lendo a alegoria barroca de Nuno Marques Pereira, o *Compêndio narrativo do Peregrino da América*, saído em 1718, encontro um episódio que mostra como a diferença religiosa se resolvia em práticas de puro e simples exorcismo.

O Peregrino hospeda-se na casa de um generoso senhor de engenho. De noite, porém, não consegue pregar olho com o ruído que fazem os escravos nas suas danças religiosas. Eis o que acontece:

> Perguntou-me como havia eu passado a noite. Ao que respondi: "Bem de agasalho, porém desvelado; porque não pude dormir toda a noite". Aqui acudiu ele logo, perguntando-me que causa tivera. Respondi-lhe que fora procedida do estrondo dos atabaques, pandeiros, canzás, botijas e castanhetas; com tão horrendos alaridos, que se me representou a confusão do inferno [...] "Agora entra o meu reparo (lhe disse eu). Pois, senhor, que cousa é *Calundus*?" "São uns folguedos, ou adivinhações (me disse o morador) que dizem estes pretos que costumam fazer nas suas terras, e quando se acham juntos também usam deles cá, para saberem várias cousas; como as doenças de que procedem, e para adivinharem algumas cousas perdidas; e também para terem ventura em suas caçadas e lavouras, e para outras cousas.

A explicação do fazendeiro, na verdade uma boa lição de antropologia, colhe em termos simples as funções integradoras do rito que se transplantou da África e se manteve nas condições adversas do eito e da senzala.[41] Mas o Peregrino não se convence nem se rende; ao contrário, condena a tolerância do hospedeiro a ponto de chamá-lo de *excomungado*, nome que estende aos escravos por crime contra o primeiro mandamento, pecado de idolatria e culto do diabo, exatamente como fizera, uma geração atrás, o poeta Gregório de Matos em seu julgamento dos costumes afro-baianos:

> *Que de quilombos que tenho*
> *com mestres superlativos,*
> *nos quais se ensina de noite*
> *os calundus e feitiços!*
>
> ....
>
> *O que sei é que em tais danças*
> *Satanás anda metido,*
> *e que só tal padre-mestre*
> *pode ensinar tais delírios.*

> ("Queixa-se a Bahia por seu bastante procurador, confessando que as culpas, que lhe increpam, não são suas, mas sim dos viciosos moradores que em si alberga.")

O nosso inquisitorial Peregrino das palavras passa à ação. Manda chamar o "Mestre dos Calundus", provavelmente o babalaô, pergunta-lhe o que faz, e dá-lhe uma aula de estapafúrdia etimologia para provar o caráter demoníaco das suas artes:

"Dizei-me, filho (que melhor fora chamar-vos pai da maldade), dizei-me que cousa é *Calundus?*" O qual com grande repugnância e vergonha me disse: que era uso de suas terras, com que faziam suas festas folguedos e adivinhações. "Não sabíeis (lhe disse eu) esta palavra de *Calundus* o que quer dizer em português?" Disse-me o preto que não. "Pois eu vos quero explicar (lhe disse eu) pela etimologia do nome, que significa. Explicado em Português, e Latim, é o seguinte: que se calam os dois. *Calo duo.* Sabeis quem são estes dois que se calam? Sois vós, e o diabo. Cala o diabo, e calais vós o grande pecado que fazeis, pelo pacto que tendes feito com o diabo; e o estais ensinando aos mais fazendo-os pecar, para os levar ao Inferno quando morrerem, pelo que cá obraram junto convosco."[42]

Aterrados todos, o morador, o pai de santo e os escravos, mandou o Peregrino que fizessem

vir todos os instrumentos com que se obravam aqueles diabólicos folguedos. O que se pôs logo em execução, e se mandaram vir para o terreiro; e no meio dele se fez uma grande fogueira, e nela se lançaram todos. Ali foi o meu maior reparo, por ver o horrendo fedor e grandes estouros que davam os tabaques, botijas, canzás, castanhetas e pés de cabras; com um fumo tão negro, que não havia quem o suportasse: e estando até então o dia claro, se fechou logo com uma lebrina tão escura, que parecia se avizinhava a noite. Porém eu, que fiava tudo da Divina Majestade, lhe rezei o Credo; e imediatamente com uma fresca viração tudo se desfez.

Vem depois uma longa narração forrada de outros casos de comércio com o demo por meio de idolatrias ou de atos libidinosos na prática dos quais muitas almas se danaram para todo o sempre.

O que ressalta neste episódio do *Peregrino da América* é a luta sem quartel da religião oficial contra os ritos de origem africana; luta que culmina em um verdadeiro auto de fé dos instrumentos sagrados dos cativos. E é digno de nota o recurso final do Peregrino para dissipar a nuvem fétida que cobriu a luz do dia: ele recitou o Credo exatamente como quem lança contra o adversário uma fórmula de magia, "e imediatamente com uma fresca viração tudo se desfez".

Na aculturação colonial não é raro que o protagonista mais moderno faça regredir o próprio éthos a estágios arcanos.

Se procurarmos extrair um significado comum e mais geral dos desencontros apontados, surpreenderemos a dialética de um complexo formado de tempos sociais distintos, cuja simultaneidade é estrutural, pois estrutural é a compresença de dominantes e dominados, e estrutural é a sua contradição. O olho do colonizador não perdoou, ou mal tolerou, a constituição do diferente e a sua sobrevivência. A rigidez ortodoxa selada pelo Concílio de Trento abominava as danças e os cantos afro-brasileiros. Mais tarde, o gosto acadêmico de molde francês desprezaria a maneira arcaico-popular do barroco mineiro ainda sobrevivente na arquitetura religiosa do século XIX. Sempre uma cultura (ou um culto) vale-se de sua posição dominante para julgar a cultura ou o culto do outro. A colonização retarda, também no mundo dos símbolos, a democratização.

Foi preciso esperar até o primeiro quartel do século XX, quando as pontas de lança da inteligência europeia, em um momento de forte autocrítica do imperialismo ocidental, repensaram a arte popular, o estilo do barroco americano e as culturas africanas para que recebessem um olhar de simpatia as formações simbólicas do homem colonizado. A antropologia antirracista de Franz Boas, que aqui chega pelas mãos de G. Freyre, as vanguardas parisienses das artes plásticas incluindo a valorização do *art nègre*, e pouco depois a releitura dos barrocos feita pela estilística alemã e espanhola: eis algumas vertentes críticas, entre si díspares, que contribuíram para despertar um sentimento novo nas elites intelectuais da América Latina. Um sentimento que, embora pudesse confundir-se em alguns aspectos com o nacionalismo, então na pauta dos países ex-coloniais, na verdade transcendia esse quadro de ideologia militante enquanto se voltava para as potencialidades universais da arte e da religião. Daí a convergência feliz de cosmopolitismo e enraizamento nas manifestações de vanguarda desses anos de renascimento latino--americano e afro-antilhano.

2
ANCHIETA
OU
AS FLECHAS OPOSTAS DO SAGRADO

A poesia de José de Anchieta, imersa que está na devoção católica, corre o risco de ser lida como um todo homogêneo. Mas, examinada de perto, revela diferenças internas de forma e sentido que vale a pena aprofundar.

ALEGORIA E CATEQUESE

Quando escrevia para os nativos, ou para colonos que já entendiam a língua geral da costa, o missionário adotava quase sempre o idioma tupi. O trabalho de aculturação linguística é, nesses textos, a marca profunda de uma situação historicamente original. O poeta procura, *no interior dos códigos tupis*, moldar uma forma poética bastante próxima das medidas trovadorescas em suas variantes populares ibéricas: com o verso redondilho forja quadras e quintilhas nas quais se arma um jogo de rimas ora alternadas, ora opostas.

Redondilhos, quintilhas, consonâncias finais: estamos no coração das praxes métricas da península, agora transplantadas para um público e uma cultura tão diversos.

> *Jandé, rubeté, Iesu,*
> *Jandé rekobé meengára,*
> *oimomboreausukatú,*
> *Jandé amotareymbára.*
> Jesus, nosso verdadeiro Pai,
> senhor da nossa existência, aniquilou
> nosso inimigo.[1]

As palavras são tupis (com exceção de Iesu), tupi é a sintaxe: mas o ritmo do período, com seus acentos e pausas, não é indígena, é português. O ritmo, mas não a música toda, pois a corrente dos sons provém do tupi.

Aculturar também é sinônimo de traduzir.

O projeto de transpor para a fala do índio a mensagem católica demandava um esforço de penetrar no imaginário do outro, e este foi o empenho do primeiro apóstolo. Na passagem de uma esfera simbólica para a outra Anchieta encontrou óbices por vezes incontornáveis. Como dizer aos tupis, por exemplo, a palavra *pecado*, se eles careciam até mesmo da sua noção, ao menos no registro que esta assumira ao longo da Idade Média europeia? Anchieta, neste e em outros casos extremos, prefere enxertar o vocábulo português no tronco do idioma nativo; o mesmo faz, e com mais fortes razões, com a palavra *missa* e com a invocação a Nossa Senhora:

> *Ejorí, Santa Maria,*
> *xe anáma rausubá!*
> Vem, Santa Maria,
> protetora dos meus!

Tais casos são, porém, atípicos. O mais comum é a busca de alguma homologia entre as duas línguas com resultados de valor desigual:

Bispo é *Pai-guaçu*, quer dizer, pajé maior. Nossa Senhora às vezes aparece sob o nome de *Tupansy*, mãe de Tupã. O reino de Deus é *Tupáretama*, terra de Tupã. Igreja, coerentemente é *tupãóka*, casa de Tupã. Alma é *anga*, que vale tanto para toda sombra quanto para o espírito dos antepassados. Demônio é *anhanga*, espírito errante e perigoso. Para a figura bíblico-cristã do anjo Anchieta cunha o vocábulo *karaibebê*, profeta voador...

A nova representação do sagrado assim produzida já não era nem a teologia cristã nem a crença tupi, mas uma terceira esfera simbólica, uma espécie de *mitologia paralela* que só a situação colonial tornara possível.

Começando pela arbitrária equação Tupã-Deus judeu-cristão, todo o sistema de correspondências assim criado procedia por atalhos incertos. Tupã era o nome, talvez onomatopaico, de uma força cósmica identificada com o trovão, fenômeno celeste que teria ocorrido a primeira vez com o arrebentamento da cabeça de uma personagem mítica,

Maíra-Monã.[2] De qualquer modo, o que poderia significar, para a mente dos tupis, fundir o nome de Tupã com a noção de um Deus uno e trino, ao mesmo tempo todo-poderoso, e o vulnerável Filho do Homem dos Evangelhos?

O paradoxo cristão aparece a nu em versos como estes:

> *Pitanginamo ereikó,*
> *Tupánamo eikóbo bé.*
> És uma criancinha,
> embora um Deus também.

Aqui a homologia com Tupã revela-se cabalmente inadequada. Problema similar cria a palavra que o poeta inventou para traduzir nos seus autos, como se disse acima, a noção de anjo. *Karaibebê* presta-se a duas interpretações diversas: *Karaí* é tanto o homem branco (até hoje no Paraguai *karaí* serve de tratamento respeitoso, e vale *senhor*), quanto o profeta-cantor guarani, a *santidade* que vai de tribo em tribo anunciando a Terra sem Mal. Mas em que pensariam os índios acoplando *karaí* à ideia de voo expressa em *bebê*? Nos seus próprios xamãs nômades e videntes, mas agora dotados de asas? Ou então em portugueses alados? No *Auto de São Sebastião* Anchieta se encanta com a fantasia de um reino de anjos: *karaibebê rupape*!

A aculturação católico-tupi foi pontuada de soluções estranhas quando não violentas. O círculo sagrado dos indígenas perde a unidade fortemente articulada que mantinha no estado tribal e reparte-se, sob a ação da catequese, em zonas opostas e inconciliáveis. De um lado, o Mal, o reino de Anhanga, que assume o estatuto de um ameaçador Anti-Deus, tal qual o Demônio hipertrofiado das fantasias medievais. De outro lado, o reino do Bem, onde Tupã se investe de virtudes criadoras e salvíficas, em aberta contradição com o mito original que lhe atribuía precisamente os poderes aniquiladores do raio.

Narra Anchieta este caso de conversão de um índio velhíssimo ("que creio passa de cento e trinta anos"), morador da aldeia de Itanhaém:

> [...] falamos-lhe que o queríamos batizar para que sua alma não se perdesse, mas que por então não podíamos ensinar-lhe o que era necessário por falta de tempo, e que estivesse preparado para quando voltássemos.

Folgou ele tanto com esta notícia, como vinda do Céu, e teve-a tanto em memória, que agora quando viemos e lhe perguntamos se queria ser Cristão, respondeu com muita alegria que sim, e que já desde então o estava esperando [...] O que se lhe imprimiu foi o mistério da Ressurreição, que ele repetia muitas vezes dizendo: "Deus verdadeiro é Jesus, que saiu da sepultura e subiu ao Céu, e depois há de vir, muito irado, a queimar todas as cousas" [...] Chegando à porta da igreja o assentamos em uma cadeira onde estavam já seus padrinhos com outros cristãos a esperá-lo. Aí lhe tornei a dizer que dissesse diante de todos o que queria; e ele respondeu com grande fervor que queria ser batizado, e que toda aquela noite estivera pensando na ira de Deus, que havia de ter para queimar todo o mundo, e destruir todas as cousas, e de como havíamos de ressuscitar todos.

Depois do batismo o velho índio supôs "que dali subiria ao Céu, e tendo voltado à sua casa começou a chorar, e seus filhos e netos com ele".[3]

A narrativa nos dá um exemplo de fusão de Cristo que ressuscita individualmente e Tupã que destrói em dimensões cósmicas. É singular este novo Tupã que entra na economia humanizada da Encarnação cristã: tem mãe, *Tupansy*, a qual é também sua filha, *Tupã rajyra* (lembremos Dante, "Vergine Madre Figlia del tuo Figlio", no Canto XXXIII do Paraíso); e tem casa e reino.

No universo escuro de Anhanga perfilam-se os *maus hábitos*: no caso, a antropofagia, a poligamia, a embriaguez pelo cauim e a inspiração do fumo queimado nos maracás. Para falar só do primeiro: o ritual de devoração do inimigo remetia, na verdade, a um bem substancial para a vida da comunidade, sendo um ato de teor eminentemente sacral que dava a quantos o celebravam nova identidade e novo nome. Mas essa função sacramental da antropofagia era exorcizada pelo catequista que via nela a obra de Satanás, um vício nefando a que o índio deveria absolutamente renunciar. Para qualificar esse e outros rituais Anchieta forjou o termo *angaipaba*, composto, segundo a análise de Maria de Lourdes de Paula Martins, de *ang* (alma), *aíb* (má) e *aba* (sufixo nominal), algo que soava como *coisas da alma perversa*, com que o missionário reificava a noção de pecado tornando assim mais visível o objeto da sua execração.

Com o fim de converter o nativo Anchieta engenhou uma poesia e um teatro cujo correlato imaginário é um mundo maniqueísta cindido entre forças em perpétua luta: Tupã-Deus, com sua constelação familiar de anjos e santos, e Anhanga-Demônio, com a sua coorte de espíritos malévolos que se fazem presentes nas cerimônias tupis. Um dualismo ontológico preside a essa concepção totalizante da vida indígena: um de seus efeitos mais poderosos, em termos de aculturação, é o fato de o missionário vincular o éthos da tribo a poderes exteriores e superiores à vontade do índio.

Está claro que essa demonização dos ritos tupis não produzia uma prática religiosa de que emergisse a figura da pessoa moral como sujeito de suas ações. O catecúmeno era visto (e se via) como um ser possuído por forças estranhas das quais o viria salvar um deus ex-machina pregado pelo *abaré*, o padre, e distribuído pelos sacramentos com a ajuda de entes sobrenaturais como os anjos e as almas dos santos.

Nos autos assiste-se à dramatização de um processo que se instaura de fora para dentro da vida tribal. Já apontei a sua estrutura dualista, longamente sustentada e variamente desdobrada pelos trabalhos posteriores de aculturação.

Caberia ainda insistir em uma distinção prévia: os missionários fizeram uma partilha tática no conjunto das expressões simbólicas dos nativos. Colheram e retiveram das narrativas correntes só aquelas passagens míticas nas quais apareciam entidades cósmicas (*Tupã*), ou então heróis civilizadores (*Sumé*), capazes de se identificarem, sob algum aspecto, com as figuras pessoais e bíblicas de um Deus Criador ou de seu Filho Salvador. Como, ao que se sabe, os tupis não prestavam culto organizado a deuses e heróis, foi relativamente fácil aos jesuítas inferir que *eles não tivessem religião alguma* e preencher esse vazio teológico com as certezas nucleares do catolicismo, precisamente a criação e a redenção.

Essa impressão é geral, figurando não só nos textos jesuíticos como em outras fontes, independentes: Hans Staden, Jean de Léry, André Thevet, Gabriel Soares de Sousa, Gândavo. Cito uma passagem exemplar da *Informação do Brasil e de suas capitanias* (*1584*) de Anchieta:

> Nenhuma criatura adoram por Deus, somente os trovões cuidam que são Deus, mas nem por isso lhes fazem honra alguma, nem comumente têm ídolos, nem sortes, nem comunicação com o demônio, posto que têm medo dele, porque às vezes os mata nos matos a pancadas, ou nos rios, e, porque lhes não faça mal, em alguns lugares medonhos e infamados disso, quando passam por eles, lhes deixam alguma flecha ou penas ou outra coisa como por oferta.

Linhas abaixo, falando dos feiticeiros (*pajés*), o missionário admite que estes, sim, teriam parte com o demo.[4]

A ordem das observações tanto dos missionários como dos cronistas é, em geral, a mesma:

a) negam redondamente a existência de religião entre os tupis;

b) referem o medo aos trovões que seriam tomados como uma manifestação de uma divindade, *Tupã*;

c) narram casos de perseguição e morte dos índios por espíritos maus, *Anhanga* e *Juripari*, identificados com demônios;

d) enfim, reportam-se à influência dos pajés e dos caraíbas.

À medida, porém, que avançavam no conhecimento da vida indígena, os missionários foram percebendo que aquela absoluta ausência de rituais consagrados a Tupã ou a Sumé estava a indicar que se deveria buscar *em outro* locus *simbólico* o cerne da religiosidade tupi. O centro vivo, doador de sentido, não se encontrava nem em liturgias a divindades criadoras, nem na lembrança de mitos astrais, mas no *culto dos mortos*, no conjuro dos bons espíritos e no esconjuro dos maus. Eis a função das cerimônias de canto e dança, das beberagens (*cauinagens*), do fumo inspirado e dos transes que cabia ao pajé presidir.

Eram essas práticas verdadeiramente ricas de significado, esses os ritos que atavam a mente do índio ao seu passado comunitário ao mesmo tempo que garantiam a sua identidade no interior do grupo. A antropofagia não podia entender-se fora da crença no aumento de *forças* que se receberiam pela absorção do corpo e da alma de inimigos mortos em peleja honrosa.

Aí estava, portanto, o alvo real a ser destruído pela pregação jesuítica. O método mais eficaz não tardou a ser descoberto: generalizar o medo, o horror, já tão vivo no índio, aos espíritos malignos, e estendê-lo a todas as entidades que se manifestassem nos transes. Enfim, diabolizar toda cerimônia que abrisse caminho para a volta dos mortos.

A doutrina católica oficial, nesse limiar da modernidade leiga ou heterodoxa, que é o século da Renascença e da Reforma, procurava apagar os vestígios animistas ou mediúnicos do comportamento religioso. É o tempo da perseguição implacável à magia, tempo de caça às bruxas e aos feiticeiros, de resto não só na Espanha e em Portugal. Compreende-se, nesse contexto, a escolha do diabo como protagonista de tantos autos de Anchieta. E compreende-se, mais ainda, que o Anjo do Mal apareça com ares tão familiares nas cenas grotescas ou jocosas de impropérios, ou nas justas finais comuns nestes acidentados mistérios tupi-medievais.

Era preciso circunscrever o lugar do Mal, cercá-lo, vencê-lo e soto-pô-lo às hostes do Bem. Exemplar, a fala de *Guaixará*, rei dos maus espíritos, no auto intitulado *Na Festa de São Lourenço*. Nem é supérfluo notar que o nome de Guaixará se deve ao fato de assim chamar-se o herói tamoio do Cabo Frio que atacou por duas vezes os lusos sediados em São Sebastião do Rio de Janeiro (1566) e em São Lourenço (1567). O outro chefe tamoio, Aimbirê, aparecerá representado como Satanás:

> *Molestam-me os virtuosos*
> *irritando-me muitíssimo*
> *os seus novos hábitos*
> *Quem os terá trazido*
> *para prejudicar nossa terra?*
>
> *Eu somente*
> *nesta aldeia estou*
> *como seu guardião,*
> *fazendo-a seguir as minhas leis*
> *Daqui vou longe*
> *visitar outras aldeias.*
>
> *Quem sou eu?*
> *Eu sou conceituado,*
> *sou o diabo assado,*
> *Guaixará chamado,*
> *por aí afamado.*
>
> *Meu sistema é agradável.*
> *Não quero que seja constrangido,*
> *nem abolido.*
>
> *Pretendo*
> *alvoroçar as tabas todas.*
>
> *Boa cousa é beber*
> *até vomitar cauim.*
> *Isso é apreciadíssimo.*
> *Isso se recomenda,*
> *Isso é admirável!*

São aqui conceituados os moçaracas
beberrões
Quem bebe até esgotar-se o cauim,
esse é valente,
ansioso por lutar.

É bom dançar,
adornar-se, tingir-se de vermelho,
empenar o corpo, pintar as pernas,
fazer-se negro, fumar,
curandeirar...

De enfurecer-se, andar matando,
comer um ao outro, prender tapuias,
amancebar-se, ser desonesto,
espião adúltero,
não quero que o gentio deixe.

Para isso
convivo com os índios,
induzindo-os a creditarem em mim.
Vêm inutilmente afastar-me
os tais padres agora,
apregoando a lei de Deus.[5]

A tradução, por dever de estrita literalidade, roça às vezes o prosaico. Mas que ardido folheto de cordel renderia nas mãos de um poeta popular nordestino este elenco de vanglórias do coisa-ruim!

Tudo quanto a fala de Guaixará vai nomeando como obras suas, o que representa se não o próprio sistema ritual dos tupis? É a ingestão do licor fermentado, é a dança prolongada noite adentro, são os adornos, é a pintura corporal vermelha e negra, é a tatuagem, é a emplumagem, é o fumo, são as consultas ao pajé-oráculo, é a antropofagia.

Acende-se aqui o conflito entre culturas. As religiões que tendem a edificar a figura da consciência pessoal unitária, como o judaísmo e o cristianismo, temem os rituais mágicos, tanto os naturalistas quanto os xamanísticos, suspeitando-os de fetichistas ou idólatras. Daí, a recusa de gestos que lembrem fenômenos mediúnicos ou de possessão e o horror de atos que façam submergir no transe a identidade pessoal. Há uma tradição multissecular de luta judeu-cristã (a que não escapou o islamismo) para depurar o imaginário; tradição que remonta à lei mosaica, aos profetas, às Cartas paulinas. E o medo do politeísmo ressurgente levou, na sua dinâmica, à ação extrema dos iconoclastas. A liturgia cristã europeia, na sua vertente mais moderna, protestante, afinava-se, desde o século XVI, pelo tom ascético de um calvinismo avesso a figuras e a gestos e, no limite, refratário a qualquer simbologia que não fosse o verbo descarnado das Escrituras. A relação com o transcendente aí se fazia mediante a leitura direta do texto, a nua palavra da Bíblia, só interrompida, em raros e bem marcados entretempos, pela sóbria entoação do canto sacro: nada mais.

Foi nesse momento histórico de viragem para um culto mais intelectualizado que o cristão da Europa entrou em contacto com as práticas animistas da África e da América. As flechas do sagrado cruzaram-se. Infelizmente para os povos nativos, a religião dos descobridores vinha municiada de cavalos e soldados, arcabuzes e canhões. O recontro não se travou apenas entre duas teodiceias, mas entre duas tecnologias portadoras de instrumentos tragicamente desiguais. O resultado foi o massacre puro e simples, ou a degradação com que o vencedor pôde selar os cultos do vencido.

No caso luso-brasileiro, a ponte entre a vida simbólica dos tupis e o cristianismo acabou-se fazendo graças ao caráter mais sensível, mais dúctil e mais terrenal do catolicismo português se comparado com o puritanismo inglês ou holandês dominante nas colônias da Nova Inglaterra. A devoção popular ibérica não dispensava o recurso às imagens; antes, multiplicava-as. Por outro lado, valia-se muitíssimo das figuras medianeiras entre o fiel e a divindade, como os anjos bons e os santos, os quais afinal são almas de mortos que intercedem pelos vivos.

Nessa linha de mediações tangíveis, a catequese no Brasil valorizou, quanto pôde, a prática dos sacramentos, sinais corpóreos da relação entre os homens e Deus. E, ao lado da linguagem simbólica do pão e do vinho (a *Eucaristia*), da água (o *Batismo*), do óleo (a *Confirmação* ou *Crisma*) e dos corpos (o *Matrimônio*), difundiam-se veículos modestos, mas constantes, os objetos ditos *sacramentais*, como o incenso e a água benta, as relíquias, as medalhas, os rosários e terços, os santinhos, os escapulários, os círios e os ex-votos, um sem-número de signos que tornavam acessível a doutrina ensinada aos índios e negros da Colônia.

Reforçados pelo temor comum aos maus espíritos, os jesuítas puseram-se a atacar no coração os ritos de chamamento dos mortos que cimentavam as relações entre os membros da tribo. Substituíram as cerimônias tupi-guaranis por uma liturgia coral e pinturesca que se desdobrava em procissões e vias-sacras nos adros dos templos, além de um fervoroso devocionário de cunho popular onde legiões de anjos e almas do Paraíso podiam ser invocadas para acorrer às necessidades do fiel, mantendo-se sempre a intermediação hierarquizada da Igreja.

O princípio mais geral da mediação, realizado por entidades espirituais (algumas diurnas e noturnas como os anjos da guarda), permitiu que o catolicismo ibérico, ainda medieval no século XVI, construísse uma ponte praticável com mãos de ida e volta entre os cultos dos colonizadores e a mente dos colonizados. Mas o efeito desse contacto, propiciado pela crença comum na existência dos espíritos, não se daria sob a égide de uma união fraterna de povos que o destino um dia aproximou... Como o regime do encontro foi, desde o início, a dominação, as cerimônias indígenas de relação com os mortos foram vistas, pela ótica dos viajantes e missionários, como sintomas de barbárie e, mais comumente, caíram sob a suspeita de demonização. O processo colonial impedia que a aculturação simbólica se fizesse livre, lisa e horizontalmente sem desníveis e fraturas de sentido e valor.

Sob o olhar do colonizador os gestos e os ritmos dos tupis que dançam e cantam já não significam movimentos próprios de fiéis cumprindo sua ação coletiva e sacral (que é o sentido do termo *liturgia*), mas aparecem como resultado de poderes violentos de espíritos maus que rondam e tentam os membros da tribo. A qualquer hora pode sobrevir Anhanga, a sombra errante que espreita os homens, ameaça recorrente. Nos autos de Anchieta o Mal vem de fora da criatura e pode habitá-la e possuí-la fazendo-a praticar atos-coisas perversos, *angaipaba*.

O apelo, aliás antiquíssimo, ao *bestiário* ilustra o teor regressivo do processo inteiro. A figura do diabo é animalizada em mais de um passo. A natureza que não se pôde domar é perigosa. Os espíritos infernais chamam-se, *Na festa de São Lourenço*: *boiuçu*, que é cobra-grande; *mboitininguçu*, cobra que silva, cascavel; *andiraguaçu*, morcegão-vampiro; *jaguara*, jaguar ou cão de caça; *jiboia*; *socó*; *sukuriju*, sucuri, cobra que estrangula; *taguató*, gavião; *atyrabebó*, tamanduá grenhudo; *guabiru*, rato-de-casa; *guaikuíka*, cuíca, rato-do-mato; *kururu*, sapo-cururu; *sarigueia*, gambá; *mboraborá*, abelha-preta; *miaratakaka*, cangambá; *sebói*, sanguessuga; *tamarutaka*, espécie de lagosta, *tajassuguaia*, porco.

Tudo quanto no reino animal metia medo ou dava nojo ao europeu vira signo dúbio de entidades funestas em ambos os planos, o natural e o sobrenatural. O mal se espalha nos matos ou se esconde nas furnas e nos pântanos, de onde sai à noite sob as espécies da cobra e do rato, do morcego e da sanguessuga. Mas o perigo mortal se dá quando tais forças, ainda exteriores, penetram na alma dos homens. Aqui o olho inquisidor acusa modos de possessão coletiva em todas as práticas da tribo que potenciam a vitalidade do corpo até os espasmos do transe. O cauim salivado na boca das velhas fermenta o sangue, sobe à cabeça e arrasta o índio à luxúria e à brutalidade. A iguais excessos leva o fumo que expira dos sagrados manacás, cabeças-cabaças onde moram e de onde falam os ancestrais. À bebida e ao tabaco junte-se o mais potente dos excitantes, a carne crua dos heróis mortos em guerra. Para o missionário aí se enlaçavam em nó viperino os pecados capitais da ira, da gula e da impenitente soberba. A catequese vai coisificar como gestos de Anhanga esses e outros rituais vividos no interior das comunidades indígenas.

Outra relação de exterioridade impõe-se com toda a evidência no poema joco-sério "O pelote domingueiro", provável núcleo dramático do *Auto da pregação universal*, o mais representado dentre os textos de Anchieta durante as suas andanças pelas vilas do litoral.

A alegoria do poema persegue a ideia da graça divina que Adão recebeu do alto. O pelote, isto é, o belo capote envergado aos domingos, é esse dom de que o primeiro homem foi revestido no Éden, mas perdeu quando deixou que o Anjo do Mal o furtasse.

Atente-se para a sequência: o bem, ofertado de fora para dentro, *como o traje está para o corpo*, é também subtraído ao homem por injunções externas, no caso a esperteza rapinante do capeta ("A cobra ladra e malina/ com inveja do moleiro/ apanhou-lhe o domingueiro."). Mais tarde, isto é, com a vinda de Jesus Cristo, o novo Adão é ressarcido da sua perda original: só então recobra a honra com o uso do pelote.

O homem recebeu de graça, foi roubado de chofre, enfim recuperou, também sem iniciativa sua, o dom da vida eterna. "Graça", "divinos dões", tudo são sinônimos de gratuidade:

> *Ele, deram-lho de graça,*
> *porque "Graça" se chamava*
> *e com ele passeava,*
> *mui galante, pela praça.*
> *Mas furtaram-lhe, à ramaça,*
> *ao pobre do moleiro,*
> *o pelote domingueiro.*
>
> *Os pobretes cachopinhos*
> *ficaram mortos de frio,*
> *quando o pai, com desvario,*
> *deu na lama de focinho.*
> *Cercou todos os caminhos*
> *o ladrão, com seu bicheiro,*
> *e raspou-lhe o domingueiro.*
>
> *De graça lhe foi tomado,*
> *mas custou muito dinheiro*
> *ao neto, que foi terceiro*
> *para ser desempenhado.*
> *Foi mui caro resgatado*
> *(ditoso de ti, moleiro!)*
> *teu pelote domingueiro.*[6]

O preço do resgate, quem o pagou não foi o pecador, mas "o neto do moleiro", Jesus Cristo, saído da estirpe de Adão. A alma é, ainda e sempre, o palco de uma justa entre potências malévolas e benévolas que a transcendem e a objetivam.

O auto *Na vila de Vitória* será talvez o exemplo mais coerente do processo alegórico trabalhado por Anchieta. Nele não há, a rigor, personagens: são vozes, ou porta-vozes, que remetem a entes políticos, morais ou religiosos. É a Vila, é o Governo, é a Ingratidão, é o Temor, é o Amor de Deus, sem falar nos indefectíveis anjos do mal, Lúcifer e Satanás, que desta vez se insultam um ao outro antes de caírem com estrondosa derrota sob as milícias celestes de São Maurício e do arcanjo Miguel.

75

Se por alegoria entende-se um método de pensar e dizer que se fixa no abstrato das grandes noções (recobrindo a riqueza das diferenças vividas pela experiência), então as figuras emblemáticas desse auto ilustram com justeza a definição do processo. As falas moralizantes do *Governo* e do *Temor* escondem e, ao mesmo tempo, buscam resolver *por alto* algumas tensões políticas agudas que, nos últimos anos do século, dilaceravam a capitania do Espírito Santo.

A vila de Vitória conheceu, nesse momento, a ambígua e incômoda situação de ser, a um só tempo, cabeça de uma capitania portuguesa vacante, em 1589 (pela morte do seu donatário, Vasco Fernandes Coutinho), e uma cidade feita juridicamente castelhana pela união dos Estados ibéricos sob Filipe II, desde 1580. Governava a capitania dona Luísa Grimaldi, dama da nobreza monegasca, viúva de Fernandes Coutinho, quando estalou um movimento pró-castelhano que se interessava em fazer reverter diretamente à Coroa o senhorio do Espírito Santo. O partido contrário, luso, pretendia assegurar aos parentes próximos do morto a regência de Vitória, reclamando assim um estatuto especial para a vila, "um título novo/ com nova governação".

Em meio a tanta discórdia os jesuítas apoiaram, discreta mas firmemente, o partido de Filipe II, fazendo gestões diplomáticas junto a dona Luísa para que se mantivesse no leme da capitania, mas sempre formalmente sujeita ao poder central espanhol.

O auto reflete o momento sob os véus de uma alegoria político-religiosa. A cidade fala como grave matrona, a viúva Grimaldi certamente, perplexa e dividida entre o *bom zelo*, acaso indiscreto, dos herdeiros de seu marido e a obediência à autoridade de Castela; esta afinal tudo vence pela boca de um sisudo conselheiro rotulado sem maiores mistérios de *Governo*, e prestante teórico do direito divino dos monarcas, "porque a verdadeira fé/ é governo descansado" (vv. 712-3).

As rixas e tudo quanto pudesse saber a dissídio aparecem como sentimentos inspirados pelo Maligno e, mais particularmente, pela figura cardeal do auto, a *Ingratidão*, uma velha sinistra que já fora barregã de Lúcifer e de Adão, instilando em ambos a revolta contra Deus.

Na abertura do auto Lúcifer atribui às suas próprias artimanhas a cizânia que lavrou na hora da sucessão. O *topos* é o do mundo às avessas:

> *quién pudiera, sino yo,*
> *viniendo acá del infierno,*
> *del verano hacer invierno?*
> *Pues todo se revolvió*
> *sobre el mando y el gobierno...*
>
> *¿Tú no ves*
> *mis enganos, mi doblez?*
> *que procuro, tan de priesa*
> *todo modar al revés*
> *y de cabeza piés,*
> *de los piés hacer cabeza?*
>
> (vv. 92-102)

Ao diabo atribui-se, portanto, o papel de subversivo por excelência. No centro do auto altercam-se em falas joco-sérias a Ingratidão, que tem evidente parte com o demo, e um Embaixador jesuíta, pró--castelhano, mandado do Paraguai para retirar da vila de Vitória as relíquias de São Maurício que a cidade, enquanto insubmissa, se mostrara indigna de abrigar.

Como o processo é todo figurado e rebatido para uma cena em que se movem entes emblemáticos, o espectador não vê nem conhece de perto o drama histórico real, nem sequer os atos políticos dos grupos supostamente possuídos pela megera Ingratidão. Os traços externos desta são, a um só tempo, temíveis e risíveis, segundo uma velha praxe cômico-retórica de mimar as atitudes socialmente reprováveis com falas e gestos grotescos que, por hipótese, agradariam a públicos iletrados. A moral e o circo enlaçados a serviço de um interesse político.

A Ingratidão entra em cena sobraçando um velho tacho que ela revolve sem parar, imagem das intrigas que continuamente provoca:

> *Eu sou a que sempre sou*
> *mexedora d'arruídos* (vv. 951-2).

A sua fala é insolente e descomposta; mal vê o Embaixador castelhano, cobre-o de impropérios:

> *Ó castelhano que escarras,*
> *blasonador andaluz* (vv. 862-3).

O orgulho ferido de Embaixador dita-lhe resposta à altura:

¡Oh, válgame San Francisco!
Penséme que eras dragón,
o aquél bravo canón,
que se llama basilisco,
o el fiero tarracón![7]

(vv. 877-81)

A Ingratidão é uma velha bojuda que se vangloria de ter sido engravidada pelo Anjo do Mal e pelo primeiro dos homens, embora (e aí o grotesco toca as fronteiras do monstruoso) a sua prenhez não finde com a hora do parto:

Não sabes que cada dia
pairo, sem nunca parir,
com mui estranha alegria? (vv. 1019-21)

Cada ato de traição cometido pelos súditos rebeldes de Vitória é um novo parto da Ingratidão cujo estado habitual é por ela mesma descrito:

Sim, mas sempre hei de ficar
prenhe, sem parir de todo,
porque sempre hão de pecar
os homens, por algum modo,
enquanto o homem durar

(vv. 1069-73)

A inspiração dos motivos internos e a sua sequência obedecem à lógica do pensamento mítico, mas tudo vem preso a um ponto de vista alegórico-político fundamente enraizado na dinâmica dos interesses e do poder.

Vem à memória a alegoria dantesca da Loba, a última e mais terrível das feras que barram ao poeta o acesso ao deleitoso monte do Paraíso; a Loba, que os intérpretes remetem ora à fraude, ora à avidez, ora ao mais grave pecado da traição cometida a frio contra o amigo e benfeitor. Há caracteres comuns às duas concepções. A figura anchietana compõe-se paradoxalmente, como a *Lupa* do Inferno, do vazio e do cheio, saco sem fundo, fauce hiante e magrém voraz, grávida dos próprios desejos nunca saciados, sempre ressurgentes:

> *Pareces mora encantada*
> *que agora vienes de Argel,*
> *el vientre como tonel,*
> *y la cara i tan chupada*
> *y seca como papel!*

Explica a Ingratidão:

> *A razão*
> *é porque a Ingratidão*
> *tem uma tal qualidade*
> *que, cheia de maldição,*
> *esgota a fonte e benção*
> *da divina piedade*
>
> (vv. 1028-38)

Em Dante:

> *Ed una lupa, che di tutte brame*
> *sembiava carca nella sua magrezza*
> E Loba que de todos os desejos
> parece grávida na sua magreza.
>
> (Inf., 1, 49-50)

E mais abaixo:

> *e ha natura sí mavagia e ría,*
> *che mai non empie la bramosa voglia,*
> *e dopo 'l pasto ha piu fame che pría*
> tão má e perversa tem a natureza
> que o seu feroz desejo não sacia
> e ao fim do pasto volta mais faminta.
>
> (Inf., 97-9)

Tanto a velha megera quanto a Loba cruzam-se fecundamente, nascendo novos males desses acasalamentos:

> *Ingratidão*
> *Tu não sabes que emprenhei*

do formoso Lucifer
quando quis tamanho ser
como Deus, eterno rei,
e ter supremo poder?

Depois foi meu barregão
e me tomou por amiga
o ingrato padre Adão.
Não vês se tenho razão
de ter tamanha barriga?

(vv. 1001-10)

Note-se com que habilidade Anchieta aproxima, em clave grotesca, *barregão* e *barriga*.

Em Dante:

Molti son li animali a cui s'ammoglia,
e piu saranno ancora...
E muitas são as bestas com que cruza
e mais serão ainda...

(Inf., 1, 100-1)

A ingratidão e a traição aparecem como vícios tornados afins pela cupidez que os leva a semear nos homens atos de infidelidade. Mais uma vez, na alegoria, o cotidiano dos grupos sociais e os seus desejos e conflitos reduzem-se a extremos de função exemplar: ou degradam-se ao nível do bestial, ou sublimam-se pelo mecanismo ideológico que consiste em assumi-los figuradamente pelo "discurso sobre uma coisa para fazer entender outra".

Para a consciência moderna e, especialmente, para a estética de filiação idealista que vai do humanismo de Goethe a Croce e ao primeiro Lukács, o uso da alegoria é resíduo de uma antiga subordinação da arte a outros fins — religiosos, políticos ou morais; e, como tal, converte-se em uma negação da autonomia poética. Alegorização, para essa linha de pensamento, é o domínio do abstrato sobre o concreto da livre expressão do sujeito. A revisão desse julgamento drástico começa com Walter Benjamin:[8] é com seus ensaios sobre o drama barroco que a crítica literária contemporânea passa a atribuir à alegoria um sentido ideologicamente complexo de *forma reveladora* (e não necessariamente mistificadora) da desumanização que vêm suportando, há milênios, os oprimidos. Haveria, na semântica das imagens alegóricas, um juízo radical do Poder, esse outro-esfinge, que despreza os homens enquanto pessoas singulares e diferenciadas, e a todos apaga sob a cara vazia das grandes abstrações. Benjamin quer surpreender essa força denunciante da alegoria no verso moderno de Baudelaire, na prosa nua de Kafka, no teatro didático de Brecht, no *Angelus Novus* de Paul Klee.

É problemático trabalhar com essa intuição crítica de Benjamin para reavaliar o auto anchietano, no qual o alegórico é cifra de uma visão legitimista do mesmo poder. Para o teatro do jesuíta valeria antes a afirmação de Lukács: "A velha alegoria, determinada por uma transcendência religiosa, tinha a missão de humilhar a realidade terrena, contrapondo-a à ultramundana ou celeste, até a sua plena nulidade".[9]

Falando para nativos ou colonos Anchieta parece ter feito um pacto com as expressões mais hieráticas da cultura arcaico-popular: aquelas crenças e aqueles ritos em que não reponta, porque não pode determinar-se com clareza, a consciência da pessoa moral livre. Nas entranhas da condição colonial concebia-se uma retórica para as massas que só poderia assumir em grandes esquemas alegóricos os conteúdos doutrinários que o agente aculturador se propusera incutir.

A alegoria exerce um poder singular de persuasão, não raro terrível pela simplicidade das suas imagens e pela uniformidade da leitura coletiva. Daí o seu uso como ferramenta de aculturação, daí a sua presença desde a primeira hora da nossa vida espiritual, plantada na Contrarreforma que unia as pontas do último Medievo e do primeiro Barroco.

A força da imagem alegórica não se move na direção das pessoas, enquanto sujeitos de um processo de conhecimento; move-se de um foco de poder ao mesmo tempo distante e onipresente, que os espectadores anônimos recebem, em geral passivos, não como um signo a ser pensado e interpretado, mas como se a imagem fora a própria origem do seu sentido.

Mais do que um simples "outro discurso", como a define o seu étimo grego, *a alegoria é o discurso do outro*, daquele outro que fala e nos cala, faz temer e obedecer, mesmo quando os fantoches grotescos da sua representação (Diabo ou Megera) nos façam rir.

A alegoria foi o primeiro instrumento de uma arte para massas criada pelos intelectuais orgânicos da aculturação.

81

SÍMBOLO E EFUSÃO

Depois de conhecer o teatro de Anchieta o leitor moderno da sua lírica se surpreende com certos momentos de intensa personalização e ardente acento subjetivo que o poeta consegue dar à sua fala quando, em vez de pregar ao tupi e ao colono, diz as suas próprias tensões espirituais mediante a relação *eu-tu* que a alma entretém com Jesus Cristo.

A exterioridade pura, que confinava com o sublime do sagrado ou com o grotesco do demoníaco no cenário construído para os autos, cede lugar, em algumas líricas compostas em espanhol ou em português, a uma introjeção viva do transcendente. A fé atinge o nível da experiência.

Duas linhas de formação poética combinam-se para dizer o sentimento de intimidade com o divino: (*a*) a prática de símbolos tomados à vida cotidiana; (*b*) a proliferação da linguagem místico-efusiva.

A primeira é a via pela qual se busca revelar o transcendente pela atribuição de aura ao imanente — via sacramental por excelência. Deus se faz sensível e nomeável nos múltiplos sinais dos corpos e mediante a fala do alimento, da bebida, do calor e do êxtase amoroso. Deus é *pão*, é *vianda*, é bolo macio chamado *fogaça*, é *divino bocado*, é *fonte que embebeda*, é *deleite de namorados*, é *fogo gastador*. E mais: todo grau de parentesco, afetivo ou carnal, convém para traduzir a relação entre o humano e o divino, como se depreende dos vocativos que se enfeixam nesta passagem de "Ao Santíssimo Sacramento":

> *Meu bem, meu amor,*
> *meu esposo, meu senhor,*
> *meu amigo, meu irmão,*
> *centro do meu coração,*
> *Deus e pai!*
> *Pois com entranhas de mãe*
> *quereis de mim ser comido,*
> *roubai todo o meu sentido,*
> *para vós!*

Cristo é simultaneamente pai, mãe, irmão e esposo, amigo e senhor! Trata-se, evidentemente, de uma tentativa de aproximação que superpõe e funde modos relacionais muito distintos, e até formalmente incompossíveis, fora de todo sistema dogmático e dentro de uma lógica do coração capaz de abrigar em si tendências contrárias, movimentos paradoxais. Não por acaso a última frase diz: "roubai todo o meu sentido, para vós!".

No empenho de dar algum nome ou contorno singular ao ser amado, toda a vida do corpo é metaforizada, e sublimada toda a vida de relação. Transpõem-se para o ideal de um convívio homem-deus o ardor e a energia que produz o contacto físico do crente com a matéria e com o semelhante. Realismo e misticismo encontram um lugar de convergência no rito sacramental. É também verdade que esse processo de assimilação universal do corpo pela alma amorosa requer, na mente ascética do jesuíta, o correlato domínio sobre os instintos que, por si mesmos, entregues a suas próprias tendências, não resgatariam a opacidade do sangue e do sexo, e por isso devem aparecer como fogo impuro que outro fogo, místico, combaterá:

Este manjar aproveita
para vícios arrancar.

Tudo quanto se condenava como inspiração diabólica na vida das comunidades tupis — o uso e a celebração tribal da comida e da bebida, da dança e do canto, da oração e do transe — reverte positivamente à Eucaristia como expressão de um culto de teor interpessoal que se vale do alimento para santificá-lo.

É o pão-corpo, é o vinho-sangue de um homem-deus fraterno e salvador.

Em termos de psicologia histórica, dar-se-ia aqui um embate entre dois processos de misticismo que se distinguiriam em grau? Uma ótica da consciência religiosa cristã, pela qual o sagrado já é marcadamente pessoal, vê como satânicas (regressivas) certas práticas rituais arcaicas onde parece eclipsar-se todo sentimento da criatura humana como um ser uno, consciente, autocentrado. O ideal da *visio intellectualis*, que a teologia cristã herdou dos neoplatônicos, recusa-se ao transe ébrio, descentrado e plural dos pajés tupi-guaranis. A união eucarística rejeita com horror a cruenta refeição antropofágica. O laço matrimonial único renega a poligamia. O monoteísmo, duramente conquistado, olha com suspeita para o velho culto dos espíritos dispersos pelos ares, pelas águas, pelas matas.

O turbilhão das danças tupis abre-se em múltiplas visões, ao passo que a prece e a liturgia cristã procuram repousar na contemplação do Deus único: a unidade do "eu" que ora corresponderia à unicidade do divino para quem se ora.

O demoníaco avulta sob a conotação de idolatria polimórfica ("o nome do diabo é Legião", diz o Evangelho) que cinde a alma do fiel, turva a luz da sua mente, rompe com a sua identidade e a degrada à cegueira e à anomia da carne crua e dos instintos sem peia.

Há seguramente muito que aprofundar na aversão que certas práticas indígenas (e, mutatis mutandis, africanas) inspiraram aos sacerdotes cristãos. Talvez fosse o pavor de recair em algum escuro e vertiginoso poço pré-histórico submerso mas não abolido aquém do limiar da consciência individual? *Sacer* queria dizer também, no velho latim, tremendo e nefando (*auri sacra fames*), aquilo que não se deve sequer nomear.

No entanto, a piedade católica desse mesmo século da Contrarreforma explorou de modo intenso a imaginação material do Céu e do Inferno, e fez reacender afetos cujo dinamismo pudesse tocar a soleira do transporte místico. Anchieta e todos os jesuítas do seu tempo são discípulos diretos de Inácio de Loyola, o fundador da companhia, cujos *Exercícios espirituais* induzem a alma do praticante a visões metodicamente aterradoras do Além, assim como a preparam para sentir arroubos de contrição e adoração.

De qualquer modo, porém, os processos de sublimação cristã mantêm nítidas as diferenças que os separam dos rituais tupis. Se os espíritos espalhados pela selva baixam na tribo que os invoca, inspirando-lhe visões violentas e céleres como o clarão do raio, o Deus dos cristãos, "que está nos céus", rogado em solitária *oratio* e em bem-composta *meditatio*, virá à mente serena do fiel sob a forma absolutamente humana de Cristo. Se nas cerimônias tupis há a difusão do sagrado com a perda de identidade anterior (a cada ritual antropófago seguia-se uma *renomeação* dos seus participantes), no itinerário cristão ortodoxo busca-se a mais perfeita realização da alma individual que os teólogos medievais, mestres de Inácio de Loyola, denominavam *visio beatifica*. A contemplação é, em princípio, uma experiência provada no deserto da solidão, uma conquista propiciada pela ascese das potências afetivas e imaginárias, uma luta árdua que prepara o encontro com o Tu igualmente solitário e solidário: *beata solitudo sola beatitudo*.

Lendo o poema "Ao Santíssimo Sacramento", percebe-se que, para o *eu lírico*, o fim último das operações simbólicas que transmutam o pão, o vinho, o calor e o beijo, é sempre a *visão* de Deus. O contacto físico com as espécies consagradas abre caminho para "o mais espiritual dos sentidos" (Santo Agostinho), isto é, a *vista*, o meio corporal destinado à contemplação.

O repasto do pão, ato unitivo por excelência, é o penúltimo passo da viagem mística, apenas um mediador provisório da fé, etapa necessária à criatura que ainda não alcançou, em vida, a *evidência* imediata do sagrado:

> *enquanto a presença tarda*
> *do vosso divino rosto,*
> *o sabroso e doce gosto*
> *deste pão*
> *seja minha refeição*
> *e todo meu apetite*
> *seja gracioso convite*
> *de minh'alma,*
> *ar fresco de minha calma,*
> *fogo de minha frieza,*
> *fonte viva de limpeza,*
> *doce beijo*
> *mitigador do desejo*
> *com que a vós suspiro e gemo,*
> *esperança do que temo*
> *de perder.*

A meta final é o conhecimento direto da divindade, a sua intuição face a face:

> *Comendo de tal penhor,*
> *nele tenha minha parte*
> *e depois, de vós me farte*
> *com vos ver!*

O estado de plenitude continua sendo, como em toda teologia de fundo augustiniano, o mirar e ad-mirar sem véus o ser eternamente vivo.

Por que essa via se constrói por símbolos e não por alegorias? Porque, segundo a fecunda perspectiva de Goethe, "a Ideia se faz, na imagem, ativa e inexaurível". Para exprimir a noção de uma felicidade suprema haverá sempre novos modos concretos e imagísticos de dizer, e sempre fica algum fundo residual para comunicar. O símbolo, para Goethe, amplia a capacidade de formar a Ideia, ao passo que a alegoria fecha o horizonte das significações, e pode, no limite, reduzir a figura a fetiche. Na alegoria a representação se concentra na fixidez enigmática do destino perante o qual não restaria ao sujeito mais do que curvar-se humildemente, ou perscrutá-lo no desejo de entrever um sentido já dado desde e para sempre.

O trabalho da alma que produz novos símbolos e novas analogias sofre a opacidade dos limites humanos, mas alenta a esperança de desfazer as resistências do signo até aceder à intuição da luz sempre viva. É a proposta do *itinerarium mentis in Deum* de São Boaventura, o roteiro do fiel errante que presidiu à concreção poética da viagem dantesca através dos círculos foscos do Inferno e das sombras violáceas do Purgatório. Depois virá a hora da meridiana claridade. "Agora vemos por espelho e em enigma, mas então veremos face a face", na lição de Paulo aos coríntios.

A segunda linha de formação poética seguida por Anchieta lírico não se estende nesse eixo que vai da figura à face, mas deseja atalhar o mais rapidamente possível os percursos que separam os meios significantes do fim, e se lança impaciente à projeção das pulsões afetivas.

Nesta linguagem, que se poderá chamar *efusiva*, compôs Anchieta algumas passagens em espanhol, muito provavelmente a sua língua de infância. Provavelmente, pois há quem afirme que ele aprendeu a falar em basco, ensinado por seu pai.

São poemas que dispensam o uso de correlatos simbólicos (o fogo, a comida, a bebida) e procedem a uma operação dialógica na qual é o ímpeto dos afetos que identifica o *eu* do enunciado. Nesses textos é secundária, se não ausente, a tela mediadora das figuras.

O fenômeno, aparentemente só psíquico, compreende-se melhor se visto à luz da história cultural. A velha piedade gótica, encadeada em séries alegóricas e emblemas doutrinários que até hoje se podem admirar nos baixos-relevos das catedrais, vai cedendo a um gesto mais moderno do *eu*, a uma fala veemente e individualizada. Já nos *Exercícios espirituais* do fundador da Companhia de Jesus, o ver--para-pensar, de inequívoca estirpe tomista, aparece cruzado com um *sentir para pensar-se* que afina o tom na prosa intimista da *Imitatio Christi* e na piedade sensível difusa ao longo do "outono da Idade Média".

O poema, em vez de compor-se como sintaxe de imagens, flui como fala animada, ressoo daquela *devotio moderna* dos místicos flamengos que pelas águas das meditações de Thomas de Kempis umedeceram a terra dura dos textos ascéticos de Inácio de Loyola.

Cristo fala ao poeta, e este lhe responde em diálogo cerrado de tal forma que a marca da primeira pessoa se desloca de um para outro, e o centro do discurso nunca se afasta do sujeito:

> *Yo nací porque tu mueras,*
> *porque vivas moriré,*
> *porque rías lloraré,*
> *y espero porque esperes,*
> *porque ganes perderé.*

("O Menino nascido ao Pecador")

Trata-se, formalmente, de um "trovar encadenado", para usar a expressão do poeta espanhol Juan de Encina em sua *Arte de poesía castellana* entre medieval e renascentista. As figuras retóricas envolvem aqui ações--verbos e pares de conceitos antitéticos, que visam a relativizar a distância entre a criatura e o seu redentor, apertando os nexos existentes entre ambos:

> *Tú naces, ¡y yo no muero!*
> *Yo vivo, ¡y tú morirás,*
> *Nino, príncipe de paz!*
> *Digo que ser tuyo quiero...*
> *¡No sé que te diga más!*

O diálogo põe a nu o quanto há de dramático no ato mesmo do resgate. E como estamos distantes daquela relação mágica e externa em que o diabo tomava e Deus restituía ao moleiro o pelote domingueiro! Aqui, o sacrifício de Cristo (*para que vivas, morrerei*) não é correspondido pelo pecador (*tu nasces, e eu não morro!*). E, no entanto, apesar de

ARTE

DE GRAMMA-

TICA DA LINGVA MAIS

VSADA NA COSTA

DO BRASIL.

Feita pelo P. Ioseph de Anchieta Theo-
logo & Prouincial que foy da Com-
panhia de l E S V, nas
partes do Brasil.

Das letras.   Cap. I.

E ST A lingoa do Brasil não ha f. l. s.z. rr. dobrado nem muta com liqui- da, vt cra, pra, &c. Em lugar do s.in principio, ou medio dictionis serue, ç. com zeura, vt *Açô, çatâ.*

¶ Algũas partes da oração se acabão em til, o qual não he, m. nem, n. ainda q̃ na pronũ- ciação diffirão pouco, vt, *Tĩ, Ainupã, ruã.*

¶ Não ha hũa consoante continuada com outra na mesma dição: excepto, mb. nd. ng. vt *Aimombôr, Aimondô, Aimeêng.*

¶ Acrecentandose algũa particula depois da vltima

A   con-

Fac-símile do início do primeiro capítulo da Arte de Gramática *de Anchieta.*

Uma imagem rara: Anchieta sorrindo.

Óleo do século XVII conservado no Museu Padre Anchieta, São Paulo.

admitir-se o desencontro moral, o desejo da união mística impõe-se e reitera-se: *Digo que ser teu quero...*

Nas redondilhas maiores de "Jesus e o Pecador" atualiza-se uma tendência original da nova espiritualidade: a declaração tensa das distâncias é seguida por uma confissão drástica da impotência verbal, aquele expressivo *no sé qué*, índice pelo qual o eu moderno, mais perplexo que o medieval, reconhece as fronteiras da sua linguagem e suspeita que até mesmo a poesia pode não ter palavras diante do Outro. Ao mesmo traço, sofrido com resignação ou desespero, emprestariam auras diversas líricos barrocos, românticos e os expressionistas de nosso tempo:

> *Digo que eres todo bueno,*
> *digo que eres creador,*
> *digo que eres redentor,*
> *digo que eres amor lleno,*
> *digo que eres todo amor,*
> *digo que eres mi Senor,*
> *digo que muerto serás,*
> *digo que das vida y paz,*
> *digo que es sin fin tu honor...*
> *¡No sé qué te diga más!*

No seu cancioneiro reconhece Anchieta a própria incapacidade de dizer quem é Deus depois de ter reiterado, por nove vezes, a forma verbal "digo", preposta a cada série no clímax de predicações em seu louvor. A lógica do discurso místico leva necessariamente a dizer a inefabilidade do seu objeto.

Em outros textos há uma fala voltada para manter a intimidade a dois, melodia feita de queixumes e protestos instantes para que a alma reparta com Cristo as dores da cruz, além de manifestações de uma linguagem paraverbal, ou transverbal, em que, misturados a pontos de interrogação, a exclamações e a reticências, irrompem "suspiros", "sangue", "lágrimas", "cuidados", "gozo", "chagas", "gemidos".[10] A tudo rege o convite impaciente: "Venid!".

> *Venid a suspirar con Jesu amado,*
> *los que quereis gozar de sus amores,*
> *pues muere por dar vida a sus pecadores.*

Tendido está la cruz, corriendo sangre
sus santas llagas hechas limpios baños,
con que se da remedio a nuestros daños.

Venid, que el buen pastor ya dió su vida,
con que libró de muerte su ganado,
y dale de beber a su costado.

O novo estilo lírico-religioso tem seu ponto alto no uso do paradoxo, variante obrigada na expressão do inefável. Tal figura prolonga a retórica dos contrastes do *Cancioneiro geral* e antecipa o jogo maneirista dos primeiros barrocos. O que não se consegue dizer, porque é infinito, tenta-se sugerir pela sequência dos opostos (*morte/vida*), forçando um novo senso feito de contrassensos.

Uma contradição fundamental é projetada no drama do Calvário (morte) que se identifica com a salvação dos homens (vida).

Outro par de contrários, à primeira vista inconciliáveis, infinito/finito, resolve-se no canto à Eucaristia onde o absoluto se abriga no mais pequenino bocado de pão:

¡Oh! Dios infinito,
por nos humanado,
veos tan chiquito
que estoy espantado
....
Por eso peleo
contra mi sentido,
porque lo comido
es Dios que no veo.

La carne que me vestí
pasará muy cruda muerte
porque deseo tenerte
sempre vivo par de mí,
preso con amor muy fuerte.

"Pelejo contra o meu sentido." Enfim, a luta supõe a liberdade de acolher ou de recusar o amor do outro, seja embora este outro o Deus onipotente. Tampouco falta à lírica espanhola de Anchieta essa dimensão temerária da alma que diz "no" ao convite do amigo:

> *¡No!*
> *Quién murió por darnos vida,*
> *muchas veces me llamó,*
> *mas yo díjole de no,*
> *no, no, no, no!*
> *Díjome que no pecase,*
> *pues por me salvar murió,*
> *mas yo díjole de no,*
> *no, no, no, no!*

Confrontando esta passagem de recusa tão ardidamente pessoal com a alegoria grotesca da Ingratidão, que Anchieta figurou no auto *Na vila de Vitória*, ficam patentes as diferenças de estilo e de horizonte cultural.

REATANDO OS FIOS

O missionário que se volta para o índio, prega-lhe em tupi e compõe autos devotos (e, por vezes, circenses) com o fim de convertê-lo é um difusor do salvacionismo ibérico para quem a vida do selvagem estava imersa na barbárie e as suas práticas se inspiravam diretamente nos demônios.

As cerimônias indígenas resumiam-se, em última instância, ao fenômeno da tentação vitoriosa. O mal se abatia, como uma cobra, sobre os participantes dos cantos, das danças, da cauinagem, do rito antropofágico. O fora dominando o dentro, a pura exterioridade, a mais brutal reificação: esta a imagem que os jesuítas conceberam e nos legaram das festas tupis. Não admira, portanto, que as mensagens fundadoras e originais do cristianismo, como a igualdade de todos os homens e o mandamento do amor universal, tenham sofrido, no processo de catequese, um alto grau de entropia. A pedagogia da conversão apagava os traços progressistas virtuais do Evangelho fazendo-os regredir a um substituto para a magia dos tupis. No entanto, a poesia do Anchieta que escreve líricas sacras já estava entrando em outro tempo histórico e psicológico, o tempo da pessoa que escolhe aceitar ou recusar o amor de um Deus pessoal e entranhadamente humano.

Estamos tão resignados a pensar com "realismo" (se assim foi, é porque não poderia deixar de ter sido), que não nos perguntamos se, na verdade, o que aconteceu não terá significado uma franca regressão da consciência culta europeia quando absorvida pela práxis da conquista e da colonização. Como nas cruzadas e nas guerras santas, a religião e a moral coletiva degradam-se rápida e violentamente a pura ferramenta do poder; e o que se ganha em eficiência tática perde-se em qualidade no processo de humanização.

O caso de Anchieta parece exemplar porque se trata do nosso primeiro intelectual militante. O fato de ter vivido inspirado pela sua inegável boa-fé de apóstolo apenas torna mais dramática a constatação desta quase-fatalidade que divide o letrado colonizador em um código para uso próprio (ou de seus pares) e um código para uso do povo. Lá o símbolo e a efusão da subjetividade; aqui, o didatismo alegórico rígido, autoritário. Lá a mística da *devotio moderna*; aqui, a moral do terror das missões. E depois virá o Iluminismo que se combinará com a ditadura recolonizadora; e o liberalismo que se casará com a escravidão...

Anchieta fala não só línguas várias, mas linguagens distintas conforme o seu auditório. O universalismo cristão, peculiar à mensagem evangélica dos primeiros séculos, precisa de condições históricas especiais para manter sua coerência e pureza. No processo de transplante cultural a aliança do cristianismo com estratos sociais e políticos dominantes é letal para a sua integridade.

A cisão, que este ensaio aponta, entre um teatro de catequese como exterioridade e uma lírica do sentimento religioso, talvez sirva de estímulo para repensar os contrastes internos do intelectual "que vive em colônias".

3

DO ANTIGO ESTADO
À MÁQUINA MERCANTE

> *A troca torna supérflua a gregariedade e a dissolve.*
> Marx, *Fundamentos da crítica*
> *da economia política*

Começo pelo estudo do soneto de Gregório de Matos, "À Bahia", escrito no último quartel do século XVII:

> *Triste Bahia! ó quão dessemelhante*
> *Estás e estou do nosso antigo estado!*
> *Pobre te vejo a ti, tu a mi empenhado,*
> *Rica te vi eu já, tu a mi abundante.*
>
> *A ti trocou-te a máquina mercante,*
> *que em tua larga barra tem entrado,*
> *A mim foi-me trocando e tem trocado*
> *Tanto negócio e tanto negociante.*
>
> *Deste em dar tanto açúcar excelente*
> *Pelas drogas inúteis, que abelhuda*
> *Simples aceitas do sagaz Brichote.*
>
> *Oh se quisera Deus que de repente*
> *Um dia amanheceras tão sisuda*
> *Que fora de algodão o teu capote!*

Uma primeira aproximação ao texto, de caráter abrangente, encontra dois movimentos de sentido oposto. Pelo primeiro, o *eu* lírico entra em simpatia com o *tu*, a cidade da Bahia, animada e personaliza-da. Pelo segundo, vem a separação: o *eu*, agora juiz, invoca um castigo para o outro, chamando a intervenção de uma terceira pessoa, Deus, mediador poderoso e capaz de executar a pena merecida. A primeira onda de significação move os quartetos; a segunda, os tercetos.

Como se constrói estilisticamente o efeito inicial de empatia entre Gregório e a sua cidade? De várias maneiras, começando pelo acorde que abre o soneto: *Triste Bahia!* A expressão é nominal e é exclamativa. O nome próprio, quando ilhado, carente de qualquer relação frásica direta, tende a concentrar em si mesmo todo o *páthos* investido pelo sujeito que o profere. Sabemos a arcana derivação indo-europeia: de *numen, nomen*. Assim nomeia-se a Bahia, o espaço de vida, não como alheio ou estranho à voz do poeta, mas imantado pela força das suas paixões; não o nome em si, menção abstrata, mas o nome-para-o-eu, o nome sofrido, o nome a que o tom exclamativo dá graus de canto; o nome qualificado, *triste*. Ambíguo, aliás, este adjetivo: denota estado de alma depressivo e melancólico; mas também conota — se posto no contexto inteiro do soneto — a ideia de infelicidade, que partilha com outros nomes da nossa língua, como *desgraçado* e *miserável*, sobre os quais paira igualmente uma sombra de culpa. A Bahia não está só ma-goada; também é um exemplo lastimável de mudança para situação pior, de cuja responsabilidade não pode isentar-se. Triste como quem perdeu o *antigo estado*, sim, mas triste também como a criança geniosa e de maus costumes com quem a mãe ralha em desabafo: "Mas é *triste* esse menino!". O sentido pleno só se apreende quando finda a leitura.

A mesma aura aflita circunda o período que desdobra a mensa-gem contida na apóstrofe inicial: "[...] ó quão dessemelhante/ Estás e estou do nosso antigo estado!".

Selando o contraste, que separa o passado e o presente, vem o pre-dicado central: *quão dessemelhante*. A diferença está radicada no eixo do tempo: houve um *antigo estado*, cuja perda é o motivo gerador de todo o discurso. Neste primeiro quarteto, importa assinalar que a mudança ar-rastou consigo a Bahia e Gregório, o *tu* e o *eu*. É sobre essa identificação profunda de sujeito e objeto que assenta a liricidade do texto: as contra-dições da história social falam aqui pela voz do indivíduo.

O senso de empatia do poeta com a sua terra avulta pela ênfase nas reiterações: *estás, estou, estado*; sintagmas a que se confiou o papel de instituir a semelhança mantida no curso das transformações.

O *mesmo* dos seres tem de enfrentar o *outro* dos tempos; o que provoca o jogo quiástico e barroco do mútuo espelhamento:

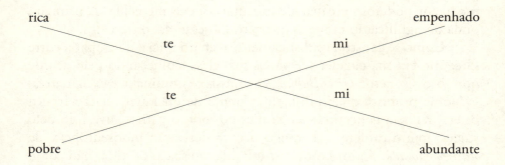

O poeta vê a cidade; a cidade vê o poeta — no presente —, assim como ambos já se reconheceram no passado: eu vejo a ti, tu a mim; te vi eu já, tu a mim. A qualidade do ser, refletida nos olhos de cada um, é o que mudou com o passar dos anos: da antiga riqueza caiu-se na pobreza de hoje.[1]

Da lamentação centrada no par *eu-tu*, fortemente atado nos quatro primeiros versos, o poeta move-se para o ato de acusar as forças que os arrancaram, a ele e à Bahia, da grata abundância em que ambos viviam outrora. O segundo quarteto é obsessivo na denúncia do agente responsável pelo desastre comum. As palavras que o designam cercam um universo de referentes bem determinado, e que a expressão *máquina mercante* enfeixa soberbamente.

O que vem a ser esta máquina mercante?

Ao pé da letra, são os navios do comércio, muitos deles britânicos, franceses e batavos, que traziam mercadorias de luxo, principalmente da Índia e da Europa. Aportavam na barra de Todos os Santos, aqui, não sem escárnio, dita *larga*, jogando o poeta com o duplo sentido físico e moral do termo e insinuando a liberalidade perigosa com que o porto se rendia aos tratantes de fora.

Figuradamente: "máquina mercante" soa, aos nossos ouvidos de hoje, como uma arguta metonímia do sistema inteiro, o mercantilismo. Deixo para o momento da interpretação histórica a discussão desta segunda possibilidade.

Mas o que *faz* a máquina mercante? Gregório conjuga plasticamente, em vários tempos e aspectos, o verbo que melhor condiz com a sua ação proteiforme: *trocar*. A máquina trocou, foi trocando e tem trocado, porque ela não só agiu em um passado remoto e já definido como também continuou operando ao longo do tempo, e os seus efeitos, multiplicados por "tanto negócio e tanto negociante", mostram-se ainda ativos no presente. O mercado é o lugar comum do bulício onde ninguém pode permanecer quieto sob pena de cair fora da sua posição. *Trocar* tem, nesse passo, o significado preciso, e hoje um tanto raro, de *mudar, alterar*, com regência de objeto direto: a máquina mercante *trocou-te*, isto é, transformou a cidade da Bahia e os seus moradores.

Já se viu qual foi o vetor dessa metamorfose: a Bahia e o poeta, de prósperos que eram, acabaram endividados. (Um parêntese para quem crê no amavio subliminar dos sons: o grupo consonantal, /tr/, que se dissemina em tantas palavras deste segundo quarteto, nas várias formas de *trocar* e no verbo *entrar*, é o mesmo que abre a palavra *triste*, a qual, por sua vez, é cabeça do poema e signo do seu *páthos* dominante.)

A esperteza da máquina mercante, esse engenho danoso, a *Coisa* por excelência, levou a Bahia a entregar-se; e aqui se dá a passagem do lírico sofrido (*Triste Bahia!*) ao satírico encrespado. A simpatia recolhe-se; e o olho, moralista, volta-se, agora juiz severo, contra a pródiga, a remissa e descuidada "senhora Dona Bahia" de outro poema não menos famoso. No trato com o negociante, não soube a cidade permutar com siso o seu ouro branco em ouro em pó:

> *Deste em dar tanto açúcar excelente*
> *Pelas drogas inúteis...*

A operação de barganha foi lesiva, colonialmente lesiva, ao produtor de mercancia tropical. Do lado de lá só vieram os ouropéis de um luxo funesto. A Colônia foi simplória; ao passo que o mercador inglês, o Brichote (depreciativo de *British*, à portuguesa?), foi *sagaz*. As atribuições estão vincadas com o estilete dos atributos: *excelentes* versus *inúteis*; *simples* versus *sagaz*. A culpa não estaria apenas na inépcia da Bahia, mas na sua curiosidade vaidosa e fútil, que o epíteto *abelhuda* traduz comicamente. Sem contar o travo doce de mel que um derivado de *abelha* comporta...

No terceto de fecho a vítima torna-se ré. A triste Bahia deve ser castigada e canonicamente reduzida a penitente. Que passe de abelhuda a sisuda, de fátua a recolhida, de pródiga a austera. A conversão terá seu penhor no trajo, signo visível de modéstia ou de vaidade nas mulheres. Que a Bahia deixe de envergar sedas e veludos e se contente com um simples capote de algodão, esse pano barato que os escravos tecem e só os mais pobres vestem:

Oh se quisera Deus que de repente
Um dia amanheceras tão sisuda
Que fora de algodão o teu capote!

GREGÓRIO EM SITUAÇÃO: ESTAMENTO, RAÇA, SEXO

Gregório lastima tão desconsoladamente a mudança que caberia perguntar aos historiadores da sociedade colonial o que se deva entender por esse Antigo Estado que a Bahia teria vivido, e que a Máquina Mercante atalhou brutalmente.

As flutuações mercantis do século XVII são relativamente bem conhecidas. Depois dos estudos de Roberto Simonsen, Magalhães Godinho e Fréderic Mauro[2] sobre o auge e a decadência da economia no Nordeste colonial, sabemos que a crise do preço do açúcar se agravou no meio do século, quando as plantações das Antilhas lograram concorrer vantajosamente com os mecanismos portugueses de comercialização. Segundo Mauro, "em Lisboa os preços passam de 3000 réis a arroba, em 1650, a 2400 em 1688".[3] Gregório, observador in loco, diz melhor:

O Açúcar já se acabou? Baixou.
E o dinheiro se extinguiu? Subiu.
Logo já convalesceu? Morreu.
À Bahia aconteceu
o que a um doente acontece,
cai na cama, o mal lhe cresce,
baixou, subiu e morreu."

> ("Juízo anatômico dos achaques que padece o corpo da República, em todos os membros e inteira definição do que em todos os tempos é a Bahia.")

A primeira metade do século XVII (que corresponde ao tempo de infância do poeta) viu crescerem os engenhos e consolidar-se uma pequena nobreza luso-baiana. Esta beneficiava-se do franco amparo das leis metropolitanas, que chegavam até mesmo a sustar a execução de dívidas quando os empenhados fossem produtores de açúcar. Era como se a Coroa pensasse: "Para os senhores de engenho, tudo!".

Mas a política protecionista declinou depressa na segunda metade da centúria à medida que a economia portuguesa entrava na órbita da Inglaterra e perdia a sua independência contra a qual iria assestar golpe de mestre o Tratado de Methuen em 1703; então começa a valer a frase antológica do historiador Alan K. Manchester: *Portugal became virtually England's vassal*.[4]

A passagem do Antigo Estado à Máquina Mercante é acusada por uma abertura efetiva da barra de Salvador a navios estrangeiros, depois de passado mais de meio século em que só navios portugueses gozavam legalmente dessa regalia. Leis taxativas de d. Sebastião (1571) e de Filipe II (1605), que tinham proibido a descida de negociantes flamengos, ingleses e franceses às costas da Colônia, foram relaxadas por d. João IV logo depois da Restauração de 1640. A política anticastelhana deste último convertia-se, de fato, em política de aliança com a Grã-Bretanha.

Gregório de Matos viveu por dentro os efeitos da viragem. A sua família, de antiga fidalguia lusa, e senhora de um engenho de tamanho médio no Recôncavo, perdeu, como tantas outras, o sustento oficial irrestrito que a escudara nos primeiros decênios do século. Com a queda fulminante dos preços do açúcar a nova situação passou a favorecer três grupos econômicos: as companhias estrangeiras, em primeiro lugar; depois, alguns latifundiários de maior calibre que conseguiam sobreviver à crise aumentando a produção e mantendo a escravaria (provavelmente, a nobreza *caramuru*, como o sátiro a chama, ressentido); enfim, e parcialmente, a sólida classe dos intermediários, os comerciantes reinóis já enraizados nas praças maiores da Bahia e do Recife, aos quais o exclusivo colonial necessariamente protegia.[5]

Como intelectual e *clerc*, Gregório não se situava estritamente no lugar social da produção ou da circulação de bens materiais. Cabia-lhe um quinhão no aparelho administrativo, no caso a burocracia colonial ou a Igreja. Aí, de fato, franquearam-lhe carreira decorosa o estamento de origem, os títulos obtidos em Coimbra de doutor *in utroque jure* além do brilho do literato consumado. Foi vigário-geral da Sé da Bahia e seu tesoureiro-mor a partir de 1681 quando ainda gozava do valimento de dom Gaspar Barata, primeiro titular daquela arquidiocese.

Mas logo os costumes livres e a língua ferina causaram-lhe embaraços e desafetos. A crer no que refere o seu primeiro biógrafo, o licenciado Manuel Pereira Barreto, o poeta perdeu os dois cargos, viveu algum tempo como advogado, esperdiçando afinal às mancheias o patrimônio familiar: "Vendeu já necessitado por três mil cruzados uma sorte de terra, e recebendo em um saco aquele dinheiro o mandou vazarem a um canto da casa, donde se distribuía para gastos, sem regra nem vigilância".[6]

O berço fidalgo e o exercício de profissão liberal prestigiada concorreram para formar em Gregório um ponto de vista bastante peculiar que, porém, não o subtrai de todo à figura do intelectual tradicional desenhada por Antonio Gramsci.[7]

O pensador marxista italiano descreveu os dois grupos ideológicos fundamentais que coexistem em sociedades onde o modo de pensar capitalista e burguês ainda está lutando, palmo a palmo, com instituições e valores herdados ao antigo regime. Nessas formações históricas, o intelectual eclesiástico (em contraste com o orgânico, rente ao sistema produtivo) resiste, cultural e passionalmente, aos valores do mercantilismo e da impessoalidade funcional, apegando-se aos velhos direitos do sangue e do nome e às honras e aos privilégios de ordens estamentais fechadas como a Nobreza, a Igreja, os Tribunais, as Armas, a Inquisição e a Universidade.

A tendência do letrado tradicional é, na época barroca, a de uma divisão existencial: a relação com a estrutura social fica cindida entre a autoidentificação com um tipo humano considerado ideal (o *nobre*, o *chevalier*, o *gentleman*, o *honnête homme*, o *hidalgo*, o *discreto*, o *cortigiano* ou *galantuomo*, o nosso colonial *homem bom*) e a repulsa ao vil cotidiano dos outros homens cujas necessidades e interesses se descrevem com o mais cru naturalismo confinante quase sempre com a barbárie.

Olhando de fora e de cima o jogo da competição venal, o homem culto assentado nos vários degraus hierárquicos se constitui idealmente a si mesmo. É a *autoposizione* gramsciana, que isenta da guerra *suja* do lucro e aparta todo um grupo social da mercancia e do trabalho manual, atividades ambas desprezadas pelo fidalgo dos Seiscentos. A esse desdém, de natureza estamental, soma-se o correlato prejuízo racial contra o judeu; e, na Colônia, contra o mestiço. Um é mercador, o outro tem sangue de escravo.

O nó do preconceito fica inextricável quando a desigualdade produzida pela divisão social se combina com discriminações de raça ou de credo. Na Colônia, ambos, o opressor e o oprimido, receberam o selo de uma dupla determinação.

Gramsci vinculava a pretensão de autonomia do *clérigo* à consistência de grupos tradicionais ainda prestigiados e favorecidos no interior do Estado. Tudo indica que, no caso do Brasil seiscentista, essa relação se estreitou nos momentos de depressão da economia agromercantil. Então, a saída honrosa para um herdeiro letrado se procurava na burocracia ou na esfera do clero, firmemente atado à Coroa pelo regime do padroado.

Araripe Jr., que observou Gregório por uma lente tainiana, sempre à procura da faculdade dominante do escritor, viu com nitidez o seu fundo ressentimento para com as *desordens* da Bahia dos fins do século, mas atribuiu-o a singularidades de caráter. A interpretação, por ser difusa e psicologizante, não dá conta inteira do sistema de relações sociais que se depreende analisando os estratos atingidos pela verve do poeta. Não se tratava de um rancor cego, de uma atrabílis projetada, a torto e a direito, contra pessoas entre si diversas. Só aparentemente os grupos feridos pela pena do sátiro nada tinham em comum: de fato, o que aproximaria, à primeira vista, o magano estrangeiro e o vigário mulato do Passé? Ou o senhor de terras cioso de sua estirpe nativa e o merceeiro cristão-novo enricado em curto prazo? Esses objetos das flechas de Gregório aparecem, ao leitor distante, apenas como indivíduos dispersos cujos vícios atraíram os remoques do seu sarcasmo e aceraram as lâminas do seu verso. Daí, a tentação forte de recair no registro moral de Araripe Jr.; ou então, em alguma sorte de formalismo voltado para as estruturas do discurso satírico tomado em si mesmo, e para o qual os tipos de escarmentados pelo poeta seriam antes *topoi* de uma longa tradição literária do que formações histórico-sociais circunscritas no espaço e no tempo.

Novamente, é o conhecimento histórico do ponto de vista do escritor que nos vai impedir de entrar no labirinto de hipóteses arbitrárias. O *filho d'algo* em apuros não tolera o comerciante forâneo nem o desenvolto mercador cristão-novo. O que está em jogo não é uma forma irritada de consciência nacionalista ou baiana, mas uma rija oposição estrutural entre a nobreza, que desce, e a mercancia, que sobe. O antagonismo vem do Medievo, que já lançara as pechas de *vilão* e *tra-*

tante contra o homem de negócios e o onzeneiro, mas acirra-se e toma corpo doutrinário nos Seiscentos, quando já vai acesa a longa batalha que levará a aristocracia de roldão. Mais do que nunca, nobreza e burguesia disputam o poder político; mais do que nunca, a tradição crispa-se e afronta a modernidade. Dizia frei Amador Arrais, carmelita descalço e antissemita, morto em 1600: "Não deve ser o Príncipe mercador, porque é baixeza de mau cheiro".[8]

Se o soneto "À Bahia" acusa o sagaz brichote, a glosa ao mote "Efeitos são do cometa" não poupará "o Holandês muito ufano" nem "os Franchinotes" que nos invadem "com engano sorrateiro/ para nos levar dinheiro/ a troco de assoviotes".

De outro lado, vêm grimpando pelos interstícios do sistema colonial os açambarcadores do porto (a *Arte de furtar* já fala em "atravessadores") e os migrados de sangue suspeito, que souberam poupar e investir, e agora detêm nas mãos a isca do crédito e da moeda corrente, nesta cidade onde a baixa do ouro doce multiplicou dívidas e empenhos:

> *Estupendas usuras nos mercados:*
> *Todos os que não furtam, muito pobres:*
> *Eis aqui a cidade da Bahia.*
>
> ("Aos Srs. Governadores do Mundo...")

A ascensão rápida de um "sota-tendeiro de um cristão novo" está contada nas quadras de "À cidade da Bahia". Aí narra-se a história de um pobre mas ousado vendedor de chitas que, ajudado pelos parentes, mas sobretudo pelo próprio desejo de ganho, "entra pela barra dentro" (outra vez o enlace do audaz intruso com a remissa Bahia), salta em terra, monta loja e armazém, engana, despista, casa-se com rica herdeira e acaba vereador do pelouro, "que é notável dignidade":

> *Já temos o Canasteiro*
> *que inda fede aos seus beirames,*
> *Metamorfósis em homem grande:*
> *eis aqui o personagem.*

O que machuca os brios de Gregório é, acima de tudo, ver a pretensão do vendeiro (afinal realizada) de ocupar aqueles postos de caráter honorífico secularmente reservados aos "homens bons". Então, acabaram-se as diferenças de berço? Tudo o dinheiro há de alcançar; tudo, comprar?

Adeus, Povo da Bahia;
digo, canalha infernal:
e não falo na Nobreza,
tábula em que se não dá.
Porque o Nobre, enfim, é nobre:
quem honra tem, honra dá:
pícaros, dão picardias;
e ainda lhes fica que dar.

....

No Brasil, a Fidalguia
no bom sangue nunca está;
nem no bom procedimento:
pois logo em quê pode estar?

Consiste em muito dinheiro,
e consiste em o guardar:
cada um o guarde bem
para ter que gastar mal

("Despede-se o Autor da Cidade da Bahia na ocasião em que ia degredado para Angola de potência, pelo Governador D. João de Alencastre".)

Que a oposição sobredeterminante em Gregório seja o par *nobre/ ignóbil* (e não: brasileiro/estrangeiro) resulta claro de sátira hilariante que dirige contra o "Fidalgo da terra", o "Adão de massapê", símbolo daquela pequena mas poderosa classe de senhores baianos nos quais já era considerável a dose de sangue indígena. A estes, que viriam a ser a futura classe dirigente nacional, e cujos interesses iriam com o tempo apartá-los dos reinóis, o poeta não perdoa justamente os fumos de prosápia que a riqueza e as vitórias contra os holandeses estavam alimentando. São exemplos notáveis: "A fidalguia do Brasil", que se fecha com o decassílabo em *torpe idioma* "Cobé pá, aricobé, cobé, paí"; "A fidalguia ou enfidalgados do Brasil", além do soneto "A Cosme Moura Rolim insigne mordaz contra os filhos de Portugal".

O tema não varia: o antigo bugre, "alarve sem razão, bruto sem fé", arroga-se o direito de exibir títulos; e do contraste entre a altura da

"A ti trocou-te a máquina mercante,
que em tua larga barra tem entrado,
A mim foi-me trocando e tem trocado
Tanto negócio e tanto negociante."

Gregório de Matos, "À Bahia"

sua presunção e a rudeza do seu tronco, exposta no nível da bizarria léxica, é que Gregório extrai o efeito cômico imediato.

Mais delicada, se não espinhosa, é a questão do negro e, dentro desta, a questão do mulato. A ojeriza que o último inspira a Gregório faz entrever uma sociedade onde o grau de mestiçagem era já o bastante alto para que se destacasse do conjunto da população um grupo de pardos livres.

O preconceito de cor e de raça irrompe, cruel, quando surge algum risco de concorrência na luta pelo dinheiro e pelo prestígio. O que era latente e difuso torna-se patente e localizado. Em nosso poeta, o *punctum dolens* é sempre a questão da honra, privilégio que, no código do antigo regime, só pode ser compartilhado por pares de linhagem. Ora, a diferença de cor é o sinal mais ostensivo e mais "natural" da desigualdade que reina entre os homens; e, na estrutura colonial-escravista, ela é um traço inerente à separação dos estratos e das funções sociais. Para o estamento em crise, de onde provinha Gregório, o mundo já fora posto às avessas pelos brichotes, pelos judeus e pelos netos de Caramuru quando passaram à frente de homens de velha cepa surgida ao tempo das cruzadas. Mas o cúmulo do absurdo acontecia nessa triste cidade onde mestiços forros, agregando-se a famílias abonadas, ou conquistando postos no Fórum e na Sé, recebiam afinal deferências que a ele, branco, nobre e douto, eram recusadas!

> *Não sei para que é nascer*
> *neste Brasil empestado*
> *um homem branco e honrado*
> *sem outra raça.*
>
> *Terra tão grosseira e crassa,*
> *que a ninguém se tem respeito,*
> *salvo quem mostre algum jeito*
> *de ser Mulato.*
>
> *Aqui o cão arranha o gato,*
> *não por ser mais valentão*
> *mas porque sempre a um cão*
> *outros acodem.*

As coplas seguintes são particularmente ferozes, pois investem contra a Relação, isto é, contra os tribunais de justiça que seguiam a praxe de processar, com as devidas multas, o senhor branco quando este assassinava o seu escravo, de novo chamado "cão":

> *Os brancos aqui não podem*
> *mais que sofrer e calar,*
> *e se um negro vão matar,*
> *chovem despesas.*

> *Não lhe valem as defesas*
> *do atrevimento de um cão,*
> *porque acode a Relação*
> *sempre faminta.*

Nem sempre é mais humana a saudade do Antigo Estado. Mercancia, pele negra, mestiçagem, sangue semita: tudo o que não é "nobreza" e "pureza" vira alvo de um escárnio implacável.

EROS RETALHADO

Uma reflexão à parte merece a chamada poesia burlesca na qual a mulher negra e a mestiça se convertem em objeto misto de luxúria e desprezo.

Aqui o preconceito, tão direto nos passos referidos acima, dobra-se e complica-se porque desce ao subterrâneo de uma prática erótica onde se geram, íntima e simultaneamente, a atração física, a repulsa e o sadismo.

As ricas observações de Gilberto Freyre sobre a licença sexual nos engenhos nordestinos, alinhadas no último capítulo de *Casa-grande & senzala*, procuram dar conta dessa terrível ambivalência; e, embora as conclusões do sociólogo sejam otimistas, quando afirma a existência de uma democracia racial luso-brasileira, basta ler as trovas fesceninas de Gregório para repor em pé a pergunta de base: a fusão que se deu na pele e na carne significou também emparelhamento social?[9]

Alguma resposta se obtém quando se confrontam os versos chulos e a lírica amorosa de Gregório cultista e idealizante. Dedicada à mulher branca e bem-posta, esta poesia decanta, refina e sublima os impulsos eróticos. Reescreve, para tanto, fórmulas de tradição alta, que vêm dos provençais, do "stilnovo" com a sua visão da "donna angelo" e de Petrarca, até se cristalizar em Camões e amaneirar-se nos espanhóis dos Seiscentos que Gregório secunda com seu virtuosismo.

As águas não se misturam.

De um lado, as amadas distantes, merecedoras de "finezas mil", damas "rigorosas" e "tiranas", "cruéis", que trazem nomes aureolados por séculos de poesia palaciana: dona Ângela, "anjo no nome, angélica na cara"; dona Teresa, "astro do prado, estrela nacarada"; dona Victória, "rosa encarnada"; dona Francelina, "enigma escondido", "milagre composto de neve incendida em sangue"; dona Maria dos Povos, sua futura esposa, "discreta e formosíssima Maria", efigiada como Sílvia depois das núpcias "por razão de honestidade"..., sem contar as donzelas de apelidos árcades, as Clóris, as Fílis, as Marfidas, que saltam das églogas de Guarini para habitar os versos lânguidos do nosso baiano. É a vigência de um "antigo estado" no reino da convenção lírico-amorosa.

Para dizer as "mágoas" e as "penas", os "pesares" e os "tormentos" desses amores, tanto mais belos quanto mais ingratos, Gregório dispõe de uma retórica flexível que joga com os recursos da *coincidentia oppositorum*. Valores díspares atraem-se mutuamente em expressões acopladas produzindo o efeito de súbitas transformações: "Horas de inferno, instantes de alegria"; "o gosto corre, a dor apenas passa"; "pensamentos ligeiros à esperança,/ ao mal constantes"; "que é morte a cor do meu contentamento"; "amoroso desdém, zelosa pena"; "despojo sou de quem triunfo hei sido"...

Presidida pelo nume da distância física, essa é uma poesia da perda e não da posse, da renúncia, não do gozo: "Essas luzes de amor ricas e belas,/ Vê-las basta uma vez, para admirá-las,/ Que vê-las outra vez, será ofendê-las".

E do outro lado?

Lá desfilam as negras e as mulatas que a carta de alforria lançara ao meretrício havia muito incubado na senzala. Estas são: a Maria Viegas, a quem o poeta descompõe e decompõe em décimas grotescas intituladas "Anatomia horrorosa que faz de uma negra chamada Maria Viegas"; a Babu, a Macotinha, a Inácia, a Antonica, a Luísa Çapata, "mulata esfaimada", a Chica, "desengraçada crioula", a Vivência e tantas outras que se confundem em uma galeria de fantasmas lúbricos onde não se conseguem ver rostos de mulher, mas tão só exibições escatológicas de partes genitais e anais.

Como interpretar essas figurações contrárias e extremas?

Certamente não basta, no caso dos versos obscenos, remontar a uma linhagem de naturalismo cru, na esteira do que fez o grande filólogo russo Mikhail Bakhtin com Rabelais, decifrado à luz das fontes populares da Idade Média e do Renascimento.[10] A crítica latino-americana tem, às vezes, abusado, isto é, usado mecanicamente, do conceito de "carnavalização" que aquele estudioso propôs dentro de um sistema de relações bem firmes entre texto e contexto. Em Gregório de Matos, o discurso nobre e o impropério chulo não são duas faces da mesma moeda, não são o lado sério e o lado jocoso do mesmo fenômeno erótico. Representam duas ordens opostas de intencionalidade, porque opostos são os seus objetos.

A dignificação ou o aviltamento da mulher tem cor e tem classe neste poeta arraigado em nossa vida colonial e escravista. O uso de termos considerados vulgares faz-se precisamente em situações nas quais a mulher pertence àquela "gentalha", àquela "canalha" social e racialmente depreciada. Ou então, no caso que demanda uma pesquisa histórica singular, pertence ao mundo, hoje estranho para nós, das moças encerradas à força em conventos, obrigadas pelos pais a tomarem hábito para ocultar algum "mau passo", enfim banidas de casa por irmãos cobiçosos da sua parte na herança.

Há, portanto, uma desclassificação objetiva da mulher *que nunca se tomaria por esposa*, situação que a cor negra potencia, e à qual corresponde uma violência ímpar de tom, de léxico, em suma, de estilo.

M. Bakhtin descreve em termos topográficos certos processos de desmistificação peculiares ao grotesco e correntes na linguagem de *Gargantua*. Rabelais inverte posições, destrona o alto e põe-no de cabeça para baixo. O sublime decai a peça de escárnio. Trata-se de um jogo de perspectivas *em torno do mesmo objeto*, o direito e o avesso estético e moral de personagens em geral subtraídas à crítica pela censura política ou clerical. Os nomes proibidos do corpo e os termos que designam as funções vitais servem a Rabelais, como serviam aos bufões das cortes medievais, de válvulas de escape para investir contra o pesado ritual das conveniências.

Não é assim em Gregório, que opera um nítido corte entre dois campos de experiência e de significação. O registro chulo não é um fator congenial a toda a obra do poeta baiano (diversamente do que ocorre em Rabelais), mas apenas um modo setorial de usar a linguagem para marcar a ferro e fogo aqueles que caem na mira da sua irrisão.

As fontes de Gregório são outras, remotas como texto, mas próximas e familiares até hoje no uso coloquial. O recurso ao turpilóquio com intenção de ultraje sempre foi empregado nos chamados gêneros cômicos de "estilo baixo"; o que, para além do Medievo, já vem atestado desde a Antiguidade. Um erudito estudioso dos rituais hierogâmicos e dos himeneus licenciosos da Grécia arcaica, o filólogo Armando Plebe, demonstrou, em *La nascita del comico*,[11] como os povos mediterrâneos passaram do gesto franco dos cortejos fálicos, auspiciadores de sementeiras fecundas, ao riso malicioso dos ritos nupciais secretos, para, enfim, explodir em motejos desbocados nas invectivas que pontuam a sátira e a comédia na pólis clássica e alexandrina. Os órgãos e atos da vida sexual tornam-se, quando nomeados, símbolos de agressividade.

Nem tudo, porém, são extremos. E é curioso descobrir, no meio do cancioneiro lascivo de Gregório, certos passos em que aquela oposição sem matizes entre mulher branca e mulher negra cede a uma hesitante ambiguidade que cava no texto um momento feliz de autoanálise.

Lembro as redondilhas de "À mesma Custódia mostra a diferença entre amar e querer". Custódia era uma "graciosa mulata" apaixonada pelo filho de Gregório, o jovem Gonçalo de Matos. Dividido entre a cobiça e o respeito por uma mulher que pretendia ser antes sua nora que amásia, o trovador compõe um arrazoado sutil tentando provar à moça e a si mesmo que experimenta por ela um afeto mais puro e mais alto do que o vil desejo de possuí-la. O gosto das distinções conceituais marcadas em termos de análise moral dos movimentos da alma é vivo na lírica barroca, tendendo quase sempre ao especioso. Nem devemos esquecer que a ossatura lógica desse pensamento é ainda o formalismo classificador da velha escolástica que a educação contrarreformista reentronizou nas letras ibéricas:

> *Amor generoso tem*
> *o amor por alvo melhor,*
> *sem cobiça ao que é favor,*
> *sem temor ao que é desdém.*

Amor àma, amor padece
sem prêmio algum pretender,
e anelando a merecer,
não lhe lembra o que merece.

Custódia, se eu considero
que o querer é desejar,
e amor é perfeito amar,
eu vos amo, não vos quero.

(III, 700-3)

Tudo bem definido com elegância na dicção e justeza nas predicações. Amor aqui, desejo lá, "eu vos amo", "não vos quero". A consciência moral parece assegurada, assim como a limpa virtude do poeta. Mas, na vigésima e derradeira quadra, os conceitos claros e distintos se misturam, e o que resta é a projeção de uma turva coexistência:

Porém já vou acabando
por nada ficar de fora
digo que quem vos adora,
vos pode estar desejando.

Compare-se este dúbio resultado obtido pela mulata Custódia com o ciclo de poemas escritos para abrandar os rigores de Brites, dama nívea e soberba que afinal o enjeitaria por um pretendente mais moço e de melhores costumes. Nestas décimas o *topos* volta a ser buscado na tradição provençal. O trovador tece loas ao Amor, que é tanto mais perfeito quanto menos correspondido:

Todo amante, que procura
ser em seu amor ditoso,
tem ambição ao formoso,
não amor à formosura;
quem idolatra a luz pura
da beleza rigorosa,
com fineza generosa
ama sempre desprezado,
porque o ser eu desgraçado
não vos tira o ser formosa.

111

Um veio platonizante cruza o poema consumando a cisão de Eros em corpo e alma. Ou ardor sensual, ou adoração. Dois pesos e duas medidas, portanto. A libido, torrente selvagem que poderia igualar os objetos do desejo, democratizando a relação universal entre homem e mulher, corre aqui pelos meandros de um sujeito mentalmente preso à experiência da colonização escravista, e que vive, até o fundo da carne, os preconceitos tatuados na pele da mulher:

> *Sou um sujo e um patola,*
> *de mau ser, má propensão,*
> *porque se gasto o tostão*
> *é só com negras de Angola,*
> *um sátiro salvajola,*
> *a quem a Universidade*
> *não melhorou qualidade,*
> *nem juízo melhorou,*
> *e se acaso lá estudou,*
> *foi loucura e asnidade.*
>
> (IV, 964)

DEUS BIFRONTE

O teor da poesia dita *sacra* de Gregório de Matos também se ressente de uma divisão interna: a consciência moralista e a via mística, preponderando aquela sobre esta.

A matriz dos mais célebres sonetos devotos do nosso poeta encontra-se na confissão de uma desobediência praticada contra um Ser superior: transgressão que se codifica em pecados contra os mandamentos bíblicos. Um preceituário moral, rigorista nas aparências e na classificação dos atos perversos, reifica as relações entre os homens e dentro do homem, correndo o risco de engessar a vida interior do fiel que se aperta entre a culpa objetivada e a angústia do remorso.

A experiência catártica do amor a um deus feito carne, que areja e dá liberdade à grande lírica religiosa, inibe-se e estiola quando todo o peso da consciência recai sobre o negror da ação já cumprida. A saída que se apresenta é a prática manifesta da absolvição confessional, que o Concílio de Trento encarecera e ritualizara.

O medo da morte eterna, aliviado e, de algum modo, controlado pelo mecanismo eclesiástico da expiação formalizada, revela o fundo dessa religiosidade que atravessou todo o barroco jesuítico. A Colônia não teve um Pascal que ironizasse, em nome de uma relação homem--Deus mais livre e pessoal, a casuística manhosa gerada pelo caráter externo do tríplice liame: pecador, pecado, penitência.

Uma intersecção viva de sátira social e código moral contrarreformista, que faria as delícias de um historiador das mentalidades, é o longo romance intitulado "Queixa-se a Bahia por seu bastante procurador, confessando que as culpas, que lhe increpam, não são suas, mas sim dos viciosos moradores que em si alberga", poema que se expande pela seriação dos dez mandamentos da lei mosaica. Cada pecado é coisificado em um ou mais *atos*, dispostos no espaço e no tempo da sua Bahia: os calundus e os feitiços, esperança do povo, pecam por idolatria contra o primeiro mandamento; as falsas juras, contra o segundo; os gestos desleixados dos homens durante a missa e os adornos vistosos das mulheres, contra o terceiro; os maus hábitos dos filhos, contra o quarto; as línguas ferinas, contra o quinto; os bailes e toques lascivos, contra o sexto; os furtos dos novos-ricos, contra o sétimo; e assim por diante.

Em contabilidade tão miúda cada falta do pecador lhe acresce e agrava cumulativamente o débito; para resgatá-lo é necessário impetrar uma graça infinita, ou então conjurá-la com uma prece no fundo mais aliciante que piedosa:

> *Eu sou, Senhor, a ovelha desgarrada.*
> *Cobrai-a, e não queirais, Pastor divino,*
> *Perder na vossa ovelha a vossa glória.*

A remissão depende aqui de uma permuta pela qual o gesto de perdoar, que deveria ser um ato de dar absolutamente (*per-donare*), converte-se em um ganho para Deus, ao passo que o ato de condenar resultaria em perda da sua glória. Pede-se a Deus, em suma, que não faça um mau negócio... A mesma ideia, embora mais rica de matizes, já está em Quevedo, que assim fecha o Salmo XIII da série *Las tres musas*:

> *Confieso que he ofendido*
> *al Dios de los ejércitos de suerte*
> *que en otro que Él no hallara la venganza*
> *igual la recompensa con mi muerte;*

pero, considerando que he nacido
su viva semejanza,
espero en su piedad cuando me acuerdo
que pierde Dios su parte si me pierdo.

Mas sob a superfície das transações e dos jogos de consciência, aprendidos nos tratados romanos de Casos Morais, avulta a sombra da danação, patente nas imagens terríveis do Juízo Final, de amplitude cósmica, e na certeza barroca do destino humano desfeito "em terra, em fumo, em pó, em sombra, em nada". A poesia apocalíptica recebe em Gregório o tom dos sermonistas do tempo quando desenvolviam o tema ameaçador dos "novíssimos" (isto é, últimos) estágios do destino humano, *morte, juízo, inferno ou paraíso.*

O terceto e o soneto abaixo transcritos apelam para aquelas duas fontes do imaginário barroco, o *memento homo* e o *dies irae:*

....
Todo o lenho mortal, baixel humano,
Se busca a salvação, tome hoje terra,
Que a terra de hoje é porto soberano.

("No dia da quarta-feira de cinzas")

O alegre dia entristecido,
O silêncio da noite perturbado,
O resplendor do sol todo eclipsado,
E o luzente da lua desmentido.

Rompa todo o criado em um gemido.
Que é de ti, mundo? onde tens parado?
Se tudo neste instante está acabado,
Tanto importa o não ser, como haver sido.

Soa a trombeta da maior altura,
A que vivos e mortos traz o aviso
Da desventura de uns, de outros ventura.

Acabe o mundo, porque é já preciso,
Erga-se o morto, deixe a sepultura,
Porque é chegado o dia do juízo.

("Ao dia do Juízo")

O cálculo dos méritos e deméritos e a tentativa de aplacar o juiz não conseguem sufocar o terror renascente da morte e do castigo universal; ao contrário, deixam ver o subsolo friável da moral tradicionalista dos Seiscentos; que vive uma hora de sombras e angústias extremas, "porque é chegado o dia do juízo".

Mas convém perguntar, para sair das grandes abstrações meta-históricas, que mundo é esse que deve acabar em catástrofe?

O homem de letras criado na *forma mentis* da Contrarreforma enfrenta a maré mercantil internacional que ascende, embora ainda se ache longe do seu pico só conquistado pela burguesia entre os séculos XVIII e XIX.

A visão de um corpo social bem-ordenado,[12] que os estamentos ibéricos ensinam ao Gregório estudante de leis e cânones em Coimbra, não se ajusta harmoniosamente à rapidez brutal com que se dão na inculta colônia as mudanças de fortuna e de estado. Até mesmo a oposição "natural" de branco e preto borra-se na Bahia mestiça onde fazem carreira clerical mulatos desenvoltos e apaniguados. Enfim, o corte drástico entre Honra e Negócio perde o gume sempre que investe, sôfrega, a máquina mercante. E o que sobrou do patrimônio erodido e malgasto do filho d'algo em crise vai cair nas garras do unhate. Como resistir se o mal penetrou nas juntas do sistema e nas entranhas do sujeito?

O modo único de resistir é maldizer, é moralizar, é repetir a cada um que é pó, e a pó reverterá, é convocar para o aqui e agora o dia do julgamento. Morte, juízo, inferno ou paraíso. Nesse momento tremendo em que todo o cosmos se comoverá, se falharem os sentimentos de perfeita contrição, salve-se o pecador ao menos pela imperfeita atrição, que é um arrependimento movido não tanto por amor a Deus quanto por medo às penas do inferno, mas ainda assim, no dizer caviloso dos casuístas, suficiente para lograr o divino perdão.

Ora, desde que o temor ao castigo é mais forte do que a vontade do Bem, bloqueia-se a via amorosa mística, e só resta o moralismo ou o terror. O código de preceitos se enrijece com vistas à transgressão cujo fantasma ronda obsedante a alma do pecador:

> *Deus me chama co'o perdão*
> *por auxílios e conselhos,*
> *eu ponho-me de joelhos*
> *e mostro-me arrependido;*

mas como tudo é fingido,
não me valem aparelhos.

Sempre que vou confessar-me,
digo que deixo o pecado,
porém torno ao mau estado,
em que é certo o condenar-me:
mas lá está quem há de dar-me
a pago do proceder:
pagarei num vivo arder
de tormentos repetidos
sacrilégios cometidos
contra quem me deu o ser.

A vigilância coibidora atrai a tentação e ambas roçam-se mutuamente buscando o amplexo impossível. Nesse conflito, que vexa e oprime a consciência, o instinto de morte espreita a sua vez. O desejo negado e a repressão infeliz, frustres e ressentidos um com o outro, só esperam a hora em que o corpo vivo passe a cadáver enquanto a criação se rompe em gemidos de agonia:

Acabe o mundo, porque é já preciso.

Contudo, se o tom entre legalista e catastrófico, dominante nos poemas sacros, fosse exclusivo, não se daria aquela cisão apontada no começo do tópico. Pois existe, felizmente, um outro modo de poetar "a lo divino", que já vimos em contexto bem diverso na lírica espanhola de Anchieta. Em Gregório essa maneira tampouco é original, e trai curiosamente o glosador capaz dos mais surpreendentes exercícios de osmose. Transpassa na voz feminina que ditou o longo e sutil "Solilóquio de madre Violante do Céu ao Diviníssimo Sacramento: glosado pelo poeta para testemunho de sua devoção, e crédito da Venerável Religiosa".

Desta vez o centro inspirador do texto não está na angústia da falha reiterada nem no medo à pena eterna, mas na memória da Paixão de Cristo, recriada no sacramento por força de um ato gratuito de amor e sem relação alguma com o grau de mérito do fiel. Gregório, como o seu coetâneo Baltasar Gracián, suspende, ainda que por breve tempo, o veio da sátira pessimista para entregar-se à certeza mística, assim expressa no *Comulgatorio* daquele ardido prosador barroco: "No hay horror donde hay amor".[13]

No "Solilóquio", gratuidade e espontaneidade humanizam o fenômeno religioso, mudam o teor dos sentimentos, liberam as imagens. As metáforas, mórbidas e terrosas nos poemas apocalípticos, fazem-se nítidas e alegres, misturando ar e luz em expressões leves como "arrebol", "cândido Oriente", "cândidos lírios", "fonte clara", "epiciclos de neve", "sol nascente", "cristal puro e fino", "divina neve", "gala" e "bizarria".

Não por acaso um dos esquemas de lógica poética mais fortes do texto é o que contrapõe a escuridão dos céus sobrevinda à morte de Jesus à luminosidade do Sol que o pão da Eucaristia recobre. A luz está no sacramento como encerrada em um invólucro material, em si opaco, que se declara em linguagem cultista um "emblema" e um "enigma":

> *E suposto o pensamento*
> *se pasma do escuro enigma,*
> *mais o mistério sublima*
> *vendo-vos no Sacramento:*
> *ali meu entendimento*
> *conhecendo-vos tão claro,*
> *melhor esforça o reparo*
> *de que estais tão luzido,*
> *quando melhor compreendido*
> *Enigma de amor mais raro.*
>
> *Que no Sacramento estais*
> *todo, e toda a divindade,*
> *conheço com realidade,*
> *suposto que o disfarçais:*
> *para que vos ocultais*
> *nesse mistério tão raro,*
> *se a maravilha reparo,*
> *penetrando-vos atento,*
> *mais claro ao entendimento,*
> *que sendo à vista tão claro?*

(Texto 3 — Glosa) (vol. I, pp. 84-5)

Para figurar tão radiosa interioridade (que o sudário "sanguinosamente escuro" escondera), as metáforas pregnantes são as de "fogo ativo" e "infinito ardor", imagens místicas e eróticas por excelência aqui trazidas ao foco do sujeito e do seu corpo, o "peito amante":

> *Arde meu peito em calor,*
> *se bem estou anelando,*
> *quando estou abrasando*
> *em tanto fogo de amor,*
> *que um peito amante verbera,*
> *quem o favor não espera*
> *de tanto carinho ao rogo,*
> *se a chamas de ativo fogo*
> *nunca vos negais esfera?*

(Texto 8 — Glosa) (I, 94-5)

> ....
> *Vinde a meu peito, Senhor,*
> *fareis do divino humano*
> ....
> *e por timbre de poder*
> *fareis do humano divino.*

(Texto 19 — Glosa) (I, 94-5)

A transcendência calada na imanência, o Deus-Homem que "a cada um transformou/ passando o divino a humano", é o pressuposto do primeiro conceito de fraternidade universal na medida em que postula que todos os homens foram criados e remidos pelo mesmo Deus.

Mas esse movimento ideal para dignificar a pessoa em si mesma não conseguiu transpor os versos da lira sacra para penetrar a sátira de um cotidiano colonial feito de senhores, tratantes e escravos.

4
VIEIRA
OU
A CRUZ DA DESIGUALDADE

A verdadeira fidalguia é a ação.
O que fazeis, isso sois, nada mais.

Vieira, *Sermão da Terceira Dominga do Advento*

Gregório de Matos e Antônio Vieira foram contemporâneos. Há testemunhos de que se conheceram e estimaram no período baiano de ambos, que coincidiu com os últimos anos de vida de um e de outro: o poeta morreu em 1696, o pregador no ano seguinte.

Comparado com o "piccolo mondo" de Gregório, sátiro e cronista das mazelas da Bahia, o universo de Vieira se mostra mais largo. Jesuíta, conselheiro de reis, confessor de rainhas, preceptor de príncipes, diplomata em cortes europeias, defensor de cristãos-novos e com igual zelo missionário no Maranhão e no Pará, Vieira traz em si uma estatura e um horizonte internacional. O interesse que ainda hoje desperta a sua obra extensa e vária (207 sermões, textos exegéticos, profecias, cartas, relatórios políticos...) só tem a ganhar se for norteado por um empenho interpretativo que consiga extrair dela a riqueza das suas contradições, que são as do sistema colonial como um todo, e que só a experiência brasileira, de per si, não explica.

Leitor e amador de Vieira há pelo menos trinta anos, tento nestas páginas riscar o desenho breve de algumas linhas mais fortes que compóem a sua fisionomia. Os seus olhos negros e vivíssimos, cercados de olheiras sofridas, eram olhos postos no futuro: cada traço desse rosto vincado parece acusar uma luta, perdida sempre, que outra luta vai substituir sem trégua nem desalento. Não foi por acaso que ele disse, buscando em vão persuadir nobres e clero a pagarem impostos na tarefa ingente de reconstruir o Reino: "A verdadeira fidalguia é a ação".

Vieira, ao contrário do poeta saudoso do "Antigo Estado", sabia que a *máquina mercante* viera para ficar, irreversível, inexorável. E que, sendo inútil lastimar a sua intrusão nos portos da Colônia, importava dominá-la imitando os seus mecanismos e criando, na esfera do poder monárquico luso, uma estrutura similar que pudesse vencê-la na concorrência entre os impérios.

Esse projeto o situa no centro nervoso da política colonial do tempo. Enquanto valido e conselheiro de d. João IV, inspira ao rei a fundação de uma Companhia das Índias Ocidentais assentada principalmente em capitais judaicos. A empresa se faz, a despeito da Inquisição, e começa a funcionar em novembro de 1649, quando larga do Tejo a primeira frota. Lançava-se uma ponte atlântica regular entre Lisboa e os portos da Bahia e do Rio de Janeiro, entregando-se à Companhia o monopólio de certos alimentos de alto consumo na Colônia: vinho, azeite, farinha, bacalhau. Em contrapartida, obrigava-se a nova empresa a escoltar as frotas carregadas de açúcar e tabaco que corriam perigo de assalto quando se dirigiam para o Reino.

Em todo o plano Vieira seguia de perto o modelo estratégico das potências rivais, a Inglaterra e a Holanda: aquela, com a Companhia das Índias Orientais fundada por Elisabeth I em 1599, núcleo do primeiro império britânico; esta, com uma instituição de igual nome, em 1602, seguida pela Companhia das Índias Ocidentais tão ativa na invasão do nosso Nordeste.[1]

Mas a sociedade ibérica do século XVII não conhecia ainda a plena hegemonia do pensamento burguês, que já se impusera com vigor nas práticas econômicas e na cultura da Inglaterra e da Holanda protestantes. Vieira prega em clima hostil ou suspeitoso, tendo que convencer os seus ouvintes (d. João IV, os nobres, os teólogos, os letrados de Coimbra, o Santo Ofício) da ortodoxia e da licitude de um empreendimento a ser financiado em boa parte por banqueiros e mercadores de extração cristã-nova. O que resultou, em termos de retórica barroca, foi uma singular simbiose de alegoria bíblico-cristã e pensamento mercantil, que serpeia no estranho *Sermão de São Roque* pregado na Capela Real, em 1644, por ocasião do primeiro aniversário do príncipe d. Afonso.

Em um primeiro momento, a linha de argumentação persegue o *topos* das falsas aparências. O que a alguns parece risco, seria, na verdade, a fonte de salvação para todos. O paradoxo do remédio perigoso vem ilustrado com histórias e exemplos tomados à Escritura e ao *Flos Sanctorum*.

São Roque, nobre francês, volta à pátria depois de ter peregrinado pela Itália que movia então guerra à França. Os seus parentes não o reconhecem e, supondo-o espião, prendem-no. As aparências o incriminam. No entanto, os fatos acabam provando que tão só de Roque lhes viria o melhor apoio nos reveses da luta. O que mais tememos é o que nos salva.

Ou então:

Andavam os apóstolos na barquinha de São Pedro lutando com as ondas: parte de terra Cristo a socorrê-los; e eles começaram a tremer cuidando que era fantasma. *Fantasma?* Pois como assim? Não era Cristo que os ia socorrer? Não era Cristo que os ia livrar do perigo? Pois como lhes pareceu que era um fantasma? *Porque assim como há fantasmas que parecem remédios, assim há remédios que parecem fantasmas.* Cousa notável, que o mesmo que lhes metia medo como perigo, os livrou da tempestade como remédio.[2]

Está urdida e está lançada a rede das analogias. Resta agora tecer o último termo, que surge como fio novo, mas já preparado pelo trabalho da narração: "O remédio temido, ou chamado perigoso, são as duas Companhias mercantis, Oriental uma, e outra Ocidental, cujas frotas poderosamente armadas tragam seguras contra Holanda as drogas da Índia e do Brasil".

À luta externa acresce lembrar o embate entre as duas nações da península: "E Portugal com as mesmas drogas tenha todos os anos os cabedais necessários para sustentar a guerra interior de Castela, que não pode deixar de durar alguns anos".

Postas as coisas nesses termos, o que impede a nação portuguesa de executar plano tão prudente como o das companhias? Será um preconceito de sangue? Ou escrúpulo de religião?

Afinal, o que se pede aos banqueiros cristãos-novos é um mediador neutro e universal, que não tem raça, nem pátria, nem fé: o dinheiro. E Vieira toma de empréstimo à linguagem do realismo político a ideia pragmática dos meios que as razões de Estado sempre legitimam:

> Este é o remédio por todas as suas circunstâncias não só aprovado, mas admirado das nações mais políticas da Europa, exceto somente a portuguesa, na qual a experiência de serem mal reputados na Fé alguns de seus comerciantes, não a união das pessoas, mas a mistura do dinheiro menos cristão com o católico, faz suspeitoso todo o mesmo remédio, e por isso perigoso.

Só Portugal se obstina em ignorar o exemplo das "nações mais políticas da Europa". Só Portugal se propõe nesciamente a distinguir entre dinheiro fiel e infiel, dinheiro pio e ímpio, dinheiro nobre e ignóbil...

O raciocínio avança agora por um caminho de franca subordinação do perigo ao remédio. Concede-se ao interlocutor poderoso e temido, no caso, à Inquisição, que os detentores do capital, os cristãos-novos, podem ser até perversos, mas afirma-se que é suma sabedoria voltar contra o mal as armas do próprio mal, tornando-as inócuas ou taticamente úteis. Fazer o contrário, expulsar os mercadores judeus de Portugal para Holanda, seria engrossar as fileiras do herege batavo que já rondava, cúpido, os engenhos de Pernambuco.

Vieira estabelece um *distinguo* bem escolástico: a santidade dos fins desejados por Deus nada tem a ver com a imperfeição dos meios contingentes que nascem da fraqueza humana. E lembra a história do profeta Elias, que recebeu pão não só das mãos dos anjos como das unhas dos corvos: "A servir à Fé com as armas da infidelidade, oh que política tão cristã! Alcançar a Fé as vitórias, e pagar à infidelidade os soldos, oh que cristandade tão política!".

E o dinheiro de Judas, supremo traidor, não foi por acaso bem aproveitado para comprar um campo de sepultura aos peregrinos da Cidade Santa? Cristo, reza a lenda medieval, apareceu a d. Afonso Henriques e pediu-lhe que gravasse no escudo de Portugal as suas cinco chagas e mais os trinta dinheiros, "para que entendamos que o dinheiro de Judas cristãmente aplicado nem descompõe as chagas de Cristo, nem descompõe as armas de Portugal. Antes, compostas juntamente de um e de outro preço, podem tremular vitoriosas nossas bandeiras na conquista e restauração da Fé, como sempre fizeram em ambos os mundos".

Da distinção entre fins e meios, que passam a operar em ordens de valor próprias, decorrerá um intervalo, bem moderno, entre os princípios ético-religiosos e as práticas imediatas da política. Vieira não recua diante desse espaço profano aberto pelo fundador da ciência burguesa do poder, o secretário florentino: "A razão é porque a bondade das obras está nos fins, não está nos instrumentos. As obras de Deus são todas boas; os instrumentos de que se serve podem ser bons e maus".

Vieira, conselheiro do moderno príncipe-mercador; Vieira, conselheiro do chefe de Estado absoluto.

O DISCURSO DA AÇÃO ENTRE A POLÍTICA E A TEOLOGIA

Como pregador da Corte, o jesuíta tem acesso aos estratos do privilégio. Mas a sua máquina oratória deve, paradoxal e temerária, investir precisamente contra as regalias e as isenções de que gozavam os nobres e os religiosos nessa fase de reerguimento do Império duplamente ameaçado: pela Espanha, no xadrez europeu; pela Holanda, na estratégia atlântica e colonial.

O seu problema retórico fundamental é este: como compor um discurso persuasivo, isto é, suficientemente *universal* nos argumentos para mover *particularmente* a fidalguia e o clero a colaborar na reconstrução do Reino, até então escorada sobretudo pela burguesia e pelos cristãos-novos?

Em termos ideológicos: como pôr em xeque os preconceitos antimercantis e antissemitas que, como se sabe, já afloravam nos diálogos morais de um frei Amador Arrais e repontam, entre nós, nas sátiras de Gregório de Matos?

É preciso considerar o óbvio e lembrar que a ação de Vieira se deu em pleno antigo regime, antes que a crítica das Luzes começasse a arranhar a metafísica social incrustada nos estamentos. Vieira falava a um auditório para o qual o nobre era ontologicamente nobre; o clero, clero *in aeternum*; o vilão, vilão; o cristão, cristão; o judeu, judeu. Assim o quisera a vontade divina, assim o estabelecia a natureza das coisas.

O seu empenho político o obrigava a induzir os ouvintes a uma reestruturação conceitual de valores, inquietantemente dialética (o que é nobre? o que não o é?), e a uma redistribuição das pessoas e dos grupos: quem é nobre? quem não o é? Daí vem a estranha modernidade de alguns textos seus, que podem parecer fora de contexto se a referência é o universo hierárquico e contrarreformista da península ibérica nos Seiscentos. O seu discurso, agônico e torcido, faz pensar que aquela cultura nada tinha de homogêneo nem de estático.

Sigo aqui a ordem das razões do *Sermão da Primeira Dominga do Advento* pregado na Capela Real em 1650.

O tema, como pedia o tempo litúrgico em vésperas de Natal, é o do *novo nascimento de cada homem*, matéria de ressoos messiânicos, mas aqui tratada como uma exortação a agir em prol da construção de um novo indivíduo na arena da luta social.

O segundo nascimento de cada cristão dependerá da sua vontade e do seu trabalho. Todo homem traz em si mesmo o poder de corrigir a desigualdade que reina no mundo do acaso:

> Homens humildes e desprezados do povo, boa nova! Se a natureza ou a fortuna foi escassa convosco no nascimento, sabei que ainda haveis de nascer outra vez, e tão honradamente como quiserdes: então emendareis a natureza, então vos vingareis da fortuna.[3]

A honra do estamento, que por má sorte não se recebeu no sangue, há de conquistá-la o esforço de onde provém a ação honesta:

> Se havemos de tornar a nascer, por que não trabalharemos muito por nascer muito honradamente? Não nascer honrado no primeiro nascimento tem a desculpa que Deus nos fez. *Ipse fecit nos* (S1 xcix, 3). Não nascer honrado no segundo, nenhuma desculpa tem: tem a glória de sermos nós os que nos fizemos. *Ipse nos.*

A ordem natural, tida por definitiva, é apenas um *primum mobile* da nossa existência individual. O Advento propõe um "segundo tempo", um re-nascimento que se enraíza no coração da vontade e do projeto. É nesse tempo, outro, feito de consciência operosa, que se conquista o valor. Termos medieval-barrocos tradicionais como *honra, fidalguia, nobreza*, são ressemantizados por Vieira, que passa a integrá--los na esfera do trabalho, liberando-os portanto da pura sujeição à herança familiar e estamental.

Nesta virada axiológica o polo positivo chama-se ação; e o contravalor mais funesto, omissão. O elogio da *vita activa* resolve-se sob a forma de uma sintaxe em cadeia em que o discurso em galope potencia o mérito do homem em estado de alerta ao mesmo tempo que agrava o demérito do relapso:

> Desçamos a exemplos mais públicos.
> Por uma omissão perde-se uma maré, por uma maré perde-se uma viagem, por uma viagem perde-se uma armada, por uma armada perde-se um Estado: dai conta a Deus de uma Índia, dai conta a Deus de um Brasil por uma omissão. Por uma omissão perde-se um aviso, por um aviso perde-se uma ocasião, por uma ocasião perde-se um negócio, por um negócio perde-se um reino: dai conta a Deus de tantas casas, dai conta a Deus de tantas vidas, dai conta a Deus de tantas fazendas, dai conta a Deus de tantas honras, por uma omissão.[4]

Quantas simetrias internas, quantos paralelos, quantas figuras que transpõem para a prosa parenética o *leixa-pren* da lírica medieval! Tudo são recursos de ênfase que visam à meta suprema do orador: persuadir; e, persuadindo, mover o nobre, que ocupa lugar preeminente no Estado, a sacrificar o seu tempo de ócio e compartir de bom grado as tarefas da remissão econômica do Reino. O que os velhos tratadistas de retórica, a começar em Quintiliano, chamam de *inventio*, fase de busca, em aberto, de tópicos e motivos, conhece em Vieira um largo espectro de possibilidades, tal é a prontidão com que desentranha das minas da memória vozes e imagens para animar o tema proposto. Passagens bíblicas, fábulas, anedotas, provérbios, episódios tomados a vidas de santos, tudo lhe serve, tudo lhe aproveita para dar ao argumento o esplendor do concreto:

> O salteador na charneca com um tiro mata um homem; o príncipe e o ministro com uma omissão matam de um golpe uma monarquia. Estes são os escrúpulos de que não se faz nenhum escrúpulo; por isso mesmo são as omissões os mais perigosos de todos os pecados.
> A omissão é um pecado que se faz não fazendo [...] Estava o profeta Elias em um deserto metido em uma cova, aparece-lhe Deus e diz-lhe: *Quid hic agis, Elia?* E bem Elias, vós aqui? Aqui, Senhor! Pois aonde estou eu? Não estou metido em uma cova? Não estou retirado do mundo? Não estou sepultado em vida? *Quid hic agis?* E que faço eu? Não estou disci-

125

plinando, não estou jejuando, não estou contemplando e orando a Deus? Assim era. Pois se Elias estava fazendo penitência em uma cova, como o repreende Deus e lho estranha tanto? Porque ainda que eram boas as obras as que fazia, eram melhores as que deixava de fazer. O que fazia era devoção, o que deixava de fazer era obrigação. Tinha Deus feito a Elias profeta do povo de Israel, tinha-lhe dado ofício público; e estar Elias no deserto, quando havia de andar na corte; estar metido em uma cova, quando havia de aparecer na praça; estar contemplando no Céu, quando havia de estar emendando a Terra; era muito grande culpa.[5]

O tempo válido é o tempo oportuno, *kairós*, grávido de ação. Momento irreversível, eis o que se entende por esta frase terrível: "O tempo não tem restituição alguma".

E em sequência de elos apertados:

Uma das cousas de que se devem acusar e fazer grande escrúpulo aos ministros é dos pecados do tempo. Porque fizeram o mês que vem o que se havia de fazer o passado; porque fizeram amanhã o que se havia de fazer hoje; porque fizeram depois o que se havia de fazer agora; porque fizeram logo o que se havia de fazer já.[6]

Tudo quanto fr. Amador Arrais, Tomé de Jesus, Heitor Pinto e os autores místicos portugueses que deságuam na *Nova Floresta* de Manuel Bernardes exaltam sumamente (a contemplação do que é eterno, o apartar-se e alongar-se das coisas mundanas, o viver em solitude) poderá cair, segundo Vieira, na conta da inércia culposa. A defesa do negócio oposto ao ócio acaba invertendo o sentido da categoria-eixo do antigo regime, a nobreza, que de valor herdado passa a virtude conquistada na labuta.

No *Sermão da Terceira Dominga do Advento* os atos humanos ganham precedência sobre os títulos e determinam a qualidade destes. O que define o homem é o predicado, não a substância calada nas coisas. Nessa nova ontologia Vieira atribui às coisas, isto é, às realidades não humanas, o serem conhecidas por sua "essência"; quanto aos seres humanos, porém, a sua determinação obtém-se pela "ação": "[...] porque cada um é o que faz, e não é outra coisa. As cousas definem-se pela essência; o Batista definiu-se pelas ações; porque as ações de cada um são a sua essência".[7] Vieira reporta-se aqui ao modo ativo ou actancial pelo qual João Batista se nomeia a si mesmo quando perguntado sobre a sua identidade: "Eu sou a voz que *clama* no deserto". Como se vê, no texto evangélico, o Batista se define pelo *predicado verbal* que assinalava a sua ação de clamar ou pregar. Pode-se aproximar este passo de Vieira de outros, constantes no *Sermão da Sexagésima*, em que o orador deprecia a categoria do nome quando não inclui em si a função verbal: só vale o pregador *que prega*, e não aquele que apenas traz o título. Para o voluntarismo inaciano o agir constitui a essência da alma racional e livre. Na segunda metade do século XVII a Igreja de Roma, diretamente inspirada pela teologia ativista e pragmática da Companhia de Jesus, condenou várias proposições do místico espanhol Miguel de Molinos, cujo *Guía espiritual* pode considerar-se o texto fundamental do quietismo católico. Ao mesmo tempo, na França, os jansenistas sofriam processos movidos pelos jesuítas que os acusavam de ensinar uma doutrina subjetivista na qual a fé bastaria ao crente mesmo quando desacompanhada das obras externas e dos rituais públicos de piedade.

Vieira é drástico: "Cada um é as suas ações, e não outra coisa".

O sermão, pregado aos nobres, insiste em dar prioridade ao fazer, e não à substância, mas pouco se detém em especulações de ordem metafísica que, naquela altura do século, dividiam os teólogos em correntes inconciliáveis, os voluntaristas (partidários de uma extensão maior a ser concedida ao princípio do livre-arbítrio) e os quietistas, que viam um abismo entre o poder da Graça e a iniciativa do homem.

O horizonte do nosso orador é pragmático, passando rapidamente das máximas universais às aplicações particulares que lhe interessavam de perto: "Oh que grande doutrina para o lugar em que estamos! Quando vos perguntarem quem sois vós, não vades revolver o nobiliário de vossos avós, ide ver a matrícula de vossas ações. O que fazeis, isso sois, nada mais". E recorrentemente: "A verdadeira fidalguia é a ação".[8]

No *Sermão de Santo Antônio* pregado na igreja das Chagas de Lisboa em 1642, Vieira aperta os cravelhos do seu instrumento retórico para demover o clero e a nobreza de seu apego ao injusto sistema de isenção tributária, tão nocivo ao erário real quanto oneroso para o Terceiro Estado, aí chamado "povo". Este sermão, talvez o mais ardido de quantos Vieira dirigiu aos desfrutadores do privilégio, conduz até os extremos da consciência possível do tempo o princípio moral da equidade com que os três estados deveriam contribuir para suster o Reino.

O universalismo, necessário ao ônus da prova, deita aqui raízes em duas realidades historicamente díspares: o sistema nacional-mercantil, de um lado; e as propostas de fraternidade contidas no Evangelho, de outro.

Vendo misturadas as águas dessas fontes, talvez o nosso primeiro sentimento seja de estranheza, se não de indignação. A história das mentalidades nos sofreia, porém, esse gesto de impaciência. Engels fala, em um ardoroso ensaio juvenil, da "franqueza católica", capaz de abrigar as mais gritantes contradições, e expô-las ingenuamente, atitude ainda possível em formações a um tempo mercantis e tradicionais, mas que foi sendo superada pela "hipocrisia protestante" nos séculos XVIII e XIX, quando os utilitaristas norte-americanos saíram a campo para provar, com a Bíblia e Calvino na mão, a pureza do lucro e a santidade do industrialismo liberal.[9]

O discurso de Vieira parece, nessa ordem de razões, avançado e moralmente impecável. Pede o concurso de todos para aliviar os únicos sacrificados: "Não sejam os remédios particulares, sejam universais; não carreguem os tributos somente sobre uns, carreguem sobre todos".[10] "A lei de Cristo é uma lei que se estende a todos, com igualdade, e que obriga a todos sem privilégio: ao grande e ao pequeno: ao alto e ao baixo: ao rico e ao pobre: a todos mede pela mesma medida."

Mas não é só. A Lei de Cristo, revelada, não suprime a Lei Natural, presente nas consciências de todos os homens. Ambas exigem estreita equidade, ambas ensinam que os bens, universalmente distribuídos por Deus, devem ser universalmente retribuídos pelos três estados, cujo lugar comum é o Estado. O jusnaturalismo vem acionado por Vieira numa linha antiaristocrática, isto é, em benefício da aliança Coroa-burguesia.

O privilégio peca, de todo modo, contra as leis divinas: as escritas no texto sagrado e as inscritas na natureza das coisas e dos homens.

A analogia com os fenômenos cósmicos — a chuva que cai igualmente sobre os justos e os injustos — conduz Vieira a um singular desdobramento do exemplo escolhido. No que é celeste, a chuva contempla sem distinção a todos os homens; mas, ao cair neste "elemento grosseiro" que é a Terra, a água reparte-se de maneira desigual: escorrendo dos montes deixa secos os cimos, ao passo que, alagando os vales, põe os moradores das baixadas em grave risco de enchentes e afogamentos... Assim, toda lei que vem do alto (do céu sobrenatural e do céu natural) é justa e isenta. O firmamento é uno, sempre igual, como convém às esferas lisas e incorruptíveis da astronomia ptolomaica. A Terra, ao contrário, crespa e revolta de acidentes, é que produz a disparidade, as montanhas e os mangues, o chão seco e o solo encharcado: "Se amanhece o sol, a todos aquenta; se chove o céu, a todos molha. Se toda a luz caíra a uma parte e toda a tempestade a outra, quem o sofrera? Mas não sei que injusta condição é a deste elemento grosseiro em que vivemos, que as mesmas igualdades do céu, em chegando à Terra, logo se desigualam".

> Chove o céu com aquela ampla igualdade distributiva que vemos; mas em a água chegando à Terra, os montes ficam enxutos, e os vales afogando-se: os montes escoam o peso da água de si, e toda a força da corrente desce a alagar os vales; e queira Deus que não seja teatro de recreação para os que estão olhando do alto, ver nadar as cabanas dos pastores sobre os dilúvios de suas ruínas. Ora, guardemo-nos de algum dilúvio universal, que quando Deus iguala desigualdades até os mais altos montes ficam debaixo da água.

Entra, a partir da última frase, uma severa advertência, quase uma ameaça aos grandes deste mundo: "O que importa é que os montes se igualem com os vales, pois os montes são a quem ameaçam principalmente os raios, e reparta-se por todos o peso, para que fique leve a todos".[11]

O que move o discurso é o caráter inventivo do procedimento analógico. O orador extrai sempre novas razões equitativas da natureza; daquela mesma natureza que daria, mais tarde, à retórica do puro capitalismo liberal razões simetricamente opostas: a um Rui Barbosa, por exemplo, a desigualdade social parecerá legitimada pelo modelo biológico pelo qual são tão diferentes entre si as espécies vegetais e animais, sem esquecer a indefectível comparação com os cinco dedos da mão...

Vieira, contrapondo a justiça de cima à injustiça de baixo, não só afirma que a lei da igualdade é superior ao acaso da desigualdade, como exorta os homens a mudarem o estado em que vivem, abandonando "o que são para chegarem a ser o que devem".

O sermão introduz a cunha da norma ética mais geral no tronco do privilégio, tal como este veio se constituindo no dia a dia da História portuguesa. E como a sua intenção manifesta é mudar o quadro de relações desse cotidiano, soto-põe a sua contingência e a sua imperfeição ao princípio mais alto do dever ser, que é o ideal da *res publica*: "Se os três estados do Reino, atendendo a suas preeminências, são desiguais, atendam a nossas conveniências, e não o sejam". "Deixem de ser o que são, para serem o que é necessário, e iguale a necessidade os que desigualou a fortuna."

Ao *clero* pede "que ceda as suas imunidades e pague liberalmente à Coroa".

Do *nobre* sentencia: "é justo que os que se sustentam dos bens da Coroa não faltem à mesma Coroa com os seus próprios bens".[12]

E o que dizer do *Terceiro Estado*? Vieira comenta com sal: "Sobre os ofícios, sobre os que menos podem, caem de ordinário os tributos; não sei se por lei, se por infelicidade, e melhor é não saber por quê".

A suspensão irônica da frase ("não sei [...] o melhor é não saber por quê") esconde a crítica à dominação nas entrelinhas, mas sugere o bastante para tornar-se visível a todos os ouvintes. No *Sermão XVI do Rosário* o tom será mais direto e vibrante, alcançando a nota do profético:

> Tanto que Deus apareceu no mundo, tão pequeno como um cordeiro como eu O hei de mostrar com o dedo, os montes e outeiros se hão de abater, e derrubar por si mesmos, e encher os vales, e não há de haver altos e baixos na Terra, tudo há de ser igual. E que montes e outeiros são estes? Os montes são a primeira nobreza, e do primeiro poder; os outeiros são os da segunda.[13]

Para ler com exatidão filológica a passagem acima, é preciso perguntar, antes de mais nada, o que Vieira entendia pelo termo *povo*, ou, mais especificamente, por *Terceiro Estado*.

A consulta a outros sermões seus pregados em Portugal dá uma resposta ampla quanto à extensão do conceito; e negativa, quanto à sua compreensão. Entrariam no Terceiro Estado todos quantos, por exclusão, não pertencessem às duas ordens seladas pelo privilégio: a nobreza, primeira e segunda, que incluía também os oficiais de armas e a alta magistratura; e o clero em geral. O caráter heterogêneo do universo restante salta aos olhos, sobretudo para nós, hoje, que em pleno capitalismo industrial opomos, ponto por ponto, burguesia e classe operária. O critério de Vieira e de seu século era, evidentemente, outro, e mais ajustado a uma formação social que praticava ainda estilos de vida tradicionais, para não dizer semifeudais, no interior de uma estrutura econômica já francamente mercantil. Assim, o corte mais ostensivo se fazia entre os grupos do privilégio, de cepa fortemente hierárquica, e todos os demais, isto é, o "povo".

Mas quem são esses outros? O orador congrega no mesmo elenco os injustiçados e oprimidos pelos dois primeiros estados: junta assim os negociantes, os lavradores, os artífices, os jornaleiros (assalariados) e os fâmulos ou criados de casa. Soma os "burgueses", representados pelos mercadores e pequenos proprietários de terra, e os "operários", no caso, todos os trabalhadores da cidade e do campo, além dos artesãos e dos braçais. Eis o Terceiro Estado.

Para compreender bem o quadro social português é de leitura obrigatória o *Sermão da Quinta Dominga da Quaresma*. Vieira aqui adota o método de compor pela enumeração. Arrolam-se os signos e distribuem-se de modo polarizado: os objetos de luxo, de um lado; os seres humanos explorados, de outro. O processo visa, no seu conjunto, a um efeito teatral. É a plena *evidentia* barroca.

A elocução é, desde o início, gestual. O orador finge estar penetrando, junto com os ouvintes por ele convidados, em um palácio de ricos fidalgos cujo escudo sobre a portada exibe leões e águias, alegorias da "fé católica cristianíssima" da família:

Entremos e vamos examinando o que virmos parte por parte. Primeiro que tudo vejo cavalos, liteiras e coches: vejo criados de diversos calibres, uns com librés, outros sem elas: vejo galas, vejo joias, vejo baixelas: as paredes vejo-as cobertas de ricos tapizes: das janelas vejo ao perto jardins, e ao longe vejo quintas; enfim vejo todo o palácio e também o oratório; *mas não vejo a fé*. E por que não aparece a fé nesta casa? Eu o direi ao dono dela. Se os vossos cavalos comem à custa do lavrador, e os freios que mastigam, as ferraduras que pisam, e as rodas e o coche que arrastam são dos pobres oficiais, que andam arrastados sem cobrar um real; como se há-de ver a fé na vossa cavalariça? Se o que vestem os lacaios e os pajens, e os socorros de outro exército doméstico masculino e feminino dependem das mesadas do mercador que vos assiste, e no princípio do ano lhe pagais com esperanças e no fim com desesperações a risco de quebrar; como se há-de ver a fé na vossa família? Se as galas, as joias e as baixelas, ou no Reino, ou fora dele, foram adquiridas com tanta injustiça e crueldade, que o ouro e a prata derretidos, e as sedas se se espremeram, haviam de verter sangue; como se há-de ver a fé nessa falsa riqueza? Se as vossas paredes estão vestidas de preciosas tapeçarias, e os miseráveis a quem despistes para as vestir a elas, estão nus e morrendo de frio; como se há-de ver a fé, nem pintada nas vossas paredes? Se a Primavera está rindo nos jardins e nas quintas, e as fontes estão nos olhos da triste viúva e órfãos, a quem nem por obrigação, nem por esmola satisfazeis, ou agradeceis o que seus pais vos serviram; como se há-de ver a fé nessas flores e alamedas? Se as pedras da mesma casa em que viveis, desde os telhados até os alicerces estão chovendo os suores dos jornaleiros, a quem não fazíeis féria, e, se queiram buscar a vida a outra parte, os prendíeis e obrigáveis por força; como se há-de ver a fé, nem sombra dela na vossa casa?[14]

Protestos semelhantes Vieira os lança contra os sacerdotes que adornam os templos de Lisboa com ouro, prata e gemas preciosas, quando, dentro e fora desses teatros de pompa, a vida não concorda com a crença; antes, desmente-a e a destrói:

O ouro e os brocados, de que se vestem as paredes, são objeto vulgar da vista: a harmonia dos coros, suspensão e elevação dos ouvidos: o âmbar e almíscar, e as outras espécies aromáticas que vaporam nas caçoulas, até pelas ruas rescendem muito ao longe, e convocam pelo olfato o concurso. É isto Terra, ou Céu? Céu é, mas com muita mistura de Terra. Porque no meio desse culto celestial, exterior e sensível, o desfazem e contradizem também sensivelmente, não só as muitas ofensas que fora dos templos se cometem, mas as públicas irreverências com que dentro neles se perde o respeito à fé e ao mesmo Deus.

Queres que te diga, Lisboa minha, sem lisonja, uma verdade muito sincera, e que te descubra um engano, de que tua piedade muito se gloria? Esta tua fé tão liberal, tão rica, tão enfeitada e tão cheirosa, não é fé viva: pois que é? É fé morta, mas embalsamada.

As alegorias barrocas da Glória, que o palácio e a catedral ostentam em toda a sua magnificência, esvaziam-se de qualquer significado religioso quando representam apenas a opulência iníqua, e não a fé cujos poderes pretendiam exaltar.[15]

O mesmo estilo espetaculoso dos Seiscentos que edifica uma arquitetura feita de "maravilhas" com falsas portas, falsas janelas e fundos de *trompe-l'oeil* nas abóbadas policrômicas; a mesma liturgia pós-tridentina, que deseja converter as almas por meio dos sentidos, prodigalizando figuras e ornamentos, musicando solenemente as missas e os oratórios, e não desdenhando sequer os amavios do olfato ao espalhar pelas naves dos templos os aromas do incenso e do almíscar; enfim, o mesmo espírito do tempo, que multiplica em frenesi as imagens e os sons, volta-se em Antônio Vieira contra si próprio, condena asceticamente o "culto exterior e sensível", e surpreende, no meio das galas, a morte e a mumificação da substância religiosa que essa pletora de significantes deveria representar: "Esta tua fé tão liberal, tão rica, tão enfeitada e tão cheirosa, não é fé viva: pois que é? É fé morta, mas embalsamada".

Graças a um movimento dialético a retórica do grande jesuíta constrói e faz aluir, pedra a pedra, o *gran teatro del mundo*. E por trás da sua fachada monumental o ouvinte entrevê, entre indignado e compungido, o lavrador famélico, os artesãos à míngua e sem paga, o mercador fraudado; e das paredes vertem as alfaias o suor e o sangue dos jornaleiros mortos de frio.

O palco à italiana da nobreza perde, de repente, a distância que protegia a máquina das suas ilusões. O orador reconhece os efeitos enganosos da *perspectiva*, e os denuncia:

> Se retratássemos em um quadro a figura deste enigma, veríamos que em diferentes perspectivas os escuros faziam os longes, e os claros os pertos. Mas se chegássemos a tocar com a mão a mesma pintura acharíamos que toda aquela diversidade que fingem as cores, não é mais que uma ilusão de vista, e um sonho dos olhos abertos, e que tanto o remontado dos longes, como o vizinho dos pertos, tudo tem a mesma distância.[16]

Quem aprendeu as artes da ficção tornou-se mestre na ciência do *desengaño*. É próprio de tempos saturados de maneirismo explorar as últimas potencialidades dos estilos já clássicos para desmascarar os seus artifícios mais secretos. A voz concitada do pregador cultíssimo (e por isso mesmo posto além do cultismo) desnuda os bastidores e, lá do fundo, faz surgir em sua patética rudeza os operários daquela civilização requintada e cruel.

Ao devassar as misérias da opulenta Lisboa, ao expor os abusos do primeiro e do segundo Estado, Vieira produziu um discurso de teor universalista bíblico (da Bíblia dos profetas) e cristão. A velha proposta escolástica da *justiça distributiva* aqui reforça taticamente as lutas do estrato mercantil, judaico ou não, mas também adverte aos detentores do privilégio que o trabalho das mãos estava sendo tão explorado quanto no regime da servidão.

O projeto político de Vieira em Portugal, favorável à aliança entre a Coroa e o Terceiro Estado, soa para nós como progressista, quando comparado com o vetor reacionário da Inquisição e de boa parte da nobreza.

Cabe perguntar agora como a sua apologia da vida ativa e dos produtores de riqueza enfrentou as questões espinhosas (e, em parte, novas para o europeu) do trabalho índio e do trabalho negro na sociedade colonial.

ÍNDIOS

A defesa dos índios contra os colonos do Maranhão é o assunto do *Sermão da Epifania* pregado na Capela Real, em 1662, perante a rainha viúva dona Luísa, que regeu os negócios da monarquia durante a minoridade de d. Afonso VI.

Convém lembrar as circunstâncias que precederam à fala de Vieira. Ele e outros missionários estavam retornando a Lisboa expulsos pelos colonos após uma série de atritos causados pela questão do cativeiro. O pregador, valendo-se da presença da regente e do menino, futuro rei, pede que os jesuítas voltem ao Maranhão e possam implantar missões autônomas em relação aos senhores de escravos.

O sermão é exemplar como xadrez de conflitos sociais, dados os interesses em jogo, obrigando o discurso ora a avançar até posições extremas, ora a compor uma linguagem de compromisso. No fundo, o pregador acha-se dividido entre uma lógica maior, de raiz universalista, tendencialmente igualitária, e uma retórica menor, que trabalha ad hoc, particularista e interesseira. O efeito é um misto de ardor e diplomacia, veemência e sinuosidade, que define a grandeza e os limites do nosso jesuíta.

O contraste se faz tanto mais agudo quanto mais absoluta se propõe a doutrina inicial da igualdade de todos os povos, trazida, a certa altura, ao primeiro plano do sermão. Para argumentar, Vieira alega as *razões da natureza*, que têm por si a força da evidência, e as *razões das Escrituras*, que se abonam com a autoridade da revelação.

As verdades naturais, primeiro:

> As nações, umas são mais brancas, outras mais pretas, porque umas estão mais vizinhas, outras mais remotas do sol. E pode haver maior inconsideração do entendimento, nem maior erro do juízo entre os homens, que cuidar eu que hei-de ser vosso senhor, porque nasci mais longe do sol, e que vós haveis de ser meu escravo, porque nascestes mais perto?![17]

Depois, os depoimentos da tradição cristã: reza esta que um dos Reis Magos, de nome Belchior, era negro; e os outros dois, brancos; todos, porém, foram salvos por Deus da fúria de Herodes, "que os homens de qualquer cor, todos são iguais por natureza, e mais iguais ainda por fé".

A filiação comum e universal dos homens em relação a um Deus criador e único é o aval da irmandade de todos: "E entre cristão e cristão não há diferença de nobreza, nem diferença de cor. Não há diferença de nobreza porque todos são filhos de Deus; nem há diferença de cor porque todos são brancos". Esta última sentença, que naturalmente causa espécie, é esclarecida adiante pela doutrina segundo a qual o batismo limpou espiritualmente a todos, sem distinção.

Posto o discurso nessa chave, o que dele se seguiria, caso fosse mantido o seu grau de coerência interna? Sobreviria a condenação pura e simples do que se praticava então no Brasil, ou seja, tomaria forma lógica o repúdio a qualquer tipo de cativeiro. Para aí caminha o ímpeto dos argumentos éticos. Para aí levam os símiles com a dupla rota da estrela de Belém, a qual primeiro conduziu os magos a Cristo (figura da conversão dos gentios) e, em seguida, os desviou do caminho onde Herodes os faria matar — figura da *libertação* dos mesmos índios das garras dos colonos. Analogamente, essa viria a ser a dupla missão dos jesuítas: levar a boa nova às almas dos tupinambás e defender os seus corpos quando ameaçados de cair às mãos dos brancos.

Do ponto de vista da ortodoxia Vieira sabia-se respaldado por vários documentos de papas favoráveis à liberdade dos índios, a começar pela arquicitada bula *Sublimis Deus*, emitida por Paulo III em 1537, quando ia acesa na Espanha a polêmica teológica em torno da verdadeira natureza dos homens americanos:

> Pelas presentes Letras decretamos e declaramos com nossa autoridade apostólica que os referidos índios e todos os demais povos que daqui por diante venham ao conhecimento dos cristãos, embora se encontrem fora da fé de Cristo, são dotados de liberdade e não devem ser privados dela, nem do domínio de suas cousas, e ainda mais, que podem usar, possuir e gozar livremente desta liberdade e deste domínio, nem devem ser reduzidos à escravidão; e que é írrito, nulo e de nenhum valor tudo quanto se fizer em qualquer tempo de outra forma.

No entanto, esse ideal, nítido a absoluto enquanto *jus naturale* e enquanto verdade de fé, já fora abandonado pelo compromisso político dos padres (confessado pelo próprio Vieira) de "descer" com os portugueses ao sertão, domesticar e reduzir os aborígines à obediência; enfim, trazê-los a Belém do Pará e a São Luís para trabalharem a metade do ano nas roças dos colonos. Na prática, logo que a produção aumentava, exigiam-se mais braços e mais longo tempo de serviço. Como os jesuítas resistissem a essas requisições abusivas e como reservassem a outra metade do ano para catequizar os mesmos índios nas aldeias, acabaram expulsos do Pará e do Maranhão, motivo principal das queixas de Vieira à regente dona Luísa.

A homilia não esconde o ponto doloroso da questão inteira: sob pretexto de guerra justa, a Igreja permitira o cativeiro do índio. Assim, os mesmos pastores a quem fora entregue o cuidado das ovelhas tangeram-nas para a goela dos lobos:

> Não posso, porém, negar que todos nesta parte, e eu em primeiro lugar, somos muito culpados. E por quê? Porque devendo defender os gentios que trazemos a Cristo, como Cristo defendeu os Magos, nós acomodando-nos à fraqueza de nosso poder, e à força do alheio, cedemos da sua justiça, e faltamos à sua defesa [...] Cristo não consentiu que os Magos perdessem a pátria, porque *reversi sunt in regionem suam* (Mt 2, 12); e nós não só consentimos que percam a sua pátria aqueles gentios, mas somos os que à força de persuasões e promessas (que se lhes não guardam) os arrancamos das suas terras, trazendo as povoações inteiras a viver ou a

morrer junto das nossas. Cristo não consentiu que os Magos perdessem a soberania, porque reis vieram e reis tornaram; e nós não só consentimos que aqueles gentios percam a soberania natural com que nasceram e vivem isentos de toda sujeição; mas somos os que, sujeitando-os ao jugo espiritual da Igreja, os obrigamos, também, ao temporal da coroa, fazendo-os jurar vassalagem. Finalmente, Cristo não consentiu que os Magos perdessem a liberdade, porque os livrou do poder e tirania de Herodes, e nós não só não lhes defendemos a liberdade, mas pactuamos com eles e por eles, como seus curadores, que sejam meios cativos, obrigando-os a servir alternadamente a metade do ano.[18]

A contradição, de que Vieira se mostra bem consciente, e que o pungia como um remorso, espelha a condição ambígua da Igreja colonial.

Como poderia uma instituição, que vivia dentro do Estado monárquico, e à custa dos excedentes deste, desenvolver um projeto social coeso à revelia das forças que dominavam esse mesmo sistema?

A tensão acaba se resolvendo de um de dois modos, ambos infelizes para os jesuítas. Ou o compromisso, ou a resistência. Na primeira opção, tal como se deu no Maranhão, todo o processo revelou-se instável, pois se estabeleceu entre um modelo de subsistência de ritmo lento, a aldeia da missão, e um modelo de produção agromercantil, o engenho, a fazenda de algodão ou de fumo. Era fatal que este último exigisse cada vez mais a força de trabalho do primeiro; nesse momento, o pacto entre o colono e o jesuíta mostra a sua precariedade, e o enfrentamento se dá no interior de um esquema assimétrico de poderes.

Na vila de São Paulo de Piratininga, a resistência levou ao fim que se sabe: o choque e a expulsão já se haviam dado em 1640, depois de escaramuças repetidas contra os bandeirantes. As missões do Sul terminariam tragicamente nos meados do século XVIII.

No Norte, apesar do apoio inicial dado por d. João IV a Vieira, os padres não puderam executar livremente o seu plano de aldeamentos no sertão, pois o capitão-mor ordenou que se restringissem "ao ensino de Doutrina e Latim" avocando para si a questão do trabalho indígena (1653-5). Vieira, infatigável, apelou à Coroa e obteve um regimento propício à ação dos missionários, mas a trégua durou pouco.[19] Os colonos os enxotam precipitadamente de Belém e de São Luís depois de sérias vexações (1661). Tornando a Lisboa e pregando à regente, em 1662, Vieira já não recebe o mesmo favor que alcançara nos tempos de

d. João IV: a Lei de 12 de setembro de 63 impõe uma rígida separação entre as atividades temporais e as espirituais, cabendo aos religiosos apenas o exercício destas. Confirma-se a palavra do sermão: "Querem que aos ministros do Evangelho pertença só a cura das almas, e que a servidão e o cativeiro dos corpos seja dos ministros do Estado. Isto é o que Herodes queria".[20]

Vieira cairia em desgraça nesse mesmo ano, vindo a Inquisição a proibir-lhe, por causa dos seus escritos messiânicos, que pregasse em terras portuguesas.[21]

Mas voltemos à fase do compromisso, de que Vieira se penitencia em certo momento, mas que afinal mantém e justifica em outros. Como consegue o orador casar os argumentos universais com o discurso particularista que visa a dar conta do acordo inicial com os colonos? Na verdade, apenas justapõe aquelas verdades-limite a que chegara e os pretextos da ideologia corrente com a qual deve negociar: "Não é minha tenção que não haja escravos, antes procurei nesta corte, como é notório e se pode ver de minha proposta, que se fizesse, como se fez, uma junta dos maiores letrados sobre este ponto, e se declarasse, como se declararam por lei (que lá está registrada) as causas do cativeiro lícito".

O arrazoado vale-se da memória de pactos antigos fundados em uma distinção cavilosa: cativeiro lícito, cativeiro ilícito.

Houve, então (e esse é o objeto do mea-culpa já transcrito), uma fase de conivência com o colono, uma acomodação da "fraqueza" do menos forte (o missionário) à força do mais poderoso (o senhor das terras). Esse pacto formou a sua culpa subjetiva (covardia), mas, ao mesmo tempo, foi a condição para a sua sobrevivência política, objetiva. A lógica do direito natural e o *kerygma* cristão pedem a liberdade dos irmãos; mas a retórica dos interesses quer distinguir entre o cativeiro lícito e o ilícito.

O discurso tem uma estrutura interna consequente, mas traz no subsolo um processo histórico feito com as práticas efetivas do orador e dos ouvintes. O sermão ora sobe com as marés altas da razão universalizante, ora desce em concessões aos múltiplos interesses dos grupos de pressão. Aqui o universal se contrai e se deprime, e é por isso que Vieira se peja de ter cedido ao pacto com o poderoso.

O mesmo acontece no *Sermão da Primeira Dominga da Quaresma*, pregado no Maranhão pouco antes dos incidentes já relatados. Aí também se maldiz a escravidão, qualificando-a de pacto demoníaco: "Basta acenar o Diabo com um tijupar de pindoba e dois tapuias; e logo estará adorado com ambos os joelhos". Aí se ameaça aos senhores de índios com as penas do inferno: "Todos estais em pecado mortal; todos viveis e morreis em estado de condenação, e todos ides diretos ao Inferno". Aí se formulam princípios gerais de conduta antiescravista: "Todo o homem que deve serviço ou liberdade alheia, e podendo-a restituir, não restitui, é certo que se condena: todos ou quase todos os homens do Maranhão, devem serviços e liberdades alheias, e podendo restituir, não restituem; logo todos ou quase todos se condenam". Mas, apesar do gesto de indignação ("Ide à Turquia, ide ao Inferno, porque não pode haver turco tão turco na Turquia, nem demônio tão endemoninhado no Inferno, que diga que um homem livre pode ser cativo. Há algum de vós só com o lume natural, que o negue?"), chega o momento da proposta conciliadora que Vieira apresenta aos colonos renitentes.

Em síntese:

Há três tipos de índios no Maranhão: os escravos que já estão na cidade; os que vivem nas aldeias de el-rei como livres; e os que moram nos sertões.

1) *Os escravos da cidade*. Estes servem diretamente aos colonos. Como foram herdados ou havidos de má-fé, devem ter o direito de escolher entre sair do seu cativeiro ou continuar nos trabalhos que ora fazem. A proposta, no caso, é oferecer-lhes a liberdade de ir para "as aldeias de El-Rei", que são missões jesuíticas apoiadas moralmente pela Coroa.

2) *Os escravos das aldeias de el-rei*. O pregador os tem como livres: nada há a propor.

3) *Os que vivem nos sertões*. Destes (na verdade, a grande mina das bandeiras e dos colonos) só poderiam ser tirados aqueles que já estivessem cativos de tribos inimigas e na iminência de serem mortos. Os colonos os libertariam trazendo-os à cidade como escravos. É o que se chamava "operação de resgate", pela qual os portugueses levavam consigo os condenados, os "índios de corda".

O caráter frequentemente arbitrário do "resgate" aparece no modo escarninho com que o trata Vieira: "Comprar ou resgatar (como dizem) dando o piedoso nome de resgate a uma venda tão forçada ou violenta, que talvez se faz com a pistola nos peitos".[22]

Antonio Vieira. *Óleo de autor desconhecido, século XVIII.*

"O céu strella o azul e tem grandeza,
Este, que teve a fama e a glória tem,
Imperador da língua portuguesa,
Foi-nos um céu também."

Fernando Pessoa, "Antonio Vieira" (Mensagem)

Pormenor de uma imagem inacabada de Santa Catarina, de dois metros de altura, procedente do povo das Missões de São Lourenço.

O orador ainda concede que sejam retirados do sertão os índios "vendidos como escravos de seus inimigos, tomados em justa guerra, da qual serão juízes o governador de todo o estado, o ouvidor-geral, o vigário do Maranhão ou Pará, e os prelados das quatro religiões, Carmelitas, Franciscanos, Mercedários, e da Companhia de Jesus". Conforme o julgamento dessas autoridades, iriam para a cidade os cativos em guerra considerada justa; e para as aldeias, os demais. Quanto a estes, a proposta é que vivam nas aldeias seis meses por ano, alternando-os com outros tantos reservados para tratarem de suas lavouras e famílias.

Daí se infere que rigorosamente escravos dos colonos ficariam os índios de corda e os de "guerra justa", além daqueles que, consultados, preferissem continuar sujeitos aos portugueses do Maranhão.

No caso de resgate, o orador vai até o pormenor do preço: duas varas de algodão, que valem dois tostões. A proposta deveria ser assinada por todos e submetida à apreciação do rei.

Vieira, ao que parece, jogava em um bem certo (a liberação dos índios da cidade e a segurança dos índios das aldeias missionárias) contra um mal incerto: a compra de índios por motivo de "guerra justa", que deveria sempre ser avaliada pelo critério final das autoridades coloniais e das ordens religiosas sobre as quais contava influir.

A concessão prometida a interesses futuros era a isca pela qual esperava persuadir os colonos a soltar as "ataduras da injustiça". Deslocava-se o eixo da discussão para o conceito de "guerra justa"; o que era uma forma de contornar o problema fundamental da licitude, ou não, do cativeiro, questão que as máximas do Direito Natural e os Evangelhos já tinham solvido pela negativa radical.

No fecho da homilia, depois de tentada a mediação com o interlocutor, volta a antinomia drástica do bem e do mal: a consciência, de um lado; os interesses, do outro. E a indignação sobe de ponto: "Saiba o mundo que ainda há consciência, e que não é o interesse tão absoluto e tão universal senhor de tudo, como se cuida".[23]

E com "morras!" ao demônio e à ambição, e vivas a Deus e à consciência, termina este sermão em que a lógica e a retórica esgrimem para perfazer uma difícil operação triangular: o menos forte entre os fortes (o jesuíta) se propõe convencer o mais forte (o colono) a poupar o mais fraco dos três, o índio.[24]

NEGROS

Um hiato mais embaraçoso entre a doutrina evangélica e as praxes coloniais se abre quando os escravos já não são ameríndios, mas africanos.

O corpus, neste caso, são alguns dos sermões de Vieira pregados sobre a devoção do rosário. Como se sabe, muitas irmandades reunidas em torno do culto de Nossa Senhora do Rosário, tanto na Bahia como em Pernambuco, eram constituídas exclusivamente de pretos, distinguindo-se de outras, como as do Santíssimo Sacramento, que aceitavam só brancos, ou as da Senhora das Mercês, formadas por mulatos.

A escravidão negra é tema específico dos sermões XIV, XVI, XX e XXVII do Rosário.

Vieira entra no mundo do escravo pelo atalho mais curto e direto da descrição existencial do seu cotidiano: como vive o negro o "doce inferno" dos engenhos de açúcar? De que maneira o tratam os senhores brancos? Quais os passos do seu dia a dia, desde que nasce até que morre?

Ao desdobrar concretamente as questões, o orador firma um princípio de analogia na esfera dos valores, um eixo que vai norteá-lo pelo sermão adentro ministrando-lhe um esquema de apoio para toda a argumentação: a vida do escravo semelha a Paixão de Cristo.

A linguagem da identificação torna-se particularmente forte e envolvente quando os ouvintes a quem o sermão se destina são os próprios escravos. É o que acontece com o Sermão XIV do Rosário pregado à irmandade de pretos de um engenho baiano em 1633. Mediante o uso intensivo do símile, a narração dos trabalhos e das penas sofridas é sentida e re-sentida pelos negros, seus sujeitos, e, ao mesmo tempo, deslocada e sublimada, enquanto se projeta no corpo humano de Jesus Cristo que, assim, se torna o mesmo a quem se fala e o Outro de quem se fala.

O trânsito da imanência subjetiva à transcendência aciona-se a partir de um presente vivido e sofrido, aqui e agora, mas à luz de um passado exemplar que a palavra litúrgica faz reviver: o drama da Paixão. Estreitas correspondências asseguram coesão interna ao enunciado:

> Em um engenho sois imitadores de Cristo crucificado: porque padeceis em um modo muito semelhante o que o mesmo Senhor padeceu na sua

cruz, e em toda a sua paixão. A sua cruz foi composta de dois madeiros, e a vossa em um engenho é de três. Também ali não faltaram as canas, porque duas vezes entraram na Paixão: uma vez servindo para o ceptro do escárnio, e outra vez para a esponja em que Lhe deram o fel. A paixão de Cristo parte foi de noite sem dormir, parte foi de dia sem descansar, e tais são as vossas noites e os vossos dias. Cristo despido, e vós despidos: Cristo sem comer, e vós famintos: Cristo em tudo maltratado, e vós maltratados em tudo.[25]

Vieira não se contenta em insistir na pena física: a sua palavra fere com rigor a divisão social que está na raiz do trabalho compulsório. Impõe-se, nessa altura, a nomeação das duas classes antagônicas, os senhores e os escravos; eles e vós:

Eles mandam e vós servis; eles dormem e vós velais; eles descansam, e vós trabalhais; eles gozam o fruto de vossos trabalhos, e o que vós colheis deles é um trabalho sobre outro. Não há trabalhos mais doces que o das vossas oficinas; mas toda essa doçura para quem é? Sois como abelhas, de quem disse o poeta. *Sic vos non vobis mellificatis apes.* O mesmo passa nas vossas colmeias. As abelhas fabricam o mel, sim; mas não para si.[26]

Marx diria dois séculos depois: "Por certo, o trabalho humano produz maravilhas para os ricos, mas produz privação para o trabalhador. Ele produz palácios, mas choupanas é o que toca ao trabalhador. Ele produz maravilhas para os ricos, mas produz privação para o trabalhador. Ele produz beleza, porém para o trabalhador só fealdade".[27]

Na construção de Vieira reforçam-se mutuamente o discurso da sensibilidade, que vê e exprime intensamente a dor do escravo, e o discurso do entendimento, capaz de acusar o caráter iníquo de uma sociedade onde homens criados pelo mesmo Deus Pai e remidos pelo mesmo Deus Filho se repartem em senhores e servos. Chegando a esse grau de conhecimento, empírico e racional, a inteligência declara o seu limite, expondo a nu a impossibilidade de atinar com tão grande desrazão. No Sermão XXXVII do Rosário, a perplexidade do orador é claro signo de uma consciência que se confessa incapaz de penetrar o porquê da violência social: "Estes homens não são filhos do mesmo Adão e da mesma Eva? Estas almas não foram resgatadas com o sangue do mesmo

144

Cristo? Estes corpos não nascem e morrem, como os nossos? Não respiram o mesmo ar? Não os cobre o mesmo céu? Não os aquenta o mesmo sol? Que estrela é logo aquela que os domina, tão triste, tão inimiga, tão cruel?".[28]

Vieira adverte o absurdo imanente na disparidade dos destinos, que nem as leis naturais, nem a fé na Redenção logram resolver. A opressão parece obnubilar até a ordem do inteligível: "Não há escravo no Brasil, e mais quando vejo os mais miseráveis, que não seja para mim matéria de profunda meditação".

"Comparo o presente com o futuro, o tempo com a Eternidade, o que vejo com o que creio, e não posso entender que Deus, que criou estes homens tanto à sua imagem e semelhança, como os demais, os predestinasse para doces infernos, um nesta vida, outro na outra."[29]

O último período é fulgurante como um raio de pensamento moderno, virtualmente ilustrado, que rasgasse por breves instantes as sombras do conformismo colonial: "comparo [...] e não posso entender".

Os outros sermões do Rosário dão respostas, entre si contrárias, à mesma estupefação. É preciso ver os textos mais de perto.

No Sermão XX, a desigualdade é sentida como queda humana de um estado inicial, criado e desejado por Deus, no qual não haveria senhores nem escravos.

"Fê-los Deus a todos de uma mesma massa, para que vivessem unidos, e eles se desunem; fê-los iguais, e eles se desigualam; fê-los irmãos e eles se desprezam do parentesco."[30]

O desenvolvimento deste sermão é rico de fermentos libertários que, tomados em si, fora do contexto seiscentista, pareceriam francamente ilustrados e rousseauístas: "[...] os homens, pervertendo a igualdade da natureza, a distinguiram com dois nomes tão opostos, como são os de senhor e escravo". Ou então: "Entre os homens, dominarem os brancos aos pretos, é força, e não razão ou natureza".[31]

Na "filosofia da História" de Vieira a missão de Cristo, "novo Adão", teria sido a de romper a teia de iniquidade em que caíram os homens e, assim, recuperar a condição fraterna original. Pelo veio tomista, a lei natural concorda com a lei da razão, e se reconhece, de forma sublimada, na lei revelada. O texto é categórico:

O fim por que Jesus Cristo veio ao mundo, foi para reformar os erros de Adão e seus filhos, e para os restituir à igualdade em que os tinha criado, desfazendo totalmente e reduzindo à primeva e natural união as distinções e diferenças que a sua soberba entre eles tinha introduzido.[32]

Uma teologia da redenção universal daria, portanto, sentido reparador e "progressista" à vinda de Cristo: "restituir os homens à igualdade".

Mas... no Sermão XXVII, aquele mesmo embaraço causado pelo absurdo da escravidão desfaz-se mediante uma outra teoria da História, radicalmente oposta à que se esboçava linhas atrás: Vieira apela agora para a noção do sacrifício compensador. E a opressão, que, naqueles textos, fora julgada um grave pecado dos homens, acha, neste, meios de justificar-se na esteira de um discurso providencialista.

O orador, então angustiado pelo teor ininteligível da divisão social, sai, agora, em busca de uma verdade sobrenatural e põe-se a sondar "os juízos ocultos desta tão notável transmigração (da África para o Brasil), e os seus efeitos".

A explicação que o entendimento não atingia ("comparo [...] e não posso entender") reponta aqui sob a forma elusiva de "desígnio da Providência". Tudo quanto se acusara, no Sermão XX, como obra da malícia humana, resgata-se, neste XXVII, enquanto fruto de um plano divino. A passagem dos negros para a América terá redimido as suas almas, que, na África, teriam perecido no paganismo ou sob o Império do Islão.

O velho discurso salvacionista, gestado ao tempo das cruzadas contra os árabes, e reativado pelos descobrimentos atlânticos e índicos, reinstaura a distinção neoplatônica de corpo e alma, aquele mesmo princípio que Vieira atacara duramente quando a via servir de apoio à política dos colonos maranhenses. Aqui, porém, a retórica dualista vem a calhar e tem a sua função: só os corpos trazidos de Angola sujeitam-se às penas do cativeiro; as almas, não. Essas purgam-se pacientemente nos engenhos de açúcar conquistando a salvação para uma outra vida, que o pregador pinta com galas e cores de festa: "Mas é particular providência de Deus que vivais de presente escravos e cativos para que por meio do cativeiro temporal consigais a liberdade, ou alforria eterna".[33]

A bem-aventurança final é comparada engenhosamente às Saturnais romanas, quando, por alguns dias, senhores e escravos trocavam as roupas, e os primeiros serviam aos últimos, invertendo a ordem que os regia o ano todo:

> Antigamente entre os deuses dos gentios havia um que se chamava Saturno, o qual era deus dos escravos, e quando vinham as festas de Saturno, que por isso se chamavam Saturnais, uma das solenidades era que os escravos naqueles dias eram os senhores que estavam assentados, e os senhores os escravos que os serviam de pé. Mas acabada a festa, também se acabava a representação daquela comédia, e cada um ficava como dantes era. No Céu não é assim; porque tudo lá é eterno e as festas não têm fim. E quais serão no Céu as festas dos escravos? Muito melhores que as Saturnais. Porque todos aqueles escravos que neste mundo servirem a seus senhores como a Deus, não são os senhores da Terra que os hão-de servir no Céu, senão o mesmo Deus em Pessoa, o que os há-de servir. Quem se atrevera a dizer nem imaginar tal cousa, se o mesmo Cristo o não dissera? *Beati servi illi, quos, cum venerit Dominus, invenerit vigilantes* (Lc 12, 37): "Bem-aventurados aqueles escravos a quem o Senhor no fim da vida achar que foram vigilantes em fazer a sua obrigação".[34]

Repare-se no fecho do último período. O texto da Vulgata, citado por Vieira, termina com a palavra *vigilantes*; o que dá como tradução literal: "Bem-aventurados aqueles servos a quem o Senhor, quando vier, achar vigilantes". Mas, ao vertê-lo, o orador acrescenta: "em fazer a sua obrigação". Com isto, a palavra do evangelista Lucas é solicitada a dizer mais do que, rigorosamente, afirma no contexto, onde a "vigilância" do servo quer lembrar a vigília do fiel, que, no breu da noite, espera pela vinda do Salvador. A expectativa faz as almas atentas, põe-nas em estado de alerta, torna-as ativas, e não descuidadas como as virgens loucas da parábola. Vieira, porém, acentua a nota do trabalho como condição sine qua non; ideia que já se insinuara em uma cláusula anterior com o verbo no futuro do optativo: "porque todos aqueles escravos que neste mundo *servirem* a seus senhores como a Deus...".

O paradigma da Paixão vem aqui torcido por um viés resolutamente ideológico. A cruz, que humanizara o Redentor e hipostasiara a oblação de Jesus na pena do cativo, acaba sendo interpretada como sinal de um sacrifício válido em si mesmo, propiciatório por si mesmo, em aberta oposição a todo o relato evangélico, que acusa a farsa do julgamento, a violência da sentença, a hipocrisia dos fariseus, a impiedade dos saduceus, a boçalidade da massa exigindo a crucifixão do inocente, enfim a covardia de Pilatos ao entregar à fúria dos sacerdotes e dos esbirros um homem de quem dissera não ter nele encontrado culpa alguma.

A moral da cruz-para-os-outros é uma arma reacionária que, através dos séculos, tem legitimado a espoliação do trabalho humano em benefício de uma ordem cruenta. Cedendo à retórica da imolação compensatória, Vieira não consegue extrair do seu discurso universalista aquelas consequências que, no nível da práxis, se contraporiam, de fato, aos interesses dos senhores de engenho.

A condição colonial erguia, mais uma vez, uma barreira contra a universalização do humano.

5
ANTONIL
OU
AS LÁGRIMAS DA MERCADORIA

Não me temo de Castela, temo-me desta canalha.
Vieira em carta ao pe. Manoel Luís de 21 de julho
de 1695

Em janeiro de 1681 embarcava no porto de Lisboa com destino à Bahia um jovem sacerdote da Companhia de Jesus nascido em Lucca e que se assinava latinamente Johannes Antonius Andreonius.

Vinha para o Brasil a convite do então septuagenário padre Antônio Vieira que ele conhecera em Roma como pregador célebre, valido de Clemente x (que, chamando-o "amado filho", o isentara da Inquisição portuguesa) e tão caro a Cristina da Suécia que o escolhera para seu confessor.

Na Colônia Andreoni ascendeu rapidamente na hierarquia da ordem. Primeiro, lente de retórica no seminário baiano; depois, diretor de estudos, mestre de noviços, secretário particular de Vieira quando este ocupava o cargo de visitador geral, reitor do Real Colégio da Bahia, enfim provincial, o posto máximo da Societas Jesu entre nós.

Os seus confrades logo advertiram nele o gosto do cálculo, uma aptidão saliente para descrever e rotular toda espécie de matérias e sobretudo uma perícia contábil que o recomendava às tarefas bem regradas da administração.

Serafim Leite, que reconstituiu a carreira de Andreoni, refere-se a um trabalho de estatística que este organizou quando secretário.[1] A partir do Livro de Entrada no Noviciado, fez assentamentos de todos os membros que passaram pela província entre 1566 e 1688. Graças também à sua diligência, temos um catálogo de superiores e mestres, além de uma codificação minudente dos usos e praxes correntes nos colégios compilada sob o didático título de *O costumeiro*. As suas Cartas Ânuas, enviadas regularmente ao padre geral em Roma, são modelos de seca precisão e revelam escrúpulos de cronista.

Provavelmente a mesma fidelidade de historiador, arrimado ao devido respeito pelos vultos consagrados da Companhia, terá ditado o oferecimento que fez da sua obra maior, *Cultura e opulência do Brasil por suas drogas e minas*, àqueles "que desejam ver glorificado nos altares ao venerável padre José de Anchieta, sacerdote da Companhia de Jesus, missionário apóstolo e novo taumaturgo do Brasil".

E por certo o dever de prestar a canônica — e pública — homenagem a quem fora o lustre da ordem no século, o mesmo Vieira, o terá induzido a compor as páginas elogiosas, posto que brevíssimas, que dedicou à sua biografia logo depois da sua morte, em 1697, e que só vieram a ser traduzidas do original latino duzentos anos mais tarde, quando as remiu do esquecimento a Biblioteca Nacional estampando-as em seus Anais.[2]

Tudo parece, pois, correto na vida e na obra de João Antônio Andreoni. Cumpre, no entanto, registrar que a sua pontual deferência prestada àquele singular homem de gênio (cujos passos ele perseguira anos a fio desde Roma até a nossa Bahia) não o levou a sentir, pensar ou agir em consonância com os ideais mais caros de Vieira. Antes pelo contrário. O exato escriba, fiel na cópia das letras e das cifras, foi infiel ao espírito do seu protetor. Quase um traidor.

Vamos à História.

O embate dos jesuítas com os colonos no Maranhão e no Pará conta-se apenas como um entre os muitos episódios no curso de uma guerra que durou século e meio entre duas forças concorrentes nos fins, a conquista do índio, mas díspares nos seus recursos materiais. Prova bastante dessa desproporção deram os malogros de Vieira e dos seus companheiros naquelas missões do Norte. Mas foi em São Paulo de Piratininga, sede das bandeiras, que os atritos se multiplicaram desde a fundação da vila até as repetidas vexações e expulsões dos missionários ao longo do século XVII. Serafim Leite e, do outro lado, um apologista do sertanismo, Afonso d'Escragnolle Taunay, narram com pormenores as fases de um só e fundamental desencontro que só conheceria desfecho com a destruição dos Sete Povos, obra da ilustração pombalina.

Interessa, aqui, a participação de Andreoni.

O conselho e a decisiva mediação deste e de seu confrade italiano Jorge Benci (autor da *Economia cristã dos senhores no governo dos escravos*) acabaram delineando uma posição nova, deveras indulgente para com os mamelucos de São Paulo, entre alguns inacianos e junto às autoridades da Companhia na Itália. Essa atitude veio a "amortecer a resistência inquebrantável dos jesuítas à escravização do gentio", nas palavras do mesmo Serafim Leite.

Vieira não podia deixar de ressentir-se amargamente com as manobras de Andreoni e Benci reforçadas pelo sacerdote holandês Jacob Rolland, que chegaria a escrever uma *Apologia dos paulistas*... O grande lutador queixou-se, mais de uma vez, da política de conluio dos padres estrangeiros, isto é, não portugueses, em tudo oposta à fibra dos jesuítas em São Paulo, sempre ciosos dos seus aldeamentos e sempre hostis às incursões rapinosas dos bandeirantes.

A documentação que pude consultar no Arquivo Romano da Companhia de Jesus põe a nu as divergências entre Vieira, octogenário, doente e isolado quando visitador na Bahia, e o grupo sorrateiramente liderado por Andreoni. Este sabotava, sempre que lhe era dada oportunidade, os projetos daquele que o trouxera da Europa e o honrara com rasgados elogios franqueando-lhe segura carreira na instituição.[3]

Além das áreas de atrito devidas a questões de poder dentro da província (Andreoni, como italiano, não poderia legalmente ocupar cargos de direção), avultava a discordância aguda sobre a liberdade dos índios.

Vieira, combatente na linha de fogo desde os anos de 50 e 60 no Maranhão, voltara da Europa, passados vinte e tantos anos, cada vez mais animoso e disposto a denunciar os abusos praticados pelos colonos e sertanistas. Em 1687 ainda oferecia-se aos superiores para ir como simples missionário às aldeias da Amazônia... Um ano depois, compondo uma "Exposição doméstica", concitava os padres do Colégio baiano a deixarem o apego aos cargos docentes ou burocráticos e a cursarem "a universidade de almas dos bosques e gentilidades". Em 1690, vendo em perigo a missão dos quiriris, destina-lhe todos os proventos auferidos por suas obras, os *Sermões*, que se achavam em vias de publicação em Portugal e já eram requisitados na Espanha, na França e na Itália.

Mas o seu campo de ação estava minado. Este fim dos Seiscentos foi precisamente o momento em que os paulistas descobriram o ouro por tanto tempo buscado em vão. A sorte pendia para os bandeirantes, logo para São Paulo; e, com a sorte, a riqueza, o prestígio, a influência junto à Coroa que, desde os meados do século, distribuía cartas régias aos sertanistas estimulando-os a cometer a empresa dos achamentos e acenando-lhes com a outorga de patentes e honrarias aos que fossem bem-sucedidos. Conta Varnhagen:

> Ao cabo de muitos trabalhos e de tentativas infrutíferas encontraram--se afinal, em Itaberaba, as primeiras minas que deram resultados decididamente vantajosos, e abriram caminho ao descobrimento das demais. Esse primeiro descobrimento devemos assigná-lo ao ano de 1694, em que chegou a São Paulo, trazida por um Duarte Lopes, a grande nova.[4]

1694 é também o ano em que se redigem e assinam, na vila de São Paulo, as novas *Administrações dos Índios*. O texto recebe a anuência do pe. Alexandre de Gusmão, provincial, que pede assessoria jurídica a Andreoni, então seu secretário e muito acreditado pelos seus estudos de Direito Civil em Perugia.

Vieira percebe imediatamente que se trata de uma capitulação dos padres aos interesses dos mamelucos. Em maio reúne-se o Colégio da Bahia para escolher um procurador que fosse a Lisboa e a Roma discutir com os superiores o teor do acordo paulista. Vieira teria manifestado em conversa informal a sua preferência por um candidato; o grupo majoritário, manobrado por Andreoni, acusa-o de aliciamento de eleitores, gestão reputada como falta grave pelas constituições jesuíticas. Vieira é punido: privam-no de voz ativa e passiva, proíbem-no de votar e ser votado. Inconformado, queixa-se em carta a amigos daquela sua "escravidão doméstica" e acha forças para emitir um longo *voto* em separado abertamente contrário às *Administrações*. Recorre, enfim, do arbítrio que sofrera ao geral, Paolo Oliva, seu velho admirador desde os tempos romanos em que ambos emulavam pregando ao papa. Mas a reparação solene que Oliva lhe faz em missiva afetuosa e reverente só chegaria tarde demais à Bahia onde Vieira morrera fazia três anos.

Testemunham a sua lucidez o *Voto sobre as dúvidas dos moradores de São Paulo acerca da administração dos índios* e a carta ao padre Manoel Luís, datada de 21 de julho de 1695, onde se queixa de "um padre italiano que nunca viu índio e só ouviu aos paulistas, como outro, flamengo, chamado Rolando...". O padre italiano será Andreoni ou Giorgio Benci, presente às negociações de Alexandre de Gusmão com os principais da vila. Enfim, irrompe o desabafo sem peias: "Não me temo de Castela, temo-me desta canalha".[5]

No *Voto* desmascara a permanência da escravidão dos nativos agora debaixo do especioso nome de "administração"; concedida por autoridade real, esta se converteria em "licença e liberdade pública" para se cativarem os índios.

No pacto firmado em Piratininga, diz Vieira, "todo o útil se concedia aos administradores e todo o oneroso carregava sobre os miseráveis índios, a quem em todas as voltas ou mudanças sempre a roda da fortuna leva debaixo".

No seu arrazoado toma Vieira como autoridade a doutrina de teólogos moderados no trato da questão indígena: Joseph de Acosta, que, no *De procuranda indorum salute*, de 1588, defendera a via apostólica em termos que lembram os argumentos de Bartolomé de Las Casas, embora prudentemente não lhes faça menção alguma; e Juan de Solorzano Pereyra, analista do regime das *encomiendas* e autor de uma *De indiarum gubernatione*, em que perfilha as denúncias de Acosta às práticas violentas dos primeiros conquistadores espanhóis: "¡Jesús mio, qué desorden, cuánta fealdad!".[6]

Não cabe aqui entrar no cipoal das doutrinas éticas por onde se enredou a escolástica tardia em torno da licitude do domínio colonial sobre os ameríndios. Importa apontar a formação de um pensamento contrário à sentença aristotélica de que "há homens naturalmente escravos". Francisco de Vitoria (inspirador de Grotius e um dos precursores do Direito Internacional moderno), Francisco Suárez e Luís Molina procuraram restringir a extensão do conceito de "guerra justa" de que se abusava então para legitimar a conquista do índio em toda a América. É nessa tradição jurídica que se inspira o *Voto* do nosso veterano combatente.

Quando visitador, entre 88 e 91, Vieira tinha composto um Regimento das Aldeias em que vedava aos reitores dos colégios servirem-se do trabalho dos índios, ainda que remunerado, para prevenir abusos que dessem margem a suspeitas sobre a lisura da ação catequética. Morto Vieira, Andreoni, designado provincial no ano seguinte (1698), solicita ao padre geral Tamburini que revogue aquele dispositivo alegando que, se os demais senhores de engenho se valiam do índio, por que só os religiosos não poderiam fazê-lo?

Andreoni, legalista, pleiteava a generalização do trabalho indígena, quer em condições de escravatura regulada por Administrações formais, quer em regime de assalariado semisservil:

"Sed si locantur aliis, quare nos illis utemur pretio *statim* laboris soluto?" [Mas, se os índios são alugados a outros, por que não nos utilizaremos nós deles, sendo o preço do trabalho liberado, *desde já*, de qualquer regra?][7]

A proibição alcançada por Vieira foi supressa pelo geral em 1704 nos termos da petição de Andreoni:

"Possunt Nostri uti opera Indorum soluto pretio". Isto é: "podem os Nossos usar dos trabalhos dos Índios a preço livre".

Se em Vieira ainda se manifestam escrúpulos motivados por sua formação escolástica (a teologia implícita no antigo Direito Natural das Gentes limitava os poderes do colonizador), em Andreoni a consciência moral já está inteiramente dobrada às razões do mercantilismo colonial. E entre estas razões, contaria a da concorrência com outros detentores do capital: ao passo que Vieira lutara, desde moço, para que a Coroa lusa estendesse as mãos aos judeus e os poupasse das extorsões do Santo Ofício, Andreoni traduziu na velhice a obra antissemita de Gian Pietro Pinamonti, *Synagoga desenganada*, onde se repta o povo hebreu a renegar a lei mosaica, uma "lei diabólica".

Dizia Pinamonti, mal escondendo os motivos de seus preconceitos:

I Giudei, se s'ha da parlare sinceramente, non sono esperti in altr'arte che in quella di far denari.[8]

Certamente as esperanças messiânicas de Vieira postas no Quinto Império e na realização *terrena* das promessas bíblicas de um Reino feito de justiça deviam desagradar à ortodoxia estreita de Andreoni, tanto mais que por elas o seu malogrado autor já havia padecido dois anos de cárcere inquisitorial.

O fato é que a derradeira obra de Vieira, a *Clavis Prophetarum* ou *De regno Christi in Terris consummato*, que ele deixara inacabada, continua inédita, pois os autógrafos se perderam, embora se saiba que foram custodiados em cofre chaveado pelo próprio Andreoni logo depois da morte de seu autor. Mas sabe-se também que dois familiares da Inquisição, avisados a tempo por um solerte denunciante, interceptaram no porto de Lisboa a preciosa carga que deveria seguir para Roma. Andreoni, reitor do Colégio, foi a última pessoa que viu, na Bahia, os originais da *Clavis Prophetarum*, manuscritos que lera com atenção e que comentaria em um parecer urdido de louvores convencionais e abertas ressalvas. Cinco dias depois da morte de Vieira, escreveu ao padre geral Tirso González uma carta cujo teor é assim resumido por Francisco Rodrigues:

> O P. Andreoni exprimia francamente ao Geral os seus receios. Dizia que Vieira propugnava opiniões singulares, que haviam de pôr embaraços à aprovação da obra, e chegara por esse motivo a sugerir ao P. Vieira que se apresentasse a um concílio universal; só nele se poderia convenientemente discutir a sua doutrina para ser admitida ou rejeitada. Agora, insistia Andreoni, se por essas opiniões corria perigo a obra, *o melhor seria omiti-las*, e publicar tudo o mais, que era digníssimo de sair à luz e havia de ser lido com prazer e admiração.[9]

O mistério continua indecifrado: quem impediu que os últimos escritos proféticos de Vieira chegassem a seu destino?

Quando teriam começado a incubar os sentimentos de animadversão de Andreoni para com o seu padrinho? Quem pesquisa deve contentar-se com sinais escritos. Examinando as cartas de Andreoni conservadas no Arquivo Romano, deparei com esta, datada de 26 de junho de 1690 e dirigida ao admonitor do geral, o pe. Fózio. Traduzo do italiano as passagens que se referem a Vieira:

> Muito Reverendíssimo Padre em Cristo.
>
> ....
>
> Escrevo com tanta verdade como se devesse morrer depois de ter dito algumas missas e depois de ter ouvido alguns que gemem. O Nosso Reverendo Padre Geral tem um altíssimo conceito do P. Antonio Vieyra nosso visitador há já três anos, porque imagina que governa tão bem quanto prega, mas é extravagantíssimo nas ideias e infeliz na prá-

155

tica. O seu gênio é vário e inconstante. Nasceu em Lisboa, veio ao Brasil, passou-se ao Maranhão, voltou a Portugal, girou pelo mundo na Holanda, na França, na Itália, voltou a Portugal e daí ao Brasil, e como aqui se vê pouco amado, diz que está escrevendo ao Pe. Geral para regressar a Portugal. Do Maranhão o lançaram fora os Portugueses com tumulto. Em Portugal foi um dos principais responsáveis pela divisão daquela Província em duas, com tanto arrependimento e com tanta desunião de ânimos, que ainda hoje, estando as duas Províncias reunidas, persiste a parcialidade. Três anos antes de ser visitador quis fazer nesta Província do Brasil vice-província o Rio de Janeiro, e disto tratou com o atual Reverendo Padre Nosso, o qual com suma prudência julgou a causa muito imatura [...] Este Padre é de gênio muito nacional contra os Brasileiros. Eu não nego que os europeus sejam melhores quando vêm com espírito de missionários, como vêm ordinariamente da Itália, da França e da Alemanha, mas quando vêm com más intenções em busca de morada, servem pouco [...] Os Brasileiros o conhecem e fremem, e não o podem ver.

O seu modo de governar é político e depois de ter lançado fora quem o aconselhava bem, traz próximos de si alguns de bem pouca edificação, que se acomodam com o tempo e tudo lhe aprovam, e se diz que buscam a sua conveniência; principalmente dá ouvidos ao P. Ignatio Faya, homem notório pela sua pouca sinceridade, soberba, espírito vingativo, e de mau odor nos três principais colégios da Província, em matéria de castidade, tanto que por sua causa muito deu o que falar entre os alunos; e saiba Vossa Paternidade que escrevendo assim digo pouco em comparação do que dizem os outros, velhos e jovens; e o mesmo Pe. Visitador me disse que o comissário do Santo Ofício o advertiu sobre o modo com que se havia no confessionário [...] e contudo agora se serve tanto deste homem que a ele se atribuem todos os conselhos precipitados [...]

O P. Provincial e o P. Reitor são como o bedel e o subministro, porque tudo quer saber e faz e desfaz com prejuízo da observância. Foi pregador amigo de conversação, e me parece que os jovens não recebem da sua boca a melhor edificação, e sobre este ponto fala-se muito e com pouco decoro da sua idade, e com juízos e conjecturas bastantes. Na administração da justiça mostrou-se muito parcial, desculpando, cobrindo e defendendo os que são do seu gênio; e comportando-se antes como adversário do que como juiz contra outros, e não quer ouvir. Eu era seu conselheiro... hoje não tem quem lhe diga ou se atreva a dizer-lhe o que é necessário [...] Creia-me, meu Padre, que a observância na juventude cai por terra. Tabaco, chocolate, mesadinhas entre os alunos de Filosofia, e o que é pior, disse-me o Pe. Reitor: em matéria de castidade e de pobreza a coisa não pode ser mais livre [...]

Se o Pe. Geral não der remédio, não duvido que o dará Santo Inácio.

Sob a capa de zeloso da Companhia, quantas flechas envenenadas! As viagens de Vieira, feitas todas em cumprimento de missões, algumas perigosas, onde primava pelo seu desinteresse pessoal, são contadas, uma a uma, como provas de um "gênio vário e inconstante". A sua expulsão pelos colonos maranhenses, sabidamente causada pelo rancor dos que não toleravam o missionário intransigente na defesa da lei, é aqui lembrada como se fora mais uma ocasião de desordem: "Do Maranhão o lançaram fora os Portugueses com tumulto". As suas opiniões sobre a divisão administrativa da Companhia em Portugal e do Brasil entram apenas como sementes de cizânia. Não retrata; detrata o visitador pintando-o homem egocêntrico, injusto, conivente com os aduladores, mesmo quando corruptos, protervo com os superiores a quem menoscaba. Nem é difícil ouvir aqui a nota ressentida do antigo conselheiro preterido... Como orientador de seminaristas, a imagem de Vieira é a de um velho parcial e relapso a ponto de o pio Andreoni, escandalizado, invocar, em tom de velada ameaça, o socorro de Santo Inácio caso o geral não dê paradeiro a tantos desmandos.

DO ANTI-VIEIRA A ANTONIL

Neste Andreoni rente ao bom senso, respeitoso de tudo quanto estivesse firme e estabelecido, refratário a utopias e profecias, conciliante e diplomata com senhores de engenho e preadores de índios, escondia-se literalmente o nosso primeiro economista: aquele Antonil que está quase inteiro em Antônio; aquele *Anônimo* que se prezava de Toscano e Luquês (de onde o L de Antonil, segundo Capistrano, que decifrou o enigma da autoria), estrangeiro, não português, já não barroco, mas racional e objetivo. E tocamos a definição do caráter intelectual do autor de *Cultura e opulência do Brasil* no parecer de sua mais simpática estudiosa, Alice Canabrava: *objetividade*.[10]

157

Seria neutra essa objetividade? Não, no fundo; mas sim, considerando a aparência "natural" que acaba assumindo toda dominação social. Ser objetivo significava, naquele contexto de violência já consolidada havia século e meio, aceitar o fato de que os moradores de São Paulo utilizavam o braço índio conquistado à força em suas entradas pelo sertão, e que dispunham de poder bastante para continuar a fazê--lo, como, na verdade, o fizeram. Ser objetivo era pensar, naturalmente, do ponto de vista do senhor de escravos no Nordeste ou do bandeirante no Sul. Essa perspectiva, que nos sermões indignados de Vieira aparece tão sofrida e contraditória, Antonil a assume tranquilamente, como puro espelho que era uma prática estruturalmente colonial.

O seu livro não vai além da racionalidade do guarda-livros de uma empresa agroexportadora. A arte contábil se diz, em língua toscana, *ragionería*. Não vai além das coisas e dos números, mas vai até o fim e até o fundo, o que permite coerência na interpretação do todo.

Quando a utilidade a curto prazo se torna critério absoluto de ação, os valores do "justo" e do "verdadeiro" caem rapidamente na órbita dos cálculos imediatos. Essa é a razão inerente ao discurso mercantil-colonial. Esse, o pensamento que ditou, de ponta a ponta, o livro mais enxuto e pragmático jamais escrito sobre as nossas riquezas coloniais, *Cultura e opulencia do Brasil por suas drogas, e minas, com varias noticias curiosas do modo de fazer o Assucar; plantar, & beneficiar o Tabaco, e tirar Ouro das Minas; & descubrir as da Prata; e dos grandes emolumentos, que esta Conquista da America Meridional dá ao Reyno de PORTUGAL com estes, & outros generos, & Contratos Reaes. "Obra de André João Antonil."*

O pseudônimo do autor é anagrama quase perfeito de João Antônio Andreoni.

A obra editou-se em Lisboa pela Oficina Real Deslandesiana, com as devidas licenças civis e eclesiásticas, no ano de 1711. É notória a sua fortuna acidentada. A edição foi sequestrada por decreto de d. João v, a pedido do Conselho Ultramarino, sob as alegações que abaixo transcrevo:

Nesta Corte saiu proximamente um livro impresso nela com o nome suposto e com o título de Cultura e Opulência do Brasil, no qual, entre outras coisas que se referem pertencentes às fábricas e provimentos dos engenhos, cultura dos canaviais e benefício dos tabacos, se expõem também muito distintamente todos os caminhos que há para as minas do ouro descobertas, e se apontam outras que ou estão para descobrir ou por beneficiar. E como estas particularidades e outras muitas de igual importância se manifestam no mesmo livro, convém muito que se não façam publicadas nem possam chegar à notícia das nações estranhas pelos graves prejuízos que disso podem resultar à conservação daquele estado, da qual depende em grande parte a deste Reino e a de toda a Monarquia, como bem se deixa considerar.

Pareceu ao Conselho Ultramarino representar a V. Majde. que será muito conveniente a seu real serviço ordenar que este livro se recolha logo e se não deixe correr, e que ainda que para isso se dessem as licenças necessárias como foram dadas sem a ponderação que pede um negócio tão importante que respeita à conservação e utilidade do estado público a bem da Real Coroa de V. Majde., é muito justo que se revoguem, e porque é mais seguro e mais prudente prevenir o dano futuro antes de chegar a produzir os seus efeitos do que remediar o que já se experimenta.

Confiscada no ano da sua publicação, a obra só veio a ser reimpressa, e mesmo assim parcialmente, em 1800, quando frei José Mariano da Conceição Veloso incluiu a parte relativa aos engenhos no volume *Fazendeiro do Brasil.* A segunda edição completa sairia no Rio de Janeiro em 1837.

Fruto sazonado do ideal mercantilista, o trabalho de Antonil levou a tais extremos de perfeição o método de desdobrar útil e utilitariamente o mapa da mina, que a sua difusão acabaria pondo em risco (a crer nas palavras do Conselho Ultramarino) um dos princípios sagrados do velho regime colonizador, o segredo;[11] o qual não deveria ser franqueado ao seu mais astuto inimigo, a concorrência internacional, sempre ávida de boas informações sobre o produto e o seu mercado... De fato, d. João V ordenou que toda a edição fosse queimada.

Os leitores de Antonil são unânimes em reconhecer o seu senso da realidade econômica e a sua capacidade de observar com atenção, distinguir com perspicácia, descrever com precisão, narrar com ordem e nitidez. Cada coisa é como que protocolada no seu justo lugar, sem pressa mas também sem rodeios. *Age quod agis, Festina lente...* parecem ter sido as máximas que presidiram à composição do livro.

A palavra-chave torna sempre à mente do comentador: *objetividade*, servidão ao objeto. E sem jogo fácil de palavras: o sujeito do texto de Antonil é o objeto. *A lavra do açúcar. O Engenho Real moente e corrente. A lavra do tabaco. As minas de ouro. A abundância do gado e courama e outros contratos reais que se rematam nesta conquista.*

Nesse universo cerrado de produção e circulação de mercadorias, como aparecem os seres humanos?

Como instrumentos propícios à criação de riquezas, marcados pela necessidade e pelo dever, que lhes dão afinal a sua identidade. Senhor ou escravo, o homem de Antonil é, em primeiro lugar, um corpo e uma alma útil à *mercancia* com a qual confunde o tempo da sua vida, a luz da sua mente e a força do seu braço.

Como quem arruma um feixe de obrigações, uma a uma, e as ata com mão firme, assim compõe Antonil a figura do senhor de engenho. Tudo neste são deveres, tudo cuidados, tudo vigílias.

Como se há de haver o senhor de engenho... é o cabeçalho de muitos títulos enfileirados que recomendam ao fazendeiro ora a compra de terras férteis de massapé, ora o olho vivo nas aguadas e na lenha (alma das fornalhas!), ora evitar vizinhos "trapaceiros, desinquietos e violentos", futuros armadores de pleitos e demandas...

Os conselhos vão do graúdo ao miúdo não poupando sequer a intimidade doméstica que, se desleixada, carreará amargos dissabores ao administrador negligente.

> Nem deixe os papéis e as escrituras que tem na caixa da mulher ou sobre uma mesa exposta ao pó, ao vento, à traça e ao cupim, para que depois não seja necessário mandar dizer muitas missas a Santo Antônio para achar algum papel importante que desapareceu, quando houver mister exibi-lo. Porque lhe acontecerá que a criada ou serva tire duas ou três folhas da caixa da senhora para embrulhar com elas o que mais lhe agradar, e o filho mais pequeno tirará também algumas da mesa, para pintar caretas, ou para fazer barquinhos de papel, em que naveguem moscas e grilos; ou finalmente, o vento fará que voem fora da casa sem penas. (cap. II)

É de presumir que o conselheiro se dirigisse a senhores bisonhos no ofício de administrar, ricos homens que ainda não separavam com rigor o escritório da empresa e os aposentos domésticos, o espaço econômico público e os refolhos da vida privada.

Nem param aí as advertências. Que o senhor de engenho nunca se mostre arrogante e soberbo com seus lavradores, pois a insolência

160

gera a revolta e o desejo de revidar. Que a todos contemple com trato afável, conselho que estende às senhoras de engenho, "as quais, posto que mereçam maior respeito das outras, não hão de presumir que devem ser tratadas como rainhas, nem que as mulheres dos lavradores hão de ser suas criadas e aparecer entre elas como a Lua entre as estrelas menores" (cap. III).

Sejam os senhores ativos no trabalho, prudentes nos negócios e morigerados nos prazeres, que assim o requer a manutenção dos seus bens, entre os quais Antonil elenca primeiro as terras e as máquinas, depois as alimárias, enfim os escravos e as escravas.

Transparece ao longo do texto um cuidado extremo com as relações sociais travadas no mundo fechado do engenho. Nem a dependência dos *lavradores de partido* (moedores de cana que se obrigam a fornecê-la aos engenhos reais), nem o tratamento cotidiano dado aos escravos ficarão entregues ao acaso. A falta de um critério explícito de deveres e direitos levaria os fortes ao arbítrio, os fracos ao abuso. Daí, a necessidade de um *espírito de contrato* que, de certo modo, parece mais moderno e (arrisco a palavra) mais civilizado que o domínio cego dos regimes de puro favor e de servidão.

Antonil formaliza as obrigações de ambos os lados. Racionalizar os comportamentos na esfera do trabalho serve aqui de ponte entre um mercantilismo tosco e arcaico e as Luzes que mal começam a raiar na Europa dos Setecentos.

Discorrendo, por exemplo, sobre os *arrendatários* e as aperreações que enleiam o fazendeiro no término — sempre litigioso — dos contratos, adverte o autor: "E para isso seria boa prevenção ter uma *fórmula* ou *nota de arrendamentos*, feita por algum letrado dos mais experimentados, com declaração de como se haverão despejando acerca das benfeitorias, para que o fim do tempo do arrendamento não seja princípio de demandas eternas" (Livro I, cap. II).

Com os oficiais, preciosos no desempenho de funções técnicas, o melhor contrato é sempre um salário ajustado na hora certa, pago com a devida pontualidade e acrescido de algum abono ("algum mimo") no fim da safra: assim procederá o senhor com o feitor-mor, o feitor de moenda, o feitor de partido, o mestre de açúcar, o soto-mestre, o purgador do açúcar e o caixeiro de engenho, cujas soldadas, em mil réis, são objeto de informações acuradas. Que tudo se sujeite a regra e tudo se cumpra à risca. No caso especial do soto-banqueiro, ajudante do soto-mestre, a sua condição de "mulato ou crioulo escravo da casa" veda remuneração em dinheiro; mas, como a sua tarefa concorre para o melhor preparo das purgas, Antonil não deixa de recomendar ao senhor de engenho que lhe dê também, no fim da safra, *algum mimo*, "para que a esperança deste limitado prêmio o alente novamente para o trabalho" (cap. VI).

* * *

E o espinho da escravidão — como o sentiu o nosso jesuíta, antigo secretário de Vieira?

Em momento nenhum do seu longo discurso em torno da vida nos engenhos Antonil se pergunta sobre a natureza, a origem ou a licitude da escravidão em si mesma. O cativeiro aparece-lhe como uma questão de facto sobre cujo mérito não cabe discutir. Certamente essa posição faria parte da sua "objetividade". A escravidão existe, a escravidão é útil ao comércio do açúcar, que outro predicado ainda se lhe deve atribuir?

A *ratio* calculante não se demora em indagações que correriam o risco de resvalar para o solo fugidio da metafísica. Se há alguma pergunta pertinente a formular, é: como se há de haver o senhor de engenho com os seus escravos para que a produção dos açúcares se faça de modo rendoso e rentável?

Acicatado por essa questão prática, que é a questão dos meios, Antonil põe-se a raciocinar com a sua costumeira eficácia e clareza. O capítulo IX do Livro I dá a resposta geral e os seus desdobramentos particulares.

A abertura tem uma força e uma concisão ímpares: *Os escravos são as mãos e os pés do senhor de engenho, porque sem eles não é possível fazer, conservar e aumentar fazenda, nem ter engenho corrente.*

É a crua evidência da necessidade, dirá o intérprete realista; e dela viria a sua lógica de ferro. "Necessidade, sim, mas de quem?", retrucará o leitor interessado em ver as ideias disporem-se na trama social, pensadas pelos seus próprios agentes históricos. Necessidade dos senhores de engenho, necessidade dos mercadores de açúcar, necessidade dos traficantes de negros, necessidade da burocracia colonial, necessidade do erário português, necessidade da Inglaterra e de outros compradores de gêneros tropicais: necessidade do sistema colonial, eis tudo.

162

Mas de que lugar social fala o autor de *Cultura e opulência do Brasil*? Da Igreja enquanto instituição religiosa universal? Do *Corpus Mysticum*? Da práxis evangelizadora onde se situaria como missionário? A rigor, não. Antonil fala a partir do mesmo sistema colonial, *onde os jesuítas também possuíam engenhos*; e, entre eles, o famoso Engenho de Sergipe do Conde em Santo Amaro que serviu de campo de observação ao Anônimo Toscano, conforme ele mesmo afirma no proêmio da obra:

> E porque algum dia folguei de ver um dos mais afamados que há no Recôncavo, à beira-mar da Bahia, a que chamam o engenho de Sergipe do Conde, movido de uma louvável curiosidade, procurei, no espaço de oito ou dez dias que aí estive, tomar notícia de tudo o que o fazia tão celebrado, e quase rei dos engenhos reais.

Nascido de observações diretas, o texto dá informes idôneos aos futuros empresários que quiserem empregar seus cabedais no fabrico do açúcar: "[...] e quem de novo entrar na administração de algum engenho, tenha estas notícias práticas, dirigidas a obrar com acerto, que é o que em toda a ocupação se deve desejar e intentar".

Um livro-canal, portanto: de jesuítas senhores de engenho para senhores de engenho, jesuítas ou não.

Nessa área de intersecção cabe ao projeto econômico do fazendeiro a zona central e comum. É pelos seus interesses que o autor avalia os escravos, discernindo o boçal e o ladino; o arda, o mina e o congo; o mulato e o retinto; o serviçal e o rebelde.

O jesuíta Antonil faz coincidir os bons tratos dados pelo senhor ao escravo com o melhor relacionamento entre ambos no engenho. Parece um mentor da psicologia industrial do seu tempo quem diz: "O certo é que, se o senhor se houver com os escravos como pai, dando-lhes o necessário para o sustento e o vestido, e algum descanso no trabalho, se poderá também depois haver como senhor, e não estranharão, sendo convencidos das culpas que cometerem, de receber com misericórdia o justo e merecido castigo".

Em outras palavras: ser paternal, ser benévolo com o escravo, é *caridade útil*, que, cedo ou tarde, reverterá para o bem do fazendeiro.

O pragmatismo de Antonil revela até certa dose de astúcia quando, no fecho do capítulo, insinua que a mais segura reprodução natural da força de trabalho tem a ver com a generosidade das esmolas ofertadas às negras. Estas aceitarão de bom grado conceber e dar à luz muitos filhos (a prole escrava, tão cara aos senhores) à medida que lhes chegar em abundância o de comer e o de beber:

> Ver que os senhores têm cuidado de dar alguma coisa dos sobejos da mesa aos seus filhos pequenos é causa de que os escravos os sirvam de boa vontade e que se alegrem de lhes multiplicar servos e servas. Pelo contrário, algumas escravas procuram de propósito o aborto, só para que não cheguem os filhos de suas entranhas a padecer o que elas padecem.

* * *

A mistura de assíduo cumprimento dos deveres de estado, aplicação no trabalho, lisura nos negócios, observância ao culto religioso e, em tudo, espírito de ordem e economia não lembrará acaso a ética calvinista que Max Weber, em estudo memorável, mostrou como propícia ao espírito do capitalismo? E mais: a certeza de que a prosperidade na terra é promessa de bens eternos, porque Deus ajuda a quem se ajuda?

Em várias passagens da obra topamos com signos dessa conhecida síndrome ideológica, ora juntos, ora separados. Mas Antonil era um jesuíta! E nossa memória classificadora estranhará qualquer conexão entre a mais radical das seitas protestantes e a mais ortodoxa e romana das ordens católicas.

No entanto... como negar o que há de comum? Algum veio do éthos mercantil, promanado da renascença comunal, veio a alimentar homens tão diversos como Calvino e Inácio de Loyola, e trouxe um sabor de "modernidade" racionalista que um tardio discípulo da Contrarreforma não só conserva mas potencia século e meio depois. Essa fonte é a nova religião da imanência, a sobrevalorização dos cuidados terrenos, o elogio da razão previdente, provida e prudente, a defesa dos atos industriosos, a rígida administração do tempo, enfim o respeito pela *vita activa*.

Antonil é jesuíta, mas nada tem a ver com os esplendores barrocos da sua ordem em Roma, em Nápoles ou em Lisboa. A sua formação intelectual é clássica, burguesa, toscana: Lucca, a sua pátria, velha comuna que sempre alimentou o comércio marítimo de Gênova e sempre contou com prósperos banqueiros entre os seus cidadãos mais ilustres.

QUANDO O OBJETO VIRA SUJEITO, QUANDO O SUJEITO VIRA OBJETO

Uma das práticas objetivas da Economia tradicional consistia em observar os sujeitos da produção. Vivendo na Bahia, Antonil foi atraído pela atividade febril dos engenhos de açúcar a ponto de passar dias a fio entrevistando um velho mestre "que cinquenta anos se ocupou nesse ofício com venturoso sucesso", além de outros oficiais de nome, "aos quais miudamente perguntei o que a cada qual pertencia", para enfim tudo coletar e dispor em um bem ordenado livro.

A manufatura do ouro branco o fascinava. As coisas, não os homens. As coisas que movem os homens a produzi-las dia e noite. As máquinas que obedecem a leis de ferro, infringidas as quais, sofrem os homens riscos de mutilação e de morte. Esse é o universo de *Cultura e opulência do Brasil* que faria as delícias do jovem Marx analista da reificação do trabalhador fabril.

O engenho tem, no coração, as casas das máquinas. A casa da moenda, a casa da fornalha, a casa das caldeiras, a casa de purgar. A cana que se planta e colhe vai alimentá-las; o açúcar que se produz e vende para o ultramar sairá delas. Antonil nos contará, passo a passo, a carreira da cana até virar o doce e alvo cristal que toda a Europa aprendeu a consumir desde os primeiros anos da colonização. A cana, a garapa, o melado, o açúcar: etapas de uma história de metamorfoses em que o sujeito é a coisa a produzir-se, e o objeto os corpos cativos, sombras que rondam o engenho alumiadas pelo fogo das fornalhas acesas noite e dia.

Os escravos são os pés e as mãos dos senhores, e esta figura redutora lhes tira a integridade de atores. São construções verbais passivas e impessoais que Antonil enfileira para descrever o plantio da cana: a terra roça-se (quem a roça?), queima-se (quem o faz?), alimpa-se (quem?). Que a cana não se abafe; que se plantem os olhos da cana em pé, ou que se deite em pedaços; deita-se também inteira, uma junto à outra, ponta com pé; e cobrem-se com terra moderadamente... Dirá a gramática tradicional que em todos esses casos o sujeito é a terra ou a cana; e aqui a razão formal do gramático coincide com a do economista da era mercantil. O objeto exterior ganha foros de sujeito na linguagem de Antonil. Ao mesmo tempo, o agente real (o escravo que roça, queima, alimpa, abafa, deita, cobre...) omite-se por um jogo perverso de perspectivas

165

no qual a mercadoria é omnipresente e todo-poderosa antes mesmo de chegar ao mercado, e precisamente porque deve chegar ao mercado inteira, branca e brunida.

Vinda a hora da safra, tampouco nos é dado ver homens inteiriços na faina do eito. "Quando se corta a cana, se metem até doze ou dezoito foices no canavial." Metem-se foices a ceifar, e a metonímia do instrumento pelo trabalhador diz o que deveras importa ao olhar do autor: as canas a cortar, não os obreiros que as cortam. Depois, é preciso contar os feixes, operação de cálculo; mas como acomodá-la "à rudeza dos escravos boçais, que não sabem contar?". Usando seus dedos e mãos. Dez feixes para cada dedo. Cinco dedos tem a mão: a mão vale cinquenta feixes. Duas mãos têm cem feixes. E sete mãos têm trezentos e cinquenta feixes, "e tem por obrigação cada escravo cortar num dia trezentos e cinquenta feixes", ou seja, sete mãos.

Atada em feixes e levada em carros de bois, bate a cana às portas da casa de moer, "com o artifício que engenhosamente inventaram". É a vez de uma descrição técnica minudentíssima da moenda: períodos sobre períodos articulados em torno da máquina por excelência do engenho, onde rodas de eixo dentadas se entrosam e desentrosam e reentrosam para melhor espremer a cana e extrair o sumo, o *caldo*, que se recolherá para ferver.

Quase no fecho dessas páginas metodicamente obsessivas, em que o olho de Antonil parece medusado por aquelas engrenagens que não param nunca de rodar, vislumbra-se rápida a imagem de uma negra "boçal" que, vencida de sono ou emborrachada, "passa moída entre os eixos". A escrava distraída escapa, às vezes, se intervém a tempo a mão prestante da companheira que lhe corta o braço com um facão, caso o feitor prevenido não se tenha esquecido de encostá-lo junto à moenda para evitar o pior.

O leitor curioso dos velhos saberes tecnológicos do Brasil pré-industrial acompanhará com prazer o curso das observações incisivas de Antonil, que era escritor de pulso, dos melhores da nossa prosa colonial. Dos dentes da moenda passará à casa da fornalha com suas bocas ardentes cingidas de arcos de ferro e encimadas de bueiros "que são como duas ventas por onde o fogo resfolega". Verá a lenha empilhada no forno a queimar noite adentro. Conhecerá os diversos tipos de caldeiras, paróis e tachos da casa dos cobres edificada em cima das fornalhas onde se ferve a garapa limpando-a das escumas (a primeira delas tem por nome cachaça...) e juntando-lhe a cinza da decoada para que melhor se filtre até alcançar o grau perfeito de cozimento, "a têmpera do melado". Com este enchem-se as fôrmas e procede-se à última operação, o branqueamento. Só então separa-se o açúcar que não se cristalizou (o "mel") do cristal de açúcar. Para purgar aplicam-se ao produto camadas de barro, no caso, a argila puxada das terras alagadiças do Recôncavo. O açúcar mal purgado, escuro, é o mascavo. Ao bem purgado dava-se o nome de branco macho, o mais prezado e de mais alto custo. Antonil leva o relato do processo até às fases derradeiras da secagem e do encaixotamento do açúcar, não omitindo sequer os preços então vigentes da mercadoria já despachada e posta na alfândega de Lisboa.

Com listas de valores em contos de réis parece assim findar prosaicamente — *objetivamente* — essa parte principal da obra rente ao fabrico do ouro branco no Engenho de Sergipe do Conde. No entanto, virada a última página do undécimo capítulo, e conferido o montante anual "do que importa todo o açúcar da colônia", ou seja, 2 535:142$800 (dous mil quinhentos e trinta e cinco contos, cento e quarenta e dous mil e oitocentos réis), não pouca surpresa causará ao leitor o tópico seguinte intitulado pateticamente: "Do que padece o açúcar desde o seu nascimento na cana, até sair do Brasil".

A passagem também poderia chamar-se: nascimento, paixão e morte da cana-de-açúcar do Brasil a Portugal. A cana, que vimos seguindo em suas transformações de natureza trabalhada a mercadoria vendida, reassume neste fecho-síntese o seu estatuto verdadeiro de sujeito. E de sujeito sofredor, cujo calvário reitera o sacrifício por excelência, o paradigma da paixão de Cristo. O holocausto propiciatório serve agora para o novo regime de salvação, que é o mercado europeu, céu aberto à economia colonial.

As fases da produção do açúcar que figuram nas páginas precedentes (cortar em pedaços, plantar, ceifar, amarrar, arrastar, moer, espremer, ferver, bater, cozer, purgar com barro, repartir com ferros, encaixotar e remeter para o alto destino dos empórios internacionais) repetem-se neste finale mediante a analogia com o ser vivo, animado e humanizado, a quem se infligem torturas indizíveis, mas necessárias, pois "é reparo singular dos que contemplam as cousas naturais ver que as que são de maior proveito ao gênero humano não se reduzem à sua perfeição sem passarem primeiro por notáveis apertos".

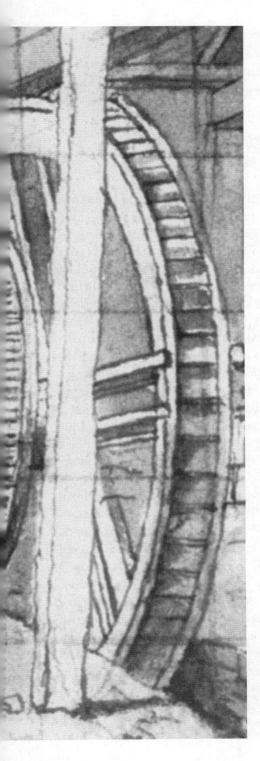

Moenda de um engenho d'água. Desenho de Franz Post (1612-80).

"Chegadas à moenda, com que força e aperto, postas entre os eixos, são obrigadas a dar quanto têm de sustância!"

Antonil, Cultura e opulência do Brasil

A esta narração dos tormentos padecidos pela cana — que prefiro transcrever a resumir, tão costurada é a sua sintaxe e tão preciso o seu léxico — não falta um quê de sádico: aquele exercício brutal de crueldade a que o capitalismo arcaico submete a natureza e o homem.

DO QUE PADECE O AÇÚCAR DESDE O SEU NASCIMENTO NA CANA, ATÉ SAIR DO BRASIL

É reparo singular dos que contemplam as cousas naturais ver que as que são de maior proveito ao gênero humano não se reduzem à sua perfeição sem passarem primeiro por notáveis apertos; e isto se vê bem na Europa no pano de linho, no pão, no azeite e no vinho, frutos da terra tão necessários, enterrados, arrastados, pisados, espremidos e moídos antes de chegarem a ser perfeitamente o que são. E nós muito mais o vemos na fábrica do açúcar, o qual, desde o primeiro instante de se plantar, até chegar às mesas e passar entre os dentes a sepultar-se no estômago dos que o comem, leva uma vida cheia de tais e tantos martírios que os que inventaram os tiranos lhes não ganham vantagem. Porque se a terra, obedecendo ao império do Criador, deu liberalmente a cana para regalar com a sua doçura aos paladares dos homens, estes, desejosos de multiplicar em si deleites e gostos, inventaram contra a mesma cana, com seus artifícios, mais de cem instrumentos para lhe multiplicarem tormentos e penas.

Por isso, primeiramente fazem em pedaços as que plantam e as sepultam assim cortadas na terra. Mas, elas tornando logo quase milagrosamente a ressuscitar, que não padecem dos que as veem sair com novo alento e vigor? Já abocanhadas de vários animais, já pisadas das bestas, já derrubadas do vento, e alfim descabeçadas e cortadas com fouces. Saem do canavial amarradas; e, oh!, quantas vezes antes de saírem daí são vendidas! Levam-se, assim presas, ou nos carros ou nos barcos à vista das outras, filhas da mesma terra, como os réus, que vão algemados para a cadeia, ou para o lugar do suplício, padecendo em si confusão e dando a muitos terror. Chegadas à moenda, com que força e aperto, postas entre os eixos, são obrigadas a dar quanto têm de sustância? Com que desprezo se lançam seus corpos esmagados e despedaçados ao mar? Com que impiedade se queimam sem compaixão no bagaço? Arrasta-se pelas bicas quanto humor saiu de suas veias e quanta sustância tinham nos ossos; trateia-se e suspende-se na guinda, vai a ferver nas caldeiras,

170

borrifado (para maior pena) dos negros com decoada; feito quase lama no cocho, passa a fartar às bestas e aos porcos, sai do parol escumado e se lhe imputa a bebedice dos borrachos. Quantas vezes o vão virando e agitando com escumadeiras medonhas? Quantas, depois de passado por coadores, o batem com batedeiras, experimentando ele de tacha em tacha o fogo mais veemente, às vezes quase queimado, e às vezes desafogueado algum tanto, só para que chegue a padecer mais tormentos? Crescem as bateduras nas têmperas, multiplica-se a agitação com as espátulas, deixa-se esfriar como morto nas fôrmas, leva-se para a casa de purgar, sem terem contra ele um mínimo indício de crime, e nela chora, furado e ferido a sua tão malograda doçura. Aqui, dão-lhe com barro na cara; e, para maior ludíbrio, até as escravas lhe botam, sobre o barro sujo, as lavagens. Correm suas lágrimas por tantos rios quantas são as bicas que as recebem; e tantas são elas, que bastam para encher tanques profundos. Oh, crueldade nunca ouvida! As mesmas lágrimas do inocente se põem a ferver e a bater de novo nas tachas, as mesmas lágrimas se estilam à força de fogo em lambique; e, quando mais chora sua sorte, então tornam a dar-lhe na cara com barro, e tornam as escravas a lançar-lhe em rosto as lavagens. Sai desta sorte do purgatório e do cárcere, tão alvo como inocente; e sobre um baixo balcão se entrega a outras mulheres, para que lhe cortem os pés com facões; e estas, não contentes de lhos cortarem, em companhia de outras escravas, armadas de toletes, folgam de lhe fazer os mesmos pés em migalhas. Daí, passa ao último teatro dos seus tormentos, que é outro balcão, maior e mais alto, aonde, toda a gente sentida e enfadada do muito que trabalhou andando atrás dele; e, por isso, partido com quebradores, cortado com facões, despedaçado com toletes, arrastado com rodos, pisado dos pés dos negros sem compaixão, farta a crueldade de tantos algozes quantos são os que querem subir ao balcão. Examina-se por remate na balança do maior rigor o que pesa, depois de feito em migalhas; mas os seus tormentos gravíssimos, assim como não têm conta, assim não há quem possa bastantemente ponderá-los ou descrevê-los. Cuidava eu que, depois de reduzido ele a este estado tão lastimoso, o deixassem; mas vejo que, sepultado em uma caixa, não se fartam de o pisar com pilões, nem de lhe dar na cara, já feita em pó, com um pau. Pregam-no finalmente e marcam com fogo ao sepulcro em que jaz; e, assim pregado e sepultado, torna por muitas vezes a ser vendido e revendido, preso, confiscado e arrastado; e, se livra das prisões do porto, não livra das tormentas do mar, nem do degredo, com imposições e tributos, tão seguro de ser comprado e vendido entre cristãos como arriscado a ser levado para Argel entre mouros. E, ainda assim, sempre doce e vencedor de amarguras, vai a dar gosto ao paladar dos seus inimigos nos banquetes, saúde nas mezinhas aos enfermos e grandes lucros aos senhores de engenho e aos lavradores que o perseguiram e aos mercadores que o compraram e o levaram degradado nos portos e muito maiores emolumentos à Fazenda Real nas alfândegas.

Lembro a distinção inicial deste livro: a colonização como projeto voltado para a satisfação das necessidades materiais do presente (*colo*: eu cultivo, eu trabalho); e a colonização como transplante de um passado prenhe de imagens, símbolos e ritos de caráter religioso (*cultus*: a memória dos antepassados).

Antonil tem a mente centrada no aqui e agora da produção e no amanhã da mercancia. A causa final do seu pensamento é a ação de colonizar enquanto *colo*. Mas Johannes Antonius Andreonius é também sacerdote, um jesuíta italiano que bebeu do poço das águas medievais e barrocas do catolicismo. O seu imaginário guarda a lembrança da história arquetípica que foi e é a obra redentora do Salvador operada mediante o sacrifício cruento no calvário e na cruz. A tradição cristã ministra-lhe o fio da narrativa e as metáforas da dor. *Cultus* dá sentido e profundidade a *colo*. Sem *cultus*, *colo* tende a amesquinhar-se e virar pedestre utilitarismo. Colonizar é também reviver os signos de uma arcana identidade figurada pelo culto.

Mas até neste casamento de passado e presente, de religião e economia, Antonil é o Anti-Vieira. O secretário que copia a letra e trai o espírito. O pregador, estreante e ainda noviço, falara em 1633 aos pretos da Irmandade do Rosário em um engenho baiano. Seria o mesmo Sergipe do Conde? E no sermão já descrevera os trabalhos da moenda e das fornalhas com palavras tomadas ao imaginário do inferno medieval. Mas o sujeito de Antônio Vieira não era a cana: era o escravo.

Depois de ter provado com abundância de citações do Velho e do Novo Testamento que os negros são filhos do mesmo Deus que criara e remira a humanidade toda, Vieira toca o ponto que deveria afetar os seus ouvintes, a semelhança do escravo de engenho com o Cristo crucificado:

Não há trabalho, nem gênero de vida no mundo mais parecido à cruz e paixão de Cristo, que o vosso em um destes engenhos [...] Em um engenho sois imitadores de Cristo crucificado: *Imitatoribus Christi crucifixi*, porque padeceis em um modo muito semelhante o que o mesmo Senhor padeceu na sua cruz, e em toda a sua paixão. A sua cruz foi composta de dois madeiros, e a vossa em um engenho é de três. Também ali não faltaram as canas, porque duas vezes entraram na Paixão: uma vez servindo para o ceptro de escárnio, e outra vez para a esponja em que Lhe deram o fel. A paixão de Cristo parte foi de noite sem dormir, parte foi de dia sem descansar, e tais são as vossas noites e os vossos dias. Cristo despido, e vós despidos; Cristo sem comer, e vós famintos; Cristo em tudo maltratado, e vós maltratados em tudo. Os ferros, as prisões, os açoutes, as chagas, os nomes afrontosos, de tudo isto se compõe a vossa imitação, que se for acompanhada de paciência, também terá merecimento de martírio. Só lhe faltava à cruz para a inteira e perfeita semelhança o nome de engenho; mas este mesmo lhe deu Cristo não com outro senão com o próprio vocábulo. *Torcular* se chama o vosso engenho, ou a vossa cruz, e a de Cristo, por boca do mesmo Cristo, se chamou também torcular: *Torcular calcari solus*.[12] Em todas as intenções e instrumentos de trabalho parece que não achou o Senhor outro que mais parecido fosse com o seu, que o vosso. A propriedade e energia desta comparação, é porque no instrumento da cruz, e na oficina de toda a paixão, assim como nas outras em que se espreme o sumo dos frutos, assim foi espremido todo o sangue da humanidade sagrada.[13]

No tópico seguinte vem a comparação do engenho com o inferno, e mais particularmente com os vulcões Etna e Vesúvio, de que Antonil se aproveitaria literalmente sem qualquer menção da fonte:

E que cousa há na confusão deste mundo mais semelhante ao Inferno que qualquer destes vossos engenhos, e tanto mais, quanto de maior fábrica? Por isso foi tão bem recebida aquela breve e discreta definição de quem chamou a um engenho de açúcar *doce inferno*. E verdadeiramente quem vir na escuridade da noite aquelas fornalhas tremendas perpetuamente ardentes: as labaredas que estão saindo a borbotões de cada uma pelas duas bocas, ou ventas, por onde respiram o incêndio: os etíopes, ou ciclopes banhados em suor tão negros como robustos que subministram a grossa e dura matéria ao fogo, e os forcados com que o revolvem e atiçam; as caldeiras ou lagos ferventes com os cachões sempre batidos e rebatidos, já vomitando escumas, exalando nuvens de vapores mais de calor, que de fumo, e tornando-os a chover para outra vez os exalar: o ruído das rodas, das cadeias, da gente toda da cor da mesma noite, trabalhando vivamente, e gemendo tudo ao mesmo tempo sem momento de tréguas, nem de descanso: quem vir enfim toda a máquina e aparato confuso e estrondoso daquela babilônia, não poderá duvidar, ainda que tenha visto Etnas e Vesúvios, que é uma semelhança de Inferno.[14]

Antonil, descrevendo as fornalhas, chama-lhes "bocas verdadeiramente tragadoras de matos, cárcere de fogo e fumo perpétuo e viva imagem dos vulcões, Vesúvios e Etnas [repare-se o mesmo uso do plural], e quase disse, do Purgatório ou do Inferno".

Há, porém, uma diferença significativa na relação que ambos estabelecem entre o fogo e o escravo. Vieira nos pinta homens válidos, robustos "etíopes", ciclopes banhados em suor exercendo vigorosamente a força dos seus músculos e a habilidade das suas mãos: "subministram a grossa e dura matéria ao fogo, e os forcados com que o revolvem e atiçam".

Antonil amontoa junto às fornalhas pretos sifilíticos, "os escravos boubentos e os que têm corrimentos, obrigados a esta penosa existência para purgarem com suor violento os humores gálicos de que têm cheios os seus corpos". E, ao lado dos escrofulosos, aponta à execração os facínoras presos em grossas correntes, que lá estão cumprindo pena de trabalhos forçados pela sua "extraordinária maldade, com pouca ou nenhuma esperança de emenda".

Mas, ao contemplar o caldo de cana fervido, com que lástima o vê borrifado com decoada pelos negros! Como deplora que a sua escuma sirva à diversão de escravos pinguços! Na hora da purga, "até as escravas lhe botam, sobre o barro sujo, as lavagens", e não só uma, muitas vezes, as pretas lhe batem afrontosamente na cara. Quando o açúcar sai, já branco, das fôrmas, "tão alvo como inocente", outras mulheres com requintes de crueldade lhe cortam os pés com facas. Nos balcões escravos ferozes e vingativos, "gente sentida e enfadada do muito que trabalhou", partem-no, espedaçando-o, arrastando-o e pisando-o sob "os pés dos negros sem compaixão". Se a mercadoria tem inimigos, estes são os operários que nela desafogam os seus rancores...

São as coisas a fazer e por vender que interessam a Antonil. O componente fetichista da mente mercantil vem ao primeiro plano no seu discurso e aparece quase em estado puro.

O século XVIII, que com ele desponta, será racionalista e prestará culto à utilidade como bem supremo: não por acaso começa entre nós com a *Cultura e opulência do Brasil por suas drogas e minas* e termina com as obras escravistas de um bispo avesso às tradições jesuíticas, o abastado senhor de engenho José Joaquim da Cunha d'Azeredo Coutinho que vira rebrotar nos seus Campos dos Goitacás a lavra das canas em crise desde os tempos de Antonil. De um ao outro, no arco de uma centúria, já não se ouvirão sequer os ecos dos clamores missionários de Vieira ainda penetrados dos ideais universalistas que enformaram o Direito Natural das Gentes.

Aquele sonho salvífico e ecumênico, desejoso não só dos braços mas das almas dos novos gentios, parece ter-se esvaído para sempre na vigília do nosso primeiro economista a quem só comoviam as lágrimas da mercadoria.

Roma, 1986 — São Paulo, 1989

6

UM MITO SACRIFICIAL:
O INDIANISMO DE ALENCAR

É próprio da imaginação histórica edificar mitos que, muitas vezes, ajudam a compreender antes o tempo que os forjou do que o universo remoto para o qual foram inventados.

Acreditando nessa proposição, arrisco-me a revisitar um lugar-comum dos comparatistas literários que afinam o indianismo brasileiro pelo diapasão europeu da romantização das origens nacionais. Lá, figuras e cenas medievais; cá, o mundo indígena tal e qual o surpreenderam os descobridores. Cá e lá, uma operação de retorno, um esforço para bem cumprir o voto micheletiano de ressuscitar o passado, alvo confesso da historiografia romântica. Até que ponto esse paralelismo se sustém?

A aproximação de ambas as visões do passado mantém-se válida na esfera ampla da história das mentalidades. Houve, de fato, uma corrente de saudosismo, de filiação ancien régime, tardia mas nem por isso menos intensa, que cruzou as letras europeias na fase pós e antirrevolucionária. As obras de Chateaubriand, de Xavier de Maistre e de sir Walter Scott ilustram os seus momentos de vigor em matéria de imaginação e estilo.

No caso brasileiro, um dos veios centrais do nosso romantismo, o alencariano, também mostrou-se receoso de qualquer tipo de mudança social, parecendo esgotar os seus sentimentos de rebeldia ao jugo colonial nas comoções políticas da Independência. Passado este ciclo, qualquer medida que avançasse no sentido de alargar a tão estreita margem de liberdade outorgada pela Carta de 23 assumia ares de subversão.[1] Assim, a reforma eleitoral e a *questão servil* ficaram bloqueadas desde a vitória do *Regresso* em 1837 (o termo foi cunhado e assumido prazerosamente pelos conservadores) até a subida da maré liberal nos anos 60: precisamente os três decênios que viram o surgimento e o clímax da nossa literatura romântica.

Observa-se em todo esse período uma espécie de encruamento das posições liberal-radicais que levaram à abdicação de Pedro I e aos sucessos tumultuosos da Regência. O fenômeno, que já foi diagnosticado em termos de consolidação do poder escravista, não é de todo estranho às formas paradoxais pelas quais uma figura de nítido corte rousseauísta como o *bon sauvage* acabou compondo o nosso imaginário mais conservador. Gigante pela própria natureza, o índio entrou in extremis na sociedade literária do Segundo Império.

Remonte-se um pouco no tempo. O processo da independência gerou, ao desencadear-se, uma dialética de oposição. Mesmo considerando que os estratos dominantes foram os arquitetos e os beneficiários da *patria del criollo*,[2] é força convir que contradição houve, tanto no nível dos interesses materiais coibidos pelo antigo monopólio, quanto no delicado tecido da vida simbólica. Viveu-se uma fase de tensão aguda entre a Colônia que se emancipava e a Metrópole que se enrijecia na defesa do seu caducante Império. O primeiro quartel do século XIX foi, em toda a América Latina, um tempo de ruptura. O corte *nação/colônia, novo/antigo* exigia, na moldagem das identidades, a articulação de um eixo: de um lado, o polo brasileiro, que enfim levantava a cabeça e dizia o seu nome; de outro, o polo português, que resistia à perda do seu melhor quinhão.

Segundo esse desenho de contrastes, o esperável seria que o índio ocupasse, no imaginário pós-colonial, o lugar que lhe competia, o papel de rebelde. Era, afinal, o nativo por excelência em face do invasor; o *americano*, como se chamava, metonimicamente, versus o europeu.

Mas não foi precisamente o que se passou em nossa ficção romântica mais significativa. O índio de Alencar entra em íntima comunhão com o colonizador. Peri é, literal e voluntariamente, escravo de Ceci, a quem venera como sua *Iara*, "senhora", e vassalo fidelíssimo de dom Antônio. No desfecho do romance, em face da catástrofe iminente, o fidalgo batiza o indígena, dando-lhe o seu próprio nome, condição que julga necessária para conceder a um selvagem a honra de salvar a filha da morte certa a que os aimorés tinham condenado os moradores do solar:

Se tu fosses cristão, Peri!...

O índio voltou-se extremamente admirado daquelas palavras.

— Por quê?... perguntou ele.

Por quê?... disse lentamente o fidalgo. Porque se tu fosses cristão, eu te confiaria a salvação de minha Cecília, e estou convencido de que a levarias ao Rio de Janeiro à minha irmã.

O rosto do selvagem iluminou-se; seu peito arquejou de felicidade, seus lábios trêmulos mal podiam articular o turbilhão de palavras que lhe vinham do íntimo d'alma.

— Peri quer ser cristão! exclamou ele.

D. Antônio lançou-lhe um olhar úmido de reconhecimento.

....

O índio caiu aos pés do velho cavalheiro, que impôs-lhe as mãos sobre a cabeça.

Sê cristão! Dou-te o meu nome!

(O guarani, parte IV, cap. X)

A conversão, acompanhada de mudança de nome, ocorre igualmente com o índio Poti, de *Iracema*, batizado como Antônio Felipe Camarão, o futuro herói da resistência aos holandeses. E Arnaldo, o sósia rústico de Peri de *O sertanejo*, é agraciado com o sobrenome do capitão--mor durante este diálogo edificante:

E para si, Arnaldo, que deseja? — insistiu Campelo.

— Que o sr. Capitão-Mor me deixe beijar sua mão; basta-me isso.

— Tu és um homem, e de hoje em diante quero que te chames Arnaldo Louredo Campelo.

(O sertanejo, parte II, cap. XXI)

É o senhor colonial que, nos três episódios, outorga, pelo ato da renomeação, nova identidade religiosa e pessoal ao índio e ao sertanejo.

Quanto aos aimorés, que são os verdadeiros inimigos do conquistador no *Guarani*, aparecem marcados pelos epítetos de *bárbaros, horrendos, satânicos, carniceiros, sinistros, horríveis, sedentos de vingança, ferozes, diabólicos...*

Iracema, no belo poema em prosa que traz o seu nome, apaixona-se por Martim Soares Moreno, o colonizador do Ceará, por amor de quem rompe com a sua nação tabajara depois de violar o segredo da jurema.

Nas histórias de Peri e de Iracema a entrega do índio ao branco é incondicional, faz-se de corpo e alma, implicando sacrifício e abandono da sua pertença à tribo de origem. Uma partida sem retorno. Da virgem de lábios de mel disse Machado de Assis em artigo que escreveu logo que saiu o romance: "Não resiste, nem indaga: desde que os olhos de Martim se trocaram com os seus, a moça curvou a cabeça àquela doce escravidão".[3]

O risco de sofrimento e morte é aceito pelo selvagem sem qualquer hesitação, como se a sua atitude devota para com o branco representasse o cumprimento de um destino, que Alencar apresenta em termos heroicos ou idílicos.

Creio que é possível detectar a existência de um complexo sacrificial na mitologia romântica de Alencar. Comparem-se os desfechos dos seus romances coloniais e indianistas com os destinos de Carolina, a cortesã de *As asas de um anjo* (remida e punida em *A expiação*), de Lucíola, no romance homônimo, e de Joana, em *Mãe*. São todas obras cujas tramas narrativas ou dramáticas se resolvem pela imolação voluntária dos protagonistas: o índio, a índia, a mulher prostituída, a mãe negra. A nobreza dos fracos só se conquista pelo sacrifício de suas vidas.

Paradoxalmente: *O guarani* e *Iracema* fundaram o romance nacional.

Não está em causa, nestas observações, a sinceridade patriótica do narrador, sentimento que, de resto, não guardaria qualquer relação causal com o valor estético dos seus textos. O que importa é ver como a figura do índio belo, forte e livre se modelou em um regime de combinação com a franca apologia do colonizador. Essa conciliação, dada como espontânea por Alencar, viola abertamente a história da ocupação portuguesa no primeiro século (é só ler a crônica da maioria das capitanias para saber o que aconteceu), toca o inverossímil no caso de Peri, enfim é pesadamente ideológica como interpretação do processo colonial. Nada disso impede, porém, que a linguagem narrativa de Alencar acione, em mais de um passo, a tecla da poesia.

A beleza da prosa lírica reverbera aquém ou, em outro sentido, além da representação do dado empírico que a crônica realista busca espelhar. E o mito, que essa prosa entretece, se faz aquém, ou além, da cadeia narrativa verossímil.

Aquém: o mito não requer o teste da verificação nem se vale daquelas provas testemunhais que fornecem passaporte idôneo ao discurso historiográfico. Ou além: o valor estético de um texto mítico trans-

179

cende o seu horizonte factual e o recorte preciso da situação evocada. O mito, como poesia arcaica, é conhecimento de primeiro grau, pré-conceitual, e, ao mesmo tempo, é forma expressiva do desejo, que *quer* antes de refletir.

Há um nó apertado de pensamento conservador, mito indianista e metáfora romântica na rede narrativa de *O guarani*. Ao tentar desfazê-lo, o leitor crítico deve tomar o cuidado de não emaranhar a análise dos valores do autor, tarefa que compete à história das ideologias, com o julgamento dos seus tentos literários mais criativos.

O mito é uma instância mediadora, uma cabeça bifronte. Na face que olha para a História, o mito reflete contradições reais, mas de modo a convertê-las e a resolvê-las em figuras que perfaçam, em si, a *coincidentia oppositorum*. Assim, o mito alencariano reúne, sob a imagem comum do herói, o *colonizador*, tido como generoso feudatário, e o *colonizado*, visto, ao mesmo tempo, como súdito fiel e bom selvagem. Na outra face, que contempla a invenção, traz o mito signos produzidos conforme uma semântica analógica, sendo um processo figural, uma expressão romanesca, uma imagem poética. Na medida em que alcança essa qualidade propriamente estética, o mito resiste a integrar-se, sem mais, nesta ou naquela ideologia.

Essas observações entendem distinguir o reconhecimento da situação ideológica e o juízo de valor artístico daqueles textos literários em que as expressões mitopoéticas regem a linha narrativa.

Mas, feitas as devidas ressalvas, que o ser da poesia requer, o olhar do intérprete continua a perseguir o ponto de vista do narrador: é nele que a cultura de um determinado contexto tacteia ou logra seu estado de cristalização; é através dele que fluem ou se estagnam certos valores peculiares a este ou àquele estrato social.

Na sua representação da sociedade colonial dos séculos XVI e XVII Alencar submete os polos nativo-invasor a um tratamento antidialético pelo qual se neutralizam as oposições reais. O retorno mítico à vida selvagem é permeado, no *Guarani*, pelo recurso a um imaginário *outro*. O seu indianismo não constitui um universo próprio, paralelo às fantasias medievistas europeias, mas funde-se com estas. Duas paralelas, ensina a geometria, nunca se tocam. Mas aqui não é bem de espírito geométrico que estamos falando...

A concepção que Alencar tem do processo colonizador impede que os valores atribuídos romanticamente ao nosso índio — o heroísmo, a beleza, a naturalidade — brilhem em si e para si; eles se constelam em torno de um ímã, o conquistador, dotado de um poder infuso de atraí-los e incorporá-los. Não sei de outra formação nacional egressa do antigo sistema colonial onde o nativismo tenha perdido (para bem e para mal) tanto da sua identidade e da sua consistência. Augusto Meyer, em um soberbo estudo que dedicou a Alencar, tudo remete ao conceito de *tenuidade brasileira* para dar conta desses e de outros singulares descompassos de nossa cultura romântica.[4]

Suspeitando, porém, que o teor ambíguo desse nativismo não poderia, em razão do seu modo de compor-se, manter sempre uma face homogênea, busquei a exceção, a rara exceção, e afinal a encontrei em uma breve passagem, uma nota etnográfica aposta à lenda de *Ubirajara*. Foi a última obra em que Alencar voltou ao assunto. Trata-se de uma poetização da vida indígena anterior ao descobrimento. A nota sugere uma leitura da colonização portuguesa como um feito de violência. Defendendo os tupis da pecha de traidores com que os infamaram alguns cronistas, assim lhes rebate Alencar: "Foi depois da colonização que os portugueses, assaltando-os como a feras e caçando-os a dente de cão, ensinaram-lhes a traição que eles não conheciam".

É verdade que esse juízo cortante não tem força retroativa, chega tarde e não pode alterar a simbiose luso-tupi que Alencar armara tão solidamente nos romances coloniais, onde o destino do nativo era tratado como sacrifício espontâneo e sublime.

Mas a veemência do tom ("assaltando-os como a feras e caçando-os a dente de cão" parecem expressões de missionários incriminando colonos e bandeirantes) ganha sentido se vista à luz das ásperas polêmicas literárias que Alencar precisou travar, nos seus últimos e sombrios anos de vida. Zoilos portugueses e penas intolerantes o acusavam de inventar um selvagem falso, e, o que era pior, escrever em uma língua inçada de *americanismos*, desviante do cânon da matriz. As respostas irritadamente nacionalistas de Alencar se leem no longo prefácio que fez para um dos seus últimos romances, *Sonhos d'ouro*, que saiu em 1872. O texto é um documento interessante de política cultural brasileirista *post festum.*

Seria instrutivo esboçar um confronto da ficção de Alencar com a poesia americana de Gonçalves Dias, que a precedeu de uma geração.

A casa de dom Antônio de Mariz. Do cenário da ópera Il Guarani *de Carlos Gomes, apresentada no Teatro Alla Scala de Milão em 1870.*

Aposento de Ceci. Do cenário da ópera Il Guarani.

Figurino de Ceci.

Figurino de Peri.

Nos *Primeiros cantos* do maranhense lateja a consciência do destino atroz que aguardava as tribos tupis quando se pôs em marcha a conquista europeia. O conflito das civilizações é trabalhado pelo poeta na sua dimensão de tragédia. Poemas fortes como *O canto do piaga* e *Deprecação* são agouros do massacre que dizimaria o selvagem mal descessem os brancos de suas caravelas.

Pelo seu tom entre espantado e solene lembram esses cantos os presságios que os vates astecas anunciaram ao seu povo alguns anos antes da invasão espanhola. São vozes de gente prestes a sucumbir a ferro e fogo; e o modo pelo qual sobreviria a matança era tão incompreensível para as vítimas que só palavras misteriosas de visão e agouro poderiam dizê-lo.

Por intermédio do pajé, o *piaga divino* em transe, falam os deuses ou, mais precisamente, fala um espectro que viu o mundo às avessas: o sol enegrecido, a coruja piando de dia, copas da floresta a se agitarem em plena calma, e a lua ardendo em fogo e sangue.

> *Tu não viste nos céus um negrume*
> *Toda a face do sol ofuscar;*
> *Não ouviste a coruja, de dia,*
> *Seus estrídulos torva soltar?*

> *Tu não viste dos bosques a coma*
> *Sem aragem — vergar e gemer,*
> *Nem a lua de fogo entre nuvens,*
> *Qual em vestes de sangue, nascer?*

Em *A visão dos vencidos*, Miguel León-Portilla transcreve presságios que, inicialmente redigidos em náuatle pelos alunos de um missionário, frei Bernardino de Sahagún, só conheceriam versão em espanhol nos meados do século xx graças à erudição de Ángel María Garibay.[5]

Impressiona, nesses cantos mexicas, a obsessão do fogo que sobe em pirâmides e colunas contra o sol a pino; e, em um dado momento, o encrespar-se e o referver da lagoa que se move por si mesma, "sem vento algum", como "sem aragem" se dobram os ramos no poema brasileiro. Tanto na fala do xamã tupi como nas predições astecas surgem do mar figuras monstruosas para extermínio de nações impotentes: "Manitôs já fugiram da Taba/ ó desgraça! ó ruína! ó Tupá!".

Como é de todo improvável que se tenha dado qualquer interação entre os então ignorados manuscritos em náuatle e os poemas americanos do nosso grande romântico, só nos resta considerar o vasto campo de afinidades de tema e de imaginário que a colação das passagens revela à primeira leitura.

O jovem Gonçalves Dias ainda estava próximo, no tempo e no espaço, do nativismo exaltado latino-americano. Talvez a familiaridade do maranhense com a luta entre brasileiros e *marinheiros* que marcou nas províncias do Norte os anos da Independência explique a aura violenta e aterrada que rodeia aqueles versos de primeira mocidade. Em Alencar, ao contrário, a imagem do conflito retrocederia para épocas remotas passando por um decidido processo de atenuação e sublimação. Gonçalves Dias nasceu sob o signo de tensões locais antilusitanas, que vão de 1822 aos Balaios. Alencar formou-se no período que vai da maioridade precoce de Pedro II (de que seu pai fora um hábil articulador) à conciliação partidária dos anos 50. O nacionalismo de ambos, aparentemente comum, merece uma análise diferencial, pois forjou-se em cadinhos políticos diversos.

Sondar uma possível gênese dos modos que assumiu entre nós o nativismo romântico decerto concorre para entender as formas opostas de tratar o destino das populações conquistadas. E junto com a perspectiva ideológica, fruindo embora de um apreciável grau de liberdade *poética*, vão-se traçando os respectivos esquemas de representação. O poético supera (conservando) o ideológico, não o suprime.

Quanto às figuras do desastre iminente concebidas pelo primeiro G. Dias, creio que o seu modelo se encontre nas visões do Apocalipse joanino. É no livro-fecho do Novo Testamento que aparecem, contíguos na mesma visão, o sol escurecido em pleno dia e a lua tinta de sangue.[6] Seria nessa matriz que iriam colher os sinais cósmicos das grandes catástrofes os discursos escatológicos proferidos ao longo da história do cristianismo. É de supor que também a voz do poeta brasileiro culto, falando embora pela boca do pajé, tenha recorrido ao imaginário bíblico para predizer o fim de um mundo. Em paralelo, os vates astecas anunciaram o seu próprio extermínio narrando os prodígios que viram antes da chegada dos invasores. A afinidade que resulta da leitura dos poemas de Gonçalves Dias e dos agouros mexicas, em termos de figuração, advém de um sentimento comum de terror expresso por uma rede de sinais apocalípticos no sentido amplo e transcultural de ima-

185

gens prenunciadoras de um cataclismo a um só tempo social e cósmico. O fim de um povo é descrito como o fim do mundo.

O poeta guardou em seus últimos versos aquela visão trágica da conquista. No derradeiro canto que dedicou ao selvagem, a epopeia inacabada dos *Timbiras*, retornam os vaticínios do piaga; desta vez chora-se a sorte da América, a *América infeliz*, com a sua natureza profanada e as suas gentes vencidas:

> *Chame-lhe progresso*
> *Quem do extermínio secular se ufana;*
> *Eu modesto cantor do povo* extinto
> *Chorarei nos vastíssimos sepulcros*
> *Que vão do mar aos Andes, e do Prata*
> *ao largo e doce mar das Amazonas.*

O que resultou do encontro foi uma nação "que tem por base/ Os frios ossos da nação senhora/ E por cimento a cinza profanada/ Dos mortos, amassada aos pés de escravos".

Quanto ao colonizador português, aparece como *velho tutor e avaro*, cobiçoso da beleza de sua pupila, a América. E voltam os signos da convulsão dos elementos naturais, agora decifrados como estragos produzidos pelas armas de fogo do invasor branco.

> *Ardia o prélio,*
> *Fervia o mar em fogo à meia-noite,*
> *Nuvem de espesso fumo condensado*
> *Toldava astros e céus; e o mar e os montes*
> *Acordavam rugindo aos sons troantes*
> *Da insólita peleja!*

> (Canto III)

Em direção oposta à dos *Primeiros cantos* e dos *Timbiras*, o romance histórico de Alencar voltou-se não para a destruição das tribos tupis, mas para a construção ideal de uma nova nacionalidade: o Brasil que emerge do contexto colonial. Daí, a atenção que merecem os modos pelos quais o narrador trabalhou a assimetria das forças em presença na sua primeira síntese romanesca. É minha hipótese que o mito sacrificial, latente na visão alencariana dos vencidos, se tenha casado com o seu esquema feudalizante de interpretação da nossa história. Dentro de um contexto marcado pelas relações de senhor e servo, no qual o domínio do primeiro e a dedicação do segundo parecem conaturais, assumem uma lógica própria as personagens de *O guarani* e a *doce escravidão* que Machado de Assis viu em *Iracema*.

Nas linhas que seguem procuro testar a justeza e os limites da hipótese aplicada ao romance: e retomo, nessa ordem de interrogações, um texto preparado para uma obra coletiva sobre o movimento romântico.[7]

UM CASTELO NO TRÓPICO?

O quadro de um Brasil-Colônia criado à imagem e semelhança da comunidade feudal europeia aparece quase em estado puro no *Guarani* de Alencar. Mas a intuição do romancista foi além dos preconceitos do intérprete da nossa História; e o *quase* fez brechas tão largas no corpo do romance que o castelo de dom Antônio de Mariz se acabou em ruínas antes que a narração chegasse ao termo. Comecemos, porém, pela sua edificação.

As páginas com que se abre *O guarani* descrevem a paisagem que cerca o solar dos Mariz. Trata-se de um cenário soberbo cujos aspectos se compõem de uma hierarquia de senhor e servo. Para o Paraíba do Sul, que rola *majestosamente* no seu vasto leito, aflui o Paquequer, "vassalo e tributário que, altivo e sobranceiro contra os rochedos, curva-se humildemente aos pés do suserano [...] escravo submisso, sofre o látego do Senhor".

O processo europeu de dominação vai assimilar os dados da natureza: desenhará na selva formas góticas e clássicas fazendo o rio correr no meio de arcarias de verdura e de *capitéis* formados por leques de palmeiras.

Como situar o homem em um cenário assim *grande* e *pomposo*? Alencar oscilaria entre um romantismo selvagem, pré-social, que define o homem como *um simples comparsa dos dramas majestosos dos elementos*, e a sua perspectiva histórica, mais coerente e assídua, pela qual a natureza brasileira é posta a serviço do nobre conquistador. O solar do fidalgo está fincado solidamente na paisagem que de todos os lados o protege: e, se a muralha não é feita por mão humana, é porque se utilizou a rocha cortada a pique. A eminência da pedra e o abismo em redor oferecem à casa de dom Antônio segurança digna de um castelo medieval:

> Assim, a casa era um verdadeiro solar de fidalgo português, menos as ameias e a barbacã, as quais haviam sido substituídas por essa muralha de rochedos inacessíveis, que ofereciam uma defesa natural e uma resistência inexpugnável [...] entre os troncos dessas árvores, uma alta cerca de espinheiros tornava aquele pequeno vale impenetrável.

A tônica posta no indevassado, no fechamento, na inteira defesa, amarra os elementos naturais à esfera da pequena comunidade que reproduz na selva o modelo da vida medieva. Na transposição, o núcleo do complexo patriarcal europeu reponta com uma tipicidade ainda mais angulosa e pura. A imponência e solenidade do castelo acachapa-se e descarna-se sob a forma da casa-grande *edificada com a arquitetura simples e grosseira que ainda apresentam as nossas primitivas habitações; tinha cinco janelas de frente, baixas, largas, quase quadradas.*

O simples, o grosseiro, o quadrado da frontaria não dão, porém, acesso a um estilo novo, rústico, de moradia. Abra-se a pesada porta de jacarandá e penetre-se no interior do solar: *respirava um certo luxo que parecia impossível existir nessa época em um deserto, como era então aquele sítio.* As paredes são apenas caiadas, mas a decoração é heráldica com brasões d'armas, escudos e elmos de prata desenhados sobre o portal, além de bordados no largo reposteiro de damasco vermelho.

O gosto do severo, e até do triste, já permeia o que viria a ser o kitsch colonial-romântico: que aqui dispõe cadeiras de couro de alto espaldar, na sala de jantar, e, na alcova, objetos exóticos, uma guitarra cigana, uma garça real empalhada segurando com o bico o cortinado de tafetá azul e *uma coleção de curiosidades minerais de cores mimosas e formas esquisitas.* Com blocos heráldicos e resíduos da selva tropical mudados em curiosidades recheiam-se as descrições do nosso primeiro romance histórico romântico.

Nesse ambiente e no cenário para ele pintado, movem-se as pessoas que arrancam do *feudo* ou da *selva* os traços definidores. Na interação dos caracteres, o princípio que tudo rege é o que faz a natureza subordinar-se à comunidade fidalga, de tal sorte que a nobreza original da primeira saia confirmada pelo valor inerente à última. A transgressão do pacto entre comunidade feudal e ambiente primitivo seria, a rigor, a única fonte de tensão capaz de gerar um dissídio no interior da obra.

Dom Antônio de Mariz, um dos fundadores da cidade do Rio de Janeiro, e que jurara fidelidade à Coroa lusa *perante o altar da natureza*, aparece como o instaurador do elo: a conquista das terras americanas funda um modo de viver em que a violência do domínio aparece resgatada pela coragem das primeiras lutas contra a selva, os índios e os piratas. Em dom Antônio, como em sua filha dileta, Cecília, a síntese colonial-romântica se perfaz de modo cabal: ambos admiram intensamente Peri, ambos respeitam os selvagens, ao passo que dona Lauriana e seu filho, Diogo, que constituem a fidalguia extremada, verão com desdém o *bugre*, atitude que acabará por ser fatal ao equilíbrio da história. Essa diferenciação interna é peça forte da ideologia ao mesmo tempo conservadora e nativista de Alencar: o senhorio da terra, direito da nobreza conquistadora, deve reconhecer nos índios aquelas virtudes naturais de altivez e fidalguia que seriam comuns ao português e ao aborígine. Assim, a violação do último pelo primeiro que, de fato, instaurou o contacto entre ambos, parece ceder a um compromisso de honra entre iguais. Por isso, quando o jovem dom Diogo de Mariz mata inadvertidamente uma índia na selva, o pai o repreende com dureza, porque assassinar uma mulher é *ação indigna do nome que vos dei*.

A ofensa não passaria impune: a vingança dos aimorés será uma das molas do desenlace de *O guarani*. A honra constitui, como se sabe, a pedra de toque das relações pessoais pré-burguesas. Ela demanda todos os sacrifícios, não excetuado o da vida, mas incorpora, na sua dinâmica, a fatalidade da vingança, desde que esta não se manche com a menor indignidade. O olho aristocrático discerne, a priori, os homens capazes de viver *naturalmente*, uma existência honrada, e os outros *vilões*, de quem se podem esperar ações ignóbeis. O que marca o indianismo de Alencar é a inclusão do selvagem nessa esfera de nobreza, na qual cabem sentimento de devoção absoluta (de Peri a Ceci) e também de ódio sem margens (dos aimorés aos brancos do solar).

Tal sistema de expectativas de honra só não reproduz simplesmente o modelo da convivência entre fidalgos europeus, *porque não é uma relação entre iguais*: quem o instalou pretende subjugar o outro ao seu próprio mundo de dominação. Mas, como essa premissa fica, em geral, subentendida, o que aparece em primeiro plano é a intersecção de fidalgo e selvagem que se cruzam na posse das virtudes propriamente senhoriais: coragem e altivez, abnegação e lealdade.

Os predicados não se esgotam na formação dos *tipos*. Não sendo inertes, a sua ação vai operando ao longo da história: é difícil contar as vezes em que, do primeiro ao último capítulo, a audácia e o devotamento de Peri salvam os Mariz de morte certa e atroz. Seguem-no de perto no cometimento de atos heroicos dom Antônio e dom Álvaro de Sá, *que do primeiro tinha recebido todos os princípios daquela antiga lealdade cavalheiresca do século XV, os quais o velho fidalgo conservava como o melhor legado de seus avós.*

Peri é, ao mesmo tempo: tão nobre quanto os mais ilustres barões portugueses que haviam combatido em Aljubarrota ao lado do Mestre de Aviz, o rei cavalheiro, e *servo* espontâneo de Cecília, a quem chama Uiára, isto é, senhora. Também Iracema, no romance homônimo, torna-se mulher de Martim Soares Moreno, mas a relação de sexos importa aí menos que a de domínio: a índia não é senhora, mas serva do conquistador, e morrerá por sua causa.

Se o solar dos Mariz fosse, realmente, o que Alencar projetou fazer dele, um castelo no trópico, bastaria a vingança dos aimorés para provocar no interior do sistema o desequilíbrio que o levará à catástrofe. Mas esse fator, previsível, não é o único a compor a trama. Já no primeiro capítulo, o leitor é informado de que *o fundo da casa, inteiramente separado do resto da habitação por uma cerca, era tomado por dois grandes armazéns ou senzalas, que serviam de morada a aventureiros e acostados.* E o que fazem esses *acostados* junto a dom Antônio? À primeira vista, recebiam dele abrigo e proteção, mas, logo adiante, está dito que recambiavam o fator assegurando ao fidalgo o direito de metade dos lucros auferidos nas explorações e correrias pelo sertão. O pacto com mercenários faz entrar uma realidade nova: o ganho, o dinheiro; instituto alheio à rede feudal de valores. A brecha, se bem pensada, teria ensinado a Alencar que a Colônia não repetia a Idade Média, mas abraçava uma sociedade já aberta, em interação frequente com o mundo:

> Quando chegava a época da venda dos produtos, que era sempre anterior à saída da armada de Lisboa, metade da banda dos aventureiros ia à cidade do Rio de Janeiro, apurava o ganho, fazia a troca dos objetos necessários, e na volta prestava suas contas. Uma parte dos lucros

pertencia ao fidalgo, como chefe; a outra era distribuída igualmente pelos quarenta aventureiros, que recebiam em dinheiro ou em objetos de consumo.

O modelo da comunidade age, porém, com mais força no espírito romântico do que a estrutura social que ele soube, afinal, apanhar com vigor.

Assim vivia, quase no meio do sertão, desconhecida e ignorada, essa pequena comunhão de homens, governando-se com as suas leis, os seus usos e costumes...

Na verdade, os usos e os costumes do mercenário não podem ser os do castelão: não corre entre uns e outros aquela faixa de valores que enlaça o nobre e o indígena. Pela porta do acordo feito com um homem da casta de Loredano, dom Antônio permitiu que invadisse o seu espaço hierático a cupidez e, com ela, a luxúria e a traição.

Loredano, o filho de um pescador, saído das lagunas de Veneza, armará ciladas mais graves que os aimorés: o que move a trama do vilão não é a honra ferida, mas a *auri sacra fames* e o desejo obsceno de possuir Cecília e torná-la *barregã de aventureiro*. Boa parte das peripécias, que fazem de *O guarani* um romance folhetinesco cheio de zigue-zagues no tempo, deve-se a esse elemento perturbador que maquina na sombra a ruína e a abjeção dos Mariz. Vista no conjunto, entretanto, a ação dos mercenários antes leva ao exercício do romanesco (o perigo do Mal, encarnado com vivas cores por um frade sacrílego) que a uma alteração substancial no sistema. Que rui materialmente, mas permanece intacto nos seus valores mais íntimos. Dom Antônio e a família não fogem: resistem heroicos e, no momento extremo, fazem explodir o solar, atingindo também os aimorés; Cecília parte escoltada por Peri, a quem o batismo, ministrado no último instante, tornaria digno de salvar sua senhora. Os mercenários importam como fator de intriga, são geradores de suspense, índices de um Brasil aventuroso (nem estável nem feudal) que acena com ouro e prata, as legendárias minas de Robério Dias... mas, na economia total da obra, significam principalmente o filtro que revela, pelo contraste do escuro sobre o claro, a pureza de Cecília, o despojamento de Álvaro de Sá, a nobreza selvagem de Peri, a generosidade inata de dom Antônio de Mariz.

As páginas finais descrevem a fuga de Cecília e Peri pela floresta e pelo rio. Cancelam-se aqui os limites históricos, desfazem-se os contornos da vida em sociedade; e a narração volta-se para as fontes arcanas do romance histórico: a lenda. O homem e a natureza e, entre ambos, a natureza mais humana, a humanidade mais natural, a mulher. O homem deve livrar a mulher da morte pela mediação da natureza protetora. E só no desfecho, em que a vida reflui para a selva salvadora, o romance perfaz a sua ambição de recortar uma comunidade cerrada, *natural.* É como se o cronista, leitor de Walter Scott, pusesse a História entre parênteses e imergisse em uma paisagem sem tempo. O passado, substância da crônica, perde celeremente todo peso:

> Ela mesma não saberia explicar as emoções que sentia; sua alma inocente e ignorante tinha-se iluminado com uma súbita revelação; novos horizontes se abriam aos sonhos castos do seu pensamento. *Volvendo ao passado admirava-se de sua existência, como os olhos se deslumbram com a claridade depois de um sono profundo*; não se reconhecia na imagem do que fora outrora, na menina isenta e travessa.

Na solidão da mata, na canoa que resvala sobre a água lisa do Paraíba, a narrativa se arma sinuosamente para as formas do idílio. A relação fundamental homem-mulher franqueia, nesse momento de abertura à natureza, o intervalo de raça e de status que se mantivera constante ao longo da história.

> No meio de homens civilizados, [Peri] era um índio ignorante, nascido de uma raça bárbara, a quem a civilização repelia e marcava o lugar de cativo. Embora para Cecília e dom Antônio fosse um amigo, era apenas um escravo.
> Aqui, porém, todas as distinções desapareciam; o filho das matas, voltando ao seio de sua mãe, recobrava a liberdade; era o rei do deserto, o senhor das florestas, dominando pelo direito da força e da coragem.

Para Cecília, a presença desse homem, novo e inteiro, no seu estado natural, tem ares de revelação: "Um outro sentimento ainda confuso ia talvez completar a transformação misteriosa da mulher".

O diálogo da senhora com o escravo cede a inflexões confiantes e diretas de conversa entre irmã e irmão, que mal escondem outros tons, mais ardentes. E situações novas ditam a Peri relatos em forma de *mitos.* O primeiro é alegoria amorosa, posto que sublimada na intenção do índio:

— Escuta, disse ele. Os velhos da tribo ouviram de seus pais que a alma do homem, quando sai do corpo, se esconde numa flor, e fica ali até que a ave do céu venha buscá-la e levá-la bem longe. É por isso que tu vês o *guanumbi*, saltando de flor em flor, beijando uma, beijando outra, e depois batendo as asas e fugindo.

— Peri não leva a sua alma no corpo, deixa-a nesta flor. Tu não ficas só.

À fantasia do selvagem responde o projeto declarado de Alencar, a poética do amor romântico:

Qual é a menina que não consulta o oráculo de um malmequer, e que não vê numa borboleta negra a sibila fatídica que lhe anuncia a perda da mais bela esperança? Como a humanidade na infância o coração nos primeiros anos tem também a sua mitologia; mitologia mais graciosa e poética do que as criações da Grécia; o amor é o seu Olimpo povoado de deusas ou deuses de uma beleza celeste ou imortal.

A situação final é epifania do grande mito do dilúvio: apresenta o evento primitivo de sorte a reexpor a sua função exemplar. O cataclismo das chuvas, o perecimento de todos os homens, a palmeira que sobrenadou, a salvação de Tamandaré e de sua mulher reiteram-se no episódio que fecha *O guarani*. Na hora do perigo supremo, o poder de salvar vem do alto: o Senhor falava de noite a Tamandaré, e de dia ele ensinava aos filhos da tribo o que aprendera no céu. No romance, a força emana do interior do herói: Peri inspira-se na sua devoção à mulher.

Do ponto de vista da estrutura do romance, a narração do novo dilúvio tem papel decisivo — propicia o gesto do amor e abre a história para um espaço indeterminado, como os do próprio mito redivivo:

A palmeira arrastada pela torrente impetuosa fugia... E sumiu-se no horizonte...

A oscilação de Alencar, proposta no começo destas linhas, entre a sua perspectiva histórica e um romantismo selvagem, pré-social, resolve-se, enfim, pelo segundo polo: o primitivo natural é ainda mais remoto, mais puro, logo mais romântico que a simples evocação dos tempos antigos.

7
A ESCRAVIDÃO ENTRE DOIS LIBERALISMOS

> *It was freedom to destroy freedom.*
>
> W. E. B. Du Bois

> *Senhores, se isso fosse crime, seria um crime geral no Brasil; mas eu sustento que, quando em uma nação todos os partidos políticos ocupam o poder, quando todos os seus homens políticos têm sido chamados a exercê-lo, e todos são concordes em uma conduta, é preciso que essa conduta seja apoiada em razões muito fortes; impossível que ela seja um crime, e haveria temeridade em chamá-la um erro.*
>
> Eusébio de Queirós,
> Fala à Câmara em 1852

Uma das conquistas teóricas do marxismo foi ter descoberto que é nas práticas sociais e culturais, fundamente enraizadas no tempo e no espaço, que se formam as ideologias e as expressões simbólicas em geral.

O núcleo temático de *A ideologia alemã*, que Marx e Engels escreveram em 1846, expõe a relação íntima que as representações de uma sociedade mantêm com a sua realidade efetiva. As práticas, tomando-se a palavra no seu sentido mais lato, são o fermento das ideias na medida em que estas visam a racionalizar aspirações difusas nos seus produtores e veiculadores. A ideologia compõe retoricamente (isto é, em registros de persuasão) certas motivações particulares e as dá como necessidades gerais. Nos seus discursos, o interesse e a vontade exprimem-se, ou *traem-*

-*se*, sob a forma de algum princípio abstrato ou alguma razão de força maior.

A crítica histórica do século xx herdou esse olhar de suspeita.

Dizia Andrade Figueira, deputado escravista, ao combater na Câmara a proposta da Lei do Ventre Livre:

"Serei hoje *a voz dos interesses gerais*, agrícolas e comerciais, diante do movimento que a propaganda abolicionista pretende imprimir à emancipação da escravatura no Brasil. Trata-se da conservação das forças vivas que existem no país e constituem exclusivamente a sua riqueza. É questão de *damno vitando*".[1]

Para entender a articulação de ideologia liberal com prática escravista é preciso refletir sobre os modos de pensar dominantes da classe política brasileira que se impôs nos anos da Independência e trabalhou pela consolidação do novo Império entre 1831 e 1860 aproximadamente.

O que atuou eficazmente em todo esse período de construção do Brasil como Estado autônomo foi um ideário de fundo conservador; no caso, um complexo de normas jurídico-políticas capazes de garantir a propriedade fundiária e escrava até o seu limite possível.

Não é finalidade destas linhas retomar o quadro histórico do sistema agroexportador que caracterizou a sociedade brasileira do século xix. Obras notáveis já o fizeram com riqueza de dados e abonações textuais. Supõe-se aqui a sua leitura, não importando, antes servindo de estímulo, a diversidade das posições teóricas que as enformam.[2]

O objetivo deste ensaio é desenhar o perfil ideológico que correspondeu, efetivamente, ao regime de cativeiro a partir do momento em que o Brasil passou a integrar o mercado livre.

UM FALSO IMPASSE: OU ESCRAVISMO OU LIBERALISMO

O par, formalmente dissonante, escravismo-liberalismo, foi, no caso brasileiro pelo menos, apenas um paradoxo verbal. O seu consórcio só se poria como contradição real se se atribuísse ao segundo termo, *liberalismo*, um conteúdo pleno e concreto, equivalente à ideologia burguesa do trabalho livre que se afirmou ao longo da revolução industrial europeia.

Ora, esse liberalismo ativo e desenvolto simplesmente não existiu, *enquanto ideologia dominante*, no período que se segue à Independência e vai até os anos centrais do Segundo Reinado.

A antinomia tantas vezes acusada, e o travo de nonsense que dela poderia nascer (mas como é possível um liberalismo escravocrata?), merecem um tratamento rigoroso que os desfaça.

Para entender o caráter próprio da ideologia vitoriosa nos centros de decisão do Brasil pós-colonial, convém examinar a sua evolução interna que acompanha o ascenso dos grupos escravistas. Formado ao longo das crises da Regência, o núcleo conservador definiu-se, pela voz dos seus líderes, Bernardo Pereira de Vasconcelos, Araújo Lima e Honório Hermeto, como o *Partido da Ordem*, no ano crítico de 1837 e logo após a renúncia de Feijó. A sua história é a de uma aliança estratégica, flexível mas tenaz, entre as oligarquias mais antigas do açúcar nordestino e as mais novas do café no vale do Paraíba, as firmas exportadoras, os traficantes negreiros, os parlamentares que lhes davam cobertura, e o braço militar chamado sucessivas vezes, nos anos de 1830 e 40, para debelar surtos de facções que espocavam nas províncias. Ao radicalismo impotente desses grupos locais opôs-se, desde o começo, o chamado *liberalismo moderado*, que exerceu, de fato, o poder tanto na fase regencial quanto nos anos iniciais do Segundo Império. As divisões internas não tocaram sua unidade profunda na hora da ação.

O tráfico, mais ativo do que nunca, trouxe aos engenhos e às fazendas cerca de 700 mil africanos entre 1830 e 1850. As autoridades, apesar de eventuais declarações em contrário, faziam vista grossa à pirataria que facultava o transporte de carne humana, formalmente ilegal desde o acordo com a Inglaterra em 1826 e a lei regencial de 7 de novembro de 1831. A última qualificava como livres os africanos aqui aportados dessa data em diante... Lembro a "Fala do Negreiro", personagem da comédia de Martins Pena, *Os dous ou o inglês maquinista*: "Há por aí além uma costa tão larga e algumas autoridades tão condescendentes!...".

Estávamos em 1842.

A observação do comediógrafo rima perfeitamente com os dados levantados por Robert Conrad para aqueles mesmos anos:

Os juízes dos distritos em que os escravos eram desembarcados passavam a receber comissões regulares, referidas como sendo fixadas em 10,8% do valor de cada africano desembarcado. Os escravos eram trocados diretamente por sacas de café nas praias, reduzindo assim a fórmula econômica — "o café é o negro" — a uma realidade.[3]

Conrad ilustra com numerosos fatos a conivência dos governos regencial e imperial a partir de 1837: "No regime de Vasconcelos o tráfico escravista se desenvolve com uma nova vitalidade que prosseguiu por aproximadamente catorze anos, sob regimes conservadores e liberais, apoiado e sustentado pelas próprias autoridades cuja tarefa era fazer cessar o tráfico".[4]

Para conhecer o ponto de vista do outro lado (o governo inglês), o melhor testemunho é o de Gladstone, primeiro-ministro, que, falando à Câmara dos Comuns em 1850, desabafava: "Temos um tratado com o Brasil, tratado que esse país dia a dia quebra, há vinte anos. Forcejamos por assegurar a liberdade dos africanos livres; trabalhamos até conseguir que os brasileiros declarassem criminosa a importação de escravos. Esse acordo é incessantemente transgredido".[5]

O tratado anglo-brasileiro de 1826 já arrancara, de resto, protestos nacionalistas desde a sessão da Câmara de 1827, em que se propôs nada menos que a sua impugnação. O representante de Goiás, brigadeiro Cunha Matos, aplaudido por vários colegas, deplorou que os brasileiros tivessem sido "forçados, obrigados, submetidos e compelidos pelo governo britânico a assinar uma convenção onerosa e degradante sobre assuntos internos, domésticos e puramente nacionais, da competência exclusiva do livre e soberano Legislativo e do augusto chefe da nação brasileira".[6] Clemente Pereira, cujas antigas bandeiras maçônicas e ilustradas eram notórias, e que fora um dos pilares da Independência, também se pronunciou contra a ingerência britânica no controle dos navios negreiros; medida que verberou como "o ataque mais direto que se poderia fazer à Constituição, à dignidade nacional, à honra e aos *direitos individuais* dos cidadãos brasileiros".[7] Para toda a retórica desse período vale a frase de José de Alencar: "ser liberal significava ser brasileiro" (*Cartas a Erasmo*, VI).

A argumentação conseguiu, de fato, ser nacionalista e bravamente fiel aos princípios do livre comércio. Em 1835, Bernardo Pereira de Vasconcelos, ainda moderado, proporia emenda revogando a lei antiescravista de 1831: a sua atitude recebeu apoio maciço dos deputados à Assembleia Provincial de Minas Gerais.

A defesa patriótica do tráfico não era, aliás, apanágio de parlamentares mineiros. Na Câmara de Paris, onde é razoável supor que o liberalismo estivesse em casa sob a batuta de Luís Filipe, a maioria dos deputados vetou o acordo que Guizot fizera, em 1841, com a Inglaterra permitindo que fiscais da Marinha britânica inspecionassem navios franceses suspeitos de carregar negros.[8]

Enrichissez-vouz! Entre os hesitantes, ainda àquela altura, estava Alexis de Tocqueville.[9] A defesa da *integridade nacional* se sobrepunha aos escrúpulos então ditos *filantrópicos* e, afinal, resguardava os tumbeiros.

O discurso dominante de 1836 a 1850 foi, entre nós, uma variante pragmática de certas posições já assumidas pelos chamados *patriotas* ou *liberais históricos*, que herdaram os frutos do Sete de Setembro. E por que *históricos*? Porque foram, sem dúvida, as lutas da burguesia agroexportadora que tinham cortado os privilégios da Metrópole graças à abertura dos portos em 1808; esses mesmos patriotas tinham garantido, para si e para a sua classe, as liberdades de produzir, mercar e representar-se na cena política. *Daí, o caráter funcional e tópico do seu liberalismo.* Quanto aos *conservadores*, assim autobatizados de 1836 em diante, apenas secundaram os moderados, a cujo grêmio até então pertenciam, sucedendo-os nas práticas do poder e baixando o tom da sua retórica. Mantendo sob controle terras, café e escravos, bastava-lhes o registro seco, prosaico, às vezes duro, da linguagem administrativa. E o estilo da eficiência: o estilo *saquarema* de Eusébio, Itaboraí, Uruguai, Paraná.

Comércio livre, primeira e principal bandeira dos colonos patriotas, não significava, necessariamente, e não foi, efetivamente, sinônimo de trabalho livre. O liberalismo econômico não produz *sponte sua*, a liberdade social e política.

O comércio franqueado às nações amigas, que o término do *exclusivo* acarretou, não surtiu mudanças na composição da força de trabalho: esta continuava escrava (não por inércia, mas pela dinâmica mesma da economia agroexportadora), ao passo que a nova prática mercantil pós-colonial se honrava com o nome de liberal. Daí resulta a conjunção peculiar ao sistema econômico-político brasileiro, e não só brasileiro, durante a primeira metade do século XIX: liberalismo mais escravismo. A boa consciência dos promotores do nosso *laissez-faire* se bastava com as franquezas do mercado.

Nesse bloco histórico não é de estranhar absolutamente que a supressão do tráfico demorasse, como demorou, 25 anos para efetuar-se ao arrepio de tratados que expressamente o proibiam. Quanto à abolição total, só viria a ser decretada em 1888, isto é, só quando a imigração do trabalhador europeu já se fizera um processo vigoroso em São Paulo e nas províncias do Sul.

Volto à compreensão contextual, não abstrata, do termo *liberalismo*. Enquanto opção cultural, de corte europeu, afim à luta burguesa na Inglaterra e na França, o liberalismo político se abriria, lentamente, aliás, para um projeto de cidadania ampliada. Essa, porém, não era a situação brasileira, onde a Independência não chegou a ser um conflito interno de classes. O confronto aqui se deu, fundamentalmente, entre os interesses dos colonos e os projetos recolonizadores de Portugal, na verdade já reduzido à quase impotência depois da abertura dos portos em 1808. Os nossos patriotas ilustrados cumpriram a missão de cortar o fio umbilical também na esfera jurídico-política. Sob a hegemonia dos moderados e, depois, dos *regressistas*, o liberalismo pós-colonial deitou raízes nas práticas reprodutoras e autodefensivas daqueles mesmos colonos, enfim emancipados. O seu movimento conservou as franquias obtidas na fase inicial, antilusitana, do processo, mas jamais pretendeu estendê-las ou reparti-las generosamente com os grupos subalternos. O nosso liberalismo esteve assim apenas à altura do nosso contexto.

"Liberalismo", diz Raymundo Faoro, "não significava democracia, termos que depois se iriam dissociar, em linhas claras e, em certas correntes, hostis."[10]

A pergunta de fundo é então: o que pôde, estruturalmente, denotar o nome *liberal*, quando usado pela classe proprietária no período de formação do novo Estado?

Uma análise semântico-histórica aponta para quatro significados do termo, os quais vêm isolados ou variamente combinados:

1) *Liberal*, para a nossa classe dominante até os meados do século XIX, pôde significar *conservador das liberdades*, conquistadas em 1808, *de produzir, vender e comprar.*

2) *Liberal* pôde, então, significar *conservador da liberdade*, alcançada em 1822, *de representar-se politicamente*: ou, em outros termos, ter o direito de eleger e de ser eleito na categoria de cidadão qualificado.

3) *Liberal* pôde, então, significar *conservador da liberdade* (recebida como instituto colonial e relançada pela expansão agrícola) *de submeter o trabalhador escravo mediante coação jurídica.*

4) *Liberal* pôde, enfim, significar *capaz de adquirir novas terras em regime de livre concorrência*, ajustando assim o estatuto fundiário da Colônia ao espírito capitalista da Lei de Terras de 1850.

A classe fundadora do Império do Brasil consolidava, portanto, as suas prerrogativas econômicas e políticas. Econômicas: comércio, produção escravista, compra de terra. Políticas: eleições indiretas e censitárias. Umas e outras davam um conteúdo concreto ao seu liberalismo. Que se tornou, por extensão e diferenciação grupal, o fundo mesmo do ideário corrente nos anos 40 e 50.

A historiografia da Regência já contou, por miúdo, a passagem do partido moderado, no qual se encontravam todos, Evaristo e Feijó, Vasconcelos e Honório Hermeto, para o Regresso (termo adotado a partir de 1836), quando os últimos alijaram e substituíram os primeiros, a pretexto de impor a ordem interna ameaçada pelas rebeliões provinciais. É o significado pontual da arquicitada profissão de fé de Vasconcelos, mentor da reação que vai marcar o início do Segundo Reinado:

> Fui liberal, então a liberdade era nova no país, estava nas aspirações de todos, mas não nas leis, nas ideias práticas; o poder era tudo; fui liberal. Hoje, porém, é diverso o aspecto da sociedade: os princípios democráticos tudo ganharam e muito comprometeram: a sociedade, que então corria o risco pelo poder, corre agora o risco pela desorganização e pela anarquia. Como então quis, quero hoje servi-la, quero salvá-la, e por isso sou regressista. Não sou trânsfuga, não abandono a causa que defendi no dia de seus perigos, da sua fraqueza, deixo-a no dia em que tão seguro é o seu triunfo que até o excesso a compromete.[11]

Em outras palavras, o discurso quer dizer: a política de centralização é o antídoto necessário a uma divisão do País, que, por seu turno (e aí vem a razão calada), seria fatal ao novo centro econômico valparaibano.

O percurso de Vasconcelos e o êxito político do Regresso fazem pensar que a *moderação* dos liberais de 1831 acabaria, cedo ou tarde, assumindo a sua verdadeira face, conservadora. Os traficantes foram poupados; e os projetos iluministas, raros e esparsos, de abolição gradual foram reduzidos ao silêncio. Deu-se ao Exército o papel de zelar pela *unidade nacional* contra as tendências centrífugas dos clãs provinciais. Vencidos os últimos Farrapos, estava salva a *sociedade*: no caso, o Estado aglutinador de latifundiários, seus representantes, tumbeiros e burocracia. A retórica liberal trabalha seus discursos em torno de uma figura redutora por excelência, a sinédoque, pela qual o todo é nomeado em lugar da parte, implícita.

Hermes Lima, no prefácio que escreveu para a *Queda do Império* de Rui Barbosa, entende o Regresso como um mecanismo político de estratégia dos grupos que se destacaram do bloco liberal-moderado no exato momento (1835-7) em que a expansão do café no vale do Paraíba demandava maior ingresso de africanos. A propriedade escrava e, no seu bojo, o tráfico passavam a ser, efetivamente, o eixo de uma economia que se montara na esteira da liberação dos portos e das franquias comerciais. *It was freedom to destroy freedom*, na frase lapidar de Du Bois.

Nessa altura, os cafeicultores almejavam um Estado forte, uma administração coesa e prestante ou, nos seus repetidos termos, precisavam manter, a todo custo, a unidade nacional. Foi a bandeira do Regresso. O padre Feijó, renunciando ao cargo de regente em meio a dificuldades extremas, fizera perigar o cumprimento desse desígnio, na medida em que supunha ser inevitável a tendência separatista de algumas províncias mais turbulentas como Pernambuco e o Rio Grande do Sul. Somando-se a essa atitude de desistência de sua luta, outrora tão ferrenha, contra as facções locais, teria havido no padre paulista um maior empenho de honrar os acordos antitráfico feitos com a Inglaterra e sabotados por uma legião de coniventes. Em contrapartida, a ala saquarema, que toma em 1837 o lugar de Feijó, reacende *manu militari* o ideal de um império unido, ao mesmo tempo que vai transigindo largamente com o comércio negreiro, o que insufla alento às bases do novo complexo agroexportador.

Tudo se apresenta imbricado: o centralismo se diz *nacional* e vale-se do Exército, que toma vulto no período; o tráfico é utilíssimo à expansão do café; enfim, o Partido da Ordem abraça todas essas bandeiras que, plantadas no centro do poder, a Corte fluminense, irão manter-se firmes até, pelo menos, os fins dos anos 50. O Partido

Liberal, em grande parte desertado, ora alterna com o Conservador, ora com este se combina, mas, em ambos os casos, os discursos oficiais se alinham com os compromissos oligárquicos, sua moeda corrente. Joaquim Nabuco acertou em cheio ao historiar a situação: a reação conservadora "pretendia representar a verdadeira tradição liberal do país".[12] E Octávio Tarquínio de Sousa também advertiu os liames entre os moderados e os regressistas: "Bem consideradas, porém, as coisas, nenhuma divergência substancial os dividia: o 'regresso' de Vasconcelos não contradizia a 'moderação' de Evaristo: era apenas uma evolução, uma transformação; o 'regresso' consolidava por assim dizer a obra da 'moderação'".[13] O tom apologético não infirma a justeza da análise...

Nada haveria, a rigor, de excêntrico, deslocado ou postiço na linguagem daqueles políticos brasileiros que, usando o termo *liberalismo* em um sentido datado, *pro domo sua*, legitimaram o cativeiro por um tempo tão longo e só o restringiram sob pressão internacional. Uma proposta moderna e democrática sustentada pelas oligarquias rurais é que teria sido, nos meados do século XIX, uma ideia extemporânea. Mas esse projeto não se concebeu nem aqui, nem em Cuba, nem nas Antilhas inglesas e francesas que viviam o mesmo regime de plantation, nem no reino do algodão do Velho Sul americano. Em todas essas regiões, políticos defensores do liberalismo econômico ortodoxo velaram pela manutenção do trabalho escravo.

Nem houve propriamente ficções jurídicas, à europeia, ocultando o latifúndio, o tráfico, a escravidão. Houve, sim, um uso bastante eficaz das instituições parlamentares pelos senhores de engenho e das fazendas. As Câmaras serviam de instrumento à classe dominante que, sem os canais jurídicos estabelecidos, não controlaria a administração de um tão vasto país. "Máquina admirável", assim chamou o nosso regime parlamentar e monárquico um paladino da reação conservadora.[14]

No fim do Primeiro Império a oposição a d. Pedro I fora comandada por homens fiéis ao parlamentarismo inglês como Bernardo Pereira de Vasconcelos, que, ao mesmo tempo (1829), escandalizava o reverendo Robert Walsh por sua atitude escravista: "Entre as fraquezas de Vasconcelos está advogar a causa do tráfico de escravos; e o tratado com a Inglaterra para sua abolição total em breve, e a nossa disposição em fazê-lo cumprir se contam entre as suas reservas a nosso respeito".[15] Um ressentimento amargo contra os ingleses fiscais do oceano, e que lembra a anglofobia dos confederados sulinos, não era peculiar a Vasconcelos apenas.

Mas nada turvava a admiração pelos discursos da Câmara dos Comuns... Os gabinetes e os Conselhos de Estado que congelaram, por largos anos, as ideias de emancipação (mesmo quando bafejadas pelo imperador, como ocorreu nas Falas do Trono de 67 e 68) reuniam homens para os quais os chamados *princípios liberais* só adquiriam um sentido forte, e até concitante e polêmico, quando aplicados ao já clássico debate entre *constitucionais* e *absolutistas*. A discussão não era acadêmica nem bizantina. A luta, que fora crucial na Europa pós-napoleônica até a Revolução de 1830, encontrou aqui variantes nas arremetidas dos patriotas contra o *jugo da metrópole* e, pouco depois, contra os ímpetos voluntariosos de Pedro I. O liberalismo à inglesa se fazia necessário para que a classe economicamente dominante assumisse o seu papel de grupo dirigente. Esse o alcance e limite do nosso liberalismo oligárquico.

Analisando a conduta autodefensiva dos liberais, comentava Saint-Hilaire no ano em que se fazia a Independência: "Mas são estes homens que, no Brasil, foram os cabeças da Revolução: não cuidavam senão em diminuir o poder do Rei, aumentando o próprio. Não pensavam, de modo algum, nas classes inferiores".[16]

O arguto observador poderia ter dito, utilizando o jargão da época: "Esses homens eram liberais constitucionais".

Parlamentares ardidos em face da Coroa, antidemocratas confessos perante a vasta população escrava ou pobre. Nem rei, nem plebe: nós.

O contrato social fechado e excludente, propício aos homens que tinham concorrido para desfazer o pacto colonial, verteu-se em um documento solene. Foi a Constituição de 1824. A carta, apesar de outorgada por um gesto autoritário de Pedro I, satisfez à maioria dos novos pactários que detinham, de fato, o poder decisório da recente nação. Era uma aliança entre os direitos dos *beati possidentes* e os privilégios do monarca. O liberalismo restrito do seu texto não destoava das cautelas da Carta restauradora francesa que, em 1814, acolhera entre os seus mecanismos de governo a figura do Poder Moderador teorizada por Benjamin Constant. As liberdades fruídas pelos *citoyens* (cidadãos-proprietários) exorcizavam o fantasma de uma igualdade tida por abstrata e anárquica, e que, se realizada, somaria imprudentemente possuidores e não possuidores. E por que esse liberalismo a meias, corrente na França cartista, não se ajustaria como uma luva à mais que exígua classe votante do Brasil-Império? Por acaso as propostas levadas à Assembleia Constituinte em 1823 tinham ido além da proteção à agricultura, ao livre-câmbio, ao comércio franco? Deixara-se intacta a instituição do trabalho forçado. A *Representação* de José Bonifácio não chegou a ser matéria de debate.

Promulgada a Lei Maior, logo engendrou-se o mito da sua intocabilidade, tônica dos discursos da oligarquia até o fim do regime. Os deputados conservadores preferiam, ainda em 1864, chamar-se, pura e simplesmente, *constitucionais*. Assim fazendo, abriram uma brecha para os liberais se apoderarem de um rótulo que ficara vago e os tentava: na mesma ocasião criou-se um grupo *liberal-conservador*...

A Carta virou um pendão sacralizado pela aura dos tempos heroicos da Independência. Por trás do seu pesado biombo auriverde, onde os mesmos fios de seda bordavam ramos de café e de fumo e o escudo dinástico dos Bragança, aninhavam-se o voto censitário, a eleição indireta e o direito inviolável à propriedade escrava.

A tática centralizante da última Regência, que a precoce maioridade de Pedro II viria consumar, foi mais uma garantia para a burguesia fundiária; o fato de ter sido apressada por alguns militantes da facção liberal não impediu que seus frutos fossem depressa colhidos e longamente saboreados pelos saquaremas. A partir de 1843 a Câmara é invadida por uma "cerrada falange reacionária".[17]

Rebatendo para as condições europeias: o regresso, difuso ou instituído, foi também o protagonista ideológico entre o Congresso de Viena e a Revolução de 48. A síntese cortante de Eric Hobsbawm diz bem a situação: "O liberalismo e a democracia pareciam mais adversários que aliados; o tríplice slogan da Revolução Francesa — liberdade, igualdade e fraternidade — expressava melhor uma contradição do que uma combinação".[18]

Lá, uma política utilitária amarrou-se estruturalmente à espoliação sem nome do novo proletariado. Aqui, o nosso ideário constitucional se nutriu do suor e do sangue cativo. Cá e lá os poderes cunharam a moeda fácil do nome liberal.

De qualquer modo, a especificidade reponta: o sistema de plantagem retardou ou fez involuir ideais ou surtos de caráter progressista.

No começo do Segundo Reinado, a geração constitucional, abrigada à sombra do café valparaibano, resistiu ao governo inglês em tudo o que dissesse respeito ao tráfico. Conhece-se a posição drástica de Vasconcelos que não mudou até a sua morte em 1850. Em 1843, o lobby dos escravistas espalhados pelas várias províncias brasileiras parecia a lord Brougham tão eficiente quanto cínico:

> Em primeiro lugar, temos a declaração expressa de um homem de bem do Senado do Brasil, de que a lei que aboliu o tráfico de escravos é notoriamente letra morta, tendo caído em desuso. Em segundo lugar, temos uma petição ou memorial da Assembleia Provincial da Bahia ao Senado urgindo pela revogação da lei: não que ela os incomode muito, mas porque a cláusula de que "os escravos importados depois de 1831 são livres" embaraça a transação da venda e torna inconveniente possuir negros há pouco introduzidos no país. Eu encontro outra Assembleia Provincial, a de Minas Gerais, pedindo a mesma coisa com iguais fundamentos. Depois de insistir nos perigos para o país da falta de negros, o memorial acrescenta: "Acima de tudo, o pior de todos esses males é a imoralidade que resulta de habituarem-se os nossos cidadãos a violar as leis debaixo das vistas das próprias autoridades!". Eu realmente acredito que a história toda da desfaçatez humana não apresenta uma passagem que possa rivalizar com esta — nenhum outro exemplo de ousadia igual. Temos neste caso uma Legislatura Provincial, que se apresenta por parte dos piratas e dos cúmplices, os agricultores, que aproveitam com a pirataria, comprando-lhes os frutos, e em nome desses grandes criminosos insta pela revogação da lei que o povo confessa estar violando todos os dias, e da qual eles declaram que não hão de fazer caso enquanto continuar sem ser revogada; pedindo a revogação dessa lei com o fundamento de que, enquanto ela existir, resolvidos como estão a violá-la, eles se veem na dura necessidade de cometer essa imoralidade adicional debaixo das vistas dos juízes que prestaram o juramento de executar as leis.[19]

O trabalho escravo era um fator estrutural da economia brasileira, tanto que o seu controle interno se fazia cada vez mais rígido. Em 1835, ainda antes de os regressistas chegarem ao poder, o parlamento liberal-moderado votou uma lei que punia de morte qualquer ato de rebeldia ou de ofensa aos senhores praticado por escravos.

Esse, o quadro nacional. Mereceria um estudo comparativo a resistência à abolição nas colônias da Inglaterra, da França e da Holanda,

205

países onde o pensamento liberal burguês já tomara a dianteira internacional. O governo britânico só promoveu a alforria geral nos seus domínios em 1833, com indenização plena aos proprietários, o que implicava reconhecimento aos *direitos* destes. O parlamento holandês decretou a abolição no Suriname a partir de 1º de julho de 1863, pagando aos fazendeiros e "ficando os libertos sob proteção especial do Estado".[20] Quanto aos escravos da Guiana e das Antilhas Francesas, tiveram de esperar pelo decreto do Conselho Provisório de 27 de abril de 1848 para receberem a libertação coletiva que também importou em ressarcimento aos senhores. De pouco valera o belo gesto dos convencionais que tinham aplaudido de pé a abolição no memorável Dezesseis do Pluvioso do Ano II da Revolução, 4 de fevereiro de 1794. Em 1802 Napoleão legaliza de novo a instituição que ainda aguentaria meio século. Cá e lá...

LAISSEZ-FAIRE E ESCRAVIDÃO

Há uma dinâmica interna no velho liberalismo econômico que, levando às últimas consequências a vontade de autonomia do cidadão proprietário, se insurge contra qualquer tipo de restrição jurídica à sua esfera de iniciativa.

A doutrina do *laissez-faire* data da segunda metade do século XVIII, com o advento da hegemonia burguesa, que assestou um golpe de morte nas corporações de ofícios e nos privilégios estamentais. Mas há também um uso colonial-escravista dos princípios ortodoxos; uso que, em retrospectiva, nos pode parecer abusivo ou cínico, mas que serviu cabalmente à lógica dos traficantes e dos senhores rurais.

Um mercador da costa atlântica da África citava, em favor de seus direitos de livre cidadão britânico (*free-born*), a Magna Carta, a qual lhe conferia o poder inalienável de comerciar o que bem entendesse, dispondo com igual franquia de todas as suas propriedades móveis, *semoventes* e imóveis.[21] Esse direito, alegado por um negreiro em 1772, seria ainda a base de sustentação jurídica dos parlamentares que, no Brasil de 1884, obstaram aos trâmites da proposta do conselheiro Dantas que visava a alforriar os escravos maiores de sessenta anos sem indenização aos senhores. O ministério caiu; e Saraiva, que o sucedeu, teve que manter o princípio do pagamento obrigatório. Direito individual à propriedade de homens: válido em 1772, válido em 1884.

Celso Furtado viu com perspicácia que os nossos economistas liberais, a partir do visconde de Cairu, se mostraram mais fiéis a Adam Smith do que os próprios ingleses e *yankees*; os últimos souberam, sob a influência de Hamilton, dosar livre comércio e protecionismo industrial sempre que lhes conveio. Comparando as ideias de Alexander Hamilton com as de Cairu, diz Furtado: "Ambos são discípulos de Adam Smith, cujas ideias absorveram diretamente e na mesma época na Inglaterra. Sem embargo, enquanto Hamilton se transforma em paladino da industrialização [...] Cairu crê supersticiosamente na mão invisível e repete: *deixai fazer, deixai passar, deixai vender*".[22]

A observação é válida sobretudo para o período em que a hegemonia regressista casou *laissez-faire* e trabalho escravo. Vasconcelos, que já vimos defender abertamente o tráfico (a ponto de propor a suspensão dos efeitos manumissores da lei de 1831!), era acérrimo inimigo de qualquer medida oficial que amparasse a incipiente manufatura brasileira em prejuízo da importação de produtos europeus. Porta-voz da mentalidade agrária, vitoriosa nas eleições de 1836, Vasconcelos recusava a própria ideia da presença estatal na economia, valendo-se para tanto dos argumentos clássicos:

> A nossa utilidade não está em produzir os gêneros e mercadorias, em que os estrangeiros se nos avantajam; pelo contrário devemos aplicarmos às produções em que eles nos são inferiores. Nem é preciso que a lei indique a produção mais lucrativa: nada de direção do governo. O interesse particular é muito ativo e inteligente: ele dirige os capitais para os empregos mais lucrativos: a suposição contrária assenta numa falsa opinião, de que só o governo entende bem o que é útil ao cidadão e ao Estado. O governo é sempre mais ignorante que a massa geral da nação, e nunca se ingeriu na direção da indústria que não a aniquilasse, ou pelo menos a acabrunhasse [...] Favor e opressão significam o mesmo em matéria de indústria, o que é indispensável é guardar-se o mais religioso respeito à propriedade e liberdade do cidadão brasileiro. As artes, o comércio e a agricultura não pedem ao governo se não o que Diógenes pediu a Alexandre — *retira-te do meu sol* — eles dizem em voz alta — não temos necessidade de favor: o de que precisamos é liberdade e segurança.[23]

Adam Smith e Say não teriam sido mais enfáticos. Mutatis mutandis (*ma non troppo*), foi a linguagem da UDN e é a linguagem da UDR.

Mas qual era, a partir do tratado de 1826, o principal óbice à prática desse liberalismo ortodoxo tão cioso dos seus direitos? Era, precisamente, o controle do governo inglês exercido sobre o mercado negreiro internacional. Vasconcelos indignava-se com a pregação dos *philanthropists*, em plena atividade, e se desabafava nestas palavras recolhidas por Walsh: "Eles protestam contra a injustiça desse comércio, dando como exemplo a imoralidade de algumas nações que o aceitam: não ficou, porém, demonstrado que a escravidão chegue a desmoralizar a tal ponto qualquer nação. Uma comparação entre o Brasil e os países que não têm escravos irá tirar qualquer dúvida a esse respeito". Acrescenta o reverendo, chocado: "Em seguida sugeriu que o governo brasileiro deveria entrar em acordo com a Inglaterra sobre a prorrogação da lei".[24] O argumento de Vasconcelos escorava-se no confronto entre as condições de trabalho no Brasil e na Europa, e voltaria com insistência nos discursos liberal-regressistas, sendo retomado por José de Alencar nas tumultuosas sessões que precederam à votação da Lei do Ventre Livre.

Esboça-se aqui a síndrome do liberalismo oligárquico brasileiro (e, no limite, neocolonial): entrosamento do País em uma rígida divisão internacional de produção; defesa da monocultura; recusa de toda interferência estatal que não se ache voltada para assegurar os lucros da classe exportadora. É claro que a proibição do comércio negreiro por parte do Estado (no caso, premido pela Inglaterra) restringiria a livre iniciativa do vendedor e do comprador da força de trabalho. O mesmo pensamento fez escola entre os escravistas do Old South dos quais saiu uma plêiade de economistas ortodoxos:

Thomas Cooper, autor de um manual smithiano bastante divulgado até os meados do século XIX (*Lectures on the elements of political economy*, 1826); George Tucker, primeiro titular de Economia da Universidade de Virgínia; e, sobretudo, Jacob Newton Cardozo, um dos redatores influentes da *Southern Review*, todos contestavam a ideia de que o braço cativo fosse *unprofitable*. Para os sulistas, aqueles que teimavam em julgar a escravidão pouco rentável decerto atinham-se a uma concepção unilateral e abstrata da nova ciência, a qual crescia tão lentamente porque

os economistas europeus, ao tentarem construir sistemas de aplicação geral para todos os países, continuam, no fundo, a supor que as suas circunstâncias são naturais e universais. Nós sabemos que as riquezas das nações crescem a partir de fontes largamente diferentes. Por exemplo, a experiência revela que a escravidão no Sul tem produzido não só um alto grau de riqueza, como também uma partilha maior de felicidade para o escravo do que ocorre em muitos lugares onde a relação entre o empregador e o empregado é baseada em salários.[25]

A mensagem política que aflora no texto é simples: deixai as coisas como estão, deixai-nos plantar nosso algodão, alargar nossas fronteiras, comprar escravos do Norte, ganhar dinheiro com o tráfico etc.

Se o nosso regime escravocrata devia enfrentar a Inglaterra, o *laissez-faire* algodoeiro do Sul desafiava a União, de onde partiam as leis restritivas: "Por volta de 1854", diz John Hope Franklin no seu admirável *From slavery to freedom*, "os que se tinham engajado no comércio africano de escravos tornaram-se tão insolentes que advogavam abertamente a reabertura oficial de sua atividade". Entre 1854 e 1860 não houve convenção comercial sulista que não considerasse a proposta de reabrir o tráfico. Na convenção de Montgomery de 1858 desencadeou-se um debate furioso sobre o problema. William L. Yancey, o *comedor de fogo* do Alabama, argumentava, com certa lógica, que "se é um direito comprar escravos na Virgínia e levá-los a Nova Orleans, por que não é direito comprá-los em Cuba, no Brasil, ou na África, e levá-los para lá?". Nova Orleans era, em 1858, o grande mercado negreiro americano. Continua Franklin:

> No ano seguinte, em Vicksburg, a convenção votou favoravelmente uma resolução recomendando que "todas as leis, estaduais ou federais, que proíbem o comércio africano de escravos, deveriam ser revogadas". Só os estados do Sul superior (upper South), que desfrutavam dos lucros obtidos pelo tráfico doméstico de escravos, se opuseram à reabertura do tráfico africano.[26]

O desrespeito à lei antitráfico foi, nos Estados Unidos dos anos 50, tão frontal quanto o do Brasil nos anos 40. Cá e lá, a liberdade, sem mediações, do capital exigia a total sujeição do trabalho.

It was freedom to destroy freedom: dialética do liberalismo no seu momento de expansão a qualquer custo.

Um erudito historiador baiano escreveu, em 1844, um libelo contra a *deslealdade* da Inglaterra, que, afetando ser amiga da nova nação brasileira, agia em nosso desfavor impedindo que a lavoura recebesse a preciosa mão de obra africana. Trata-se do dr. A. J. Mello Moraes e do seu opúsculo: *A Inglaterra e seos tractados. Memoria, na qual previamente se demonstra que a Inglaterra não tem sido leal até o presente no cumprimento dos seus tractados. Aos srs. deputados geraes da futura sessão legislativa de 1845*. Volta aí a indefectível comparação: "Um inglês trata cem vezes pior um criado branco e seu igual do que nós a um dos nossos escravos".[27] A proposta de Mello Moraes é simples e drástica: o gabinete inglês "ou há de abandonar as suas colônias, por não haver gêneros coloniais para consumo, ou, se as quiser possuir, há de admitir a escravidão".[28] Postulada a íntima relação entre produtos coloniais e cativeiro, nexo historicamente instituído e consolidado por três séculos, o bravo defensor da nossa lavoura exorta os deputados gerais, em campanha eleitoral, a cortar as amarras que ligavam o governo imperial ao britânico: "O Brasil para ser feliz não tem necessidade de tratados com nação alguma, pois basta somente proteger a agricultura, animar a indústria manufatureira, libertar o comércio, e franquear seus portos ao mundo inteiro. O Brasil não precisa dos favores da Inglaterra".[29] Poucas linhas atrás, Mello Moraes via com esperança o aumento das nossas exportações de café para os Estados Unidos. O espírito de 1808, que rompera com o monopólio português, demandava agora seu pleno desdobramento. Nada de entraves.

Na esteira do processo de integração pós-colonial dos países latino-americanos, o Brasil deveria realizar o princípio mais geral do sistema dando o maior raio possível de ação, legal ou ilegal, a quem de direito: ao senhor do café, ao senhor de engenho e aos seus agenciadores da força de trabalho, os traficantes.

Para a classe dominante o óbice maior não vinha, então, do nosso Estado constitucional, que representava o latifúndio e dele se servia: o obstáculo era interposto pela nova matriz internacional, o *novo exclusivo*, a Inglaterra. Entende-se a reivindicação do mais desbridado *laissez-faire*; entende-se a hostilidade que despertava entre os proprietários o controle da *sua* nação por um Estado estrangeiro.

Mas como o denominador ideológico comum era o liberalismo econômico, que conhece na época a sua fase áurea, só restava à retórica escravista uma saída para o impasse: mostrar que as ideias mestras da doutrina clássica, porque justas, deveriam aplicar-se com justeza às *circunstâncias*, às *peculiaridades nacionais*.

A atenção e o respeito ostensivo ao particular, tão insistentes nos escritos conservadores de Burke, permeiam a ideologia romântico-nacional que vai de Varnhagen a Alencar, de Vasconcelos a Olinda, de Paraná a Itaboraí. Será o *topos* maior da argumentação de cunho protelatório: dar tempo ao tempo, já que o Brasil não é a Europa, e é preciso respeitar as diferenças.

Filtragem ideológica e contemporização, estas seriam as estratégias do nosso liberalismo intraoligárquico em todo o período em que se construía o Estado nacional.

Para racionalizar os seus mecanismos de defesa, a ideologia do café valparaibano e a do algodão sulista, sua contemporânea, jamais puseram em dúvida o fundamento comum, que era o direito absoluto à propriedade e ao livre comércio internacional. O princípio universal lhes servia tanto quanto ao liberal europeu. O que se acrescentava era uma nova determinação, a do ajuste das ideias a interesses específicos. O resultado dessa extensão foi, e tem sido, a notória guinada conservadora que as burguesias agrárias operam sempre que alguma sombra de ameaça se divisa no seu horizonte. Temos exemplos bastantes de um discurso ultraliberal de direita para não estranharmos essa química. Ainda neste 1988, um líder do chamado "centrão" junto à Assembleia Nacional Constituinte jactava-se de ser reacionário em política, mas *anárquico* em economia: abaixo a interferência do Estado, tudo para a iniciativa privada!

No Brasil, por míngua de densidade cultural, a apologia do tráfico e do cativeiro não chegou a assumir formas tão elaboradas como no Velho Sul americano, onde a escravidão foi chamada, um sem-número de vezes, "pedra angular (*corner-stone*) das liberdades civis".

Sigo a leitura convincente de Gunnar Myrdal em *An American dilemma*: "Politicamente os brancos eram todos iguais enquanto cidadãos livres. Livre competição e liberdade pessoal lhes estavam asseguradas. Os estadistas do Sul e os seus escritores martelaram nessa tese, de que a escravidão, e só a escravidão, produzia a mais perfeita igualdade e a mais substancial liberdade para os cidadãos livres na sociedade".[30]

A presença ubíqua dos negros nivelava, sob um certo aspecto, todos os brancos, pois os chamava para um espaço comum, que os opunha, em bloco, à raça subordinada. O trabalho escravo se constituía em condição primeira para a existência social do branco livre e proprietário. É o raciocínio de um escravista muito popular no período pré-bélico, Jefferson Davis. Do ponto de vista da lógica da dominação, um raciocínio perfeito.

A combinação de *laissez-faire*, soberbo individualismo dos senhores, patriarcalismo grávido de arbítrio e favor, antiprotecionismo no que toca à indústria e elogio da vida rural foi-se construindo solidamente a partir dos anos de 1830, "sob a dupla influência da crescente lucratividade da escravidão na economia de plantation e das arremetidas do movimento abolicionista do Norte".[31]

Uma linguagem ao mesmo tempo liberal e escravista se tornou historicamente possível; ao mesmo tempo, refluía para as sombras do esquecimento a coerência radical-ilustrada da inteligência que amadurecera no último quartel do século XVIII.

Em Cuba, outra área típica de latifúndio exportador, a prosperidade da economia canavieira, a partir desses mesmos anos 30, resfriou os ideais libertários e enrijeceu o pensamento oligárquico:

> O corpo universal das ideias foi remodelado e adaptado para descrever ou explicar a condição doméstica cubana. A elite exibiu um cosmopolitismo e um refinamento insólitos para o seu tempo e lugar — tanto mais surpreendente na sua situação colonial. Forçada a defender a escravidão, essa elite postulou os direitos de propriedade e a segurança da civilização — eufemismos aceitos como argumentos raciais e econômicos. Os escravos africanos eram *bens*. A abolição ameaçava ser a ruína e chegava-se até a arrazoar de um modo contorcido que o cativeiro era um meio de civilizar os africanos. O raciocínio e os argumentos não eram novos nem originalmente cubanos.[32]

Descontadas certas diferenças culturais, salta à vista do historiador a formação de uma ideologia liberal-escravista comum às três áreas em que a atividade agroexportadora se fez mais intensa a partir dos anos de 1830: o Brasil cafeeiro, o Sul algodoeiro e as Antilhas canavieiras, especialmente Cuba. Em todas, o braço escravo deu suporte ao *regresso* oligárquico. Essa nova decolagem da economia escravista não escapou ao olho agudo de Tavares Bastos, que tudo via e tudo criticava postado no seu observatório americanófilo.[33]

Quanto às formações sociais andinas e platinas, onde a presença do africano tinha sido modesta ou nenhuma, construía-se, naquela altura e com as mesmas pedras de uma ideologia excludente, o que o estudioso guatemalteco Severo Martínez Peláez chamou com precisão *la patria del criollo*.[34]

A leitura que Franklin Knight fez do liberalismo cubano vale-se de conceitos como *remodelagem* e *adaptação* para qualificar os processos mediante os quais uma ideologia de origem europeia penetrou nas mentes e nos corações do proprietário americano. Filtrou-se tão somente o que convinha às práticas da dominação local.

Cabe uma dúvida: teria o primeiro liberalismo ortodoxo brechas que permitissem algum tipo de contemplação com o trabalho escravo nas colônias?

Evidentemente, a resposta cabe aos peritos em análise dos textos de Smith, Say e Bentham. Contento-me em levantar uma ponta do véu.

Adam Smith escreveu *A riqueza das nações* nos anos 70 do século XVIII. A sua luta antimercantilista é bem conhecida. Monopólios, corporações, privilégios, entraves legais ou consuetudinários: eis os seus alvos maiores. Na época, o tráfico era intenso e explorado principalmente pela Marinha comercial inglesa. O cativeiro mantinha-se como regra nos Estados Unidos e em todas as colônias britânicas, holandesas, francesas, espanholas e portuguesas. Smith pronuncia-se pela superioridade do trabalho assalariado, que lhe parece mais lucrativo além de ético. Este, o princípio geral. Ao tratar, porém, das *colônias*, a sua abordagem assume um tom neutro e utilitário. Não se lê, aí, uma crítica explícita da escravidão do ponto de vista econômico. Há apenas o registro de que *a boa administração* (*good management*) do escravo é sempre mais rendosa do que os maus-tratos:

> Mas, tal como o lucro e êxito do cultivo executado pelo gado depende muito da boa administração desse mesmo gado, também o lucro e êxito da cultura executada pelos escravos dependerá igualmente de uma boa administração desses escravos; e, nesse aspecto, os plantadores franceses, como penso ser do consenso geral, são superiores aos ingleses.[35]

Um pouco adiante, repisa: "Esta superioridade tem-se traduzido especialmente na boa administração dos seus escravos".[36] Enfim: "Este tratamento não só torna o escravo mais fiel como ainda o torna mais inteligente e, portanto, mais útil".[37] Os nossos prudentes ecônomos jesuítas, Antonil e Benci, não tinham recomendado coisa muito diferente aos senhores de engenho nordestinos no romper dos Setecentos...

213

Uma hipótese provável é que, no seu fazer-se, entre empírico e ideal, a nova ciência das riquezas ainda não desenvolvera uma formulação cabal e unívoca que desse conta também do problema da rentabilidade do escravo nas colônias. O valor atribuído ao trabalho livre, cerne da Economia Política, não suprimia, de todo, o veio utilitarista e a capacidade de relatar idoneamente o que estava acontecendo, de fato, nas grandes fazendas do Novo Mundo.

Curiosa, nessa ordem de ideias, é a forma pela qual o maior divulgador de Adam Smith, Jean-Baptiste Say, enfrenta a questão crucial do cotejo do trabalho cativo com o assalariado. Say, cujos textos foram canônicos no Brasil e nos Estados Unidos durante o século XIX, acusa a degradação a que descem senhores e escravos e advoga a industrialização e o trabalho livre. Ao falar, porém, das *colônias*, procura relativizar o seu mestre Smith e os predecessores Steuart e Turgot no que toca ao *custo* do regime escravista; para tanto, expõe, lado a lado, as posições conflitantes:

> Autores filantropos acreditaram que o melhor meio de afastar os homens dessa prática odiosa estava em demonstrar que ela é contrária a seus próprios interesses. Steuart, Turgot e Smith concordam na crença de que o trabalho do escravo custa mais caro e produz menos do que o do homem livre. Seus argumentos se reduzem ao seguinte: um homem que não trabalha e não consome por conta própria trabalha o mínimo e consome o máximo que pode; não tem nenhum interesse em dedicar a seus trabalhos a inteligência e o cuidado capazes de assegurar seu sucesso; o trabalho excessivo com que é sobrecarregado diminui sua vida, obrigando seu senhor a onerosas substituições. Por último, é o servidor livre que administra a sua própria manutenção, ao passo que cabe ao senhor a administração da manutenção de seu escravo; ora, visto ser impossível que o senhor administre com tanta economia quanto o servidor livre, o serviço do escravo deverá custar-lhe mais caro.
>
> Os que pensam que o trabalho do escravo é menos dispendioso do que o do servidor livre fazem um cálculo semelhante ao seguinte: a manutenção atual de um negro das Antilhas, nas habitações em que são mantidos com mais humanidade, não custa mais de 300 francos. Acrescentamos a isso o juro de seu preço de compra e estimemo-lo em 10%, pois se trata de um juro perpétuo. O preço de um negro comum, sendo de 2 mil francos, mais ou menos, o juro será de 200 francos, calculados por cima. Assim, pode-se estimar que cada negro custa, por ano, 500

francos a seu senhor. Ora, num mesmo país o trabalho de um homem livre custa mais do que isso. Pode cobrar por sua jornada de trabalho uma base de 5, 6 ou 7 francos e às vezes até mais. Tomemos 6 francos como média e só contemos trezentos dias de trabalho por ano. Isso dá, como soma de seus salários anuais, 1800 em vez de 500 francos.[38]

Nos parágrafos seguintes Say reproduz, sem contestá-la, a argumentação dos escravistas ao lembrar a exiguidade real do consumo, própria do cativo ("sua alimentação se reduz à mandioca, à qual, na casa de senhores bondosos, se acrescentava de tempos em tempos um pouco de bacalhau seco"); a indigência de sua veste ("uma calça e um colete compõem todo o guarda-roupa de um negro"); a miséria de sua habitação ("seu alojamento é uma cabana sem nenhum móvel"); enfim, a carência desoladora a que se reduz a sua vida pessoal: "a doce atração que une os sexos está submetida aos cálculos de um senhor".

A somatória desses vários fatores resultara, objetivamente, na alta rentabilidade das plantações coloniais:

> Foi provavelmente por isso que os lucros de um engenho de açúcar eram a tal ponto exagerados que se afirmava, em São Domingos, que uma plantação, em seis anos, devia reembolsar ao proprietário o preço de compra, e que os colonos das ilhas inglesas, segundo o próprio Smith, concordavam que o rum e o melaço bastavam para cobrir os custos do engenho, todo o açúcar sendo puro lucro.[39]

Chegado a este ponto, em que a tese escravista já foi apresentada como válida ou, ao menos, exequível, Say opera um corte brusco: "Seja como for, tudo mudou". A situação das Antilhas já é outra. Ele escreve em 1802, quando se dá uma queda no comércio colonial em virtude da concorrência do açúcar de beterraba europeu. O trabalho livre parece-lhe alcançar a merecida primazia, o que é um trunfo para a nova ortodoxia burguesa. Embora o seu pragmatismo visceral ainda observe que, nos engenhos de Cuba e da Jamaica, o trabalho do negro parece ser, de fato, o mais apropriado (o europeu aí não resiste, o escravo tem menos ambição e menos necessidade, o sol lá é ardente e o cultivo da cana, penoso), a linha de pensamento se volta para as teses ilustradas que, desde o último quartel do século XVIII, vinham condenando os exclusivos coloniais e o tráfico negreiro como barreiras erguidas contra o progresso e a civilização.

A escravidão não pode sobreviver muito tempo na proximidade de nações negras libertas ou mesmo de cidadãos negros, como existem nos Estados Unidos. Essa instituição contrasta com todas as outras e terminará por desaparecer gradualmente. Nas colônias europeias, ela só pode durar com o amparo das forças da metrópole, e essa, tornando-se esclarecida, terminará por retirar-lhe o apoio.[40]

A profecia de Say tardou a cumprir-se, não só em relação às colônias (Cuba, Antilhas, Guiana), quanto em relação aos Estados Unidos, já independentes, e ao Brasil. E em parte nenhuma o regime de cativeiro foi extinto sem contraste, por obra espontânea dos senhores: as fugas e rebeliões dos negros, a luta de grupos abolicionistas e a ação final do Estado foram, em todos os casos, determinantes. As oligarquias resistiram enquanto puderam.

O *Traité* saiu em 1803. Em 1807 a Inglaterra proíbe o tráfico. No entanto, a escravidão é restabelecida por Bonaparte depois da sangrenta revolta do Haiti. E o algodão no Velho Sul, o açúcar em Cuba e o café no Brasil fariam recrudescer a prática do trabalho escravo e estimular o tráfico com uma intensidade nunca vista. A primeira metade do século XIX foi um período febril do escravismo; e é à luz desse contexto afro-americano da economia de plantagem que se pode entender a ideologia regressista dos liberais brasileiros, e não só brasileiros.

OLIGARQUIA E NEUTRALIZAÇÃO IDEOLÓGICA

Os interesses dos senhores rurais contavam com uma Carta que também servirá de escudo aos moderados após a Abdicação. Antigos *pais da pátria*, como Evaristo e Bernardo de Vasconcelos, acabaram encalhando no areal de um sistema parlamentar de baixíssimo grau de representação: "Nada de excessos, a linha está traçada, é a da Constituição. Tornar prática a Constituição que existe no papel deve ser o esforço dos liberais" — são palavras de um lutador histórico, Evaristo da Veiga, na sua *Aurora Fluminense* de 9 de setembro de 1829.[41] "Queremos a Constituição — não a Revolução." O mesmo homem, que a historiografia da Regência costuma opor ao regressismo, traçava com meridiana clareza a linha de separação entre o seu próprio liberalismo, que defendia, e a *democracia*, que rejeitava: o princípio da soberania popular era, no seu juízo, contrário: (1º) ao fato da desigualdade, estabelecida pela natureza entre as capacidades e as potências individuais; (2º) ao fato da desigualdade de capacidades provocadas pela diferença de posições; (3º) à experiência do mundo que viu sempre os tímidos seguirem aos bravos, os menos hábeis obedecerem aos mais hábeis, as inferioridades naturais reconhecerem as superioridades naturais e obedecerem. O princípio da soberania do povo, isto é, o direito igual dos indivíduos à soberania, e o direito de todos os indivíduos de concorrer à soberania, é radicalmente falso porque, sob pretexto de manter a igualdade legítima, ele introduz violentamente a igualdade onde não existe e viola a desigualdade legítima.[42]

E qual seria o locus partidário desses liberais que, exatamente como pensava Evaristo, tinham por legítima a desigualdade?

A resposta deve buscar-se na mutante biografia política dos *moderados* de 31, dos *regressistas* de 36, dos *conservadores* dos anos 40, dos *conciliadores* e *ligueiros* dos anos 50.

Nabuco de Araújo foi primeiro conservador, depois conciliador e ligueiro, enfim neoliberal. Paraná, Torres Homem e Rio Branco foram primeiro liberais, depois conservadores de *centro*. Zacarias, Saraiva, Paranaguá e Sinimbu, primeiro conservadores, depois liberais. Vasconcelos, Paulino de Sousa e Rodrigues Torres, primeiro moderados, depois cardeais de conservadorismo. Para todos, e pouco importa aqui o nome do grupo, a própria noção de liberdade fora uma herança transmitida pela geração que os precedera entre 1808 e 1831.

Assentados nessa plataforma, convinha-lhes a facção eleitoral que, em cada conjuntura, melhor os resguardasse. É o acerto da frase sardônica: "Nada mais parecido com um saquarema do que um luzia no poder".

Até meados do século, o discurso, ou o silêncio de todos, foi cúmplice do tráfico e da escravidão. O seu liberalismo, parcial e seletivo, não era incongruente: operava a filtragem dos significados compatíveis com a liberdade intraoligárquica e descartava as conotações importunas, isto é, as exigências *abstratas* do liberalismo europeu que não se coadunassem com as *particularidades* da nova nação.

Um testemunho abalizado do que chamo de filtragem ideológica é o de Eusébio de Queirós, cujo nome está associado à lei que proibiu finalmente o tráfico em 1850, depois de tantos enfrentamentos com o governo britânico. Falando do aspecto moral do comércio negreiro,

Eusébio, ministro da Justiça e ex-chefe de polícia do Rio de Janeiro, procede a uma *descriminalização* dessa atividade:

> Sejamos francos: o tráfico, no Brasil, prendia-se a interesses, ou para melhor dizer, a presumidos interesses dos nossos agricultores; e num país em que a agricultura tem tamanha força, era natural que a opinião pública se manifestasse em favor do tráfico: a opinião pública que tamanha influência tem, não só nos governos representativos, como até nas próprias monarquias absolutas. O que há pois para admirar em que os nossos homens políticos se curvassem a essa lei da necessidade? O que há para admirar em que nós todos, amigos ou inimigos do tráfico, nos curvássemos a essa necessidade?
>
> Senhores, se isso fosse crime, seria crime geral no Brasil: mas eu sustento que, quando em uma nação todos os partidos políticos ocupam o poder quando todos os seus homens políticos têm sido chamados a exercê-lo, e todos eles são concordes em uma conduta, é preciso que essa conduta seja apoiada em razões muito fortes; impossível que ela seja um crime e haveria temeridade em chamá-la um erro.[43]

O tráfico fora suspenso, mas a sua apologia ainda se fazia presente na boca daqueles mesmos que tinham sido obrigados a proibi-lo de vez.

Uma posição mais crua se dá ao olhar do historiador quando este se volta do discurso oficial para um depoimento sem rebuços, feito pelo dono de uma velha casa comercial do Rio, amargamente ressentido com as emissões bancárias que jorraram depois da extinção do tráfico (estaria ele envolvido no mercado negreiro?):

> Antes bons negros da costa da África para felicidade sua e nossa, a despeito de toda a mórbida filantropia britânica, que esquecida da sua própria casa deixa morrer de fome o pobre irmão branco, escravo sem senhor que dele se compadeça, e hipócrita ou estólida chora, exposta ao ridículo da verdadeira filantropia, o fardo do nosso escravo feliz. Antes bons negros da costa da África para cultivar os nossos campos férteis do que todas as teteias da rua do Ouvidor, do que vestidos de um conto e quinhentos mil réis para as nossas mulheres [...] do que, finalmente, empresas mal avisadas muito além das legítimas forças do país, as quais, perturbando as relações da sociedade, produzindo uma deslocação de trabalho, têm promovido mais que tudo a escassez e alto preço dos víveres.[44]

José de Alencar, um dos campeões do status quo nos debates de 1871, lamentaria, em estilo menos brutal, os males da especulação financeira, do jogo bolsista e do luxo corruptor que o papel-moeda fácil trazia aos costumes da Corte. E identificaria o ritmo lento e pesado da velha economia (leia-se: o pleno domínio do tráfico) com os seus próprios valores de honra e austeridade. É a suma da sua peça, *O crédito*, levada à cena em 1857, e que pode ser interpretada como a metáfora do nosso capitalismo acanhado. Retomando a questão em uma das suas *Cartas a Erasmo*, dirigida ao mentor financeiro do Império, o visconde de Itaboraí, Alencar ressaltaria a conveniência de aplicar-se o novo crédito bancário à produção agrícola, ou seja, a necessidade de se estreitarem os vínculos entre o poder monetário do Estado e a economia do latifúndio. O escritor alegava, em favor do seu projeto, a razão de ser o Brasil "um país novo, onde se pode dizer que a grande propriedade ainda está em gestação"... A inflação, que, para a ortodoxia de Itaboraí, era um mal, subiria ao nível de mal necessário desde que beneficiasse o senhor de terras. Reprodução e autodefesa com o suporte dos cofres públicos: limites do que se poderia chamar a ideologia dominante pós--colonial. Nessa concepção, o pecado da livre emissão só era julgado mortal quando cometido fora do legítimo consórcio com o interesse da grande propriedade. Alencar, nas mesmas *Cartas*, ainda verbera os impostos e a *empregocracia*, e condena, nos mesmos termos de Cairu e Vasconcelos, a proteção a "fábricas e manufaturas não existentes nem sonhadas no país". Um liberalismo pré-industrial coerente ajustava-se às nossas rotinas oligárquicas.

Liberalismo ou conservadorismo? A neutralização é vivida e formulada ao longo dos anos 50. Já não há lugar para profissões de fé ideológico-partidárias, tal é a unidade de valores subjacente aos interesses de facção. O senador Nabuco de Araújo, em pleno trânsito da Conciliação para a Liga, busca entender as causas desse indiferentismo doutrinário pelo qual o nome *liberal* traduzia um conteúdo conformista; e as identifica naquilo que lhe parece ser a *homogeneidade* do corpo social brasileiro:

Eu concedo que em uma sociedade, onde há classes privilegiadas, onde existem interesses distintos e heterogêneos, onde ainda domina o princípio do feudalismo, aí haja, como na Inglaterra, partidos que sobrevivem aos séculos; mas onde os elementos são homogêneos, como em nossa sociedade, na qual não há privilégios, na qual os partidos representam somente princípios de atualidade que todos os dias variam e se modificam, aí os partidos são precários.[45]

O discurso, proferido em 13 de junho de 1857, deixa de nos parecer escandaloso, se entendermos pela expressão *nossa sociedade* não o povo brasileiro em geral, mas apenas aquele círculo de homens elegíveis economicamente qualificados e, portanto, aptos para a ação política nos termos da Carta de 1824. Dentro desse espaço fechado era, de fato, pertinente indagar: para que partidos ideológicos conflitantes, se tudo se reduzia a um loteamento de cargos, influências e honrarias?

O marquês do Paraná, chefe do gabinete conciliador a que Nabuco servia, pensava da mesma maneira quando reconhecia no "estado em que se achava a sociedade" o móvel da fusão dos antigos liberais com os conservadores de sempre.

É também verdade que esse liberalismo corporativo assumia às vezes um tom exaltado quando alguma conjuntura o encostasse à margem do poder. Aparecia então a retórica democrática feita de puro ressentimento pessoal ou grupal, que engana, mas por breve tempo. Um exemplo forte se tem no *Libelo do povo*, de Timandro, pseudônimo de Sales Torres Homem, diatribe contra o poder pessoal do imperador. O panfleto foi considerado, em 1849, radical, mas o seu alvo não era a efetiva opressão política do regime: investia apenas contra a Casa de Bragança, descompunha a família reinante e, por tabela, a tirania portuguesa. O autor passou-se mais tarde para as fileiras palacianas e foi agraciado com o título de visconde de Inhomirim. Desses liberais dirá um filho de mulher africana nas *Trovas burlescas*:

> *Se ardente campeão da liberdade*
> *Apregoa dos povos a igualdade,*
> Libelos *escrevendo formidáveis,*
> *Com frases de peçonha impenetráveis:*
> *Já do céu perscrutando alta eminência,*
> *Abandona os troféus da inteligência,*
> *Ao som d'argém* [argent?] *se curva, qual vilão,*
> *O nome vende, a glória, a posição:*
> *É que o sábio, no Brasil, só quer lambança*
> *Que possa empantufar a larga pança!*[46]

Na Província, truncado a ferro e fogo o ciclo das revoltas, o quadro partidário também estagnou em um adesismo larvar, sintoma da sua dependência para com os ditames da Corte. Assim ironiza as facções de sua terra maranhense um jornalista de pulso, João Francisco Lisboa:

Em geral [...] têm sido favoráveis ao governo central, e só lhe declaram guerra, quando de todo perderam a esperança de obter o seu apoio contra os partidos adversos que mais hábeis ou mais felizes souberam acareá-lo para si. Quando o Exmo. Sr. Bernardo Bonifácio, importunado das recíprocas recriminações e dos indefectíveis protestos de adesão e apoio destes ilustres chefes, os interrogava ou sondava apenas, respondiam eles, cada um por seu turno: — A divisa dos *Cangambás* é Imperador, Constituição e Ordem. Os *Mossorocas* só querem a Constituição com o Imperador, únicas garantias que temos de paz e estabilidade. Os *Jaburus* são conhecidos pela sua longa e inabalável fidelidade aos princípios de ordem e monarquia; o Brasil não pode medrar senão à sombra protetora do Trono. Vêm os *Bacuraus* por derradeiro e dizem: Nós professamos em teoria os princípios populares: mas somos assaz ilustrados para conhecermos que o estado do Brasil não comporta ainda o ensaio de certas instituições. Aceitamos pois sem escrúpulos a atual ordem de cousas, como fato consumado, uma vez que nos garanta o gozo de todas as regalias dos cidadãos. Estamos até dispostos a prestar-lhe a mais franca e leal cooperação. [*Jornal de Timon*: "Partidos e eleições no Maranhão"]

O teor informativo do texto nos dá a imagem nítida da situação no interior sob o domínio do interesse oligárquico que vários clãs partilhavam. Mas a perspectiva já é crítica e, no seu movimento, dialética, pois aponta para um liberalismo superior que, naquela altura, mal se vislumbrava, mas que já pulsava e, cedo ou tarde, irromperia.

A FORMAÇÃO DO NOVO LIBERALISMO

> *O lavrador brasileiro deve reconhecer que chegou já, por imposição do destino, ao regime do trabalho assalariado.*
> Quintino Bocayuva, *A crise da lavoura*, 1868

*As instituições existem, mas por e para 30% dos cidadãos.
Proponho uma reforma no estilo político. Não se deve dizer: "consultar a nação, representantes da nação, os poderes da nação"; mas "consultar os 30%, representantes dos
30%, poderes dos 30%". A opinião pública é uma metáfora sem base; há só a opinião dos 30%.*

Machado de Assis, "História de quinze dias",
crônica, 15 de agosto de 1876

*Ou o campo ou as cidades; ou a escravidão ou a civilização;
ou os Clubes da Lavoura ou a imprensa, os centros intelectuais, a mentalidade e a moralidade esclarecida do país.*

Joaquim Nabuco, "O terreno da luta",
in *Jornal do Comércio*, 19 de julho de 1884

Se o caráter principal do acontecimento é poder situar-se com precisão nas coordenadas do espaço e do tempo, o mesmo não se dá com o processo ideológico. Este não surge de improviso ou por acaso, de um dia para o outro. Sua matéria-prima são ideias afetadas de valores, e ideias e valores se formam lentamente com idas e vindas, no curso da história, na cabeça e no coração dos homens. No entanto, como a ponta do iceberg é claro indício da existência de massas submersas cuja profundidade não se pode calcular a olho nu, também certas situações, rigorosamente datadas, ao se armarem, servem de pista ao leitor de ideologias para detectar correntes que vêm de longe. A data exerce, então, o papel de signo ostensivo de uma viragem.

A historiografia é unânime em assinalar o ano de 1868 como o grande divisor de águas entre a fase mais estável do Segundo Império e a sua longa crise que culminaria, vinte anos mais tarde, com a Abolição e a República.

A data de 1868 aqui importa porque nela se ouve um toque de reunião (o estilo hugoano do tempo inspiraria imagens de clarinada e clangor de trompas) dos liberais, então revoltados com o gesto abrupto de Pedro II que acabara de demitir o gabinete de Zacarias de Góis, majoritário no Parlamento.

A decisão, embora traumática, não feria a lei maior, figurando entre as atribuições do Poder Moderador. Mas o seu efeito foi o de um catalisador de forças dispersas. E são as ressonâncias do ato que compõem a nova situação e valem como aquela ponta do iceberg. A reação dos políticos, da imprensa, dos intelectuais, dos centros acadêmicos em todo o país, aparece como uma cadeia de elos significativos e remete à pergunta pelos valores em causa. Que liberalismo é esse que sai a campo em busca de um programa de reformas amplas, e já não se sente um mero ventríloquo das dissidências oligárquicas?

A crise de 68 é o momento agudo de um processo que, de 65 a 71, levou à Lei do Ventre Livre. Analisada por esse ângulo, é uma crise de passagem do Regresso agromercantil, emperrado e escravista, para um reformismo arejado e confiante no valor do trabalho livre. Essa leitura dos fatos tem a sua verdade, mas é preciso que se distinga com clareza a vertente *liberal-radical* (expressão que aparece, pela primeira vez, em 1866, na folha *A Opinião Liberal*), do conjunto bastante híbrido que foi o Partido Liberal até a abolição completa em 1888.

Nos últimos decênios do Império as tendências progressistas circulam pelo Partido Liberal e pelo Republicano, mas não coincidem perfeitamente nem com um nem com o outro. E haverá resistências conservadoras, e até escravistas, em ambos os grêmios.[47]

A história do *novo liberalismo*, para continuar usando a expressão de Joaquim Nabuco, pode ser apreendida tanto no ritmo da longa duração quanto no das conjunturas.

Pelo primeiro, que contempla o nível dos sistemas, a relação se faz entre a nova corrente ideológica, visível desde os anos 60, e o dinamismo econômico e social que a extinção do tráfico instaurou no país já a partir de 1850. Os capitais, que montavam em cerca de 16 mil contos, liberados para afluir ao comércio, à manufatura, à rede de transportes ou ao puro jogo da Bolsa, na verdade aceleraram o processo de urbanização e o emprego do trabalho assalariado. A situação foi alimentada, estruturalmente, pela contínua expansão agroexportadora que a demanda internacional sustentou até o fim do século: a existência de um mercado interno e de um polo urbano em desenvolvimento na Região Sudeste foi a condição necessária para a emergência de valores liberais mais amplos do que os professados pelo discurso intraoligárquico. "Ou o campo ou as cidades; ou a escravidão ou a civilização."[48]

Ainda em termos de infraestrutura: na *região nordestina*, esvaziada rapidamente pelo tráfico interno, e que vendia o braço negro aos fazendeiros do Sul, o trabalho sob contrato já se tornara fato consumado entre os anos 60 e 70. Notava, então, o primeiro ideólogo de nossa modernização capitalista, Tavares Bastos:

> Apontarei o fato de já estarem em Pernambuco, no Rio Grande do Norte e na Paraíba, os homens livres, admitidos por salário ao trabalho dos próprios engenhos e plantações de açúcar. Digo o mesmo do Ceará quanto à nascente lavoura de café. Não obstante a cólera e a exportação de escravos para o Sul, a produção daquelas províncias não tem diminuído: a do Ceará tem aumentado muito. A sua agricultura vai-se melhorando, introduzindo o arado e aplicando os motores a vapor. O senhor de engenho, nalgumas localidades, quase que se vai tornando mero fabricante de açúcar, sendo plantada por vizinhos, ou lavradores agregados, grande parte da cana moída no engenho, o que é uma divisão econômica do trabalho.[49]

Uma das tônicas das *Cartas do solitário*, escritas a partir de 1861 para o *Correio Mercantil*, era a necessidade e a superioridade do trabalho livre.

Um pensamento liberal moderno, em tudo oposto ao pesado escravismo dos anos 40, pôde formular-se tanto entre políticos e intelectuais das cidades mais importantes, quanto junto a bacharéis egressos das famílias nordestinas que pouco ou nada podiam esperar do cativeiro em declínio.

O novo liberalismo será urbano, em geral; e será nordestino, em particular.[50]

Quanto às tendências ideológicas dos fazendeiros de café tidos por mais modernos (principalmente os do Novo Oeste Paulista), seriam, na verdade, muito peculiares. Neles, o que parece, à primeira vista, antiescravismo, é, a rigor, *imigrantismo*. O fato de terem subido ao poder com a proclamação da República deu-lhes uma posição hegemônica que lhes permitiria resolver a questão do trabalho rural em termos próprios, estreitos e pragmáticos. Os seus planos confinaram mas não se confundiram com as ideias reformistas que vão de Tavares Bastos a Rebouças, de Quintino Bocayuva a Joaquim Nabuco.

Distinguir entre *correntes de opinião* e *grupos partidários* se faz uma necessidade aguda quando se passa de uma perspectiva de longa duração — a que corre entre os anos 60 e o fim do Império — para a análise miúda das ações e reações gremiais. Nos vaivéns da *petite histoire*, que o leitor dos *Anais do Parlamento* poderá acompanhar, não é raro ver membros do Partido Conservador, aliciados pela Coroa, defender a libertação dos nascituros de mulher escrava (como o propuseram os gabinetes do marquês de São Vicente e do visconde de Rio Branco), ou surpreender atitudes retrógradas entre os filiados ao Partido Liberal, como as do mineiro Martinho Campos, que mais de uma vez se declarou *escravocrata da gema.*

Assim se deu também na questão da eleição direta, reforma grata aos radicais de 60: as opiniões se foram repartindo conforme os interesses regionais e clânicos e sem levar em conta a cor partidária. Os velhos liberais moderados, que afinal a empreenderam, como Sinimbu e Saraiva, apoucaram-na a tal ponto que, mantido o censo pecuniário e literário, reduziam o eleitorado a um vigésimo da população; o que provocou reações indignadas em Silveira Martins, Saldanha Marinho e José Bonifácio, o moço, este último mestre de dois estreantes no Parlamento, Rui Barbosa e Joaquim Nabuco. A intervenção do Andrada na sessão de 28 de abril de 1879 virou peça de antologia democrática: "Neste país, a pirâmide do poder assenta sobre o vértice em vez de assentar sobre a base".

Ou então, fazendo sátira à cláusula oficial que proibia o voto ao analfabeto: "Esta soberania de gramáticos é um erro de sintaxe política (*apoiados e risos*). Quem é o sujeito da oração? (*Hilaridade prolongada*). Não é o povo? Quem é o paciente? Ah! descobriram uma nova regra: é não empregar o sujeito (*hilaridade*)".[51]

Mas qual o corte que separou, no fundo, os dois liberalismos? Se o tema da eleição direta foi o mais vistoso, o modo de tratar a *questão servil* terá cavado um divisor de águas mais largo: este é o olhar retrospectivo de Joaquim Nabuco, que teoriza a história do Império à luz da sua prática abolicionista. A memória do lutador traz ao primeiro plano da crise institucional de 1868 as inquietudes sociais do pai, o senador: "Eu traduzia documentos do *Anti-Slavery Reporter* para meu pai que, de 1869 a 1871, foi quem mais influiu para fazer amadurecer a ideia da emancipação".[52]

A clivagem é fundamental, e assim se mantém até a hora em que a campanha se faria irreversível e o abolicionismo tomaria o vulto de um verdadeiro partido dentro dos demais.

"Em 1884 deu-se a conversão do partido liberal e em 1888 a do partido conservador."[53]

André Rebouças.

José de Alencar.

"*Trazendo de novo ao Parlamento o seu legítimo deputado do 1º e 5º distritos, a briosa Província de Pernambuco dá uma tremenda lição aos negreiros da Câmara, representados pelo seu chefe.*"

Desenho de Agostini, na Revista Ilustrada, *13 de junho de 1885.*

Joaquim Nabuco.

Joaquim Nabuco tem plena consciência do contraste do novo pensamento com o velho discurso regressista ou conciliador. São dois blocos históricos que incluem toda a sociedade civil e se manifestam sob a forma difusa da opinião pública.

"A opinião, em 1845, julgava legítima e honesta a compra de africanos transportados traiçoeiramente da África, e introduzidos por contrabando no Brasil."[54]

No artigo "A reorganização do Partido Liberal", volta a ser incisivo ao expor a dialética do liberalismo em face da escravidão:

> Aí está uma profunda divergência entre o novo liberalismo e o antigo, o qual ainda existe, em toda a sua força, mas felizmente tendo atingido ao seu limite de crescimento, e devendo portanto declinar e não mais expandir-se. A primeira grande divergência foi essa do abolicionismo, que opôs ao antigo espírito político do partido o espírito verdadeiramente popular, e substituiu a luta das *teses constitucionais* sem alcance e sem horizonte pela luta contra os poderosos privilégios de classe, contrários ao desenvolvimento da nação. Pela primeira vez então o Partido Liberal saiu do terreno das discussões escolásticas, que só interessavam à classe governante, para entrar no terreno das reformas sociais, que afetam as massas inconscientes do povo.[55]

Não se tratava, pois, de um simples renascimento liberal, mas de uma *ideologia de oposição* que metia a sua cunha dentro do próprio partido. Uma forma conscientemente moderna de pensar os problemas do trabalho e da cidadania. Se ao observador da História Ocidental essa apologia do assalariado poderá parecer um tanto retardatária, é porque o nosso capitalismo também era, na palavra de um seu intérprete feliz, um *capitalismo tardio*.[56] O autor da expressão, o economista João Manuel Cardoso de Melo, estudando os limites internos à expansão do antigo regime, concluiu que "os últimos anos da década de Sessenta marcam a crise da economia mercantil-escravista cafeeira. E como veremos, o momento decisivo da crise da economia colonial".[57]

A resposta à crise veio tanto dos movimentos abolicionistas urbanos (e nordestinos) quanto, logo depois, da política imigrantista dos fazendeiros de São Paulo: as motivações sociais e morais eram diferentes entre si, mas, por sendas opostas, concorreram para o fim do cativeiro.

De qualquer modo, a ruptura do equilíbrio político em 1868 não poderia ter levado a medidas radicais pelo simples fato de o projeto imigrantista não estar, àquela altura, amadurecido, mas apenas idealizado por alguns homens públicos mais sensíveis à escassez, real ou potencial, da mão de obra. As medidas práticas viriam dois ou três lustros mais tarde.

Os textos polêmicos que exprimem o inconformismo liberal de 1868-9 ainda não trazem como *punctum dolens* único a questão do trabalho; esta aparece como item de um programa no qual a ênfase é dada à reforma eleitoral. O novo liberalismo, de extração urbana, quer dar voz e voto aos seus virtuais eleitores:

"Atualmente a aspiração mais ardente de todos os brasileiros esclarecidos, como tem sido de todos os partidos de oposição, é *liberdade ampla de eleição*; pronunciamento franco da opinião do país nos comícios eleitorais", diz em carta pública José Antônio Saraiva ao conselheiro Nabuco de Araújo, que lhe pedira sua "opinião acerca das reformas que devem figurar no programa liberal".[58]

A conjuntura excitava o debate preferencial sobre o tema da representação. A derrubada do ministério Zacarias e a nomeação de um gabinete confiado ao *ultra* visconde de Itaboraí tinham posto a nu a força real do Poder Moderador e a impotência dos deputados; em suma, a precariedade de todo o sistema partidário.

"Que o Sr. D. Pedro II tem de fato um poder igual ao de Napoleão III, é outra verdade de que eu estou profundamente convencido. A constituição francesa, porém, é a base do poder daquele monarca, ao passo que o falseamento do voto é a origem do excessivo poder do Imperador do Brasil", acusava Saraiva.

Mas convém atentar para um sintoma de nova mentalidade. O protesto dos liberais não se esgotou no clamor por eleições diretas e livres de tropelias provocadas pelos coronéis. Nas ondas dessa *maré democrática* também se impõe e se move a ideia do trabalho assalariado como projeto a médio prazo. Não é ainda a reivindicação primeira. Falta-lhe concreção temática; falta a resposta à grande pergunta: como substituir, aqui e agora, o braço negro, sustento exclusivo do café? A liberdade dos nascituros mediante indenização é ainda a proposta-limite. Mas, de qualquer modo, o princípio do contrato livre reponta e será incontornável em mais de um contexto.

Na carta de Saraiva:

Do falseamento das eleições derivam todas as nossas dificuldades, bem como do trabalho escravo todos os nossos atrasos industriais. São estes, pois, em meu humilde conceito, os dois pontos cardeais para que devem convergir completamente a atenção e o esforço do Partido Liberal.

Com a *eleição livre*, com a desaparição do elemento servil, e com a liberdade de imprensa que já possuímos, o Brasil caminhará seguro para seus grandes e gloriosos destinos, e em um futuro não muito remoto colocar-se-á entre as nações mais adiantadas.

Com a *escravidão*, porém, do homem e do voto, não obstante a liberdade de nossa imprensa, continuaremos a ser, como somos hoje, menosprezados pelo mundo civilizado, que não pode compreender se progrida tão pouco com uma natureza tão rica.

A polaridade semântica é esta: *nossos atrasos versus nações mais adiantadas*. A consciência aguda do atraso se forma de Tavares Bastos a Nabuco, de Rebouças a Rui Barbosa, em função do contraste entre cativeiro e trabalho livre. Com os olhos postos na Inglaterra e nos Estados Unidos os nossos políticos progressistas exercerão uma crítica cerrada ao regime.

No Manifesto do Centro Liberal, lançado em março de 1869, além da radiografia dos abusos que se seguiram à subida dos conservadores, avulta a exigência de reformas já então vistas como o necessário meio-termo entre o *regresso* e a *revolução*:

Ou a reforma.
Ou a revolução.
A reforma para conjurar a revolução.
A revolução, como consequência necessária da natureza das coisas, da ausência do sistema representativo, do exclusivismo e oligarquia de um só partido.
Não há que hesitar na escolha:
A reforma!
E o País será salvo.

Assinavam: José Thomaz Nabuco de Araújo, Bernardo de Souza Franco, Zacarias de Góis e Vasconcellos, Antonio Pinto Chichorro da Gama, Francisco José Furtado, José Pedro Dias de Carvalho, João Lustosa da Cunha Paranaguá, Teófilo Benedicto Ottoni e Francisco Octaviano de Almeida Rosa.[59]

Qual o conteúdo dessa reforma salvadora? O programa se formulou em outro texto, subscrito pelos mesmos nomes e publicado inicialmente pelo *Diário da Bahia* em 16 de maio de 1869. Compõe-se de cinco pontos, dos quais o último é, literalmente, "Emancipação dos escravos", seguido por este comentário restritivo: "consistindo na liberdade de todos os filhos de escravos que nascerem desde a data da lei, e na alforria gradual dos escravos existentes, pelo modo que será oportunamente declarado".

Pode-se dizer que até a deflagração da campanha abolicionista na Câmara e na imprensa, entre 1879 e 1880, as bandeiras liberais serão precisamente estas: a liberdade dos nascituros mediante ressarcimento e a emancipação gradual dos escravos restantes.

Mais adiante, o manifesto lança um parágrafo tático que denuncia o receio de dividir o novo partido em alas divergentes, o que tornaria difícil a ação do Centro Liberal em uma hora em que a unidade anticonservadora se impunha:

> A emancipação dos escravos não tem íntima relação com o objeto principal do programa, limitado a uma certa ordem de abusos; é porém uma grande questão da atualidade, uma exigência imperiosa e urgente da civilização desde que todos os Estados aboliram a escravidão, e o Brasil é o único país cristão que a mantém, sendo que na Espanha essa questão é uma questão de dias.
>
> Certo, é um dever inerente à missão do Partido Liberal, e uma grande glória para ele a reivindicação da liberdade de tantos milhares de homens que vivem na opressão e na humilhação.[60]

As tintas renovadoras do programa terão sido obra da ala móvel do partido. Refletem o pensamento de Teófilo Ottoni, que dirigira uma experiência de migração alemã no vale do Mucuri, de Francisco Octaviano, de Tavares Bastos, de Nabuco de Araújo. A evolução ideológica do último, que o filho acompanhou passo a passo em *Um estadista do Império*, faz supor que alguma coisa de mais profundo acontecera desde o seu cauto compromisso com a política senhorial até a busca de uma alternativa moderna. A nova posição, de que foi paradigma o *discurso de sorites* proferido em 17 de julho de 1868, abriu, conforme o juízo enaltecedor de Joaquim Nabuco, "a fase final do Império".[61]

A oração assesta um golpe de mestre no estreito formalismo jurídico do sistema, precisamente no trecho em que distingue entre *legalidade* e *legitimidade* das instituições. O assunto da polêmica era, como se sabe, a recente nomeação por Pedro II de um gabinete conservador sem respaldo na Câmara: ato *legal*, pois cabia à Coroa escolher e demitir ministérios; mas ato *ilegítimo*, porque a maioria absoluta do Parlamento era liberal.

Feita com clareza a distinção, em nome da consciência e da justiça, Nabuco de Araújo também a aplica à instituição do cativeiro: "A escravidão, *verbi gratia*, entre nós é um fato autorizado pela lei, é um fato legal, mas ninguém dirá que é um fato legítimo, porque é um fato condenado pela lei divina, é um fato condenado pela civilização, é um fato condenado pelo mundo inteiro".[62]

O que mudara, substancialmente?

O novo liberalismo já tem plenas condições mentais para dizer que a escravidão, ainda que formalmente legal, é ilegítima. O mesmo Nabuco, catorze anos antes desse discurso, pensara e agira diversamente. Em 1854, quando ministro da Justiça do gabinete conciliador de Paraná, ele tinha pactuado com uma infame decisão oficial que *prescrevera*, isto é, cancelara os efeitos da lei de 7 de novembro de 1831, pela qual a Regência conviera em declarar livres os africanos aqui desembarcados depois dessa data. O ministro Nabuco não só aceitara aquela aberta violação da lei de 1831 como a defendera em termos da *razão de Estado*, aconselhando o presidente da província de São Paulo a lançar mão dela no caso particular de um africano, de nome Bento, trazido clandestinamente ao Brasil após a cessação legal do tráfico. O escravo tinha fugido e, ao ser apreendido pela polícia, foi liberado pelo juiz de direito que conseguira apurar a data de sua entrada. Nabuco de Araújo, porém, justifica os *direitos do senhor* que o reclamava, alegando "o bem dos interesses coletivos da sociedade, cuja defesa incumbe ao governo", e remata: "Não convém que se profira um julgamento contra a lei, mas convém evitar um julgamento em prejuízo desses interesses, um julgamento que causaria alarma e exasperação aos proprietários".[63]

Em 1854, legítimo era, para o ministro Nabuco, o interesse dos fazendeiros; e legal, mas infringível, a lei que protegia a liberdade do africano. Em 1868, ao contrário, legítima passa a ser, no seu discurso, a liberdade dos filhos de mulher escrava, e apenas legal, logo passível de reforma, o direito do senhor à propriedade do nascituro.

A inversão do critério tem um sentido forte: o liberalismo de 68 já não é o liberalismo de 54. O conteúdo concreto da legitimidade, que é o coração dos valores de uma ideologia política, tinha mudado. E o motor dessa transformação fora o ideal civilizado do trabalho livre; não ainda a sua necessidade absoluta e imediata, mas o seu valor. Nesse mesmo ano-chave de 1868 publicava Quintino Bocayuva (liberal pró-republicano) um folheto sobre a crise da lavoura, em que advogava uma política de emigração chinesa a curto prazo, subsidiada pelo Estado.[64]

Daí à batalha parlamentar de 1871 foi um passo que os novos liberais deram com êxito e sem vínculo obrigado com a sua cor partidária. Entre os 61 votantes a favor da Lei do Ventre Livre, bem como entre os 35 que lhe foram contrários, figuravam membros de ambos os partidos políticos do Império. *O café paulista votou contra*. A mentalidade empresarial dos fazendeiros do Oeste, já em plena expansão, não era, porém, tão moderna, lúcida e progressista como a supôs a historiografia paulista do século xx. Era ainda escravista.

REFORMA E ABOLIÇÃO

No contexto maior do novo liberalismo, que dará o tom ideológico ao fim do Império, não é exato falar apenas de *um* abolicionismo. O plural é mais consentâneo com a variedade de pontos de vista e de interesses específicos que, afinal, concorreram para a Lei Áurea na forma pela qual se promulgou, e sem a indenização tão reclamada ainda nos anos 80.

Joaquim Nabuco distinguiu, em *Minha formação*, cinco forças entre os agentes daquele desfecho:

1) os *abolicionistas* que fizeram a campanha no Parlamento, na imprensa e nos meios acadêmicos;

2) os *militantes da causa*, abertamente empenhados em ajudar as fugas em massa e instruir os processos de alforria;

3) os *proprietários de escravos*, sobretudo nordestinos e gaúchos, que se puseram a libertá-los em grande número nos últimos anos do movimento;

4) os *homens públicos* (Nabuco os chama generosamente *estadistas*) mais ligados ao governo, que, a partir da Fala do Trono de 1867, mostrou sua intenção de resolver gradualmente a *questão servil*;

5) a *ação pessoal do imperador e da princesa regente*.

Quanto às duas primeiras categorias, "formavam círculos concêntricos, compostos como eram em grande parte dos mesmos elementos. É a elas que pertence o grosso do partido abolicionista, os líderes do movimento".[65]

O depoimento é o que se pode considerar de idôneo em matéria de campanha abolicionista. Nabuco se inclui no primeiro grupo, enquanto deputado do Partido Liberal, defensor de medidas jurídicas, fundador do jornal *O Abolicionista* (1881) e autor de uma obra de combate densa e bela, *O abolicionismo* (1883). O seu testemunho merece algumas reflexões que incidam na caracterização ideológica dos abolicionismos.

Pode-se começar pela sugestão de Nabuco formando uma categoria ampla que abrace os grupos concêntricos dos reformistas e dos militantes. E fazer outro tanto com os demais. Deixando para o lugar oportuno o destaque das diferenças internas, teríamos dois perfis de antiescravistas:

I

Para os primeiros, o desafio social e ético que a sociedade brasileira teria de enfrentar era o de redimir um passado de abjeção, fazer justiça aos negros, dar-lhes liberdade a curto prazo e integrá-los em uma democracia moderna.

No horizonte, viam um regime escorado na indústria, no trabalho assalariado, na pequena e média propriedade, no ensino primário gratuito, no sufrágio universal. Joaquim Nabuco, Rui Barbosa, José do Patrocínio, André Rebouças, Luís Gama, Antônio Bento e seus seguidores concebiam a abolição como medida mais urgente de um programa que se cumpriria com a reforma agrária, a *democracia rural* (a expressão é de Rebouças) e a entrada dos trabalhadores em um sistema de concorrência e oportunidade.

As raízes culturais dessa perspectiva mergulham fundo no discurso dos filantropos europeus da primeira metade do século XIX, lidos e citados entre nós desde os anos 50, e, mais diretamente, nos modelos econômicos ingleses e norte-americanos que constituíam o ideal do novo liberalismo.[66]

As razões de teor progressista já se vinham articulando com nitidez no discurso que se formou depois da supressão do tráfico. Os marcos mais ostensivos são as obras de dois pontas de lança de nossa crítica social em um sentido já francamente liberal-capitalista: Tavares Bastos e Perdigão Malheiro.

Ambos começaram a escrever na década de 60. As *Cartas do solitário* saem em 1863. A primeira parte de *A escravidão no Brasil*, em 1866. E se quiséssemos remontar um pouco mais, até os anos 50, o nome expressivo seria o do pioneiro dos nossos empresários anglófilos, Irineu Evangelista de Sousa.

Tavares Bastos e Perdigão Malheiro, membros ativos do Instituto dos Advogados, forjaram as razões jurídicas de um discurso que rompia os laços com o conformismo agroescravista. Os seus argumentos contra o latifúndio e em prol do trabalho livre irão colorir-se de matizes radicais e humanitários na campanha abolicionista dos anos 80, mas a antinomia fundamental já fora exposta em seus ensaios: *ou progresso, ou escravidão*.

É compreensível que haja atuado uma diferença de ritmo social entre as duas gerações. Quando Rebouças, Nabuco e Patrocínio desfecharam a campanha pela abolição incondicional, o cativeiro se achava com os dias contados, e alguns políticos mais solertes do Oeste paulista já tinham desencadeado o processo da imigração europeia. Mas o contexto em que se inseriam Tavares e Perdigão ainda dependia quase inteiramente do braço negro. Comparem-se as estimativas: 1,715 milhão de escravos em 1864 contra apenas 723 419 em 1887.

Em 1864, o liberalismo moderno, reformista, era um valor ideológico em busca de uma armadura lógica, mas não ainda um grito de alarme por um problema que exigisse solução imediata; explica-se o gradualismo de algumas propostas daqueles dois pioneiros. A partir de 1880, a urgência saltava aos olhos da maioria: a campanha queria construir o dia de amanhã.

É importante ressaltar que não só de homens políticos se fez a militância. Um movimento intelectual forte, que retoma "cientificamente" os ideais das Luzes, estava em curso ao longo desses anos. Sílvio Romero resumiu-o com a expressão "um bando de ideias novas", fixando também em 1868 o seu ponto de partida.[67] Positivismo e evolucionismo, Comte e Spencer, formam o eixo principal de referência. O trabalho livre e um regime político mais representativo eram as metas a ser atingidas.

Os positivistas religiosos abraçaram logo as propostas mais radicais. Em 1884, Miguel Lemos abre o livro *O positivismo e a escravidão moderna* com uma dedicatória ao herói negro da rebelião de São Domingos: "À Santa Memória/ do/ Primeiro dos Pretos/ Toussaint Louverture/ (1746-1803),/ Ditador do Haiti. Promotor e Mártir/ da liberdade/ de sua raça".

A obra é uma coleção de textos antiescravistas de Augusto Comte. Traz em apêndice os *Apontamentos para a solução do problema servil no Brasil*, escrito datado de 22 de Shakespeare de 92 (30 de setembro de 1880) e assinado por Teixeira Mendes e outros ortodoxos. Nele já se repudia a *imoralidade da criminosa herança colonial*, acusa-se o delito nacional que foi a Guerra do Paraguai, argui-se de ilegítimo o instituto da propriedade escrava; enfim, propõe-se que, libertado, o escravo se transforme em operário com número de horas previsto em lei, folga semanal e salário razoável. Teríamos aqui, em embrião, as medidas sociais preconizadas pelos jacobinos e, mais tarde, pelos tenentes discípulos do comtiano Benjamin Constant?

Em manifesto de 21 de Dante de 95 (5 de agosto de 1883), Miguel Lemos prega a abolição imediata, sem indenização aos senhores, e o aproveitamento dos libertos como assalariados. Bom ortodoxo, pede ao imperador que aja como ditador, sem consultar o Parlamento, "que só serve para garantir a liberdade das mediocridades intrigantes", conforme já advertira o augusto mestre.

Há uma estreita faixa de intersecção ideológica que aproxima os novos liberais e alguns líderes repúblicos *radicais* como Silva Jardim, Luís Gama e Raul Pompeia. Para todos o divórcio das águas era a questão do trabalho livre. Guardavam, por isso, distância do núcleo paulista manobrado por fazendeiros ainda bastante conservadores na década de 70 e princípios da seguinte. "Os vossos barretes frígios são coadores de café" — frase de Pompeia lançada em rosto aos membros do Clube da Lavoura de Campinas — diz bem de um dissídio que se transformara em aberta oposição.

Ainda não foi explorado em toda a sua potencialidade o veio reformista social do positivismo entre nós. Ele fluirá, entre os oficiais jovens do Exército, dos jacobinos aos tenentes, em sua áspera luta antioligárquica de que a Coluna Prestes e a Revolução de 30 serão os momentos mais complexos. Em outra vertente, os esquemas políticos comtianos emprestariam moldes organizatórios a inquietudes sociais modernas que viriam a codificar-se no *trabalhismo gaúcho* de um Lindolfo Collor, a quem o positivista Getúlio Vargas nomeou primeiro ministro do Trabalho em 1931, e de quem recebeu quase toda a nova legislação social. Legislação que, descontados os incisos corporativos, em boa hora cancelados pela última Constituinte, vem resistindo há mais de meio século e ainda hoje serve de espinha dorsal aos direitos trabalhistas brasileiros.

Cabe registrar uma diferença de modos de pensar a relação entre sociedade civil e Estado. O positivismo ortodoxo (Miguel Lemos, Teixeira Mendes e, menos enfaticamente, Benjamin Constant) sustentava o projeto de um Estado centralizante, racionalizador e, no limite, tutelar. O evolucionismo de tipo spenceriano (de um Sílvio Romero, por exemplo) pendia para o liberalismo clássico e acreditava na sabedoria da seleção natural que, mediante processos de concorrência, premiaria os mais capazes. Coerentemente: os positivistas ortodoxos queriam um presidente forte, um cérebro ativo na chefia do Estado; os evolucionistas, ao contrário, farão o elogio do parlamentarismo burguês com suas reformas espontâneas, lentas e graduais. Uns e outros, porém (e este é um signo da sua modernidade), propunham um modelo político que substituísse o do velho Império oligárquico e escravista.

Assim, voltando o nosso olhar para os anos cruciais de 1860-70, surpreenderemos um tom geral de inconformismo, uma ânsia de renovação, cujo alvo era desemperrar o regime monárquico: foi nesse clima que o novo liberalismo se gestou; e foi esse descontentamento que permitiu a filtragem ideológica diversificada das doutrinas europeias.

A Guerra de Secessão americana dividiu, também entre nós, os dois campos: ao passo que um Varnhagen, padroeiro da historiografia tradicional, mostrava simpatia pelos fazendeiros do Sul, Tavares Bastos e Perdigão Malheiro viam na luta do Norte e na figura de Lincoln exemplos de uma nova mentalidade que devia ser imitada. Neste, como em outros momentos de nossa história de ideias, as relações entre os centros de poder e as suas periferias merecem receber um tratamento que não as reduza às afirmações de tudo ou nada. Glosando uma hipótese de John Dewey sobre a formação da consciência pessoal, é possível dizer que os grupos culturais e políticos das nações dependentes não apenas sofrem como também escolhem e trabalham as influências dos polos dominantes do sistema.

O reformismo liberal, que vai em crescendo de 1868 em diante, resulta de um embate interno cujas variáveis econômicas e sociais já foram inventariadas: extinção do tráfico, problemas de escassez da força de trabalho, aumento do mercado, urbanização, migração... Ao mesmo tempo, cada um desses aspectos do sistema traz em si uma face internacional.

O confronto de nossas particularidades com o movimento da História mundial, nessa fase de ascenso do imperialismo, ora aponta para variantes de um *grande esquema de integração pós-colonial* (a que esteve sujeita a América Latina inteira), ora dá relevo a certos aspectos diferenciados, raciais e culturais, que são tomados como próprios da *nova formação nacional*. Este *nacional*, assim posto em evidência, pode ser abstraído — e potenciado — tanto pelos conservadores, que o adotam como bandeira tradicionalista (a *patria del criollo*), quanto, em registro oposto, pelos reformistas, que nele advertem um polo catalisador dos grupos descontentes: foi o nacionalismo radical dos jacobinos do fim do século; foi o nacionalismo crítico dos tenentes de 1922-30.

O nacionalismo conservador exprimiu-se de modo orgânico nos anos de apogeu do Império escravista: está nas páginas eruditas da *Revista do Instituto Histórico e Geográfico*; permeia a rica messe documental da *História Geral do Brasil* do visconde de Porto Seguro; e é o cimento mítico do romance indianista e colonial de José de Alencar.

No outro extremo, o nacionalismo reformista ou radical quer o progresso em termos de elevação do Brasil ao plano da civilização ocidental. Tavares Bastos prega uma política nacional de migração, defende a abertura do Amazonas à cabotagem internacional, o que de fato ocorre em 1866, ano em que também se instala o primeiro cabo transatlântico entre a Europa e o Brasil. Perdigão Malheiro, que militava com Tavares Bastos no Instituto dos Advogados, faz minucioso levantamento das leis antiescravistas decretadas nos Estados Unidos, na Europa e nas colônias inglesas, francesas e holandesas das Índias Ocidentais. O Brasil se tornaria uma grande nação quando se erguesse ao nível dos padrões internacionais. A retórica de José Bonifácio, o Moço, e de Castro Alves e Rui Barbosa, seus discípulos, irá na mesma direção, que já inclui lamentos e protestos contra a cumplicidade dos brasileiros no massacre dos negros. É o espírito de *Vozes d'África* e de *O navio negreiro*. Algumas atitudes políticas de d. Pedro II parecem indicar que, embora hesitantemente, ele passou do polo nacional-conservador para o polo nacional-reformista, guiado pelo religioso respeito que lhe inspiravam as culturas inglesa e francesa.

De resto, há coincidências expressivas que, muito provavelmente, são mais do que... meras coincidências. Um dos argumentos dos escravistas brasileiros era a comparação que faziam entre a vida do nosso cativo e as agruras que então sofriam os proletários europeus acorrentados a uma jornada de trabalho que ia de dezesseis até dezoito horas diárias. Assim pensava Alencar. Viu-se, páginas atrás, como um negociante do Rio de Janeiro se referia aos *escravos* das fábricas inglesas para melhor escarmentar *os philanthropists* que combatiam a instituição. É instrutivo seguir o discurso paralelo nos debates que se travaram na França de Luís Filipe entre os adversários e os propugnadores da escravidão colonial nas Antilhas. Os deputados da Martinica e de Guadalupe encareciam o bom trato dado aos negros nas suas ilhas e deploravam a má sorte dos operários dos subúrbios parisienses.

Estes, porém, cerraram fileiras e enviaram um abaixo-assinado à Assembleia desmascarando as razões dos representantes coloniais. O documento vem citado no belo prefácio que Aimé Césaire fez à reedição dos textos do abolicionista Victor Schoelcher. Vale a pena transcrevê-lo na íntegra:

Messieurs les Députés,

Les soussignés ouvriers de la capitale ont l'honneur, en vertu de l'article 45 de la Charte Constitutionnelle, de venir vous demander de bien vouloir, abolir, dans cette session, l'esclavage. Cette lèpre, qui n'est plus de notre époque, existe encore dans quelques possessions françaises. C'est pour obéir au grand principe de la fraternité humaine, que nous venons vous faire entendre notre voix en faveur de nos malheureux frères, les esclaves. Nous éprouvons aussi le besoin de protester hautement, au nom de la classe ouvrière, contre les souteneurs de l'esclavage, qui osent prétendre, eux qui agissent en connaissance de cause, que le sort des ouvriers français est plus déplorable que celui des esclaves. Aux termes du *Code Noir*, édition de 1685, articles 22 et 25, les possesseurs doivent nourrir et habiller leur bétail humain; il résulte des publications officielles faites par le ministère de la Marine et des Colonies, qu'ils se déchargent de ce soin, en concédant le samedi de chaque semaine aux esclaves. Ceux de la Guyane française n'ont même qu'un *samedi nègre* par quinzaine, contrairement aux défenses de l'article 24 du Code Noir et aux pénalités de l'article 26.

Quels que soient les vices de l'organisation actuelle du travail en France, l'ouvrier est libre, sous un certain point de vue, plus libre que les salariés défenseurs de la propriété pensante.

L'ouvrier s'appartient; nul n'a de droit de le fouetter, de le vendre, de le séparer violemment de sa femme, de ses enfants, de ses amis. Quand bien même les esclaves seraient nourris et habillés par leurs possesseurs, on ne pourrait encore les estimer heureux, car comme l'a si bien résumé M. le duc de Broglie, il faudrait autant dire que la condition de la bête est préférable à celle de l'homme, et que mieux vaut être une brute qu'une créature raisonnable. Fiers de la sainte et généreuse initiative que nous prenons, nous sommes sûrs que notre pétition aura de l'écho dans la noble patrie, et nous avons confiance dans la justice des députés de France.

Paris, le 22 janvier 1844.
Signé: Julien Gallé et 1505 signatures.[68]

Comenta Aimé Césaire: "Nesse dia de 22 de janeiro de 1844 é selada a aliança de dois proletariados: o proletariado operário da Europa, o proletariado servil das colônias".

Perdigão Malheiro, em *A escravidão no Brasil*, revela-se altamente informado dessa recente campanha abolicionista francesa, mencionando numerosas vezes os trabalhos de Victor Schoelcher (em especial a *Histoire de l'esclavage pendant les deux dernieres années*, 1847), de A. Cochin (*De l'abolition de l'esclavage*, 1861), de Wallon (*Histoire de l'esclavage dans l'Antiquité et dans les colonies*, 1847), além de relatórios oficiais editados pelas comissões parlamentares nos anos que precederam a abolição total nas colônias. A obra de Perdigão será, por seu turno, referência obrigatória para os argumentos abolicionistas de Joaquim Nabuco entre 70 e 80. Há, portanto, uma coerência interna no projeto reformista brasileiro, que soube incorporar, na sua justa medida, informações vindas de movimentos franceses e ingleses que de pouco o precederam. Essa ligação estreita com a Europa liberal não altera (antes, reforça) a solidez doutrinária da nova ideologia que se exprime no Parlamento e na imprensa.

Do outro lado, a reação do velho marquês de Olinda à questão formulada em abril de 67 pelo chefe de gabinete, Zacarias de Góis

240

("Convém abolir diretamente a escravidão?"), define o éthos agromercantil que ainda não morrera. Respondeu Araújo Lima: "Os publicistas e homens de Estado da Europa não concebem a situação dos países que têm escravidão. Para *cá não servem suas ideias*".[69]

Para o ultraconservador marquês a ideia da abolição gradual ainda soava, em 1867 (e apesar do apoio que lhe davam Pedro II e o presidente do Conselho), um eco de ideologias exóticas. No entanto, o processo já se fazia irreversível, "uma questão de oportunidade e de forma", como o governo respondera à comissão de intelectuais franceses que lhe pedira a extinção do trabalho servil. Os debates parlamentares em 1871 revelariam que o novo liberalismo não avançaria sem dobrar tenazes resistências.[70]

II

Convém agora voltar os olhos para a participação tardia, mas eficaz, dos que detinham os cordéis mais fortes da economia nacional: os fazendeiros do Centro-Sul.

À diferença das posições de Tavares Bastos, Nabuco, Rebouças, Rui Barbosa, Luís Gama, Patrocínio e Antônio Bento, a consciência social dos cafeicultores e de seus porta-vozes no Parlamento se constituiu lentamente e sempre colada a seus planos econômicos de curto ou médio prazo. Se o objetivo dos primeiros era emancipar o escravo o quanto antes, a meta dos últimos era, e foi coerentemente, passar do trabalho escravo para o livre em tempo hábil e sem maiores prejuízos. Se, a uma certa altura (1886-8), os esforços de todos se cruzaram, provocando a Lei Áurea, o sentido imanente das ações dos primeiros nunca se identificou com o das ações dos segundos.

Os abolicionistas queriam libertar o negro; os cafeicultores precisavam substituir o negro. Daí, a diferença de ritmo e de acento. Os abolicionistas aceleravam o processo, porque pensavam em aliviar o sofrimento do escravo; os fazendeiros retardaram quanto puderam a ação do Estado, pois só cuidavam do quantum de mão de obra que ainda lhes seria dado arrancar aos derradeiros cativos antes de despachá-los para o vasto mundo da pura subsistência ou do lúmpen.

As cautelas do Partido Republicano Paulista, que tanto indignaram Luís Gama, e a sua adesão de última hora só se compreendem à luz do contexto pragmático de onde saíram. Hoje, calados os louvores sem medida com que se exaltou a *lucidez* ou o *espírito moderno* dos fazendeiros do Oeste Novo, pode-se reconstituir com isenção os passos deveras prudentes dados pelos homens do café, desde a sua aberta recusa à Lei do Ventre Livre (os votos de Rodrigo Silva e Antônio Prado em 1871), até o seu ingresso no movimento já triunfante em 1887; então, o problema da força de trabalho já fora equacionado em termos de imigração europeia maciça subvencionada pelos governos imperial e provincial.

Os estudos de Conrad e Gorender, que ratificam, por sua vez, pontos de vista de Joaquim Nabuco e José Maria dos Santos, põem a nu a relutância dos republicanos paulistas, muito sensíveis nos anos 70 no que tocasse a medidas drásticas.

Em oposição aos liberais pós-68, como André Rebouças, que propunham o regime da pequena propriedade, a extinção imediata do trabalho compulsório e a modernização via indústria, os republicanos da grande lavoura centraram baterias no seu projeto de descentralização oligárquica. Cada província, de acordo com o espírito do Manifesto de 1873, deveria resolver, a seu modo e no tempo favorável, o problema da substituição do braço escravo. Nessa altura, o tráfico interprovincial ainda trazia levas consideráveis de negros do Nordeste para São Paulo, Rio de Janeiro e Minas Gerais.

> Em 1870, dizia-se na Assembleia Legislativa de São Paulo, que esta era a Província que menos deveria recear a diminuição de braços, pois aí estavam se concentrando todos os escravos do Norte do Império. Nessa ocasião, Paulo Egydio defendia a legitimidade do comércio de escravos, considerando-o "uma indústria muito legítima e consagrada entre nós". Manifestava-se contra a restrição dessa liberdade pela sobrecarga de impostos: meia sisa, impostos imperiais e municipais, gravando as vendas.[71]

A abolição, que para as províncias do Norte e Nordeste e para os profissionais urbanos poderia vir sem maiores traumas, não interessava ainda aos fazendeiros de São Paulo que apenas esboçavam os seus projetos de migração. Um dado de fato: até 1880 o governo provincial de São Paulo nada gastou com a vinda de braços europeus. Para os bandeirantes do café a ideologia conveniente parecia ainda ser a *beatitude physiocratica* que já irritava os primeiros defensores sistemáticos da indústria nacional. Estes, citando exemplos franceses e *yankees*. lutavam por uma política protecionista que escorasse a nascente indústria. Mas em vão. O café mantinha a primazia absoluta. A Associação Industrial clamava pela "proteção regeneradora das Leis do Estado, sem a qual elas irremediavelmente tombarão no abismo em que já tem-se afundado muitas das suas irmãs".[72]

Ao constituir-se, o Partido Republicano Paulista receava confundir as suas águas com a maré montante do novo liberalismo do qual, porém, recebera alguns apoios significativos, rescaldos da crise política de 1868. Mas para pôr as coisas no seu devido lugar, advertia a Comissão do Partido aos 18 de janeiro de 1872:

> Aproveitando-me da oportunidade, pedimos a vossa atenção e esforço no intuito de neutralizar os meios com que insidiosamente procura o obscurantismo, consorciado com a má-fé, desconceituar os sectários da democracia, apresentando-os como propugnadores de doutrinas fatais [sic] ao país. Entre as armas de que se têm servido há uma que, manejada com hábil pertinácia, pode chegar a seu alvo. Referimo-nos ao boato, adrede espalhado, de que o partido republicano proclama e intenta pôr em prática medidas violentas para a realização da sua política e para a abolição da escravidão [...] Cumpre não esquecer que, se a democracia brasileira consubstanciasse em suas reformas práticas semelhantes pensamentos, alienaria de si a maior parte das adesões que tem, e as simpatias que espera atrair. Sendo certo que o partido republicano não pode ser indiferente a uma questão altamente social, cuja solução afeta todos os interesses, é mister entretanto ponderar que ele não tem e nem terá a responsabilidade de tal solução, pois que antes de ser governo estará ela definida por um dos partidos monárquicos.[73]

A partir desse momento separavam-se em São Paulo a propaganda republicana e a campanha abolicionista. No Congresso Republicano de 73 as posições se aclaram e precisam:

> Se o negócio for entregue a nossa deliberação [diz o Manifesto de 18 de abril] nós chegaremos a ele do seguinte modo:
> 1º) Em respeito aos princípios da união federativa cada província realizará a reforma *de acordo com seus interesses particulares*, mais ou menos lentamente, conforme a maior ou menor facilidade na substituição do trabalho escravo pelo trabalho livre;

2º) Em respeito aos direitos adquiridos e para conciliar a propriedade de fato com o princípio da liberdade, a reforma se fará tendo por base a indenização ou resgate.[74]

Luís Gama protestou com veemência, mas a sua voz perdeu-se abafada por um silêncio constrangido. Essa seria a linha de neutralidade dos republicanos agrários, definida principalmente por Moraes Barros, Campos Salles, Francisco Glycerio, João Tibiriçá e Prudente de Moraes. O pragmatismo deste formulou-se de modo tático em sua intervenção parlamentar quando se discutia o Projeto Saraiva (em maio de 85), que resultou na Lei dos Sexagenários:

> Posso dizer, e creio que não serei contestado pelo representante da minha província; na província de São Paulo, especialmente no Oeste que é a sua parte mais rica e próspera, a questão principal não é a da liberdade do escravo. Os paulistas não fazem resistência, não fazem questão disto, do que eles fazem questão séria, e com toda razão, é da substituição e permanência do trabalho (*apoiados* de Antônio Prado, Rodrigo Silva e Martim Francisco), e desde que o governo cure seriamente de empregar os meios que facilitem a substituição do trabalho escravo, desde que facilite a aquisição de braços livres que garantam a permanência do trabalho, a conservação e desenvolvimento da sua lavoura, os paulistas estarão satisfeitos e não farão questão de abrir mão dos seus escravos, mesmo sem indenização, porque para eles a melhor, a verdadeira indenização está na facilidade de obter trabalhadores livres, está na substituição do trabalho.[75]

O texto, em sua pesada redundância, fala por si. A adesão franca à campanha abolicionista da parte dos paulistas do Oeste estava, pois, condicionada a um subsídio oficial que fosse bastante copioso para a obtenção dos braços livres. O subsídio veio em abundância: entre 87 e 88 chegariam aos nossos portos quase 150 mil imigrantes. Proclamada a República, sob o domínio do café, põe-se em marcha a *grande imigração*.

Resolvera-se o problema do trabalho assalariado. Mas não a questão do ex-escravo, a questão do negro. Para este, o liberalismo republicano nada tinha a oferecer. Foi o que logo perceberam os militantes do *novo liberalismo* que ainda se mantiveram fiéis à monarquia, Nabuco e Rebouças, cuja correspondência traz contínuas acusações ao novo regi-

244

me, *plutocrático*. Nabuco escreve a Rebouças, que se autoexilaria para a África no dia mesmo da proclamação da República:

> Com que gente andamos metidos! Hoje estou convencido de que não havia uma parcela de amor do escravo, de desinteresse e de abnegação em três quartas partes dos que se diziam abolicionistas. Foi uma especulação mais! A prova é que fizeram esta República e depois dela só advogam a causa dos bolsistas, dos ladrões da finança, piorando infinitamente a condição dos pobres. É certo que os negros estão morrendo e pelo alcoolismo se degradando ainda mais do que quando escravos, porque são hoje livres, isto é, responsáveis, e antes eram puras máquinas, cuja sorte Deus tinha posto em outras mãos (se Deus consentiu na escravidão); mas onde estariam os propagandistas da nova cruzada? Desta vez nenhum seria sequer acreditado [...] Estávamos metidos com financeiros, e não com puritanos, com fâmulos de banqueiros falidos, mercenários de agiotas etc.; tínhamos de tudo, menos sinceridade e amor pelo oprimido. A transformação do abolicionismo em republicanismo bolsista é tão vergonhosa pelo menos como a do escravagismo.[76]

Mas já em 1884 Nabuco percebia a oposição entre o reformismo agrário dos novos liberais e a política do latifúndio: "Estamos no reinado do café, e é o café que maiores embaraços levanta ao resgate dos escravos".[77]

Era também o pensamento de um mulato humilhado e ofendido pela *República do Kaphet*, Lima Barreto. Mas aqui já entramos em uma outra história: a história do negro e do mestiço depois da abolição. Quem a estudar deverá desfazer outro nó: não o que atou liberalismo e escravidão, mas o que ata liberalismo e preconceito.

8

SOB O SIGNO DE CAM

Quando o Segundo Reinado ia ao meio, o velho mas ainda robusto conservadorismo das oligarquias se vê desafiado por uma corrente progressista, impaciente com a estagnação política, defensora da indústria e do trabalho livre, confiante na democracia *yankee*, enfim desejosa de parear o Brasil com o nível dos centros capitalistas. Para esse movimento de ideias, que Joaquim Nabuco chamou de *novo liberalismo*, o mito do bom selvagem não tinha muito o que dizer. Era um símbolo de outros tempos, forjado pela cultura da Independência, e que só poderia sobreviver como assunto de retórica escolar. Aos olhos da nova geração, o futuro era a única dimensão a ser contemplada; e os poemas de Castro Alves diriam eloquentemente das esperanças postas no século *grande e forte*, segundo os epítetos do seu modelo, Victor Hugo.

Mas nos porões bafientos dessa casa que se queria moderna e escancarava as janelas para o *sol do porvir*, escondia-se um morto, ou melhor, um agonizante, que incomodava a uns e movia a indignação de outros: o cativeiro do negro.

Alencar ainda pudera fundir índio e português a golpes de folhetim ou no embalo da sua prosa lírica. Mas negro e branco riscavam-se em um xadrez de oposições sem matizes. E para uma ideologia crítica, qual imaginário?

Aquele vago sentimento de dissonância entre as figurações da América e da Liberdade, que já se advertia nos *Timbiras* de Gonçalves Dias, assume em Castro Alves e nos seus imitadores um espaço amplo de sentido e a dignidade de tema.

Um primeiro sintoma de mudança percebe-se no tratamento que a nova poesia dá às descrições da natureza americana; esta perde a condição de morada idílica do selvagem para tornar-se pano de fundo de cenas que a mancham. Uma poesia em que o hino à paisagem tropical serve de prelúdio à execração de uma sociedade indigna da moldura que a cerca, eis um índice forte de que o olhar cambiou de rumo e perspectiva. "Ao romper d'alva", "América" e o quadro da floresta pujante que abre "A cachoeira de Paulo Afonso" são poemas trabalhados no registro da contradição, pois dissociam francamente o mundo natural, visto como edênico, e o inferno social que a cupidez dos escravistas nele instaurou. É como se a tópica do paraíso americano se houvesse mantido com toda a exuberância de sons e cores com que a trataram Gonçalves Dias, Alencar e Varela, mas tão somente para produzir no leitor ainda romântico a estridência do contraste:

> *E as palmeiras se torcem torturadas,*
> *Quando escutam dos morros nas quebradas*
> *O grito de aflição.*
>
> ("Ao romper d'alva")

Creio que pela primeira vez em nossa literatura romântico-nacional seguiam linhas conflitantes de valor o sentimento da natureza e a visão da pátria. No final do poema "América" figura uma célula temática que seria desenvolvida com brio na composição do *Navio negreiro* e das *Vozes d'África*:

> *Ó pátria, desperta............................*
> *...*
> *Não manches a folha de tua epopeia*
> *No sangue do escravo, no imundo balcão!*

A nação brasileira é — enquanto terra de escravos — uma nódoa no cenário feito de ondas de luz, verdes matas, céu de anil. E o *retinir dos ferros do cativo* destoa da *imensa orquestra*, é um *som discorde e vil.*

A partir desta segunda maré liberal (e cada vez mais intensamente com as atitudes críticas da Escola do Recife, dos realistas e dos naturalistas), a fisionomia do Brasil iria perdendo aquele caráter de eterno viço tropical para deixar ver os sulcos de um povo carente, dividido em raças e classes. Basta olhar a galeria dos nossos inconformistas. De Tavares Bastos a Joaquim Nabuco, de Raul Pompeia a Euclides da Cunha, de Lúcio de Mendonça a Cruz e Sousa, de Luís Gama a Lima Barreto, de André Rebouças a Manuel Bonfim, a imagem da nação vai-se ensombrando de tal modo que o chamado ufanismo da belle époque, bem pesadas as coisas, seria antes resíduo da cultura oficial do que uma corrente fecunda de pensamento. No limiar da Segunda Revolução Industrial e da expansão imperialista, a ex-Colônia se olhava no espelho da civilização e, ao voltar-se para si mesma, doía-lhe a evidência do contraste.

Em 1868, ano do *Navio negreiro* e das *Vozes d'África*, a mazela mais deprimente, o nervo exposto, era a escravidão. Os porta-vozes das oligarquias preferiam tratá-la como se fora assunto exclusivo da ordem privada, matéria relativa ao instituto inamovível da propriedade. Assim a tematizara Alencar na sua comédia *O demônio familiar*, onde a alforria é concedida pelos senhores com a dupla função de punir o moleque intrigante, expulsando-o do aconchego patriarcal, e livrar a família de um motivo permanente de confusões e desgostos... Na sessão legislativa de 1871, o conselheiro José Martiniano de Alencar combateria o Projeto da Lei do Ventre Livre com argumentos de liberal ortodoxo, cioso da autonomia do paterfamílias perante o Estado imperial que estaria intervindo no círculo familiar a que, por direito de compra, pertencia o escravo. A criança filha de pais cativos deveria, segundo os apelos que o senador dirige aos seus pares, permanecer junto à mãe para ser melhor tutelada à sombra da senzala.

Os novos liberais, ao contrário, insistem em dar à causa a sua legítima dimensão pública. Os seus temas serão o trabalho, a liberdade e a cidadania.

No meio dos embates sobre a questão dos nascituros, que já se propõe por volta de 1866, cai o gabinete liberal de Zacarias por um ato legal, mas autoritário, de Pedro II. As oposições radicalizam o seu discurso tangenciando ideais democráticos. Fundam clubes e jornais, promovem atos de protesto em todo o país. Os estudantes de Direito da Academia de São Paulo convidam o jovem Castro Alves para declamar versos libertários. Por um feliz acaso, ele dirá, com enorme êxito, os poemas mais belos da sua pena abolicionista, *O navio negreiro* e *Vozes d'África*, escritos em São Paulo, o primeiro aos 18 de abril, o segundo aos 11 de junho.

Esta a circunstância pública que viu nascer um e outro texto, e seria purismo negar a sua presença ativa na qualidade oratória de ambos, que sem dúvida ganham em força quando lidos em voz alta e pontuados de gestos largos e expressivos. Se possível, diante de um auditório empático.

Por tudo isso, tocar com a mão a corrente da História parece uma experiência acessível a qualquer leitor dos poemas sociais de Castro Alves. Os políticos e ideólogos reformistas logo reconheceram no vate um pioneiro dos seus ideais: os testemunhos de Rui Barbosa e de Joaquim Nabuco afinaram, desde a década de 70, o diapasão de uma fortuna crítica entusiástica que iria em crescendo até Euclides da Cunha e Manuel Bonfim. No século XX militantes dos movimentos negros, como Édison Carneiro, e comunistas ortodoxos, como Jorge Amado, tomaram-no como precursor.

Vozes d'África e *O navio negreiro* foram compreendidos e amados como falas de rebeldia e, com certeza, uma abordagem da recepção de ambos confirma essa leitura. No entanto, o uso que gerações sucessivas de admiradores fazem de um poema está longe de exaurir os seus significados. Em alguns casos uma só descodificação, sempre reiterada, deixa na sombra a verdade de outras conotações igualmente válidas e capazes de dialetizar o sentido uniforme que o consenso estabeleceu.

O protesto e a denúncia expressos nos dois poemas são reais e vividos, e a sua eloquência mana da mais pura indignação. Mas qual a mira visada por aquelas estrofes de sangue, areia e fogo?

Se respondermos que tratam do sistema escravista, no seu aqui e agora, estaremos sendo pouco fiéis ao seu sentido imanente. Um objeto desse teor conviria, antes, ao poema brechtiano *avant la lettre* de Heinrich Heine, *Das Sklavenschiff*, que Augusto Meyer verteu com mão destra sob o título de "O navio negreiro". Começa assim:

> *O sobrecarga Mynherr van Kock*
> *Calcula no seu camarote*
> *As rendas prováveis da carga,*
> *Lucro e perda em cada lote.*
>
> *Borracha, pimenta, marfim*
> *E ouro em pó... Resumindo, eu digo:*
> *Mercadoria não me falta,*
> *Mas o negro é o melhor artigo.*
>
> *Seiscentas peças barganhei*
> *— Que pechincha! — no Senegal,*
> *A carne é rija, os músculos de aço,*
> *Boa liga do melhor metal.*

Em troca dei só aguardente,
Contas, latão — um peso morto!
Eu ganho oitocentos por cento
Se a metade chegar ao porto.

Se chegarem trezentos negros
Ao porto Rio de Janeiro (sic)
Pagará cem ducados por peça
A casa Gonzales Perreiro. (sic)[1]

Teria o nosso poeta conhecido a versão francesa em prosa do texto de Heine que saiu na *Revue des Deux Mondes*, bastante lida pelos intelectuais brasileiros do tempo? Augusto Meyer crê que sim. Mas acentua as diferenças de tom e de perspectiva que os estremam. Heine fala do comércio negreiro de modo objetivo, seco, escarninho; Castro Alves o faz com uma dicção oratória e patética.

A pergunta mais geral que este ensaio tenta responder incide sobre o modo de pensar a escravidão que enforma a poesia de Castro Alves. A diversidade apontada em relação a Heine serve de estímulo para colher o sentido íntimo de um texto sem conceder que a sua interpretação se ponha como já dada, de uma vez por todas, a partir das circunstâncias para as quais o poema foi escrito e declamado: no caso, a partir de um momento da campanha abolicionista.

Em outras palavras: suponho legítimo distinguir, para efeito de análise e compreensão do poema, a função histórica que este desempenhou, a sua fortuna política, e o seu dinamismo semântico interno.

Para tanto, faço a leitura de "Vozes d'África", poema irmão de "O navio negreiro", e que leva às últimas consequências um certo estilo trágico e mítico de tratar o fenômeno total do cativeiro.

VOZES D'ÁFRICA

Deus! ó Deus! onde estás que não respondes?
Em que mundo, em qu'estrela tu t'escondes
Embuçado nos céus?
Há dois mil anos te mandei meu grito,
Que embalde desde então corre o infinito...
Onde estás, Senhor Deus?...

Qual Prometeu tu me amarraste um dia
Do deserto na rubra penedia
*   — Infinito galé!*
Por abutre — me deste o sol ardente,
E a terra de Suez — foi a corrente
*   Que me ligaste ao pé...*

O cavalo estafado do Beduíno
Sob a vergasta tomba ressupino
*   E morre no areal.*
Minha garupa sangra, a dor poreja,
Quando o chicote do simoun *dardeja*
*   O teu braço eternal.*

Minhas irmãs são belas, são ditosas...
Dorme a Ásia nas sombras voluptuosas
*   Dos* haréns *do Sultão,*
Ou no dorso dos brancos elefantes
Embala-se coberta de brilhantes,
*   Nas plagas do Hindustão.*

Por tenda tem os cimos do Himalaia...
O Ganges amoroso beija a praia
*   Coberta de corais...*
A brisa de Misora o céu inflama;
E ela dorme nos templos do Deus Brama,
*   — Pagodes colossais...*

A Europa é sempre Europa, a gloriosa!...
A mulher deslumbrante e caprichosa,
*   Rainha e cortesã.*
Artista — corta o mármor de Carrara;
Poetisa — tange os hinos de Ferrara,
*   No glorioso afã!...*

Sempre a láurea lhe cabe no litígio...
Ora uma c'roa, ora o barrete-frígio
*   Enflora-lhe a cerviz.*
O Universo após ela — doudo amante
Segue cativo o passo delirante
*   De grande meretriz*
....
Mas eu, Senhor!... Eu triste abandonada

Em meio das areias desgarrada,
     Perdida marcho em vão!
Se choro... bebe o pranto a areia ardente;
Talvez... p'ra que meu pranto, ó Deus clemente!
     Não descubras no chão...

E nem tenho uma sombra de floresta...
Para cobrir-me nem um templo resta
     No solo abrasador...
Quando subo às Pirâmides do Egito
Embalde aos quatro céus chorando grito:
     "Abriga-me, Senhor!..."

Como o profeta em cinza a fronte envolve,
Velo a cabeça no areal que volve
     O siroco feroz...
Quando eu passo no Saara amortalhada...
Ai! dizem: "Lá vai África embuçada
     No seu branco albornoz..."

Nem veem que o deserto é meu sudário,
Que o silêncio campeia solitário
     Por sobre o peito meu.
Lá no solo onde o cardo apenas medra
Boceja a Esfinge colossal de pedra
     Fitando o morno céu.

De Tebas nas colunas derrocadas
As cegonhas espiam debruçadas
     O horizonte sem fim...
Onde branqueja a caravana errante,
E o camelo monótono, arquejante
     Que desce de Efraim...
....
Não basta inda de dor, ó Deus terrível!
É, pois, teu peito eterno, inexaurível
     De vingança e rancor?...
E o que é que fiz, Senhor? que torvo crime
Eu cometi jamais que assim me oprime
     Teu gládio vingador?!...
....
Foi depois do dilúvio... Um viandante,
Negro, sombrio, pálido, arquejante,
     Descia do Arará...

E eu disse ao peregrino fulminado:
"Cam... serás meu esposo bem-amado...
Serei tua Eloá..."

Desde este dia o vento da desgraça
Por meus cabelos ululando passa
O anátema cruel.
As tribos erram do areal nas vagas,
E o Nômada *faminto corta as plagas*
No rápido corcel.

Vi a ciência desertar do Egito...
Vi meu povo seguir — Judeu maldito —
Trilho de perdição.
Depois vi minha prole desgraçada
Pelas garras d'Europa — arrebatada —
Amestrado falcão!...

Cristo! embalde morreste sobre um monte...
Teu sangue não lavou de minha fronte
A mancha original.
Ainda hoje são, por fado adverso,
Meus filhos — alimária do universo,
Eu — pasto universal...

Hoje em meu sangue a América se nutre
— Condor que transformara-se em abutre,
Ave da escravidão
Ela juntou-se às mais... irmã traidora
Qual de José os vis irmãos, outrora,
Venderam seu irmão.
....
Basta, Senhor! De teu potente braço
Role através dos astros e do espaço
Perdão p'ra os crimes meus!...
Há dois mil anos... eu soluço um grito...
Escuta o brado meu lá no infinito,
Meu Deus! Senhor, meu Deus!!...

Para maior clareza de exposição convém desdobrar a análise do texto em três planos que no processo poético evidentemente se entre-cruzam: o plano da subjetividade (do sujeito e entre os sujeitos), o do tempo e o do espaço.

Quem são estas vozes que falam e a quem falam? Quando falam? De onde falam?

AS VOZES

Fazer o continente negro dizer-se, dar-lhe o registro de primeira pessoa, foi um passo adiante no tratamento de um tema que, pela sua posição em nosso drama social, tendia a ser elaborado como a voz do outro.

A prosopopeia (do gr. *prosopon* = lat. *persona*), pela qual a gente africana alcança o estatuto de um ser individual, de um *eu* narrante e imprecante, é a figura-chave que sustém as estrofes todas e as mantém imersas no mesmo clima tonal do começo ao fim do texto.

No curso da história cultural do Ocidente, esse procedimento se tornou um vezo na literatura política pós-1789, e sobretudo pós--napoleônica, que passou a ver os povos e as nações como entes vivos, orgânicos, pessoas coletivas em nome das quais o bardo român-tico deveria falar. Leia-se, por exemplo, "O século" de Castro Alves, onde tomam corpo e alma as nações oprimidas, a Polônia e a Suécia, a Hungria e o México. O nosso século, dizia Mazzini, é o século das nacionalidades.

A combinação de uma África arcana ("há dois mil anos...") com uma África-sujeito ("te mandei meu grito") é a novidade primeira do poema, e a sua força, pois dá ao pretérito mais obscuro e ao mito cerca-do de enigmas o poder magnético da presença imediata em que se re-solve todo ato de interlocução. A África é, desde sempre, um ser anima-do e, pela atualização do *eu* poético, um ser que tem consciência da sua identidade e da sua história.

Um leitor nada romântico, José Veríssimo, mesmo quando louva o poema, trai o seu distanciamento ao referir o processo mesmo da per-sonalização. Elogia a "eloquência da melhor espécie" de Castro Alves, mas nela acusa uma "idealização artística da situação do continente maldito e das reivindicações que o nosso ideal humano lhe atribui".[2]

A nota do crítico tende a desconstruir o que está construído liri-camente, isto é, a separar a situação da África e a voz do autor. Falando de "continente maldito", de um lado, e "nosso ideal humano", de ou-tro, José Veríssimo tentava desfazer analiticamente o grande impacto da enunciação do poema, que é aquele efeito de comunhão entre sujeito e objeto produzido pelos acordes da abertura. Da primeira à última palavra, a personificação é inscindível da subjetivação. O recorte feito a frio por um leitor prosaico não atinge o cerne do procedimento, e a humanização da África resiste na sua qualidade de conquista romântica: povo e poeta sofrem e imprecam em uníssono.

Tratando-se de uma operação de linguagem eminentemente projetiva, o enlace do *eu* com a raça estigmatizada se dá no coração mesmo do sujeito. O poeta que faz seus os brados de um povo amaldiçoado pelos deuses e pelos homens é também um ser maldito. Em "Ahasverus e o Gênio", Castro Alves já se identificara com a figura do precito, o *mísero Judeu*:

> *Sabes quem foi Ahasverus?... — o precito,*
> *o mísero judeu, que tinha escrito*
> *na fronte o selo atroz!*
> *Eterno viajor de eterna senda...*
> *Espantado a fugir de tenda em tenda*
> *Fugindo embalde à vingadora voz!*
> ....
> *O Gênio é como Ahasverus... solitário*
> *A marchar, a marchar, no itinerário*
> *Sem termo do existir.*

Fagundes Varela, em paráfrase ao *Childe Harold* de Byron, também já se reconhecera na figura do Judeu Errante que se tingia de tons melodramáticos no romance de folhetim de Eugène Sue. A introjeção de uma recusa existencial drástica vai fundo no poeta inglês e se verteu com brio na voz brasileira do nosso Varela:

> *É este enojo perenal, contínuo,*
> *Que em toda a parte me acompanha os passos,*
> *E ao dia incende-me as artérias quentes,*
> *Me aperta à noite nos mirrados braços!*
>
> *São estas larvas de martírio e dores*
> *— Sócias constantes do judeu maldito! —*
> *Em cuja testa, dos tufões crestada,*
> *Labéu de fogo cintilava escrito!!*
>
> *Quem de si mesmo desterrar-se pode?*

Aquele tom passional exacerbado, que nos parece peculiar à obra da segunda geração romântica, diferencia-se, mas não se esvai de todo na poesia trágica das "Vozes". A danação de uma raça pelos séculos dos séculos seria tratada nos versos de Castro Alves com certos acentos de titanismo que lembram Vigny ou Lord Byron: "Cam!... serás meu esposo bem-amado./ Serei tua Eloá...".

A semelhança não cancela a diferença, porém. Se nos pusermos à escuta do som mais fundo que sai destas vozes da África e do *eu* réprobos, ouviremos antes a súplica ou o clamor impotente do que o desafio prometeico. A impressão nos vem do silêncio do interlocutor. Os rogos da África e do poeta formam um todo, mas o seu destinatário é um *deus absconditus*. "Deus! ó Deus! onde estás que não respondes!/ Em que mundo, em qu'estrela tu t'escondes/ Embuçado nos céus?" A expressão de desespero diante de um Tu que se fecha surdo e mudo reitera-se no centro do poema ("Embalde aos quatro céus chorando grito [...]/ Escuta o brado meu lá no infinito,/ Meu Deus! Senhor, meu Deus!!...").

Nesse contexto soa como uma palavra de sarcasmo a invocação ao "Deus clemente" que, na oitava estrofe, não descobre as lágrimas da África que a areia ardente bebeu para sempre.

O TEMPO DA ORIGEM: A DANAÇÃO DE CAM

O destino do povo africano, cumprido através dos milênios, depende de um evento único, remoto, mas irreversível: a maldição de Cam, de seu filho Canaã e de todos os seus descendentes. O povo africano será negro e será escravo: eis tudo.

O poema incorpora a versão mítica da origem do cativeiro que é relatada no Livro do Gênesis. Transcrevo, em seguida, o passo bíblico fundamental onde a lenda encontrou sua formulação canônica:

> Os filhos de Noé, que saíram da arca, foram Sem, Cam e Jafé; Cam é o pai de Canaã. Esses três foram os filhos de Noé e a partir deles se fez o povoamento de toda a terra.
>
> Noé, o cultivador, começou a plantar a vinha. Bebendo vinho, embriagou-se e ficou nu dentro de sua tenda. Cam, pai de Canaã, viu a nudez de seu pai e advertiu, fora, a seus dois irmãos. Mas Sem e Jafé tomaram o manto, puseram-no sobre os seus próprios ombros e, andando

de costado, cobriram a nudez de seu pai; seus rostos estavam voltados para trás e eles não viram a nudez de seu pai. Quando Noé acordou de sua embriaguez, soube o que lhe fizera seu filho mais jovem. E disse:

> — *Maldito seja Canaã!*
> *Que ele seja, para seus irmãos,*
> *o último dos escravos.*

E disse também:

> — *Bendito seja Iahweh, o Deus de Sem,*
> *e que Canaã seja seu escravo!*
> *Que Deus dilate a Jafé,*
> *que ele habite nas tendas de Sem,*
> *e que Canaã seja teu escravo!*
>
> (Gênesis, 9,18-27)

A narração da Escritura prossegue dando o elenco das gerações de Cam, Sem e Jafé. "Camitas" seriam os povos escuros da Etiópia, da Arábia do Sul, da Núbia, da Tripolitânia, da Somália (na verdade, os africanos do Velho Testamento) e algumas tribos que habitavam a Palestina antes que os hebreus as conquistassem.

Alguns comentadores distinguem dois estratos na redação de Gênesis, 9, e leem a menção a Canaã ("Maldito seja Canaã") como uma substituição tardia de Cam, operada no texto quando as tribos de Israel conseguiram dominar os cananeus no tempo do rei Davi. As terras de Canaã, "filho de Cam", viriam a ser enfim a pátria do povo judeu; e os cananeus seriam excluídos da salvação messiânica para castigo de seus pecados (de luxúria, sobretudo), ao passo que os hebreus receberiam de Iahweh o direito de escravizá-los.

O Livro dos Juízes diz que os cananeus foram submetidos à corveia pelas tribos de Israel (Jz 1,29). Josué (17,10) reporta-se ao mesmo fato: "Os cananeus que habitavam Gazer não foram expulsos e permaneceram no meio de Efraim até o dia de hoje, *sujeitos a trabalhos forçados*". Logo, a origem do triste destino dos cananeus foi a guerra. O narrador de Gênesis, 9, teria criado um mito etiológico, calcado talvez na tradição do pecado original de Adão, para dar conta da instituição do cativeiro. O problema continua em pé e cabe aos exegetas a busca de sua solução, tanto mais que os cananeus eram... semitas.

Restaria, por outro lado, investigar como a maldição de Cam passou a ser atribuída a todos os africanos quando a expansão ultramarina portuguesa fez ressurgir a figura do escravo a partir do século XV.[3] Trata-se de uma pesquisa em torno da arqueologia das ideias a que apenas se pode acenar em um ensaio sobre a poesia social do nosso Castro Alves.

O fato é que se consumou em plena cultura moderna a *explicação* do escravismo como resultado de uma culpa exemplarmente punida pelo patriarca salvo do dilúvio para perpetuar a espécie humana. A referência à sina de Cam circulou reiteradamente nos séculos XVI, XVII e XVIII, quando a teologia católica ou protestante se viu confrontada com a generalização do trabalho forçado nas economias coloniais. O velho mito serviu então ao novo pensamento mercantil, que o alegava para justificar o tráfico negreiro, e ao discurso salvacionista, que via na escravidão um meio de catequizar populações antes entregues ao fetichismo ou ao domínio do Islão. Mercadores e ideólogos religiosos do sistema conceberam o pecado de Cam e a sua punição como o evento fundador de uma situação imutável.[4]

Pode parecer um caminho paradoxal, mas foi pela retomada do mito da danação que o vate libertário de 1868 deu forma poética às suas "Vozes d'África". O esquema construtivo que adotou dá as costas às tradições épicas das prosopopeias nacionais. Agora não há musas a invocar, há apenas um deus inacessível que, interpelado, se embuça e cala. A divindade hebraica se comporta como o Zeus vingador da religião olímpica, mas a vítima compartilha com Prometeu somente a sorte infeliz, não o orgulho do semideus consciente da sua bela aventura junto aos homens. Iahweh pune como Zeus, mas a África de Cam, contrariamente a Prometeu, baixa a cabeça e chora sem sequer merecer o consolo que ao titã acorrentado trouxeram as piedosas nereidas na tragédia de Ésquilo:

> *Qual Prometeu tu me amarraste um dia*
> *Do deserto na rubra penedia*
> *— Infinito galé!*
> *Por abutre — me deste o sol ardente,*
> *E a terra de Suez — foi a corrente*
> *Que me ligaste ao pé...*

Cerca de um mês antes da composição das "Vozes", Castro Alves escrevera o poema "Prometeu", em que o herói se ergue "inda arrogante e forte, o olhar no sol cravado,/ sublime no sofrer, vencido — não domado". Esses traços de resistência, que faziam de Prometeu a alegoria do povo, apagam-se em meio aos lamentos perdidos dos africanos. Aqui triunfa o absurdo de um castigo por uma culpa remota: daí a tragicidade da situação de um continente inteiro à mercê de uma cólera onipotente:

> *Não basta inda de dor, ó Deus terrível?!*
> *É, pois, teu peito eterno, inexaurível*
> *De vingança e rancor?...*
> *E o que é que fiz, Senhor? que torvo crime*
> *Eu cometi jamais que assim me oprime*
> *Teu gládio vingador?!*

Como aconteceu depois de consumada a mancha original de Adão e Eva, toda a descendência do pecador viria marcada pela queda. Em ambas as situações arquetípicas o pecado se identifica com o conhecimento do proibido. A nudez de Adão. A nudez de Noé. A nudez do pai. A nudez do patriarca. Com uma diferença, que afinal é tudo: não se dá remissão alguma para a estirpe de Cam. O novo Adão, como a teologia medieval chamou a Cristo, viria restabelecer a primeira aliança do Criador com a sua criatura, mas a maldição do filho de Noé não se resgataria jamais: narrada em um tempo mítico, permaneceu fora da História. Vigoram no domínio do arcaico os poderes cegos do inconsciente sobre aquela consciência dos próprios atos que torna homem o homem. A África ignora o motivo da sua pena: "E o que é que fiz, Senhor? que torvo crime/ Eu cometi jamais que assim me oprime/ Teu gládio vingador?!".

O efeito do anátema se reproduz de geração em geração, de tal modo que a sequência dos tempos, apesar de bem pontuada ao longo do poema (*Foi depois do dilúvio*; *desde este dia*; *vi a ciência desertar do Egito*; *vi meu povo seguir, depois vi minha prole desgraçada*), em nada altera a intensidade da maldição original. O tempo aberto e vectorial da História — quer na versão cristã da salvação, quer na versão leiga do progresso — não tem como penetrar nesse outro tempo mitológico, fechado em si, para o qual o Filho de Deus terá morrido em vão.

> *Cristo! embalde morreste sobre um monte...*
> *Teu sangue não lavou de minha fronte*
> *A mancha original.*

Ainda hoje são, por fado adverso,
Meus filhos — alimária do universo,
Eu — pasto universal.

Observe-se a contraposição: o apelo ao redentor (*Cristo!*) cai no vazio que representa o seu sacrifício impotente; mas a nomeação do destino (*fado adverso*) é o reconhecimento de um poder que séculos de cristianismo não puderam contrastar (*Ainda hoje...*). Confirma-se a hipótese de que um arcaísmo de perspectiva rege o poema todo. A admissão final da existência de uma culpa (*perdão p'ra os crimes meus!*) entra nessa lógica do terror que ainda procura algum sentido moral para o infortúnio de milhões e milhões de seres humanos. Mais eloquente do que as palavras fala a mudez da Esfinge colossal de pedra que fita o morno céu na entrada do deserto. A Esfinge não faz perguntas: ela é a pergunta.

O poeta está posto diante do Mal como absurdo, carência de sentido. A sua imaginação trabalha com materiais míticos, históricos e literários, que, apesar da sua aparência dispersiva, acabam incidindo, todos, no escândalo milenar da escravidão africana.

As estrofes que personificam os outros continentes têm muito de convencional, sem dúvida, mas obedecem à lógica interna do mito originário que concedia privilégios aos irmãos de Cam. A novidade, para nós, leitores dos românticos brasileiros, não está na figuração da Europa gloriosa nem na imagem da Ásia imersa em volúpias..., mas na acusação à América que, de pátria da Liberdade que era, se converteu em *irmã traidora, ave da escravidão*. O par de opostos América/Europa, construção do indigenismo exaltado, perde a sua função nacionalista e ingênua por força da nova consciência abolicionista, e é substituído pelo par África/América, no qual o primeiro é o oprimido, o segundo o opressor. Precisamente como no arroubado finale do "Navio negreiro".

Em "Vozes d'África" a oposição é tematizada no sentido de reatualizar a ideia de rejeição universal da gente negra, logo numa perspectiva mítica e trágica; em outro poema, escrito um ano antes da morte de Castro Alves, "Saudação a Palmares", o tom será outro, desafiante e rebelde, e o imaginário do *bandido nobre* anunciará uma visão revolucionária da história do negro afro-brasileiro; visão que nem o poeta pôde aprofundar, nem o nosso intelectual negro ou mestiço viria a assumir nas gerações que se lhe seguiram.

Nessa regressão a um tempo que percorre sempre o círculo traçado pelas origens entende-se a presença no poema de uma figura misteriosa, da qual não há menção na Bíblia: Eloá, invenção lírica de Alfred de Vigny. "Eloá ou la soeur des anges" é um *mystère* publicado em 1824. Eloá é um anjo que nasceu de uma lágrima derramada por Jesus quando chorou a morte de Lázaro, aquele a quem iria logo depois ressuscitar. Uma lágrima de pura compaixão subiu então aos céus e se transformou em mais uma encarnação do Eterno Feminino que desde o *Fausto* habita a fantasia do homem contemporâneo como símbolo de piedade infinita.

No poema de Vigny a misericórdia da mulher se volta para o mais belo dos arcanjos, Lúcifer. Do seu reino de treva ele a chama e lhe mostra a sua alma orgulhosa e nobre, "que chora sobre o escravo e o furta ao senhor". Eloá, atraída por Lúcifer, deseja salvá-lo e empreende uma perigosa viagem até a sua morada. Mas, em vez de redimi-lo, é ela que cai sob o seu domínio "J'ai cru t'avoir sauvé. — Non c'est moi qui t'entraîne".

Eloá, nascida embora de uma lágrima do Redentor, perde-se para sempre. Assim também a África, desposando o maldito, não encontrará remissão. Mito e poesia entram, nas "Vozes d'África", como formas de ler a história do cativeiro negro. E, à medida que o poema se fez conhecido e amado, ele começou a integrar essa mesma história, pois a imagem do real acaba sendo parte da realidade.

A IMAGEM DO DESERTO É FECUNDA

"A palavra *cão* não morde" — é um dos postulados da lógica moderna. Os caracteres do signo nada teriam a ver com o objeto designado, o que em última análise constitui uma renovada afirmação do teor convencional ou não natural da linguagem.

No extremo oposto, uma cerrada especulação estética que se desdobrou de Vico a Herder e dos românticos aos simbolistas postula o caráter fortemente motivado do signo verbal. Trata-se de uma antiga oscilação, já pensada luminosamente no *Crátilo* platônico, entre uma teoria da linguagem como convenção e uma teoria da linguagem por natureza.

Cruz e Sousa.

"— Tu és dos de Cam, maldito, réprobo, anatematizado!"

"Emparedado"

Lima Barreto.

"*E tive a sensação de estar em país estrangeiro.*"
Recordações do escrivão Isaías Caminha

O leitor de "Vozes d'África" depara-se em mais de uma estrofe com uma imagem obsessiva, a do deserto, que é coerente com a representação do cenário onde se desenrola a tragédia de Cam e da sua estirpe. O repetir-se monótono dessa figura responde a uma necessidade estrutural do poema, centrado na experiência de um tempo mítico no qual as origens não cessam de repropor-se. Uma composição que lembra, pela sua insistência temática, o *Bolero* de Ravel. Símbolo do desespero sem fim de todo um povo, a palavra *deserto* e os seus sinônimos e variantes estão saturados de motivação psicológica e moral.

O que impressiona, porém, quando nos acercamos do uso que Castro Alves faz do signo, não é tanto a sua correspondência íntima com o referente, nem o seu grau de expressividade alcançado pelo tom que rege o poema inteiro; o que causa admiração no leitor analítico é a riqueza de conotações que o poeta soube extrair de um símbolo estreitamente atado à ideia de esterilidade. Se a palavra *cão* não morde, tampouco a palavra *deserto* é infecunda...

A sua força de irradiação é tão ativa na semântica do poema que ultrapassa os confins atribuídos à morada dos filhos de Cam e penetra o espaço infinito do Tu. Os céus da divindade transformam-se em um cosmos ermo onde se perdem os gritos do continente: "Deus! ó Deus! onde estás que não respondes!". Os céus também estão desertos.

Mas é só na segunda estrofe que aparece a palavra. Vem associada, sob a forma de uma curiosa *contaminatio*, com o mito de Prometeu. Repare-se nos termos da homologia: Cam está para Prometeu como Iahweh para Zeus; a penedia do deserto para o rochedo do Cáucaso; o sol ardente para o abutre; o istmo de Suez para as algemas do titã. A grandiosidade das imagens talvez fira o nosso gosto contemporâneo, em geral mais intelectualizado: "Victor Hugo est le plus grand poète français, hélas!", queixava-se André Gide, e outro tanto dizia Mário de Andrade de Castro Alves. Mas o que aqui se contempla é a polivalência do signo. O deserto como instrumento do castigo divino.

Na terceira estrofe desenvolve-se um único símile: o cavalo do Beduíno cai morto no areal assim como a África sangra vergastada pelo simum. Quem brande o látego é a própria divindade: "o chicote do *simoun* dardeja/ O teu braço eternal". O deserto das "Vozes" é o Saara bíblico, e a percepção hebraica da paisagem africana domina toda a representação espacial do poema. Comanda os fios da História o Senhor do Velho Testamento, cioso da aliança com a gente de Israel e ao mesmo tempo vingador dos seus inimigos. A relação *Iahweb-África/(Cam)-deserto* reitera-se com novos matizes nas estrofes que se seguem à descrição da Ásia e da Europa.

Na oitava estrofe o deserto volta como o lugar do desgarramento, significado a que se junta uma conotação particularmente sádica: a areia em fogo bebe as lágrimas da vítima, "talvez... p'ra que meu pranto, ó Deus clemente, não descubras no chão...".

Já houve quem notasse, em relação ao verso que abre a estrofe seguinte, "E nem tenho uma sombra de floresta...", que o poeta reduziu um continente inteiro à sua faixa estéril, como se ignorasse que há regiões de imensas florestas no Centro e no Sul da África, zonas de onde também se arrancaram escravos para a América. O reparo concerne à geografia e à história do cativeiro, mas não afeta, antes ajuda a entender a partilha existencial e estética de Castro Alves. *Na poesia das "Vozes" era a metonímia que importava*, a parte pelo todo, o deserto pelo continente. A contração imaginária do espaço real permitiu que o *páthos* trágico prevalecesse e multiplicasse os seus modos figurais: o areal semelha a cinza que o profeta espalha na cabeça, é mortalha de pó que lembra o albornoz do beduíno, é sudário, é solo sáfaro onde mal vinga o cardo, é cenário de tribos errantes, é chão movediço do Nômada faminto.

A fantasia poética disseminada no texto inspirou-se no Velho Testamento, é certo, mas convém dialetizar a afirmação. Para os hebreus os longos anos de caminhada pelo deserto, entre a fuga do Egito e a chegada a Canaã, representam, como se lê no Livro do Êxodo, um tempo de provação, sofrido mas cheio de esperança. É o momento de passagem para a Terra Prometida, o lugar de encontro com o Deus que lhes dá o maná e sela com o seu povo o pacto da aliança. Moisés e Iahweh dialogam, face a face. No deserto de Cam não há promessa nenhuma de libertação, só agonia e ameaça de cativeiros futuros. Deus está ausente ou mudo.

No entanto, "Vozes d'África" e "O navio negreiro" deram o arranque à primeira campanha abolicionista em uma semicolônia de senhores e escravos chamada Brasil.

O EXÍLIO NA PELE

Afonso Henriques de Lima Barreto é o primeiro grande escritor mulato do Brasil que se formou depois do Treze de Maio.

A situação de intelectual discriminado pela cor e pela origem, nesse contexto pós-1888, deu-lhe uma perspectiva que não se confunde com a linha do horizonte divisada pelos abolicionistas. Ao contrário, acabou sendo o seu reverso. Luís Gama, André Rebouças e José do Patrocínio, militantes da geração que precedeu à de Lima Barreto, acreditavam lutar pela libertação de sua raça. Mas, na verdade, salvo algumas ideias gerais de Rebouças sobre uma futura democracia rural (que figurava também entre os projetos de Nabuco), pode-se dizer que o limite daquela generosa campanha foi, precisamente, o que veio a suceder no dia seguinte à Lei Áurea: *os escravos foram lançados à própria sorte.*

Como se deve entender, concretamente, essa última expressão? Extinto o regime legal do trabalho cativo, restaram às suas vítimas poucas saídas:

— ou a velha condição de agregado;

— ou a queda no lúmpen, que já crescia como sombra do proletariado branco de origem europeia;

— ou as franjas da economia de subsistência.

Interessa aqui a primeira alternativa pela qual os pobres livres obtinham favores aleatórios dos seus padrinhos. Era uma cadeia de relações sociais que vinha do Império e que deixara vincos fundos na alma do nosso intelectual mestiço ou negro. Dois exemplos fortes bastam: Machado de Assis e Cruz e Sousa, o maior romancista e o maior poeta do século XIX brasileiro, provaram, nos seus anos de infância e adolescência, os altos e baixos dessa condição de afilhados sem a qual, de resto, dificilmente teriam varado as barreiras da pele e da classe.

Depois do Treze de Maio, qual poderia ser a expectativa de negros e mulatos agregados, subproletários ou marginais?

Já não se sustentava historicamente o mito da redenção de um povo inteiro. Só se concebem esperanças de resgate coletivo quando se vive, ou se crê viver, um tempo grávido de promessas: é a espera messiânica de um dia que virá para tudo julgar, libertar, salvar. Mas, sobrevindo este *dia D*, é o presente que se impõe com o fardo das suas contradições.

Lima Barreto olhou na cara este seu presente, que foi a nossa República Velha. Como um observador que se sabe vencido mas não submisso à máquina social.

O que me parece admirável nas suas passagens de crítica ideológica é o igual distanciamento que soube manter em relação às duas forças que disputavam a primazia no regime recém-instaurado. Lima desconfiava tanto dos senhores do café quanto dos militares florianistas. O contexto atiçava paixões sectárias, e os intelectuais se alinhavam ora num ora noutro partido, dando à sua adesão um colorido geral nacionalista. Lima Barreto, não: "Uma rematada tolice que foi a tal república. No fundo, o que se deu em 15 de novembro foi a queda do partido liberal e a subida do conservador, sobretudo da parte mais retrógrada dele, os escravocratas de quatro costados".

E logo adiante: "Toda a nossa administração republicana tem tido um constante objetivo de enriquecer a antiga nobreza agrícola e conservadora, por meio de tarifas, auxílios à lavoura, imigração paga, etc.".[5]

Essa lucidez em face dos interesses que moviam a *República do Kaphet* voltava-se com a mesma pungência contra o lado oposto, a *solução* militarista, que a esfinge de Floriano encarna, pesadamente, no *Triste fim de Policarpo Quaresma*. E em torno do marechal ele entrevia a falange dos cadetes jacobinos; e por trás do marechal, arrastando-se, morna e estúpida, a burocracia fardada que se multiplica em todo o período.

O sátiro dos bruzundangas olhava de longe. Não poderia *engajar-se*, como via fazer Olavo Bilac, cantor pontual de um patriotismo infantojuvenil, ora negaceando ora coqueteando com a oligarquia, ou como fizera Raul Pompeia, tão arroubado nos seus ideais repúblicos que só alguns militares *sans peur et sans reproche* poderiam idealmente realizar.

Há um lugar social vivido conscientemente por Lima Barreto, que lhe dá peso e densidade própria e resiste a diluir-se nas práticas e nos discursos dominantes.

Desse observatório exerce também o seu olhar de crítico da cultura. Não o enganava a falsa oposição, tematizada na belle époque, entre cosmopolitismo e nacionalismo, degradados tantas vezes em formas subliterárias de grã-finismo e caboclismo. Ambos os epifenômenos, comuns a culturas de extração neocolonial, são objeto de recusa e enjoo por parte de um homem a quem já se rotulou de xenófobo quando, no entanto, bem se conhecem as suas simpatias pela Revolução Russa e, antes desta, pelo anarcossindicalismo.

Ele sabia que as incursões de Coelho Neto pelas falas da roça e até da senzala vinham sempre escoltadas por aspas. Faziam parte daquele *universo de citação* de onde os letrados exibem aos seus pares o domínio que exercem sobre o outro: o outro, subjugado e trazido ao palco do estilo. Lima Barreto sentia-se rigorosamente na pele desse outro, por isso o deprimia aquela mistura sertanejo-parnasiana de curiosidade, folclorismo e poder cultural. Era o pudor de quem prova em si a condição de objeto de um favor que a consciência moderna já tem como derrogatório.

Tampouco vejo *mesticismo* nacional nos seus romances. Entre as suas raríssimas personagens abertas ao humano universal há duas mulheres estrangeiras: Olga, filha de italianos, que soube respeitar até o fim e contra todos o quixotismo de Quaresma; e a imigrante russa Margarida, viúva de um mulato, avessa aos preconceitos que dobrariam Clara dos Anjos na obra homônima.[6] Afinal de contas, o seu nacionalismo (como o seu internacionalismo) era o dos pobres. As relações entre cultura e nação formulam-se em Lima Barreto sob um ângulo novo e, com certeza, progressista. Aqui se impõe a releitura do fecho de *Quaresma*. O anticlímax é devastador, não só em termos psicológicos, mas também como funeral de uma ideologia que o contacto com o real fizera esboroar.

O major está preso porque denunciara em carta ao marechal o massacre de alguns prisioneiros antiflorianistas. Solitário, no calabouço, vive a cruz da contradição:

E quando o seu patriotismo se fizera combatente, o que achara? Decepções. Onde estava a doçura de nossa gente? Pois ele não a viu combater como feras? Pois não a via matar prisioneiros, inúmeros?

A pátria que quisera ter era um mito; era um fantasma criado por ele no silêncio de um gabinete. Nem a física, nem a moral, nem a intelectual, nem a política que julgava existir, havia. A que existia de fato era a do Tenente Antonio, a do doutor Campos, a do homem do Itamarati.

E bem pensando, mesmo na sua pureza, o que vinha a ser a Pátria? Não teria levado toda a sua vida norteado por uma ilusão, por uma ideia ao menos sem base, sem apoio, por um Deus ou uma Deusa cujo império se esvaía? Não sabia que essa ideia nascera da amplificação da crendice dos povos greco-romanos de que os ancestrais mortos continuariam a viver como sombras e era preciso alimentá-las para que não perseguissem os descendentes? Lembrou-se do seu Fustel de Coulanges... Lembrou-se de que essa noção nada é para os Menenaná, para tantas pessoas... Pareceu-lhe que essa ideia como que fora explorada pelos conquistadores por instantes sabedores das nossas subserviências psicológicas, no intuito de servir às suas próprias ambições [...] Certamente era uma noção sem consistência racional e precisava ser revista.

Curiosamente, a mesma certeza de *historicidade* vigente no conceito de pátria iria levar um certo pensamento centralizador a compor — ao longo da República Velha — uma figura orgânica, positiva, de Estado-Nação. Para esse limite convergem, por exemplo, os planos de salvação nacional de Alberto Torres, Oliveira Viana e Azevedo Amaral. Mas em Lima Barreto o que anima a reflexão sobre nacionalismos e patriotismos é o sentimento do relativo, do precário, do manipulável, que tais noções contêm e, mais do que tudo, é o temor de uma ideologia servil à tirania armada que o fanatismo engendra. Há, por isso, um alcance libertário no desabafo de Policarpo, capaz de acusar no seu discurso *os conquistadores* e *as nossas subserviências psicológicas.*

Nem *mesticismo* nem nacionalismo de Estado, ao menos nos termos em que este acabou sendo construído pelos críticos antiliberais da Constituição de 1891. No ataque à sociedade do Brasil-República, a experiência pessoal de Lima Barreto e a sua admiração pelas vertentes revolucionárias da Europa deram-lhe acesso a um ângulo independente de visão.

Procuro agora a outra ponta do dilema. Se toda exploração literária do pobre, do mulato, do caboclo, do *nosso povo*, o constrangia, de igual modo o irritava a sua contraparte, fatal nas burguesias periféricas, que é o mimetismo de modas e signos comprados aos centros de prestígio.

O homem de cultura, pobre mas já livre havia duas gerações, sofre mal a tutela do rico em quem reconhece um travo de menosprezo, e se desgosta ao ver o servilismo com que o rico lambe os pés do mais rico. Daí, os rasgos de impaciência de Lima ao surpreender, a cada passo, o fetiche do estrangeirismo que medusava o Rio do seu tempo. Na hierarquia de posições, onde se recobriam e ajustavam dinheiro, status e raça, só aquele que ocupava o último degrau conseguia ver, de baixo, os avessos de uma prática dependente.

Mas doía nele um desejo de que a sua palavra de escritor, rompendo com os vezos florais da época, fizesse obra de transparência absoluta. A luta pela autenticidade da expressão, a ser conquistada custasse o que custasse, o compelia a desfazer, a partir da ética individual, o nó que lhe armavam o gosto e os preconceitos do seu tempo. Sabe-se o quanto os seus textos de ficção se modelaram sob o fogo da autoanálise. Um discurso confessional, sem reservas nem perífrases, toma corpo desde a abertura das *Recordações do escrivão Isaías Caminha*: "A tristeza, a compressão e a desigualdade de nível mental do meu meio familiar agiram sobre mim de modo curioso: deram-me anseios de inteligência. Meu pai [...]".

A confissão do narrador transcende o caso singular. É testemunho e comentário de situações típicas. É preciso voltar à constatação inicial. Não se desenhava para o escritor negro ou mulato pós-88 o mesmo futuro ideal a que visavam os militantes filhos de escravos nos decênios de 70 e 80. A arena passara da senzala ao mercado de trabalho. O jovem Isaías, nem bem lançado fora da placenta familiar, se quebra na cidade grande contra um meio hostil:

> Achei tão cerrado o cipoal, tão intrincada a trama contra a qual me fui debater, *que a representação de minha personalidade na minha consciência se fez outra, ou antes, esfacelou-se a que tinha construído.* Fiquei como um grande paquete moderno cujos tubos da caldeira se houvessem rompido e deixado fugir o vapor que movia suas máquinas.

O texto é a metáfora da condição do intelectual mestiço ou negro que se percebe ao mesmo tempo livre e confinado. Onde quer que vá, Isaías sente-se como que exilado sob a cor da pele. As suas qualidades pessoais, os momentos em que poderiam brilhar a sua inteligência e encanto aparecem como "tufos vivos, profusamente iluminados", mas perdidos naquela paisagem fosca e baça contemplada da janela do trem que leva o mocinho pobre para a capital: são apenas *rebentos de vida numa pele doente*.

A pele, figura da identidade, área de fronteira entre o olhar do outro e o espaço íntimo, vai repontar em outro contexto. Isaías, desde que conseguira o lugar de contínuo em um jornal carioca, não se arrisca a sair da sua nova casca, pois teme recair na anomia do limbo social: "Tinha atravessado um grande braço de mar, agarrava-me a um ilhéu e não tinha coragem de nadar de novo para a terra firme que barrava o horizonte a algumas centenas de metros. Os mariscos bastavam-me e os insetos já se me tinham feito grossa a pele...". Aqui é o social que recobre a carne com as escaras deixadas pela luta cotidiana.

Em um episódio anterior, Isaías, vendo recusados sem motivo aparente os seus pedidos de emprego, entrara em si com o sentimento de viver em estado de sítio: "E tive a sensação de estar em país estrangeiro".

Trabalhando com um imaginário mais complexo e em um tom mais vibrante, Cruz e Sousa dissera a mesma sensação de estranheza no "Emparedado", escrito poucos anos antes das *Recordações*.

Para o poeta simbolista, o problema se formulava em termos da situação do *artista negro*, ao qual o subdarwinismo da época negava a possibilidade de subir ao nível da inteligência criadora. Na linguagem febril do "Emparedado", a tragédia do intelectual negro se localiza no bojo de uma cultura ainda informe, como a brasileira, que se dobra à *ditadora ciência de hipóteses*.

O racismo evolucionista, enquanto relegava o negro a uma posição inferior na escala do gênero humano, fez as vezes do mito de Cam *racionalizado* e introjetado mundialmente entre os fins do século XIX e a Primeira Guerra Mundial:

Nos países novos, nas terras ainda sem tipo étnico absolutamente definido, onde o sentimento d'Arte é silvícola, local, banalizado, deve ser espantoso, estupendo o esforço, a batalha formidável de um temperamento fatalizado pelo sangue e que traz consigo, além da condição inviável do meio, a qualidade fisiológica de pertencer, de proceder de uma raça que a ditadora ciência d'hipóteses negou em absoluto para as funções do Entendimento e, principalmente, do entendimento artístico da palavra escrita.

Deus meu! por uma questão banal da química biológica do pigmento ficam alguns mais rebeldes e curiosos fósseis preocupados, a ruminar primitivas erudições, perdidos e atropelados pelas longas galerias submarinas de uma sabedoria infinita, esmagadora, irrevogável!

Mas que importa tudo isso? Qual é a cor da minha forma, do meu sentir? Qual é a cor da tempestade de dilacerações que me abala? Qual a dos meus sonhos e gritos? Qual a dos meus desejos e febre?

....
— Tu és dos de Cam, maldito, réprobo, anatematizado!

("Emparedado", prosa final das *Evocações*)

Uma vez mais e por vias transversas cinde-se o mito unificador da nação brasileira, vindo à luz da consciência infeliz a imagem de suas fraturas de raça e de classe.

Tanto no poema em prosa de Cruz e Sousa quanto em numerosas passagens fracionais e críticas de Lima Barreto pode-se admirar a ação de uma inteligência aguda, capaz de afrontar os dogmas do imperialismo racial.[7]

Ambos arrancam das entranhas da própria condição de escritores pobres e marginais uma rara lucidez contraideológica. Estava se formando, no período, uma cultura de resistência (estimulada, em Lima Barreto, pelo contacto com grupos anarquistas e socialistas): um ideário que em nada condizia com a visão oficial e amena da República nascente.

O Treze de Maio não é uma data apenas entre outras, número neutro, notação cronológica. É o momento crucial de um processo que avança em duas direções. Para fora: o homem negro é expulso de um Brasil *moderno*, cosmético, europeizado. Para dentro: o mesmo homem negro é tangido para os porões do capitalismo nacional, sórdido, brutesco.

O senhor liberta-se do escravo e traz ao seu domínio o assalariado, migrante ou não. Não se decretava oficialmente o exílio do ex-cativo, mas este passaria a vivê-lo como um estigma na cor da sua pele.

9
A ARQUEOLOGIA DO ESTADO-PROVIDÊNCIA
Sobre um enxerto de ideias de longa duração

Em memória de João Cruz Costa

A significação do positivismo na história do Brasil ultra-passa os limites da história de um sistema filosófico.
Otto Maria Carpeaux, "Notas sobre o destino do positivismo", in *Rumo*, 1, 1943

toda ação principia mesmo é por uma palavra pensada
Guimarães Rosa, *Grande sertão: veredas*

Em um capítulo da sua obra sobre o atraso econômico pensado em escala mundial, Alexander Gerschenkron trabalha a questão das ideologias que atuaram nos processos de desenvolvimento nacional posteriores à Revolução Industrial inglesa. A sua hipótese é fecunda. Teria havido, em cada caso, uma dinâmica peculiar de valores capaz de acelerar o passo da formação social retardada; e as teorias que integraram esse conjunto de fatores desencadeantes variaram de acordo com a constelação cultural de cada nação que cruzou o limiar da modernização.[1]

Na França de Napoleão III quase todos os empresários que lograram exercer uma influência econômica duradoura pertenciam a um grupo bem definido: não eram bonapartistas, mas "socialistas" sansimonianos. O utopista francês, de que Augusto Comte foi discípulo e secretário entre 1817 e 1824, idealizava a sociedade do futuro como uma espécie de Nação-Estado corporativa na qual os líderes da indústria assumiriam funções políticas de relevo. O termo *développe-ment* no sentido forte de progresso material e social já comparece em Saint-Simon e no jovem Comte. Para estabelecer o sistema seria indispensável instaurar uma economia planejada que regulasse o desenvolvimento da nação como um todo. A Lei interviria, se preciso, até o limite de abolir o instituto da herança, um dos maiores óbices criados ao progresso por manter privilégios individuais em detrimento da solidariedade social. Os industriais e os seus financiadores seriam os missionários de um novo credo, que Saint-Simon julgava ainda cristão, e pelo qual "as classes mais numerosas e sofredoras" seriam incorporadas e protegidas pela sólida união de Indústria e Governo. Quanto aos ganhos pecuniários que a produção trouxesse para o capital, poderiam ser redimidos de qualquer mancha egoísta pela instituição de uma *sociedade altruísta*, termo cunhado então, para designar um regime próspero e distributivo. A recompensa do mérito iria para os fortes; a assistência benévola, para os fracos. Nascia, deste modo, o ideal reformista do Estado-Providência: um vasto e organizado aparelho público que ao mesmo tempo estimula a produção e corrige as desigualdades do mercado.

Da ortodoxia econômica Saint-Simon e Comte só aproveitariam o conselho de manter sempre em equilíbrio a balança da receita e despesa do Estado; mas, em oposição ao liberalismo dominante na época, ambos aspiravam à vigência de forças morais e políticas capazes de retificar a "licenciosidade" e o "empirismo industrialista". O capitalismo na França começava, portanto, a autorregular-se mediante um projeto de aliança dos empresários com um Estado previsor e provedor, traçando um caminho em parte distinto do capitalismo inglês, cujos impasses foram sendo contornados pela pressão sistemática dos trabalhadores organizados nas *trade unions*. O sansimonismo, que atraiu a burguesia industrial de formação politécnica, adotou uma estratégia reformista que seria inviável sem a participação direta do aparelho estatal.

As inspirações religiosas do credo industrialista encontraram sua expressão na *Nova Cristandade* de Saint-Simon, que o Comte criador de outra seita não perfilharia, apartando-se do mestre. Um dado pitoresco mas significativo: pouco antes de sua morte, Saint-Simon instou junto a Rouget de Lisle, o já então idoso autor da *Mar-*

seillaise, para que compusesse um novo hino, uma Marselhesa Industrial. Rouget aquiesceu. Neste hino os homens que ele outrora chamara *enfants de la patrie* chamam-se agora a si mesmos *enfants de l'industrie*, os verdadeiros nobres que assegurariam a felicidade universal "espalhando as artes e submetendo o mundo às pacíficas leis da indústria". Comenta Gerschenkron: "Não há notícias de que Ricardo tenha inspirado a alguém a mudança do *God save the King* em *God save Industry*".[2]

Do caso francês passa o autor a analisar a modernização alemã. Nesta, os valores solicitados a catalisar o projeto capitalista não se inspiraram na tradição republicana dos ideais de 89, mas, como se sabe, na mística nacionalista. Friedrich List, economista de peso, converteu o discurso empresarial de Saint-Simon na linguagem de um poder público centralizador de que Bismarck seria o paladino. O caminho alemão passou pelo protecionismo oficial à indústria. Foi nessa Prússia entre moderna e autoritária que se adotou, pela primeira vez, o termo que conheceria uma longa fortuna: Estado de bem-estar, *Wohlfahrstaat*.

Enfim, o marxismo teria induzido na Rússia pré-revolucionária dos anos 90 um consenso favorável à industrialização pesada, via Estado imperial, que se concretizou plenamente quando o bolchevismo subiu ao poder e se pôs a forjar com mão de ferro a economia soviética.

Os exemplos da França, da Alemanha e da Rússia servem ao historiador para ilustrar a sua tese: o desenvolvimento técnico e econômico das nações europeias não foi um subproduto automático da Revolução Industrial, pois dependeu também de fatores ideológicos e, em senso lato, culturais. Foram modos de pensar diferenciados que se puseram em confronto com situações arcaicas, pré-industriais, peculiares a cada formação. Desse jogo de forças modernizantes e tradicionais, situado no tempo e no espaço, teriam resultado estilos nacionais de desenvolvimento.

Em que medida certos ideais positivistas constituíram a arqueologia da modernização brasileira, tal como se deu, promovida por um Estado centralizador? É a pergunta a que este ensaio tenta responder.

O MOLDE POSITIVISTA NO BRASIL

Os estudos pioneiros de Cruz Costa e Ivan Lins narraram as vicissitudes do Apostolado Positivista no Rio de Janeiro e as posições dos seus dois sacerdotes, Miguel Lemos e Teixeira Mendes, entre o ocaso do Império e os primeiros anos da República.[3] Foram pelo menos duas décadas de intensa militância comtiana que, porém, não tardou a romper as suas relações com a direção francesa do movimento então representada por Pierre Laffitte.

O motivo da ruptura é edificante e merece análise, pois não se resume em mais um episódio bizarro e avulso como tantos outros que compõem o anedotário positivista de nossa crônica filosófica. Miguel Lemos discordou da conivência de Laffitte com um correligionário brasileiro, dr. Ribeiro de Mendonça. Este, fazendeiro no vale do Paraíba e dono de escravos, transgredira o princípio do mestre que condenava a instituição do cativeiro. Miguel Lemos o advertiu e houve por bem excluí-lo do Apostolado. Mas Laffitte, consultado, preferiu tomar uma atitude conciliante, o que indignou os ortodoxos provocando afinal a dissidência do núcleo brasileiro em 1883.

No fogo dos embates Miguel Lemos e Teixeira Mendes publicaram um opúsculo que reunia todos os textos abolicionistas de Comte fazendo-os preceder de uma dedicatória a Toussaint Louverture, o herói da insurreição negra nas Antilhas francesas.

O antiescravismo dos nossos ortodoxos sempre combinou os seus argumentos com a propaganda do regime republicano adotando para ambas as causas o mesmo discurso de crítica ao imobilismo do Império. A monarquia, segundo o mestre de Montpellier, ainda se achava presa às fases teológica e metafísica da História, as quais deveriam, por obra de leis inderrogáveis inscritas na própria natureza das coisas, ser ultrapassadas pela fase positiva. Sociedade industrial, já não mais feudal nem militar, trabalho livre e ditadura republicana constituiriam o novo sistema.

O Apostolado, que se manteve sempre ao largo dos partidos políticos, ganhou alguma audiência no interregno florianista, quando a falange dos cadetes discípulos de Benjamin Constant, ditos "jacobinos", ainda pôde intervir na condução do Estado. Mas, consolidada a presença paulista nos governos de Prudente de Moraes e Campos Salles, e graças à hegemonia do liberalismo nos anos que precederam a Guerra

Mundial, o positivismo, enquanto seita, viu reduzido o seu campo de influência. Daí, os limites cronológicos que lhe impõem os seus historiadores fixando-os em torno de 1900.

O lado excêntrico da Igreja Positivista com as suas vestes talares, o seu calendário paralelo e as suas intervenções tópicas — contra a vacina obrigatória, contra a "pedantocracia" nacional que exigia diplomas profissionais — substituiu, em geral, a tarefa de pesquisar um fenômeno mais enraizado que Cruz Costa reconheceu como a persistência de uma doutrina difusa na República Velha e, quem sabe, no Brasil político que a sucedeu.

Dizia Cruz Costa retomando observações de Carpeaux: "Se o positivismo é ainda, como as outras doutrinas, produto de importação, nele há, no entanto, traços que revelam a sua mais perfeita adequação ao condicionalismo da nossa formação, às realidades profundas do nosso espírito".[4]

De qualquer maneira, a opinião de que a fase áurea do positivismo no Brasil se encerrara com a vitória do regime republicano ganhou foros de verdade consabida.

No entanto, os trabalhos de fôlego de Sérgio da Costa Franco e de Joseph Love e a recente erudição universitária gaúcha vêm reestudando com brio a questão da modelagem mental do positivismo no Rio Grande do Sul até 1930. A nossa historiografia política começa a aclarar os modos pelos quais um ideário importado (teria havido algum que não o fosse?) pôde nutrir uma ideologia de longa duração capaz de legitimar a ação intervencionista do poder público em um contexto local e, depois da Revolução de Trinta, nacional.[5]

Este ensaio visa a contemplar os processos de escolha, filtragem e ajuste pelos quais a inteligência "colonizada" é capaz de levar adiante um projeto econômico e ideológico.

Tudo começa no tempo do abolicionismo.

O episódio da cisão que o Apostolado operou em 1883, rejeitando a autoridade mundial de Laffitte, despertou minha atenção quando me pus a estudar o gradiente ideológico do nosso abolicionismo.[6] As diferenças entre as expressões cautas e dilatórias dos republicanos de São Paulo em face da *questão servil* e as reações varonis dos propagandistas ligados, direta ou indiretamente, aos núcleos positivistas do Rio de Janeiro e do Rio Grande do Sul, se afiguraram, desde o início, objetivas e coerentes com os interesses e as vontades políticas dos grupos em questão.

277

Os republicanos que fizeram a Convenção de Itu e criaram o partido em São Paulo eram cafeicultores ou bacharéis envolvidos no sistema agroexportador. O seu objetivo, sempre reafirmado, era assegurar o uso da mão de obra escrava até o momento em que a imigração europeia a substituísse. Para o caso de a política imperial os colher de surpresa e decretar a abolição, eles pleiteavam um ressarcimento pelos danos que a alforria geral acarretasse aos seus negócios. Nabuco os chamava, sem rebuços, de "cafezistas".

Os republicanos do Rio, quer positivistas ortodoxos (Miguel Lemos, Teixeira Mendes), quer seus simpatizantes (Quintino Bocayuva, Benjamin Constant, Silva Jardim, Lopes Trovão, Raul Pompeia), eram profissionais liberais que militavam nas suas áreas, como o Exército, a Escola e a Imprensa: homens de doutrina que viam com desconfiança as manobras evasivas dos homens do café.

Por algum tempo unidos na luta antimonárquica, os dois grupos não eram farinha do mesmo saco. Até mesmo o positivismo de alguns porta-vozes da oligarquia cafeeira foi-se revelando heterodoxo, se não atípico, colorindo-se de matizes evolucionistas. Cruz Costa e Raymundo Faoro entreviram com perspicácia a vigência de um "spencerismo paulista". Pesquisas recentes confirmam a justeza da expressão mostrando a presença forte de Darwin, Haeckel e Spencer no discurso dos médicos republicanos, como Miranda Azevedo e Pereira Barreto, que atuaram na política do estado paulista jurando pela cartilha da livre concorrência de que resultaria a seleção natural dos mais aptos.[7]

A oposição, não só teórica mas política, entre spencerismo e comtismo explode com todo o ardor polêmico na pena de Sílvio Romero, cujo panfleto *Doutrina contra doutrina* (1891) ataca frontalmente os positivistas gaúchos, que ele reputava tão indesejáveis quanto os jacobinos e os socialistas, ao mesmo tempo que louva a industriosa "democracia paulista" em nome dos princípios do evolucionismo. A história da República Velha até 1930 ensina que esse contraste não se reduzia aos humores de Sílvio Romero, mas tinha muito a ver com os grupos políticos do Brasil real.

Na questão do escravo, Sílvio Romero, embora abolicionista, julgara precipitada a ação do Estado que promulgou a Lei Áurea. Adotando o lema darwiniano de que "a natureza não faz saltos", o crítico sergipano preferiria que se tivessem deixado em liberdade as forças em conflito do qual adviriam *naturalmente* as soluções corretas para salvar o "organismo nacional".

A posição contrária, assumida por Miguel Lemos, Teixeira Mendes, Júlio de Castilhos e os ortodoxos gaúchos, encarecia o caráter *superorgânico* da sociedade, onde os mais sábios, elevados a conselheiros do Executivo, deveriam interferir para orientar e, se preciso, retificar o curso das ações humanas. Para Comte a escravidão colonial não era fruto da evolução biológica da espécie, mas uma "anomalia monstruosa" que deveria ser extirpada. Ao Estado republicano caberia fazê-lo.

Coerentemente, o núcleo positivista do Rio de Janeiro rejeitou, desde o primeiro momento, as propostas de ressarcir os senhores cujos escravos fossem alforriados por efeito de lei. Indenizar significaria admitir publicamente os direitos de propriedade de um homem sobre o outro. Os africanos, estes sim, é que mereceriam plena compensação pelos séculos de trabalho forçado a que os submetera a colonização europeia na América.[8]

Já em texto publicado em *A Gazeta da Tarde*, de 8 de outubro de 1880, Teixeira Mendes exprimia seu solene descaso pela "ruína possível de um punhado de escravocratas" e defendia um projeto de abolição imediata.

No contexto gaúcho lançava Júlio de Castilhos as *Bases* do programa dos candidatos republicanos reunidos no Segundo Congresso partidário (1884), onde se exigia a abolição imediata e pronta, *sem indenização.* Em artigo saído em 30 de julho do mesmo ano, Castilhos procurava desmascarar os argumentos economicistas dos senhores de escravos:

> Os cegos supõem que a nossa riqueza está ligada à força do braço escravo. O braço que não é livre, não tem força. Um país de doze milhões de habitantes que faz a sua riqueza depender do trabalho único de um milhão e meio de desgraçados cativos, é uma nação de ínfima ordem. O Rio Grande do Sul não deve esperar pela futura lei, precisa antecipar-se, como o fizeram Ceará e Amazonas. *Abolição completa da escravidão na pátria brasileira!*[9]

A coesão doutrinária do Apostolado e dos repúblicos gaúchos invalida as afirmações de Sérgio Buarque de Holanda sobre o respeito que os positivistas teriam sempre demonstrado pelo direito de propriedade.[10] Teixeira Mendes diria incisivamente: "A civilização moderna não pode manter, em relação à propriedade, os princípios que dominavam na sociedade antiga. O *bem geral* é a lei suprema das nações, e todas as instituições humanas devem se basear na moral e na razão".[11] Propõe, em seguida, um esboço de legislação trabalhista que, "para a época e para as condições locais, era verdadeiramente revolucionário".[12]

Nessa altura, os cadetes da Escola Militar do Rio de Janeiro, discípulos de Benjamin Constant, lançavam manifesto à nação, escorados em "razões positivas", contra o predomínio da economia escravista na vida brasileira.[13]

Mas acertou, em parte, aquele mesmo insigne historiador quando disse que os positivistas nutriam "um secreto horror à nossa realidade nacional".[14] O que é verdade, e essa atitude dos ortodoxos, de resto nada sigilosa, pois timbravam em publicá-la fartamente, os honra perante a nossa consciência de pósteros, pois navegar contra a maré, sustentando causas antipáticas aos interesses da classe dominante, é sinal de inconformismo salutar. Não é raro acontecer, porém, que o historicismo puro sinta embaraço ao lidar com a dialética da negatividade que lhe parece deslocada ou extravagante. Para a lógica historicista o radical tem ares impertinentes ou, no melhor dos casos, quixotescos.

O discurso dos discípulos militares de Benjamin Constant alimentará os jacobinos, os chamados *radicais da Primeira República*, e sabemos o quanto a sua ação foi neutralizada, a partir de 1894, pelas presidências paulistas formadas no velho liberalismo. Os jovens oficiais, nem bem passado o governo de Floriano Peixoto, acabaram excluídos do sistema de poder.[15] Essa rápida marginalização dos militantes comtianos mais ostensivos em plano nacional concorreu para que a nossa historiografia de ideias tomasse por findo o ciclo da atuação positivista nos primeiros anos do século xx. Mas basta atentar para a ideologia difusa no *Exército* republicano e nos *estratos dirigentes gaúchos* para verificar que os esquemas mentais não cessam abruptamente de funcionar, resistindo enquanto servirem como veículos úteis para racionalizar interesses e vontades. O ideário reformista, comum aos *tenentes* e aos líderes do Partido Republicano Rio-Grandense, irá fundamentar o programa da Aliança Liberal vitoriosa em outubro de 30. E não será apenas aleatório o fato de o pai de Luís Carlos Prestes, o capitão Antônio Prestes, ter sido, juntamente com Protásio Vargas, irmão de Getúlio, um dos fundadores do Centro Positivista de Porto Alegre em 1899...

O POSITIVISMO NO SUL E
A ARQUEOLOGIA DO ESTADO-PROVIDÊNCIA

A doutrina do Partido Republicano Rio-Grandense compunha-se de algumas ideias diretamente inspiradas no credo político de Augusto Comte.

Não se tratava, a rigor, de uma idiossincrasia local. As mesmas ideias enformavam os projetos estatizantes dos *colorados* uruguaios, cujo líder, o presidente José Batlle, conheceu o comtismo de Pierre Laffitte nas mesmas reuniões da rua Monsieur-le-Prince que Miguel Lemos frequentara no começo dos anos 80. Valores afins constavam do programa *radical* de Hipólito Yrigoyen, presidente da Argentina em 1916.

Uma ideologia gaúcho-platense? — perguntará um historiador cioso de demarcações regionais. A resposta é estrutural. O Rio Grande do Sul, o Uruguai e a Argentina, ressalvadas as diferenças de escala, eram formações socioeconômicas similares. Nas três, a economia pecuária e exportadora, firmemente implantada ao longo do século XIX, teve de enfrentar, desde os fins deste, a alternativa menor, mas dinâmica, da policultura voltada para o mercado interno e das novas atividades urbanas de indústria e serviços. Agricultores operosos, carentes de crédito oficial, industriais de pequeno e médio porte estabelecidos nas cidades maiores e uma crescente classe de assalariados vindos com as grandes migrações europeias passaram a constituir polos de necessidades e projetos não raro opostos aos dos velhos estancieiros e *ganaderos*.

Daí terem-se formado, nas três regiões contíguas, grupos de pressão que demandavam políticas de Estado resistentes, quando não francamente contrárias ao *laissez-faire* propício ao setor oligárquico exportador. Que estilos ideológicos poderiam então responder às exigências dessas novas camadas sociais?

Quando pensamos hoje em modelos de pensamento intervencionista, temos presentes as duas principais teorias negadoras do liberalismo clássico: o marxismo em suas várias linhas e o reformismo pós-1929 de filiação keynesiana. Mas, se remontamos ao século XIX, vemos que foi do industrialismo utópico de Saint-Simon e do positivismo social de Comte que fluiu uma primeira vertente ideológica voltada para retificar o capitalismo mediante propostas de *integração das classes* a ser cumprida por uma vigilante *administração pública dos conflitos*. A sua inspiração profunda é ética e, tanto em Saint-Simon quanto em Comte, evoluiu para um ideal de ordem distributivista.

O positivismo social, transferido quase em estado puro para o contexto republicano gaúcho (ou variamente combinado com o racionalismo krausista no Uruguai colorado), deu à nova configuração econômica modelos de ação política cuja coerência interna ainda hoje impressiona.

O que distinguiu a teoria e a prática do *castilhismo* gaúcho do filão maior, burguês e progressista, que desaguou na Lei Áurea e na proclamação do novo regime? Precisamente, a sua tendência de atribuir ao poder público a função de promover e, no limite, controlar os rumos do desenvolvimento econômico.

As suas matrizes doutrinárias podem reconhecer-se em várias passagens do *Curso de filosofia positiva* e, mais pontualmente, no seu último volume, que ambiciona construir uma teoria da *Física Social*.[16] Aí ficam patentes as divergências de Comte em relação ao que ele chama *dogmatismo* da economia política ortodoxa. O erro fundamental desta foi ter dissociado os fatores econômicos de uma visão global da sociedade, convertendo-os em abstrações "metafísicas". Um dos princípios liberais que Comte julgava particularmente funesto seria o de conceber os processos de produção, circulação e consumo de mercadorias somente em função dos interesses individuais. A absolutização do desejo de lucro, aceso egoisticamente em cada agente da vida social, tende a gerar um estado de anomia ou de violência desenfreada que tão só uma prudente e enérgica administração pública conseguiria evitar: "A economia política tem seu modo especial de sistematizar a anarquia: e as fórmulas científicas que ela emprestou aos nossos dias vêm apenas agravar tal perigo tendendo a fazê-lo mais dogmático e mais amplo".[17]

Criticando os discípulos rígidos de Adam Smith e de Say, advertia Comte: "Les plus classiques dentre eux se sont efforcés de représenter dogmatiquement, surtout de nos jours, le sujet général de leurs études comme entièrement distinct et indépendant de l'ensemble de la science, dont ils s'attachent toujours à l'isoler parfaitement".[18]

Em outras palavras, Comte deplorava uma das consequências típicas da divisão do trabalho intelectual nas sociedades industriais: a atomização das áreas científicas e, no caso, a independência da economia em relação à ciência da sociedade, que ele próprio batizara com o nome de Sociologia. E, tratando-se de economia *política*, esse isolamento teria surtido efeitos particularmente hostis ao seu ideal de integração.

Os nossos comtianos do Sul propunham-se harmonizar as forças que a iniciativa privada põe em movimento. Para tanto, defendiam o modelo de um regime presidencialista austero e prestante a que o sufrágio universal (incluindo o voto das mulheres, dos analfabetos e dos religiosos) daria larga margem de representatividade.

A amplitude máxima do corpo eleitoral permitiria que se confiasse maior delegação de poderes aos escolhidos pelo voto a descoberto, segundo o princípio de "viver às claras". A ditadura republicana, assim auspiciada, e aceita religiosamente pelo Partido Republicano Rio-Grandense, teria como contrapeso democrático a atuação de uma Assembleia de Representantes, também eleita diretamente, à qual caberia o papel exclusivo de discutir, emendar e votar o orçamento proposto pelo Executivo.[19]

Esse esquema de funções políticas foi transposto para a Constituição do Rio Grande que Júlio de Castilhos redigiu inteiramente em 1891. Os republicanos gaúchos sempre se referiram à sua lei magna (aliás, exemplo de linguagem sóbria e concisa) em termos de veneração. Eram "os sagrados princípios da Carta de 14 de julho". E quantas ressonâncias não despertaria a data escolhida para sancionar a sua Constituição republicana!

Entre outras recomendações de Comte figurava a da continuidade administrativa. Castilhos converteu-a em artigo que permitia a reeleição do presidente desde que este obtivesse três quartas partes dos votos. Esse procedimento conferia ao ocupante do Poder Executivo uma legitimidade de teor plebiscitário.

Traduzidos em leis e em decretos, citados respeitosamente nos documentos dos presidentes e dos intendentes municipais (prefeitos) durante a República Velha, os princípios serviram, de fato, como *instrumentum regni* do PRR no seu propósito explícito de "governar acima dos interesses egoístas de cada classe" e, ao mesmo tempo, "representar todos os grupos sociais".

Dizia Borges aos deputados: "Destarte um mesmo vínculo político congrega todas essas diferentes células do organismo do Estado, mantendo a unidade de pensamento no meio da mais vasta descentralização administrativa" (Mensagem de 20 de setembro de 1900).

Os historiadores da oposição entre republicanos e liberais divergem quanto à origem e ao significado do conflito. Sérgio da Costa Franco e Joseph Love, entre outros, entendem o PRR como uma agremiação mista de pequena burguesia urbana, fazendeiros da Serra abastados, mas sem tradições de casta, colonos ítalo-gaúchos que formavam uma pequena classe média rural e profissionais liberais. Do outro lado, estaria a velha elite de estancieiros da Campanha, regionalista, fiel ao Partido Liberal e alijada do poder com o Quinze de Novembro; contavam com a simpatia de algumas antigas e prósperas colônias de origem alemã. Esta é a interpretação clássica, que nos remete ao nexo entre a ideologia e o locus dos atores políticos. Pesquisadores recentes, de extração universitária (Geraldo Muller, Sandra Pesavento e, mais matizadamente, Dutra Fonseca), menos inclinados a admitir a aura de progressismo antioligárquico que aquela versão reconhece na praxe do PRR, preferem tratar o dissídio em termos de luta entre frações da classe dominante: é uma leitura dos fatos que aproxima os partidos inimigos sob o rótulo geral de burguesia gaúcha. Aqui, a ênfase recai sobre o processo de acumulação capitalista, certamente comum aos desígnios econômicos de ambas as facções; lá ganham relevo as diferenças de estratégia política e de enraizamento cultural.

O nó da questão está nas relações do Estado com a vida econômica. Castilhos, Borges e os intelectuais do PRR mantiveram-se, em geral, coerentes com o ideal comtiano da passagem da fase militar-feudal para a fase industrial da Humanidade. Basta percorrer os Anais da Assembleia dos Representantes para apreender o ritmo regular das propostas do Executivo.

* * *

Em primeiro lugar, o PRR sempre fez a defesa do *imposto territorial*, que foi aumentando lenta e seguramente desde a sua criação em 1902 por iniciativa de Borges, influência de Castilhos, e sob vivos protestos dos criadores sulinos. Comte manifestara aberta preferência pelos impostos chamados diretos.

Não por acaso, medidas similares de tributação da terra estavam sendo tomadas pelo presidente Batlle no vizinho Uruguai em um corpo a corpo flexível e brioso com os *ganaderos*.[20] O governo colorado não só taxou os campos de gado como buscou recuperar para o patrimônio público as *tierras fiscales* que estavam nas mãos de latifundiários grileiros. O paralelo da política fundiária de Batlle com as intervenções de Castilhos e Borges na retomada pelo Estado das terras devolutas é flagrante e mereceria estudo em detalhe.

A tese segundo a qual o imposto territorial era o mais justo, acercando-se da proposta radical de um *imposto único e progressivo*, já aparecia com todas as letras na *Economia política* de Stuart Mill, obra considerada pelos republicanos da Assembleia como variante inglesa do positivismo social. "A terra é um bem por natureza comum a todos os homens", sentencia Mill, e a citação desorientava os liberais acostumados a abonar-se com frases do mesmo autor para ressalvar os interesses do indivíduo contra o Estado... Cada partido escolhia e filtrava o que podia, e como podia, das fontes prestigiosas do tempo.

Tributar a propriedade e, por análogas razões, a sua transmissão a herdeiros *mortis causa* ou *inter vivos* justificava-se eticamente, pois não seria equitativo conceder "o uso exclusivo, por indivíduos, de uma cousa primitivamente comum a todos, e porque o proprietário territorial é de alguma sorte o locatário da sociedade tomada em seu conjunto".

O texto, de autoria de Leroy-Beaulieu, é invocado por Borges de Medeiros na sua Mensagem à Assembleia lida em 15 de outubro de 1902, como argumento em favor da proposta de instituir o imposto territorial no estado. Esse tributo *não* era cobrado no Brasil-Império. Castilhos e a bancada republicana gaúcha instaram pela sua criação nos debates da Assembleia Nacional Constituinte de 1891.

A consulta aos Anais da Assembleia nos mostra que era de praxe avalizar com fontes doutrinárias europeias toda proposta de majoração de tributos sobre terras ou legados. A oposição liberal tendia ao regionalismo defensivo e chamava o fisco de "insaciável". Quando veio à baila o tema do imposto único, o deputado Gaspar Saldanha não se conteve e protestou com veemência na sessão de 23 de novembro de

1920: "Vejo na exclusividade do imposto sobre a terra uma subversível [sic] orientação socialista".

O mesmo parlamentar, criticando as políticas públicas do PRR, atribui os seus erros "a certa doutrina filosófica, que já no México deu frutos semelhantes ao que agora está produzindo aqui. Ali, o partido de *los científicos* manteve a ditadura de Porfirio Díaz, que afinal caiu. É esta preocupação 'científica', é esta 'obsessão' filosófica que tem trazido como consequência os mais profundos males" (27 de dezembro de 1922).

A apologia do novo aumento calculado pelo *valor venal* do imóvel é então feita, com estatísticas precisas à mão, pelos deputados Lindolfo Collor e Getúlio Vargas, ambos de extração castilhista. Anos depois, os discursos proferidos por Vargas quando presidente do estado (1928-30), embora em tempos de conciliação com os pecuaristas da Campanha, ainda conservariam traços de crítica à estrutura fundiária gaúcha que os tributos mal podiam arranhar:

As grandes extensões territoriais, onde apascenta o gado, atendido por um reduzidíssimo pessoal jornaleiro, às vezes mal alimentado e mal pago, contribuem para aumentar o pauperismo das cidades. É preciso retalhar os latifúndios, dividi-los em pequenas glebas e cuidar da cultura intensiva dos campos.[21]

Um ideal, como se vê, inspirado no modelo da pequena propriedade da zona colonial.

* * *

Em segundo lugar, à proporção que os republicanos aumentavam a taxação sobre a terra (de resto, bastante módica a crer nos quadros comparativos traçados por Lindolfo Collor), *concediam isenções às incipientes manufaturas locais.*

Em quase todas as sessões legislativas realizadas entre 1900 e 1930, a maioria responde favoravelmente a pedidos de pequenos e médios empresários que requerem ao Estado a outorga de franquias tanto para instalar suas indústrias quanto para exportar seus produtos.

Criou-se nesses anos uma tradição fiscal de incentivo à manufatura a que os comtianos se apegavam ciosamente salientando a necessidade de o Rio Grande entrar para a era industrial. Mais tarde, ao longo do decênio de 30, com a subida ao poder central da Geração de 1907,[22] essa diretriz se combinaria com as teses do protecionismo à indústria e da substituição das importações.

Os liberais regionalistas da Campanha viam com desagrado tantas isenções aos empresários de Porto Alegre, dadas, como acusava Gaspar Saldanha, "a granel", e exigiam igual beneplácito para a pecuária. Nessa área de fricções Borges de Medeiros foi, mais de uma vez, esquivo aos reclamos dos estancieiros, ao passo que o seu discípulo e sucessor Getúlio Vargas soube atender com boa dose de pragmatismo ora aos industriais, ora aos pecuaristas, segundo pedisse a conjuntura.

O debate travado entre Gaspar Saldanha e os borgistas Lindolfo Collor e Getúlio Vargas ilustra as posições em choque. O representante liberal da oligarquia queixava-se das extorsões fiscais com que o Estado estaria agravando os fazendeiros, "vexames tributários impostos à classe dos criadores, que é taxada como nenhuma outra". Em resposta, Lindolfo compara a política fiscal gaúcha com o ascenso do imposto em São Paulo, provando, com números oficiais à mão, que em um estado regido pelas teorias do *laissez-faire* a tributação paga pelos cafeicultores era proporcionalmente superior à que recaía sobre os pecuaristas do Sul. Saldanha contra-ataca lembrando que a receita paulista se reinvestia em gastos destinados a financiar a mesma lavoura do café. Collor retruca jocosamente: "Em que outra coisa poderia o governo bandeirante investir?". Getúlio acode em apoio do confrade republicano perguntando-se, em nome da eficiência do estado, de onde poderia este haurir recursos para cumprir as suas obrigações administrativas se não da cobrança de impostos (sessão de 27 de dezembro de 1922).

Toda a argumentação de Getúlio baseia-se no pressuposto de que o governo eleito por sufrágio universal não deve confundir-se com este ou aquele setor particular da economia. A ação republicana volta-se para alcançar um equilíbrio supraclassista. O Estado, como queria o mestre, é o *cérebro da nação*, e, graças a esta posição central no corpo da sociedade, cabe-lhe regular os movimentos de cada órgão de tal modo que nenhum se sobreponha aos demais. O discurso de Vargas não radicaliza o confronto entre as partes: o seu lugar parece ser o do sábio ordenador que só intervém quando as carências de uma classe (no caso, a dos industriais) exigem, pela intermediação dos poderes públicos, a suplência de outra classe (a dos estancieiros).

A carreira ideológica de Getúlio Vargas seria coerente com o princípio de um Estado suficientemente forte para mediar tanto os conflitos entre setores das classes dominantes como as tensões entre estas e os trabalhadores.

Segundo Comte, o progresso cumpre-se quando se passa de uma situação de desequilíbrio ou, mesmo, de desordem para um estado em que reine uma justa proporção entre os elementos do conjunto. Para reorganizar o todo social, "a sã política, filha da moral e da razão", não destrói o órgão que cresceu em excesso, mas vai conservá-lo retificando as suas dimensões e integrando-o em uma nova ordem, superior. No caso da política econômica de uma nação, o Estado visará a obter uma "diferenciação organizada" das atividades produtivas, o que é outro modo de dizer que o progresso destas supõe a efetivação de uma certa ordem pública:

> A intensidade dessa função reguladora, longe de dever diminuir à medida que a evolução humana se processa, deve, ao contrário, tornar-se cada vez mais indispensável, desde que seja convenientemente concebida e exercida, de vez que seu princípio essencial é inseparável do próprio princípio do desenvolvimento. É, pois, a predominância habitual do *espírito de conjunto* que constitui necessariamente a característica invariável do governo considerado sob qualquer aspecto.[23]

A Física Social contém várias passagens de crítica aos princípios do liberalismo clássico sempre referido como economia política. Para Comte, "a ausência de toda e qualquer intervenção reguladora", quando erigida em dogma, "equivale evidentemente, na prática social, a uma espécie de solene demissão que essa pretensa ciência se dá perante cada dificuldade um pouco mais grave que o desenvolvimento industrial vier a produzir".[24]

Essa formulação de princípio ajustava-se como a mão e a luva ao caso rio-grandense, cuja economia, diversificada e dirigida para o mercado interno, se ressentia com a hegemonia do café paulista a que o governo central sacrificava os estados de segundo escalão. Borges de Medeiros, já em 1901, antes portanto das sucessivas valorizações do café com que a União tutelaria um produto de exportação por excelência, atacara duramente essa política particularista que se fazia em detrimento da policultura e da indústria nascente:

É, conforme a geral convicção, a monocultura do café a principal ruína econômica do país. De fato, a superabundância desse produto, subjeita [sic] ainda à concorrência de similares nos mercados consumidores, determinou a sua excessiva depreciação.

Hoje é a preocupação dominante fomentar ativamente o desenvolvimento de novas culturas, das quais se crê depender a única solução da chamada questão econômica.[25]

* * *

Em terceiro lugar, além de implantar a taxação da terra e a isenção à manufatura, os republicanos defenderam mais de uma vez *a socialização dos serviços públicos*, expressão também lida em Comte.

Entrando em rota de colisão com empresas estrangeiras, analogamente ao que faziam na mesma época Batlle e Yrigoyen em áspero diálogo com o imperialismo britânico, Borges e os seus correligionários promoveram a encampação do porto de Rio Grande e da via férrea Porto Alegre-Uruguaiana, em 1919. No mesmo ano o Estado toma a iniciativa de explorar as minas de carvão de Gravataí.

Essas medidas podem soar precoces, pois estamos habituados a situar o nosso nacionalismo estatizante entre os anos de 1930 e 1950, mas, a rigor, formam sistema com uma doutrina que pretende coibir os abusos do mercado por meio de uma disciplina que "prevê para prover"; logo, intervém.

Quando Borges transferiu as vias férreas das mãos da Compagnie Auxiliaire de Chemins de Fer au Brésil para a administração estadual, alegou razões de utilidade pública. A presteza com que se teriam dado os trâmites da encampação irritou os maragatos, que arguiram o processo inteiro de autoritário; ainda desta vez foi Getúlio Vargas que subiu à tribuna da Assembleia para justificar o procedimento do governo republicano:

Se o corpo de bombeiros, ao ver uma casa tomada pelo fogo, em vez de extinguir as chamas fosse primeiramente solicitar licença ao dono do prédio que se achava ausente, quando este regressasse já nada mais teria a fazer.[26]

A insatisfação dos usuários em relação ao mau desempenho da empresa belga vinha de longe. O governo dos castilhistas ensaiara submeter à Assembleia um projeto de encampação de vários serviços básicos desde o início da década de 10. O arrazoado inicial de Borges, exposto em sua Mensagem de 1913, tem um inequívoco teor socializante. Três passagens me parecem aqui de citação obrigatória:

1) "A municipalização é a morte do monopólio, e portanto é necessário municipalizar todos os serviços que a iniciativa particular não possa explorar se não mediante monopólios.

Estão nesse caso os relativos ao suprimento d'água, aos esgotos, à iluminação, à energia elétrica, aos *tramways*, etc. Os mesmos princípios hão de regular a organização dos serviços públicos, nacionais e estaduais" (sessão de 26 de setembro).

Borges toma como bom exemplo o municipalismo inglês, que resiste "apesar da famosa escola de Manchester, a cidade-mãe do *laissez-faire* e da iniciativa individual".

Mais adiante:

2) "Presidindo ao livre jogo das forças econômicas, compete ao Estado exercer uma ação reguladora na medida das necessidades indicadas pelo bem público.

Deriva-se dessa concepção o princípio que aconselha a subtrair da exploração particular, privilegiada, tudo quanto se relaciona com o interesse da coletividade: é a *socialização dos serviços públicos* [grifo de B. de M.], servindo essa designação genérica para exprimir que a administração de tais serviços deve estar a cargo exclusivamente do poder público, em que pese aos preconceitos econômicos dominantes ainda em certas classes sociais".

Enfim, esta asserção que não poderia ser mais incisiva:

3) "Pelos caminhos de ferro o Estado, se não é senhor absoluto do mercado, ao menos não é escravo dele".[27]

A uma certa altura da polêmica sobre a estatização do porto de Rio Grande, a oposição liberal invocou a autoridade de Spencer para condenar a ingerência do Estado na vida econômica. Getúlio não hesitou em responder que, ao compor um de seus derradeiros livros, *The man versus the State* (que é de 1884), Spencer "já descambava para o declínio mental colocando o indivíduo numa posição de eterna luta contra o Estado". Na mesma ocasião Getúlio procura convencer o seu adversário de que "nos países novos como o nosso, onde a iniciativa é escassa e os capitais ainda não tomaram o incremento preciso, a intervenção do governo em tais serviços é uma necessidade real" (sessão de 20 de novembro de 1919).

Revendo os textos militantes do Apostolado Positivista, Tocary Assis Bastos destacou dois princípios que já contemplavam diretamente a ação antimonopolista do Estado:

— Que toda operação industrial que não puder ser executada pela iniciativa individual, completamente livre, sem monopólios nem privilégios, e cuja utilidade social estiver provada, deve ser realizada pela União ou pelos Estados, conforme os casos, porque tanto aquela, como estes, abrirão mão oportunamente de seus privilégios, o que não acontece com as empresas particulares.
— Que o regime das companhias, sendo oneroso pelos altos dividendos que os acionistas visam e pela agiotagem a que os diretores ficam propensos, a fim de aparentar esses lucros fabulosos não deve merecer encorajamento do governo e, portanto, a concessão de privilégios e monopólios às sociedades anônimas é uma circunstância agravante na infração da política financeira republicana.[28]

As estatizações levadas a termo por Borges de Medeiros achavam-se no polo oposto à rotina privatizante da política federal. É o que põe em relevo o mesmo historiador lembrando esta aberta condenação de Campos Salles à tentativa do governo baiano de gerir a Estrada de Ferro de São Francisco. O presidente manifestava a sua aversão à proposta em termos que os neoliberais extremados de nossos dias assinariam com entusiasmo:

Na minha mensagem ao Congresso solidamente baseado em dados fornecidos pelo ministério [*de Joaquim Murtinho, liberal convicto*], condenei formalmente o regime da administração do Estado nas empresas de estradas de ferro, fazendo ao mesmo tempo a franca apologia da administração particular fecundada pelo estímulo do próprio interesse. Não há distinção entre a administração da União e a dos Estados quanto à sua natureza. Ambas são a negação da gestão particular. O ato de arrendamento da estrada a um Estado seria portanto o repúdio de ideias tão recentemente emitidas. Creio que isso desabonaria a orientação de meu governo.[29]

A concessão do serviço de vias férreas a companhias inglesas foi a prática comum em toda a República Velha que, neste particular, não alterou um quadro de interações com o imperialismo herdado do Segundo Império: exemplos notórios são a Pernambuco Tramway e a Western do Nordeste, a São Paulo Railway e a Rio Claro Railway em

São Paulo e a The Rio de Janeiro Tramway e a Leopoldina Railway na capital.

A polaridade de comtismo gaúcho e liberalismo paulista/federal ganha aqui uma consistência palpável, que lhe vem de uma recorrente adequação dos princípios gerais às medidas tópicas que as conjunturas iam propondo aos diferentes atores políticos. Um testemunho da consciência que esses agentes tinham da sua identidade — e da oposição que a reforçava — lê-se nas palavras com que João Neves da Fontoura acompanhou o seu voto de pesar pela morte de Rui Barbosa: "Pertencemos, os republicanos rio-grandenses, a *uma corrente de ideias estruturalmente diversa* daquela por que se norteou na vida pública o insigne brasileiro".[30]

Quando teria irrompido ou quando se teria expresso formalmente pela primeira vez o dissídio entre as duas perspectivas, protecionismo versus livre-cambismo, em uma clave anti-imperialista?

Sérgio da Costa Franco nos remete às sessões finais do Congresso Nacional Constituinte, em 1891, fazendo-nos ouvir as vozes nítidas da divergência. Júlio de Castilhos e o seu grupo comtiano opuseram-se então a um convênio bilateral que isentava de tarifas "uma vasta pauta de artigos industriais e agrícolas dos Estados Unidos, muitos dos quais em concorrência com o produto nacional equivalente". A bancada positivista, mesmo somada com alguns simpatizantes, era minoritária: e nesta, como em outras faixas de atrito com os liberais, foi vencida.[31]

O sentimento de que as indústrias locais e o mercado interno mereciam prioridade e proteção se reavivaria toda vez que os positivistas se defrontassem com a questão abrangente do desenvolvimento nacional. Uma pesquisa necessária, que a bela *História* de Ivan Lins já encetou, seria acompanhar a biografia pública e os ideais econômicos de líderes progressistas como João Pinheiro, Aarão Reis e Saturnino de Brito em Minas Gerais; Serzedelo Correia e Amaro Cavalcanti, ambos discípulos de Benjamin Constant, no Rio de Janeiro; Moniz Freire, no Espírito Santo; Barbosa Lima em Pernambuco. Ivan Lins examina o papel que numerosos engenheiros, urbanistas e militares de formação positivista desempenharam nos principais estados do país. O que marcou as carreiras de todos foi a conjugação de saber e intervenção nas políticas públicas. A construção de Belo Horizonte, cidade planejada pelos comtianos Aarão Reis e Saturnino de Brito, é um paradigma dessa cultura tecnopolítica. De Aarão Reis, professor na Escola Politécnica do Rio, é o *Tratado de economia política, finanças e contabilidade*,[32] em que o "verdadeiro socialismo" é descrito e professado em termos positivistas.

Não por acaso, os argumentos protecionistas derrotados no Congresso seriam pontualizados, anos depois e em outro contexto, por Jorge Street e Roberto Simonsen, mentores das associações industriais na sua luta pelos interesses da produção nacional.

De qualquer modo, o discurso industrialista, com maior ou menor ênfase anti-imperialista, só receberia acolhimento oficial ao longo do consulado getuliano que foi incorporando, lenta e pragmaticamente, as sugestões aventadas pela ala marchante dos nossos empresários. O dirigismo estatal e o progressismo burguês encontrariam, a partir dos meados da década de 30, uma zona de intersecção de que ambos se beneficiaram.[33]

Convém lembrar que o pendor industrializante dos homens de 30 era temperado por um respeito, igualmente comtiano, pelo ideal do *equilíbrio orçamentário*. De Castilhos a Borges de Medeiros e deste ao primeiro Vargas, a austeridade no trato das finanças públicas e o lema "Nenhuma despesa sem receita" eram tomados como "título de honra" das administrações republicanas. Essa atitude, que neles se devia a um imperativo doutrinário, explica as suas medidas econômicas sempre cautelosas que podem ser interpretadas, fora desse contexto, como simplesmente clássico-liberais: o que seria um erro de perspectiva. Escrevia Osvaldo Aranha, quando ministro da Fazenda no Governo Provisório, dirigindo-se ao seu velho mestre Borges de Medeiros: "As revoluções são, em geral, e têm sido, em todo o mundo, esbanjadoras, mas a nossa foi a primeira que fez economia".[34]

Só a modelagem positivista-castilhista da Geração de 1907 dá conta do aparente paradoxo da economia brasileira dos anos 30, que foi, ao mesmo tempo, saneadora ortodoxa das finanças, industrialista e centralizadora.

Os industriais avançados não se congregavam em um partido e só se manifestavam episodicamente pelos seus órgãos de classe, situação que permitiu ao Executivo chamar os empresários a exercer a função de consultores da política econômica oficial. Esse esquema pré-tecnocrático funcionou regularmente a partir de 1931 com a criação do Ministério do Trabalho, Indústria e Comércio confiado a um castilhista convicto e metódico, Lindolfo Collor. As deliberações do governo eram, em geral, precedidas de encontros de comissões mistas de industriais e altos funcionários. Getúlio defendia essas práticas da sua gestão concebendo-as em um quadro moderno e internacional em que a tomada de decisões pelo Executivo se estava fazendo no âmbito de comitês de peritos: "A época é das assembleias especializadas, dos conselhos técnicos integrados à administração".[35]

Recapitulando: a práxis republicana no Rio Grande, ampliada pelo grupo que subiu ao poder com a Revolução de Outubro, interferia no processo de acumulação da burguesia ora mediante instrumentos fiscais, tributando ou isentando, ora mais diretamente, pela encampação de redes de transportes segundo o lema da socialização dos serviços públicos. Que essa política não era contingente, mas animada de *esprit géométrique*, prova-o o tratamento que deu, antes e depois de 1930, à então chamada *questão social*, isto é, à classe operária.

* * *

A fórmula de Comte que presidia às relações do capital com o trabalho virou clichê: a *incorporação do proletariado à sociedade moderna*. E aqui chegamos à *quarta adaptação fundamental* do positivismo pelo PRR.

Muito do que se afirma sobre a influência dos modelos corporativos na legislação trabalhista do Estado Novo se esclarece melhor pelo estudo das medidas tuteladoras que já figuravam no ideário do Apostolado Positivista, na versão que lhes deu Júlio de Castilhos e nas intervenções pontuais de Borges de Medeiros.

Castilhos, quando redator da Constituição de 91, dera o primeiro passo para formalizar a incorporação auspiciada pelo mestre: "Ficam suprimidas quaisquer distinções entre os funcionários públicos de quadros e os simples jornaleiros, estendendo-se a estes as vantagens de que gozarem aqueles", é o artigo 74 daquele diploma legal.

Enquanto deputado à Constituinte Nacional, Castilhos não conseguira fazer aprovar a tese da equiparação salarial que chocava os liberais. Mas, como chefe incontestе dos repúblicos gaúchos, bastou a sua palavra para que o artigo passasse a constar da lei maior do estado.

Morto Castilhos, a política social seguida por Borges de Medeiros como presidente cinco vezes reeleito do Rio Grande se pautaria por dois princípios complementares:

— o primeiro, que, no contexto do Brasil oligárquico, se poderia chamar progressista, consistia em acolher e sancionar com a autoridade do Executivo certas reivindicações tópicas dos trabalhadores urbanos que já demandavam redução da jornada, melhores condições de vida na fábrica e salários menos vis;

— o segundo, que certamente se pode chamar de centralizador, e que atribuía ao Estado a função de mediar e, nos casos extremos, arbitrar os conflitos entre operários e patrões.

A história das greves no Rio Grande já está em boa parte contada, sabendo-se que Borges procurou, mais de uma vez, atender aos reclamos dos operários ao mesmo tempo que mandava coibir as manifestações tidas por violentas. Cumpria assim o papel de tribunal privilegiado da questão trabalhista, o que se converteria em instituição quando Vargas e Lindolfo Collor criaram o Ministério do Trabalho.[36]

O papel do governo estadual na greve de 1917, por exemplo, ilustra a tendência que seria, mais tarde, qualificada de paternalista. Borges então aparece, aos olhos dos sindicatos da capital gaúcha, como seu protetor, não só por ter apoiado eficazmente as suas demandas como também por haver tabelado os preços dos gêneros de primeira necessidade. A atitude do governo do PRR afastava-se, nesse ponto, do tratamento sistematicamente feroz que as oligarquias de outros estados davam então às greves operárias.

Se analisarmos a estrutura da Consolidação das Leis do Trabalho, a nossa familiar CLT, promulgada em 1943, e que com poucas mudanças ainda rege as relações legais entre o capital e o trabalho, constatamos a vigência desse duplo registro, progressista e autoritário, que punge como uma contradição mal resolvida.

Os títulos da lei que contemplam os direitos dos trabalhadores, enquanto tais, ajustam-se à linha reformista e humanitária que veio de Saint-Simon e integrou-se na moral social positivista. Pressupõem que se deva *reconhecer o trabalho, dignificar a pobreza, protegê-la dos interesses egoístas* de que é useiro o *empirismo industrialista*: expressões todas forjadas por Augusto Comte.

Os dispositivos trabalhistas que aquele código acolheu se vieram afinando, ao longo do século XIX, pela pauta das *trade unions* e dos sindicatos europeus. Coincidem, às vezes literalmente, com os programas mínimos dos partidos socialistas que se organizaram pouco a pouco na Argentina e no Uruguai, onde as leis sociais foram precoces, e mais episodicamente entre nós, graças à liderança de operários chegados com as grandes migrações dos anos 90.

Fazem parte dessa pauta: a redução da jornada, as tão ansiadas oito horas, que só se alcançaram no século xx; a regulamentação do trabalho noturno, incluindo a sua proibição às mulheres e aos menores; o repouso semanal; as férias; o salário-maternidade, as medidas de segurança e higiene na fábrica e, tardiamente, o salário mínimo.

Em relação ao salário mínimo, cuja proposta já se fazia nas circulares do Apostolado, incorrem em equívoco os historiadores que o taxam de instituição copiada do fascismo italiano. Ao contrário: nos termos da *Carta del Lavoro*, "La determinazione del salario è sotratta a qualsiasi norma generale e affidata all'accordo delle parti nei contratti colettivi" (Declaração xii).[37]

O direito de greve, desde que exercido sem violência, é uma reivindicação comum às doutrinas socialistas moderadas e ao ideário dos positivistas religiosos. Vem ao caso mencionar os artigos de Teixeira Mendes solidários com os grevistas da Companhia Paulista de Estradas de Ferro em 1906.[38]

A conquista de uma legislação social coesa tem a ver com os estilos locais e nacionais de modernização a que se refere Gerschenkron para encarecer a pertinência dos fatores culturais e ideológicos no desenvolvimento de cada formação capitalista. Na Inglaterra, o *primum mobile* foi a organização sindical e a sua pressão junto à Câmara dos Comuns; na França, o sansimonismo filtrado pelos industriais caudatários da política tuteladora de Napoleão iii; na Alemanha, a via prussiana de Bismarck nos anos 80.

Entre nós, quase tudo o que houve de sistemático em termos de Direito do Trabalho, portanto no plano do Estado, ou visando à sua intervenção, recebeu o selo positivista. São as famosas circulares enviadas a d. Pedro ii e aos presidentes republicanos pelo Apostolado; é a inclusão de um inciso trabalhista na Constituição gaúcha por obra de Castilhos; é a gestão eficaz de Borges de Medeiros induzindo os patrões a aceitarem as exigências dos grevistas em 1917; e é, sobretudo, a codificação operada por Lindolfo Collor, a pedido de Vargas, e que endossou sugestões de velhos militantes socialistas como Evaristo de Morais, Joaquim Pimenta e Agripino Nazareth, primeiros consultores "de esquerda" do Ministério do Trabalho.[39]

A transição do regime escravo para o assalariado foi o catalisador inicial das ideias pré-trabalhistas dos nossos comtianos. No programa do Partido Republicano Histórico redigido por Júlio de Castilhos constam os seguintes itens: regime de oito horas de trabalho nas oficinas do Estado e nas indústrias; regime de férias aos trabalhadores; proteção aos menores, mulheres e velhos; direito de greve; "tribunal de arbitragem para resolver os conflitos entre patrões e empregados"; aposentadoria.[40] Em síntese, é uma agenda de leis sociais a cargo de um Estado previsor que não quer deixar ao arbítrio do capital decidir sobre as condições dos novos assalariados egressos do cativeiro.

No artigo abolicionista "Organizemos a vitória", dizia Castilhos:

> Libertar os escravos — é arrancá-los à exploração secular de que tem sido vítima a raça oprimida, que lançou, com o seu suor e seu sangue, os primeiros fundamentos da nacionalidade brasileira. O problema é complexo, dissemo-lo; e, ao vir tomar parte na comunhão brasileira a grande massa de libertos, faz-se mister cercá-los de cuidadas garantias, a fim de que a liberdade consagrada na lei não continue a ser iludida pela opressão sistematizada dos chefes práticos da indústria [...] Ao legislador cumpre, pois, regular por tal forma a nova situação dos libertos em face dos chefes agrícolas, que, sem prejuízo destes, não possa perigar a liberdade dos primeiros.[41]

Ressalta, no texto, um reconhecimento lúcido de que, abandonadas ao jogo do mercado, as relações entre assalariados (*o proletariado liberto*) e os empresários e dirigentes (*os chefes práticos da indústria; os chefes agrícolas*) correriam o risco de uma *opressão sistematizada*. E há, também, a atribuição ao legislador de pré-formar as condições em que se vai dar o trabalho livre, *a nova situação dos libertos*; o que constitui um modelo mínimo de Estado-Providência.

Castilhos escrevia em 1887 sob o influxo direto de Comte e dos ortodoxos do Apostolado.[42] Os seus discípulos reunidos no Bloco Acadêmico Castilhista seriam os futuros idealizadores do Estado dirigista de 30.

Progressismo e autoritarismo. Este último registro, que vem da alta centralização do Partido Republicano Rio-Grandense, enformará a CLT sancionada em pleno Estado Novo.

A lei, aberta aos direitos do operário, *enquanto trabalhador*, fechou-se aos seus direitos, *enquanto cidadão*.

Augusto Comte.

"Em todo estado normal da humanidade cada cidadão constitui realmente um funcionário público."

Discours sur l'ensemble du positivisme

Júlio de Castilhos.

"Ficam suprimidas quaisquer distinções entre os funcionários públicos de quadros e os simples jornaleiros, estendendo-se a estes as vantagens de que gozarem aqueles."

Constituição do Estado do Rio Grande do Sul, *art. 74: 14 de julho de 1891*

CENTRO POZITIVISTA BRAZILEIRO

REPÚBLICA OCIDENTAL

ÓRDEM E PROGRÉSSO.   VIVER PARA OUTREM.

O POZITIVISMO

E

A ESCRAVIDÃO MODÉRNA

Trechos estraídos das óbras de
Augusto Comte, seguidos de documentos pozitivistas
relativos á questão da escravatura no Brazil
e precedidos de uma introdução

POR

MIGUEL LEMOS

Prezidente Perpétuo da Sociedade Pozitivista do
Rio de Janeiro

RIO DE JANEIRO

NA SÉDE DA SOCIEDADE POZITIVISTA
7 Travéssa do Ouvidor 7

96 — 1884

A' SANTA MEMÓRIA

DO

PRIMEIRO DOS PRETOS

TOUSSAINT-LOUVERTURE

(1746 — 1803)

Ditador do Haiti, Promotor e Martir da liberdade
de sua raça

Á PROVÍNCIA DO CEARÁ

Ao torrão brazileiro que primeiro purificou-se do crime
ocidental

(25 DE MARÇO DE 1884)

O. D. C.

O Centro Pozitivista Brazileiro.

O Título v da Consolidação das Leis do Trabalho absorve (a metáfora orgânica não é casual) os sindicatos operários e patronais na órbita do ministério. Nos anos 30 as associações são estimuladas a crescer, o que era esperável da prática de apoio ao cooperativismo seguida por Borges e Vargas quando presidentes do Rio Grande; mas, ao mesmo tempo, são firmemente cooptadas pelo aparelho estatal. Ao poder público competirá reconhecer os sindicatos, legalizá-los e provê-los de fundos mediante a aplicação do imposto sindical obrigatório. O governo, por meio de seus órgãos técnicos, iria negociar com as entidades de classe nos momentos de crise, o que daria a tônica do trabalhismo brasileiro até, pelo menos, 1964. A CLT construiu uma ponte de dupla mão entre a burocracia ministerial e o sindicato. Para Comte, "em todo estado normal da humanidade, cada cidadão constitui realmente um funcionário público".[43]

Uma questão paralela, ainda mal esclarecida pelos intérpretes da nossa história social, diz respeito à sobrevivência tenaz do modelo centralizador após a queda do Estado Novo. Nem a Constituinte de 1946, cujo fito ostensivo era "redemocratizar o país", alterou a estrutura sindical herdada, nem as organizações operárias, então dirigidas pela esquerda ortodoxa, se empenharam em cancelar os aspectos corporativos da legislação trabalhista. Mais um caso de enxertia institucional de longa duração?

* * *

Enfim, nenhum estudo sobre o papel do positivismo social na América Latina poderá deixar na sombra a extrema valorização que no seu discurso recebeu o projeto de um ensino fundamental gratuito e leigo. Aqui, força é convir, comtianos e spencerianos davam-se fraternalmente as mãos, pois os aproximava a fé inabalável na ciência como fautora do progresso e na educação como a sua via real.

No entanto, mesmo considerada a vigência de valores comuns, ressalte-se que os ortodoxos timbravam em defender algumas ideias próprias hauridas diretamente dos escritos canônicos.

Não cabe reconstituir neste ensaio o pensamento educacional de Comte; já o fez de modo exemplar um seu intérprete francês, Paul Arbousse-Bastide, a quem devemos uma análise detida do *Discours sur l'ensemble du positivisme*.[44] Nesta obra Comte estabelecia os liames entre o ensino básico universalizado e a formação do *bon prolétaire*, expressão que Arbousse-Bastide inventou por analogia ao *bon sauvage*. A certa altura do *Discours*, está dito:

> Cada proletário constitui, de mais de um ponto de vista, um filósofo espontâneo, assim como todo filósofo representa, sob diversos aspectos, um proletário sistemático.

A escola primária gratuita é assim projetada no quadro mais amplo da educação popular, que Comte prefere chamar "proletária", na verdade a única de que os governantes se deveriam encarregar, delegando aos diferentes grupos sociais quaisquer projetos de ensino universitário. Que o Estado cuide da educação fundamental do povo e se abstenha de concorrer para a proliferação de falsos doutores, esses portadores de diplomas que engrossam as fileiras da *pedantocracia*.

Sabe-se que saíram de cabeças positivistas as reformas educacionais do México e do Uruguai nos fins do século XIX. Pela documentação que testemunha essa presença, acessível hoje graças à obra panorâmica de Leopoldo Zea, *Pensamiento positivista latinoamericano*, pode-se medir a intensidade com que ideias de Comte, Littré e Laffitte moldaram não só as políticas públicas quanto as doutrinas pedagógicas daqueles projetos nacionais.[45]

Entre nós, as estatísticas comparadas mostram que nenhuma administração estadual dedicou maior atenção à escola primária e ao ensino técnico-profissional do que o Rio Grande castilhista e borgista. Por outro lado, a mesma política republicana, fiel à doutrina, dispensava a exigência de títulos aos cidadãos que pleiteassem o exercício de qualquer profissão liberal, o que retardou a criação de instituições estatais de ensino superior.

Analisando as mensagens do Executivo à Assembleia dos Representantes e os pareceres desta, encontramos provas do interesse com que foi tratada a questão da escola fundamental *leiga e gratuita*. Nos orçamentos propostos e religiosamente aprovados, vinham as despesas com a educação, juntamente com as destinadas à rede viária, geralmente em primeiro lugar, consignando dotações muito superiores às dos outros tópicos. E, para justificar essa primazia, alinhavam-se, indefectíveis, sentenças do mestre de Montpellier.

O que dizer da qualidade dessa escola? Qualquer juízo idôneo a respeito penderia de avaliações comparativas difíceis hoje de traçar. Valerá talvez como sinal do zelo do governo por uma boa formação docente o fato de Borges de Medeiros ter enviado, em 1913, uma comissão de professores primários a Montevidéu, "em missão de estudos", para conhecer de perto "os métodos e trabalhos" de instrução uruguaia, estimada então como a mais eficiente da América Latina: "Irá estudar também na Escola Normal de Montevidéu uma turma de alunos escolhidos entre os melhores de nossa escola complementar".[46]

A tese constante nas falas de Borges e adotada para encarecer a necessidade de alocar recursos crescentes para o ensino elementar era a de que o governo, assim agindo, obedecia a "um postulado convertido em dispositivo constitucional". A rigor, a vinculação dos gastos reservados à instrução com o orçamento público ainda não era artigo de lei na República Velha, significando, pois, um avanço regional da política castilhista do Sul. Só com a Constituição de 1934 seria destinada uma verba percentual específica para o ensino primário.

Quanto ao nexo de ensino e produtividade, é matéria obrigatória em todas as propostas de fundação de escolas técnicas. Repare-se que os seus argumentos de base pouco se alteraram ao longo do século XX. Mudem-se alguns vocábulos e torneios antiquados de estilo e leremos no texto abaixo um exemplo cabal do discurso desenvolvimentista de nossos dias:

> Atravessamos uma fase de franco evolvimento econômico, as indústrias necessitam abandonar os métodos arcaicos, adotando os que a ciência consagra como mais eficazes, substituir os velhos instrumentos deficientes e quase imprestáveis pelas máquinas que multiplicam a ação criadora, produzir muito e produzir melhor para, pela qualidade e barateza, conquistar os mercados consumidores e, para colimar este objetivo, carece que o capital já acumulado venha em seu auxílio para, pelo trabalho, gerar novos capitais, mas com taxas módicas, não absorventes dos lucros líquidos que a terra lhes concede.[47]

A sintaxe pesada do período nos remete menos à canhestrice da redação burocrática do que a uma cadeia de elos apertados entre causas e efeitos, meios e fins. Desenvolvimento da indústria *mais* ensino técnico *mais* créditos públicos = conquista dos mercados consumidores. Esse programa de governo, que atava firmemente instrução e economia, dava o timão da nave republicana ao concurso de empresários modernos e sábios planejadores. Sintomaticamente, coincidia com a prática administrativa de João Pinheiro, o presidente de Minas Gerais simpático ao Apostolado Positivista, a quem os deputados gaúchos citavam como incentivador do ensino profissional para as classes pobres.

João Pinheiro, filho de um caldeireiro italiano, Giuseppe Pignataro (de onde o seu nome, à brasileira), realizou em Minas uma política de alternativa ao latifúndio agroexportador, promovendo a policultura, a divisão de terras para colonos e a indústria. Foi adepto do Protecionismo, termo que grafava sempre com P maiúsculo. A sua mensagem ao Congresso Mineiro de 1907 serviu como texto de autoridade à Assembleia do Rio Grande para avaliar as propostas educacionais de Borges de Medeiros. João Pinheiro dava ao seu ideário reformista e modernizante o nome de *economismo*.[48]

De qualquer modo, o interesse pelo ensino técnico profissional esteve, desde o começo, no cerne dos projetos castilhistas e borgistas. Em 1913 foi criada uma "taxa profissional" para assegurar recursos financeiros à execução de um programa de ensino voltado para a formação de operários especializados. Em 1896 alguns discípulos de Benjamin Constant e ex-professores da Escola Militar de Porto Alegre fundaram nesta cidade uma Escola de Engenharia. Instituição autônoma, embora amparada pelos poderes públicos, a escola foi responsável pelo treinamento dos quadros técnicos do estado nas áreas de engenharia, agronomia, zootecnia, veterinária, meteorologia, química industrial, artes e ofícios e educação doméstica e rural, ministrando cursos de nível superior, médio e, com o tempo, primário. Dentre os seus objetivos estava o de formar *operários rurais*, além de mestres e contramestres aos quais se garantiam empregos nas empresas locais. Em 1934, com a criação da Universidade de Porto Alegre (mais tarde, Universidade Federal do Rio Grande do Sul), a Escola de Engenharia foi integrada no sistema de ensino oficial apesar do voto contrário do seu principal fundador, João Simplício Alves de Carvalho, comtiano ortodoxo. De 1914 a 1934 a escola publicou uma revista bimestral, *Egatea*, certamente o mais importante órgão de divulgação científica da República Velha. A revista espelhou os avanços da nossa modernização científica, agrícola e industrial: o seu temário ia do Método Montessori, recém-formulado, à propaganda de novas máquinas frigoríficas, e da exposição da física ondulatória de Hertz a conselhos úteis sobre a cultura de vinhedos e a ferragem de cavalos.

Os intelectuais e políticos fiéis ao positivismo no Rio Grande republicano souberam abrir, nos seus melhores momentos, as trilhas que sulcam o processo civilizatório.

UM ENXERTO IDEOLÓGICO DE LONGA DURAÇÃO

O século XIX brasileiro nos legou três ideologias de razoável consistência: as três importadas, como era de esperar em nações periféricas; mas as três enraizadas no cotidiano mental das nossas classes políticas, como a sua longa duração faz supor.

A primeira enformou o *conservadorismo* das oligarquias do Segundo Império assentadas nos engenhos nordestinos e fluminenses e, a partir dos anos de 1840, no café valparaibano.

A segunda chamou-se *novo liberalismo* (em oposição à anterior que também se dizia liberal) e lutou, dos anos 60 aos 80, pela abolição e pela reforma eleitoral. Nem sempre fez a escolha republicana, defendendo, às vezes, e pela voz dos seus melhores homens, a monarquia parlamentar (Nabuco, Rebouças, o primeiro Rui Barbosa). Proclamado o novo regime, o liberalismo oficial patinou em soluções puramente formais, sobretudo porque a sua base era ainda a oligarquia rural: foi o caso da hegemonia paulista-mineira entre 1892 e 1930. De qualquer maneira, cabe-lhe o mérito de ter mantido o ideal (se não a prática) do sistema representativo.

Enfim, a terceira vertente, positivista, conheceu duas saídas que afinal convergiram: o *radicalismo jacobino*, que passou dos cadetes florianistas aos tenentes dos anos de 1920; e o *republicanismo gaúcho*, o castilhismo-borgismo, de que trata este artigo.

O velho conservadorismo saquarema não morreu de todo: foi absorvido, como o açúcar no café, pela rotina dos partidos republicanos estaduais durante a República Velha. Para entendê-lo é preciso analisar o fenômeno do coronelismo em cada província.

Quanto à terceira ideologia, só veio a ocupar o poder nacional nos anos de 1930, quando a coalizão tática de repúblicos sulinos e tenentes arredou do centro das decisões o liberalismo oligárquico já declinante.

A firmeza com que o enxerto positivista vingou na mente dos nossos homens de Estado provou-se pela sua capacidade de receber e adaptar a si tendências modernas poderosas como o reformismo social de esquerda e o autoritarismo de direita. Quando Getúlio Vargas pediu a Lindolfo Collor que constituísse uma comissão de consultores do novo Ministério do Trabalho, Indústria e Comércio, o líder castilhista gaúcho não hesitou em convocar militantes socialistas, industriais avançados e cultores do nacionalismo centralizador. Evaristo de Morais sentou-se então ao lado de Jorge Street e de Oliveira Viana, e todos, sob a batuta de uma ideologia estatizante, que se dizia "acima das classes", elaboraram o nosso Direito Social, ao mesmo tempo progressista e autoritário, moderno e conservador; numa palavra: positivista.

O molde comtiano, menos rígido e dogmático do que à primeira vista parece ao leitor do filósofo, revelou-se, em várias instâncias, flexível e pragmático, só endurecendo nas horas de crise, isto é, quando grupos rebeldes da sociedade civil (comunistas e integralistas, na década de 30) tentaram abalar aquela ordem que o poder julgava indispensável para consolidar o seu projeto modernizante. Mas, nas conjunturas de folga, a cooptação paternalista houve-se com eficácia e estreitou as relações entre os sindicatos e os aparelhos executivos e judiciários do Estado que marcaram fundo o nosso modelo trabalhista. Modelo que, no final das contas, acabou sendo o modo de ser do nosso capitalismo sobretudo nos maiores centros urbanos.

AS PERPLEXIDADES DE ONTEM E DE HOJE

Tenho plena consciência de escrever este fecho em um momento da história mundial, logo também latino-americana e brasileira, que vê o ideal de um poder público reformista e planejador vulnerável e vulnerado por todos os lados. As flechas da direita e do centro não surpreendem naturalmente tanto quanto as lançadas pelas esquerdas, ora deprimidas com os sucessos do Leste Europeu.

As convicções dirigistas dos republicanos que fizeram a Revolução de 30 talvez fossem mais seguras que as dos social-democratas de hoje, mas tampouco eram absolutas: "Não sei, senhores deputados", dizia Osvaldo Aranha aos constituintes de 34, "como a ninguém é dado saber, se a tendência à ação totalitária do Estado, que caracteriza a nossa época, marca o fim de uma civilização ou entreabre à mísera contingência dos povos contemporâneos, atormentados e empobrecidos, uma era de reparações e melhorias".

Adiante, porém, reponta o aguilhão das necessidades sociais para cuja satisfação o Estado, e só o Estado, deveria, segundo o lema de Comte, *prever para prover*:

> Na relação íntima das funções do Estado com as necessidades sociais e na sua preeminência sobre o conjunto da vida nacional assenta o Poder Público, hoje a sua razão de ser. Não é possível o exercício do Poder deixando à iniciativa privada a solução dos problemas coletivos. Impõe-se cada vez mais a participação, a cooperação, a intervenção do Estado nas atividades particulares, a fim de que delas frua à sociedade o benefício material que a ação humana pode criar [...] Essas atividades são dirigidas, controladas, dominadas pelo arbítrio soberano, egoístico e exclusivista, de firmas e empresas que, sob as formas mais diversas, governam e monopolizam o mundo dos negócios.[49]

No ato de instalação da Assembleia, Getúlio Vargas traz ao primeiro plano os aspectos institucionais da questão:

> O Estado, qualquer que seja o seu conceito segundo as teorias, nada mais é, na realidade, do que o coordenador e disciplinador dos interesses coletivos, a sociedade organizada como poder, para dirigir e assegurar o seu progresso. Toda estrutura constitucional implica, por isso, a estrutura das funções do Estado.

Uma pergunta só aparentemente episódica: a quem iria essa mesma Assembleia Nacional Constituinte delegar o poder presidencial? O escolhido foi Getúlio com 175 votos. Em segundo lugar, com 59 votos, os deputados e representantes de classe não sufragaram um nome de oposição ao republicanismo gaúcho: votaram em ninguém menos do que Borges de Medeiros. O castilhismo, rejeitado em 91, era em 34 a pedra angular do sistema político nacional.

* * *

Considerando que no Brasil a primeira experiência de centralização estatal foi augurada e parcialmente cumprida a partir da Constituição rio-grandense de 1891, pode-se afirmar que aquele modelo, vivo no Brasil de 1930 a 1964, e sobrevivente entre 64 e nossos dias, já é um ilustre centenário. Se dissermos ao fantasma de Augusto Comte que os mortos devem ser sepultados e esquecidos, ele provavelmente nos responderá que, ao contrário, os fatos positivos ensinam que "os mortos governam os vivos"; e nos advertirá que, por medida prudencial, é de bom alvitre ainda "conservar melhorando"... O conselho, vertido para "a mísera contingência dos povos contemporâneos" a que se referia o solerte homem público de 30, significa hoje: *democratizar o Estado* e elevar ao mais alto grau possível a consciência da cidadania. Este é o ideal republicano. A alternativa anárquica certamente estaria fora das cogitações do mestre.

10
*CULTURA BRASILEIRA E CULTURAS BRASILEIRAS**

DO SINGULAR AO PLURAL

Estamos acostumados a falar em *cultura brasileira*, assim, no singular, como se existisse uma unidade prévia que aglutinasse todas as manifestações materiais e espirituais do povo brasileiro. Mas é claro que uma tal unidade ou uniformidade parece não existir em sociedade moderna alguma e, menos ainda, em uma sociedade de classes. Talvez se possa falar em *cultura bororo* ou *cultura nhambiquara* tendo por referente a vida material e simbólica desses grupos antes de sofrerem a invasão e aculturação do branco. Mas depois, e na medida em que há frações do interior do grupo, a cultura tende também a rachar-se, a criar tensões, a perder a sua primitiva fisionomia que, ao menos para nós, parecia homogênea.

A tradição da nossa Antropologia Cultural já fazia uma repartição do Brasil em culturas aplicando-lhes um critério racial: cultura indígena, cultura negra, cultura branca, culturas mestiças. Uma obra excelente, e ainda hoje útil como informação e método, a *Introdução à antropologia brasileira*, de Arthur Ramos, terminada em 1943, divide-se em capítulos sistemáticos sobre as culturas não europeias (culturas indígenas, culturas negras, tudo no plural) e culturas europeias (culturas portuguesa, italiana, alemã...), fechando-se pelo exame dos contactos raciais e culturais.

---

* Texto redigido entre 1979 e 1980. Fiz alguns retoques de linguagem, mas conservei inalterados os dados de base. A versão inicial do ensaio foi publicada em *Filosofia da Educação Brasileira*, obra coordenada pelo saudoso educador Durmeval Trigueiro Mendes (Rio de Janeiro, Civilização Brasileira, 1981).

Os critérios podem e devem mudar. Pode-se passar da raça para a nação, e da nação para a classe social (cultura do rico, cultura do pobre, cultura burguesa, cultura operária), mas, de qualquer modo, o reconhecimento do plural é essencial.

A proposta de compreensão que se faz aqui tem um alcance analítico inicial; e poderá ter (oxalá tenha) um horizonte dialético final.

Se pelo termo *cultura* entendemos uma herança de valores e objetos compartilhada por um grupo humano relativamente coeso, poderíamos falar em uma cultura erudita brasileira, centralizada no sistema educacional (e principalmente nas universidades), e uma *cultura popular*, basicamente iletrada, que corresponde aos *mores* materiais e simbólicos do homem rústico, sertanejo ou interiorano, e do homem pobre suburbano ainda não de todo assimilado pelas estruturas simbólicas da cidade moderna.

A essas duas faixas extremas bem marcadas (no limite: *Academia* e *Folclore*) poderíamos acrescentar outras duas que o desenvolvimento da sociedade urbano-capitalista foi alargando. A *cultura criadora* individualizada de escritores, compositores, artistas plásticos, dramaturgos, cineastas, enfim, intelectuais que não vivem dentro da Universidade, e que, agrupados ou não, formariam, para quem olha de fora, um sistema cultural *alto*, independentemente dos motivos ideológicos particulares que animam este ou aquele escritor, este ou aquele artista. Enfim, a *cultura de massas*, que, pela sua íntima imbricação com os sistemas de produção e mercado de bens de consumo, acabou sendo chamada pelos intérpretes da Escola de Frankfurt, *indústria cultural*, *cultura de consumo*.

Teríamos em registro analítico: cultura universitária, cultura criadora extrauniversitária, indústria cultural e cultura popular. Do ponto de vista do sistema capitalista tecnoburocrático, um arranjo possível é colocar *do lado das instituições* a Universidade e os meios de comunicação de massa; e situar *fora das instituições* a cultura criadora e a cultura popular.

É claro que esse esquema espacial de fora e dentro deve ser relativizado, pois enrijece o termo *instituição*, definindo-o sempre em termos de organização própria das classes dominantes. Na verdade, matizando a questão: um fenômeno típico de cultura popular como a procissão do Senhor Morto na Semana Santa é também uma instituição, em sentido paralelo ao da instituição do candomblé ou de um rito indígena. Ou, falando da cultura criadora personalizada, uma obra teatral é um gênero público instituído, queira ou não o seu autor. Mas, se usássemos desse critério sociológico, tudo viraria instituição, tudo codificação social coercitiva e borraríamos anti-historicamente a nossa primeira distinção: sistemas culturais organizados para funcionar sempre como instituições (a Escola, uma Empresa de Televisão, por exemplo) e manifestações mais rentes à vida subjetiva ou grupal: um poema; uma roda de samba; um mutirão...

SITUAÇÃO DA CULTURA UNIVERSITÁRIA

No quadro acima delineado podemos reconhecer a cultura universitária como um setor privilegiado, isto é, protegido e incrementado quer pelos grupos particulares, que dele fazem um investimento, quer pelo Estado, que arca, no Brasil, com boa parte do ônus da instrução superior. A cultura universitária, meta prioritária dos jovens das classes alta e média, tem uma força de autorreprodução só comparável, hoje, à das grandes empresas de comunicação de massa. Para alguns, ela é, mesmo, um dos apoios fundamentais do aparelho do Estado enquanto a Universidade não cessa de produzir pessoal habilitado para as carreiras burocráticas ou burocratizáveis do país.

É importante, por isso, analisá-la mais de perto para verificar como nela operam certas tendências que se cristalizam como visões da realidade, e que cortariam toda a cultura brasileira.

A primeira observação diz respeito ao decréscimo rápido e talvez irreversível dos estudos humanísticos tradicionais (Grego, Latim, Filologia, Francês), hoje acantonados em um ou outro currículo de Letras. O resultado dessa restrição é o desaparecimento de um certo tipo de formação letrada clássica, que tinha, uns quarenta anos atrás, prestigiosa presença no ensino médio além de constituir o fundo comum do clero e da magistratura, dois estratos cuja posição na sociedade era preeminente. A relação íntima entre cultura clássica e status social desapareceu na sociedade contemporânea. E a Universidade, coerentemente, foi abandonando o ensino daquelas disciplinas, seguida, a curto prazo, pela Igreja.

O aprendizado de Grego, Latim, Filologia Clássica e Vernácula, Francês, Direito Romano e matérias afins foi deslocado na sua posição--chave de formador dos mestres secundários, dos sacerdotes e dos juristas. Essas disciplinas viraram especializações, sendo ministradas sem a aura que outrora as circundava, e despossuídas, portanto, do poder que então as investia.

Uma consequência notável desse esvaziamento foi, durante a década de 60 sobretudo, uma tendência a considerar estrutural e acronicamente a cultura linguística, literária, jurídica e, até mesmo, religiosa. Quer dizer: o sentimento de que as Letras, as Leis e os Ritos atravessaram fases e estilos diversos foi cedendo lugar a uma abordagem *a-histórica* que se restringia à *análise de textos* a que se aplicavam categorias formais supostamente universais. Perdendo-se a sensibilidade ao contexto preciso do texto, perde-se a capacidade da interpretação histórica concreta. Os estudos literários viram-se, pelo menos no período agudo dessa tendência, à mercê de uma violenta sincronização das formas e dos significados que eram recortados como se fossem todos contemporâneos da nossa consciência estética ou das nossas próprias ideologias. Os resultados são ambíguos. Lê-se o que não poderia estar historicamente presente no texto. Não se lê o que estava concretamente nele. O que são desvantagens científicas graves. Em compensação: procura-se extrair do passado literário um código ou uma mensagem inteligível para a nossa mentalidade, recuperando-se, de maneira surpreendente, escritos há muito sepultos sob o peso de uma erudição sem horizontes. A cultura letrada tem vivido, nos últimos anos, de descobertas ou releituras dos clássicos nessa perspectiva estrutural-sincrônica, baseada só na análise imanente do texto.

Esse anti-historicismo teve um significado preciso: assinalou a senescência da primeira visão do mundo apontada (o tradicionalismo humanista), embora guarde em comum com a velha retórica um ponto que me parece nevrálgico, e que não tem sido explorado: *o ato de subtrair o texto à contingência dos tempos, sejam eles passados ou contemporâneos.* A velha retórica também absolutizava o texto, trazendo-o do passado ao presente, imune e isento dos condicionamentos sociais; o mesmo, mutatis mutandis, faz o estruturalismo acrônico: nega-se a estudá-lo como expressão de um dado momento social e o insere, sem mediações, no sistema de ideias e de valores contemporâneo do analista. Os extremos se tocam: o espírito classificatório, aristotélico, da velha retórica tende a conciliar-se com o *rigor* das partições estruturais, assim como já se aliavam, no século XIX, filologia e positivismo.

311

Mas, ressalvadas as semelhanças, volta a diferença. Os estudos clássicos, vernáculos e jurídicos, encastelavam-se em uma posição que, além de *formalista*, era *normativa*. O mapeamento das formas literárias implicava o seu uso estrito como critério moral e estético de *correção*. O critério normativo era tão arraigado, ao menos dentro das instituições, que sobreviveu ao próprio Romantismo, movimento da sensibilidade ocidental antiformalista por excelência. Mas esse valor entrou em crise com a configuração da nova retórica, estruturalista, que já não pode ser normativa, mas apenas *analítica* ou *descritiva*.

A situação, a partir dos anos 60, no que respeita à cultura letrada e jurídica, é esta: adotam-se técnicas de análise formal ou imanente, mas abandona-se o pressuposto da normatividade na medida em que não se concede mais foro especial a qualquer formação histórica determinada. (E, se algum privilégio se concede, será ao dos modos absolutamente contemporâneos de expressão. A tendência a sincronizar tudo deságua em tudo submeter ao foco subjetivo do intérprete imerso na sua temporalidade.)

Na década de 70 (muitos acentuam 68 como data da viragem), o mero inventário das estruturas linguísticas começa a ser considerado insuficiente. O estruturalismo já não satisfaz à dinâmica real que, em última instância, também permeia os estudos universitários. Toda cultura superior acaba procurando avidamente significados e valores no seu trabalho, e é precisamente nessa busca que as tendências formalistas começam a alterar-se, cindindo-se: em um movimento para dentro, de enrijecimento extremo e epigônico; e em uma superação que desemboca na *negação da negação*: a análise formal é então relacionada com o *sentido* da expressão e da comunicação, sentido interpretável ora em termos psicanalíticos ora em termos histórico-sociais. Nesse momento, os estudos literários e linguísticos, que, em 60, espelhavam a visão tecnicista dominante, passaram a secundar uma cultura de resistência, a qual coincide, no Brasil, com os anos de abertura política nos meados dos anos 70.

Recapitulando o processo, em termos estritos de situação universitária brasileira. Os velhos estudos clássicos e filológicos foram substituídos por um formalismo em geral não normativo, ou em polêmica com o normativismo gramatical e léxico. O esvaziamento do prestígio clássico-vernáculo acompanhou-se de uma consideração positiva, se não apologética, de todas as formas e gostos contemporâneos: houve um momento em que os letrados prestavam seu culto a qualquer manifestação da chamada cultura de massa, porque esta lhes era contemporânea, tout court. Finalmente, os aplicadores do método saem à procura de valores: se alguns ainda se comprazem na sua própria atividade estruturante, cultuando o fetichismo da letra, a estética da materialidade formal, o valor imanente do *procedimento jurídico*, outros só encontram significado na relação do texto com a experiência intersubjetiva que ele revela e produz.

Um reconhecimento do terreno encontra hoje precisamente a co-presença dos extremos a que me referi no texto "Um testemunho do presente": "O paroxismo dos ataques secunda o paroxismo das manifestações epigônicas".*

De qualquer maneira: nas faculdades humanísticas e jurídicas ainda convivem, lado a lado, ou lado contra lado, as técnicas analíticas mais estreitas e a crítica ideológica mais geral.

Na esfera mais ampla das Ciências Sociais a consciência dos riscos ideológicos deste ou daquele método é particularmente viva. O puro tecnicismo e o puro historicismo têm consequências especialmente graves no nível interpretativo. Na década de 70, a evidência da aliança entre técnica *neutra* e opressão ideológica despertou nos pesquisadores uma profunda desconfiança em relação às receitas positivistas e funcionalistas que vinham sendo aplicadas metodicamente desde a fundação dos cursos de ciências sociais em todo o Brasil, a partir de 30. A imbricação de sociologia e pensamento dialético é, mais do que nunca, um problema de política cultural vivido por toda a faixa dos cientistas sociais que pretendem fazer do seu conhecimento um instrumento eficaz de transformação.

Mas a tecnoburocracia não seria o que é se não procurasse igualmente contra-atacar, respondendo às inquietações da cultura crítica de modo bastante preciso e consequente. Mencionemos cinco de suas medidas mais eficazes:

— Em primeiro lugar, implantou-se em todos os graus de ensino um corpo de doutrina sociopolítica forrado de ideais neocapitalistas. As disciplinas intituladas *Organização Social e Política do Brasil* (primeiro e segundo graus) e *Estudos de Problemas Brasileiros* (segundo,

---

* "Um testemunho do presente", prefácio a Carlos Guilherme Mota, *Ideologia da cultura brasileira*, 2ª ed., São Paulo, Ática, 1977.

terceiro e quarto graus) convergem para a apresentação serena de uma Nação-Estado em plena fase de melhoramento técnico e de progresso social, onde há lugar para todos, desde que trabalhem e cumpram assiduamente os seus deveres na ocupação a que se destinam. A ideologia do Brasil Grande e do Milagre Brasileiro permeava, até pouco tempo (e na escola primária tende a permear por muito tempo, dada a inércia de sua estrutura), essa doutrinação cuja dosagem assim tão alta não se administrava desde os tempos do Estado Novo.

— Em segundo lugar, e coincidindo com o espírito das providências acima referidas, os órgãos centrais da Administração Escolar substituíram o estudo de História Geral, de Geografia Geral, de História do Brasil e de Geografia do Brasil, constantes dos currículos tradicionais do ensino médio, por uma disciplina híbrida chamada Estudos Sociais, que, além de sofrer dos inconvenientes metodológicos do seu teor vasto e indiferenciado, acarretou uma competição no mercado de trabalho entre licenciados de várias áreas, como Ciências Sociais, História, Geografia, Pedagogia, e ultimamente a mesma *Estudos Sociais* em nível de bacharelado, com sensível prejuízo para cada uma dessas áreas que, de per si, foram sendo apartadas de seu lugar específico no curso secundário.

— Em terceiro lugar, a disciplina *Filosofia* desapareceu abruptamente dos cursos médios. A reflexão teórica e crítica por excelência, capaz de perscrutar a significação das ciências da Natureza, das ciências do Homem, o andamento da cultura e suas implicações ideológicas, é afinal alijada no período crucial de formação do adolescente e, por motivos análogos, praticamente desaparece dos currículos superiores. Não poucas faculdades de *Filosofia* suprimiram de seu quadro de licenciatura, pura e simplesmente, a disciplina de Filosofia. Aqui, o golpe do poder tecnoburocrático foi mais estrondoso e ostensivo do que em qualquer outro setor da educação superior brasileira.

— Em quarto lugar, a predominância econômica dos Estados Unidos da América do Norte refletiu-se diretamente na gradual exclusão do ensino de Francês até como língua opcional nos cursos médios e, mesmo, superiores. A maioria absoluta das *faculdades de Letras* aboliu o ensino de Francês. Trata-se de outro revés sofrido por um dos instrumentos mais completos de que dispõem as ciências humanas no mundo moderno. Para as faculdades de Filosofia, Letras e Ciências Humanas, o resultado é extremamente infeliz, sendo difícil suprir a lacuna pelas traduções, insuficientes em número, insatisfatórias na qualidade. Hoje uma cultura letrada ou humanística sem Francês equivale a uma cultura clássica sem Latim.

O que sobrou do ensino das línguas modernas, incluindo o mesmo Inglês, se tem feito, em geral, por técnicas pragmáticas de domínio da conversação básica, tipo *Yázigy* ou *Ensino Programado*, mediante esquemas behavioristas. Essas técnicas levam sobre os velhos métodos de tradução a vantagem de criar logo certos automatismos audiolinguais, mas barram ao aluno, durante um tempo demasiado longo, o acesso à literatura e à cultura veiculadas pelas respectivas línguas. O instrumento torna-se fim em si, o que é a definição da tecnocracia. A preocupação pelo domínio de algumas (poucas) estruturas fonéticas e sintáticas fundamentais, embora válida, deixa na sombra o aprendizado do vocabulário culto, tarefa árdua que não pode ser postergada sob pena de o estudante sair de seus cursos formativos sem ter tido a oportunidade de ler os autores importantes que se expressaram naqueles idiomas. Aliás, é o que tem acontecido de modo sistemático.

— Em quinto lugar, o vestibular unificado que se estrutura mediante alternativas e sem redação (esta veio em 77, parcialmente) orientou, nos últimos quinze anos, pelo menos, um ensino colegial e, especificamente, os cursinhos pré-universitários, numa linha maciçamente informativa com evidente prejuízo da finalidade do curso médio, que é formativa e axiológica.

As cinco medidas oficiais mencionadas acima afetam a dinâmica interna, curricular, do aprendizado universitário e secundário das disciplinas humanas. Mas é claro que a mentalidade burocrática que as ditou não se restringiu a deslocamentos e supressões no nível da organização interna dos cursos. Ela agiu drasticamente na macroestrutura do sistema universitário, apoiando, se não propiciando, a multiplicação de instituições superiores de caráter privado, a maioria delas puramente mercantil. Voltadas para o ensino das disciplinas humanas e sociais (Pedagogia, História, Letras, Estudos Sociais, Comunicações), consideradas de baixo custo operacional, essas faculdades particulares concorreram para um empobrecimento sensível da formação do nosso magistério tanto no plano informativo como no plano crítico. Em geral, o ensino das Ciências Humanas e das Letras, nessas instituições privadas, limita-se à tarefa de repetir receitas de manuais, fazendo-se particularmente pesada e ameaçadora a repressão ideológica dos seus órgãos diretores.

Se retomamos os dados importantes da situação em que se acham os estudos literários, filosóficos e sociais, reconhecemos um campo de tensões, hoje radicalizadas, entre um modo de ler a cultura bastante próximo das cadências pragmáticas do neocapitalismo em sua fase mais selvagem de implantação, e um modo de ler a mesma cultura em um registro crítico no qual a mira é a desmistificação das ideologias subjacentes. Mais uma vez: a alienação coexiste com uma linguagem de protesto contra as ilusões do desenvolvimentismo e as suas máscaras autoritárias. E mais uma vez: é um corte ideológico que separa as vertentes.

Semelhantes tensões se formam no desenrolar do processo cultural total da sociedade brasileira. Podem ser detectadas também fora do ensino letrado ou humanístico em senso estrito. O tecnicismo e a sua denúncia são constantes também em áreas limítrofes entre as Ciências Humanas e as Ciências Biológicas (como a Psicologia, a Medicina, a Saúde Pública), ou entre as Ciências Humanas e as Ciências Exatas (Economia, Administração, Demografia, Engenharia, Arquitetura, Urbanismo). Em todos esses setores, que contam com uma tradição científica crescente durante a evolução do capitalismo, irrompe hoje o conflito entre os tecnocratas e os estudiosos que desejariam pôr a sua especialidade a serviço da democracia social.

Depois de largos anos de política desenvolvimentista, anos em que as ciências foram estimuladas pelo Estado e pela empresa privada a trabalharem no planejamento racional da sociedade, os seus cultores mais lúcidos se viram diante de um sistema gerido por forças que, por si, não visam àquela democratização dos bens culturais: as empresas multinacionais de Engenharia, Urbanismo, Administração ou Farmácia não visam senão ao lucro: o Estado forte, por sua vez, não visa senão a mais poder e a mais segurança. Pouco importa que todos estilizem as suas expressões ideológicas por meio de uma retórica, já batida, do desenvolvimentismo.

Nestas páginas não cabe especificar os modos pelos quais se resolve em cada uma daquelas áreas a tensão entre tecnocratas e críticos. O objeto, aqui, é outro, e, por força, mais globalizante: apontar, na prática da cultura universitária, a contradição entre *tendências especulares e tendências críticas*. Chamamos especulares as primeiras, porque espelham a rede dos interesses dominantes, arrastando, portanto, consigo a força dos fatos.

Não se trata, aliás, de uma contradição acadêmica que se manifeste apenas nas salas de aulas, ou nos seminários de pós-graduação. Os cursos universitários deságuam nas carreiras liberais, nas profissões técnicas, no caldo de cultura da imprensa; enfim, nos vários espaços da sociedade civil e do aparelho burocrático. Entre um curso de Medicina e a prática médico-mercantil das clínicas particulares há, em geral, um processo de rápida *adaptação* ao real, que é a sociedade de classes brasileira. As informações e os elementos técnicos mais funcionais viram logo rotina. A passagem dos bancos universitários às práticas profissionais faz-se na base das fórmulas feitas, das *receitas* já fornecidas pelos usufruidores da situação, no caso, as indústrias farmacêuticas e as firmas de equipamentos hospitalares. Esse *mundo do receituário* é o resultado cabal da cultura especular. O que terá sido, talvez, objeto de problematização, pesquisa e crítica durante os vagares do ensino superior cristaliza-se, na hora H do ramerrão profissional, em frase feita, esquema funcional, cálculo mecânico que basta manipular e dar a consumir. Temos que estar atentos a essa brutal simplificação que a sociedade de consumo contemporânea opera com os resultados da cultura acadêmica.

O *mundo do receituário* é a forma formada da cultura dominante e vigora em todas as carreiras a que a Universidade dá acesso. É particularmente deprimente quando se pensa na passagem, em geral entrópica, da cultura universitária para o meio secundário. O que se transmite aos alunos do ginásio (e aqui atingimos o cerne da dinâmica educacional), o que se estratifica em termos de instrução fundamental, é, quase sempre, a fórmula final, reduzida, reificada, da antepenúltima tendência da cultura superior. Com a agravante de que a rotina do curso secundário inclui uma dose de inércia das estruturas muito mais duradoura que a do ensino universitário.

A mudança de um pensamento inovador em linguagem esquemática, abstrata, e satisfeita de si mesma, é um dos problemas mais angustiantes da difusão da cultura em uma sociedade de consumo. Pensadores como Adorno e Umberto Eco aprofundaram o tema da "institucionalização das vanguardas": a crítica que se transforma em mercadoria, que vira moda, e é diluída pelo abuso verbal, integrando-se afinal na boa consciência dos bem pensantes..., perdendo, enfim, o seu alvo modificador do status quo. A neutralização de todas as possíveis dissidências em um amplo e flexível processo modernizante parece ser um recurso quase fisiológico das sociedades neocapitalistas, que às vezes punem, aleatoriamente, algumas expressões ou atitudes mais *inconvenientes*, isto é, mais capazes de despertar ou aguçar a consciência das contradições.

O sistema parece ter uma certa margem de indulgência para com tudo quanto não fira, a rigor, a sua autoconservação econômica. A liberalização contemporânea dos costumes e da linguagem inclui-se nessa margem de tolerância. Mas a ausência de qualquer filosofia coerente de valores (além da autoconservação) empresta uma certa instabilidade, e mesmo incoerência, aos padrões das várias censuras: política, jornalística, literária, cinematográfica, teatral etc. O neocapitalismo desenvolvimentista, mesmo na sua fase politicamente autoritária, não tem outra *moral*, outro esquema de valores que o das aparências. E é próprio da ideologia da modernização trocar às vezes de aparência para vender melhor. Daí, aquela inconsistência das normas que regulam a expressão verbal, forma por excelência de nossa cultura; daí também a prática de incorporar ao discurso oficial o jargão da cultura crítica. Um exemplo probante dessa facilidade de assimilação retórica vê-se na linguagem meio sociológica meio dialética que permeia o último Plano Setorial de Cultura (1975-9), que ora nos rege, e que foi preparado pela Secretaria do Ministério de Educação e Cultura:

> Toda educação atuante e racionalmente exercida *mantém com a sociedade a que serve uma relação dialética de concordância e assimilação, de crítica e de superação*. Assim, a educação pode atuar também como *motor do processo social*, e o projeto educativo deve ser concebido em vista da realização de uma sociedade mais conforme às exigências de atualização da pessoa humana. Neste ponto concorda-se com o Relatório Faure quando afirma que existe uma correlação estreita, simultânea e diferida, entre as transformações socioeconômicas e as estruturas e os modos de educação, e que também esta contribui *funcionalmente* para o *movimento da história*. Além disso, a educação, pelo conhecimento que oferece do meio em que se exerce, pode ajudar a sociedade a tomar consciência de seus próprios problemas e, à condição de centrar seus esforços sobre a formação de homens completos, pode concorrer grandemente para a *transformação e humanização da sociedade*. [grifos nossos]

O texto é perfeitamente híbrido. Temos um discurso personalista, um discurso sociológico funcionalista e um certo vislumbre da dialética pela qual se negam ou se reforçam mutuamente educação e sociedade, superestrutura e infraestrutura.

O exemplo foi aduzido apenas para acentuar a tese principal destas páginas, que afirma a existência de correntes díspares (especular e crítica), a sua coexistência e, mais ainda, o caráter centrípeto do sistema cultural. Este consegue, às vezes, trazer para o seu discurso as cadências da oposição, tendo, naturalmente, o cuidado de diluí-las em um ideário progressista e desenvolvimentista vago herdado da situação anterior (1945-64), quando, porém, esse ideário ainda se combinava com um estilo político mais democrático.

A CULTURA FORA DA UNIVERSIDADE

Nesta altura, vale a pena insistir em que existem *faixas culturais* fora da Universidade. Para tanto, é indispensável reter o conceito antropológico do termo *cultura* como conjunto de modos de ser, viver, pensar e falar de uma dada formação social; e, ao mesmo tempo, abandonar o conceito mais restrito, pelo qual cultura é apenas o mundo da produção escrita provinda, de preferência, das instituições de ensino e pesquisa superiores.

Na verdade, a vida cultural letrada se faz, hoje, mais do que nunca, *dentro da Universidade*, ou *em torno dela*. Abram-se as revistas e os suplementos dos jornais mais informados: as suas seções de cultura alimentam-se de artigos, entrevistas, resenhas e reportagens escritas pelos intelectuais, ou sobre os intelectuais, das maiores universidades do país (Rio de Janeiro, São Paulo, Campinas, Brasília, PUC-Rio, PUC-São Paulo...). A cidade já não mais promove aquele tipo de vida cultural e literária tangível até os anos 40, quando a Universidade apenas começava a se implantar e não tinha ainda absorvido profissionalmente os intelectuais. Hoje, a divisão social do trabalho parece ter especializado também a vida do espírito que encontra vias privilegiadas nas instituições de ensino superior.

Mas como essa cultura, por difundida que seja, ainda é privilégio da minoria, cabe perguntar se a *cultura brasileira* não se articula e se exprime em outros lugares, tempos e modos que não os da vida acadêmica.

Ora, o que caracteriza a cultura extrauniversitária é precisamente o seu caráter difuso, mesclado intimamente com toda a vida psicológica e social do povo. Exatamente o oposto da prática acadêmica, que é concentrada e especializada, versando, o mais das vezes, sobre materiais secundários ou terciários, já trabalhados pela literatura específica dos temas. A Universidade é o lugar em que a cultura se formaliza e se profissionaliza precocemente. Tecnicista, ou mesmo crítica, essa cultura chega logo à cunhagem de fórmulas e se nutre dessas fórmulas até que sobrevenham outras que as substituam. Trata-se de um universo que produz discursos marcados, tematizados. Cultura na Universidade é falar "sobre alguma coisa", de modo programado.

No mundo extrauniversitário, os símbolos e os bens culturais não são objeto de análise detida ou de interpretação sistemática. Eles são *vividos* e pensados, esporadicamente, mas não tematizados em abstrato.

A INDÚSTRIA CULTURAL

Fora da Universidade, os bens simbólicos são consumidos principalmente através dos meios de comunicação de massa.

Trata-se de um processo corrente de difusão na sociedade de consumo. O homem da rua liga o seu rádio de pilha e ouve a música popular brasileira ou, mais frequentemente, música popular (ou *de massa*) norte-americana. A empregada doméstica liga o seu radinho e ouve a radionovela ou o programa policial ou o programa feminino. A dona de casa liga a televisão e assiste às novelas do *horário nobre*. O dono da casa liga a televisão e assiste com os filhos ao jogo de futebol. As crianças ligam a televisão e assistem aos filmes de bangue-bangue. Quase todos ouvem o repórter da noite. A música e a imagem vêm de fora e são consumidas maciçamente. Em escala menor, o jornal, ou a revista, dá a notícia do crime, ou comenta as manobras da sucessão ou os horrores da seca ou a geada do Paraná. Em escala menor ainda, o casal vai ao cinema: assiste ao policial, à ficção científica, à comédia ligeira, à chanchada. Os adolescentes leem histórias em quadrinhos. As adolescentes leem as fotonovelas. Tudo isto é fabricado em série e montado na base de algumas receitas de êxito rápido. Há revistinhas femininas populares e de classe média que atingem a tiragem de 500 mil exemplares semanais, com mais de um milhão de leitoras virtuais. Isso é a cultura de massa ou, mais exatamente, *cultura para as massas*. Certos programas de rádio e de TV dispõem de uma audiência semelhante, se não maior.

Os processos psicológicos envolvidos nesses programas são, em geral, os de apelo imediato: sentimentalismo, agressividade, erotismo, medo, fetichismo, curiosidade. Há uma dosagem de realismo e conservadorismo que, ao mesmo tempo, excita o desejo de ver, mexe com as emoções primárias e as aplaca no happy end. Tudo o que é posto em crise no decorrer do programa ou do texto ilustrado é reestruturado no final. Umberto Eco refere-se, com justeza, a *estruturas de consolação* para qualificar o sentido desses procedimentos chamativos que mantêm a atenção de milhões de consumidores culturais.

Em termos diacrônicos, não parece que esse tipo de consumo de bens simbólicos tenha mudado muito da década de 60 para a de 70. A censura e a massificação persistem; persistem as receitas de sucesso junto ao grande público; continua a publicidade intensa e insidiosa lançando mão de todos os recursos para motivar e estimular a venda de seus produtos. Talvez uma análise mais miúda encontre uma ou outra alteração no quadro, mas nada de substancial.

O que se percebe, porém, como novidade importante é a posição crítica do intelectual diante da indústria cultural. A atitude adesista e até mesmo entusiástica, comum na década de 60, época áurea das leituras sobre *mass communication*, passou a ser crítica a partir de 70. Multiplicam-se nas faculdades dissertações e teses que procuram denunciar a ideologia conformista dos grandes programas de TV ou de certas figuras-ídolo dos quadrinhos mais vendidos. Sob a égide de Adorno, faz-se uma denúncia radical da *indústria cultural*, denúncia que se estende a todos os meios de comunicação, e que acaba sendo um vezo contraideológico bastante pronunciado. Chega-se até ao sacrilégio de arranhar a idolatria futebolística acionada pela propaganda oficial. Essa posição de desconfiança, por parte da cultura de resistência, não altera, porém, como se pode perceber facilmente, o quadro objetivo estatístico que continua contando com o êxito garantido pela eficiência da indústria cultural e do seu respectivo mercado.

A apreciação negativa da cultura para massas, formalizada pelos estudiosos da Escola de Frankfurt, como Horkheimer, Adorno e, em outro registro, Herbert Marcuse, foi chamada de apocalíptica, por Umberto Eco, numa divisão de intelectuais em *apocalípticos* e *integrados*.

Para compensar as críticas mais radicais, há os que lembram o caráter socializador dos meios de massa, que dariam a todas as classes o mesmo nível de informação e, vez por outra, ministrariam elementos para que o espectador forme um juízo desalienado a respeito do sistema em que vive. Igualmente, os defensores insistem no caráter pedagógico que alguns programas assumem, quando elaborados por pessoas de cultura artística ou científica mais complexa. Historicamente, na verdade, fica em aberto o julgamento de um processo de comunicação que ainda está bem longe de ter esgotado todos os seus frutos. No caso brasileiro contemporâneo, a censura política e a massificação estética e ideológica, peculiar aos programas de grande audiência, ainda não autorizam o espectador mais alerta e exigente a nutrir maiores esperanças.

Mas uma política de educação de um número alto de brasileiros talvez deva passar forçosamente pelos meios de comunicação de massa. O que não significa que são esses meios, na sua pura materialidade e quantidade, que vão transformar, no sentido positivo de humanizar e socializar, a mentalidade dos seus usuários. Eles a transformarão na linha determinada pela filosofia de valores própria do projeto político-social que os utilizar. Até o momento, essa linha tem sido neocapitalista modernizante, com fases mais ou menos acentuadas de conformismo ou inovação. Não se deve esperar da cultura de massas e, menos ainda, da sua versão capitalista de indústria cultural, o que ela não quer dar: lições de liberdade social e estímulos para a construção de um mundo que não esteja atrelado ao dinheiro e ao status.

CULTURA POPULAR

A cultura escolar e a cultura para as massas são formações institucionalizadas pelo Estado e pela empresa com o fim de transmitir conhecimento ou preencher horas de lazer de uma fração ponderável da população brasileira. São organizações modernas e complexas que administram a produção e a circulação de bens simbólicos. O seu crescimento tem uma relação direta com o crescimento econômico do país: a sua mentalidade básica, também.

Mas, se nos ativermos fielmente à concepção antropológica do termo *cultura*, que é, de longe, a mais fecunda, logo perceberemos que um sem-número de fenômenos simbólicos pelos quais se exprime a vida brasileira tem a sua gênese no coração dessa vida, que é o imaginário do povo formalizado de tantos modos diversos, que vão do rito indígena ao candomblé, do samba de roda à festa do Divino, das Assembleias pentecostais à tenda de umbanda, sem esquecer as manifestações de piedade do catolicismo que compreende estilos rústicos e estilos cultos de expressão.

Nessa complexa gama cultural, a *instituição* existe (no sentido sociológico clássico do termo), isto é, as manifestações são grupais e obedecem a uma série de cânones, mas elas não dispõem da rede do poder econômico vinculante, nem de uma força ideológica expansiva como a Universidade e as empresas de comunicação. São microinstituições, dispersas no espaço nacional, e que guardam boas distâncias da cultura oficial. Servem à expressão de grupos mais fechados, apesar de seus membros estarem também expostos à cultura escolar ou aos meios de comunicação de massa.

A tendência dos estudos sociológicos convencionais, de filiação evolucionista, é rotular de *residuais* todas as manifestações habitualmente chamadas *folclóricas*. Estabelecido firmemente esse ponto de vista, tudo o que estiver *sob o limiar da escrita*, e, em geral, os hábitos rústicos ou suburbanos, é visto como *sobrevivência* das culturas indígenas, negra, cabocla, escrava ou, mesmo, portuguesa arcaica: culturas que se produziram sempre sob o ferrete da dominação.

É extremamente importante repensar o processo de formação de toda essa cultura que viveu e ainda vive sob o limiar da escrita. Certa vertente culta, ocidentalizante, de fundo colonizador, estigmatiza a cultura popular como fóssil correspondente a estados de primitivismo, atraso, demora, subdesenvolvimento. Para essa perspectiva, o fatal (que coincide, no fim, com o seu ideal mais caro) é o puro desaparecimento desses resíduos, e a integração de todos os seus sujeitos nas duas formas institucionais mais poderosas: a cultura para as massas e a cultura escolar. Trata-se de uma visão linearmente evolucionista que advoga, com a autoridade da ciência oficial, a causa dos vencedores.

Em outro extremo, a vertente romântico-nacionalista, ou romântico-regionalista, ou romântico-populista (os matizes mudam conforme a conjuntura) toma por valores eternamente válidos os transmitidos pelo folclore, ignora ou recusa as suas vinculações com a cultura de massa e a cultura erudita, e identifica as expressões grupais com um mítico *espírito do povo*, ou mais ideologicamente, com a Nação, fazen-

323

do pender para um excessivo particularismo o que, na concepção oposta, se perdia num abstrato universalismo.

O problema se complica extraordinariamente hoje em dia quando precisamos considerar as imbricações que ocorrem entre a cultura popular e a cultura de massa (ou *popularesca*, na expressão de Mário de Andrade), ou ainda entre a cultura popular e a cultura criadora dos artistas. Urge cavar, em última análise, uma *teoria da aculturação* que exorcize os fantasmas elitista e populista, ambos agressivamente ideológicos e fonte de arraigados preconceitos.

Uma teoria da cultura brasileira, se um dia existir, terá como sua matéria-prima o cotidiano físico, simbólico e imaginário dos homens que vivem no Brasil. Nele sondará teores e valores. No caso da cultura popular, não há uma separação entre uma esfera puramente material da existência e uma esfera espiritual ou simbólica. Cultura popular implica modos de viver: o alimento, o vestuário, a relação homem-mulher, a habitação, os hábitos de limpeza, as práticas de cura, as relações de parentesco, a divisão das tarefas durante a jornada e, simultaneamente, as crenças, os cantos, as danças, os jogos, a caça, a pesca, o fumo, a bebida, os provérbios, os modos de cumprimentar, as palavras tabus, os eufemismos, o modo de olhar, o modo de sentar, o modo de andar, o modo de visitar e ser visitado, as romarias, as promessas, as festas de padroeiro, o modo de criar galinha e porco, os modos de plantar feijão, milho e mandioca, o conhecimento do tempo, o modo de rir e de chorar, de agredir e de consolar...

A enumeração é acintosamente caótica passando do material ao simbólico e voltando do simbólico para o material, pois o intento é deixar bem clara a indivisibilidade, no cotidiano do homem rústico, de *corpo* e *alma*, necessidades orgânicas e necessidades morais.

Essa indivisibilidade é difícil de ser apreendida pelo observador letrado que, por não vivê-la subjetivamente, procura recortar em partes ou *tópicos* a experiência popular, fazendo dela um elenco de *itens* separados, dos quais alguns seriam materiais, outros não.

Mas a vida do corpo, a vida do grupo, o trabalho manual e as crenças religiosas confundem-se no cotidiano pobre de tal modo que quase se poderia falar em *materialismo animista* como a filosofia subjacente a toda a cultura radicalmente popular. A expressão, que já usei uma vez para qualificar a perspectiva de Guimarães Rosa, exige esclarecimento. *Materialismo*, enquanto o homem pobre conhece, por força das suas obrigações diárias, o uso da matéria, lida com a terra ou com instrumentos mecânicos, que são o seu meio único de sobrevivência. Daí lhe vem um realismo, uma praticidade, um senso vivo dos limites e das possibilidades da sua ação, que convergem para uma sabedoria empírica muito arraigada, e que é a sua principal defesa numa economia adversa. Ao homem pobre e à mulher pobre cabe, sempre, a tarefa de enfrentar a resistência mais pesada da Natureza e das coisas. Mas esse mundo da necessidade não é absolutamente *desencantado*, para usar do atributo com que Max Weber qualificou o universo da nacionalidade burguesa. Há, na mente dos mais desvalidos, uma relação tácita com uma força superior (Deus, a Providência); relação que, no sincretismo religioso, se desdobra em várias entidades anímicas, dotadas de energia e intencionalidade, como os santos, os espíritos celestes, os espíritos infernais, os mortos; e assimila ao mesmo panteão os ídolos provindos da comunicação de massa ou, eventualmente, as pessoas mais prestigiadas no interior da sociedade.

Assim, um cabal empirismo ou realismo no trabalho e na esfera econômica básica se conjuga com um universo potencialmente mágico, ora fasto, ora nefasto, construído de acasos, azares, sortes, simpatias, maus-olhados, pés direitos e pés esquerdos, e se concretiza nos objetos que a crítica nacionalista se acostumou a considerar *supersticiosos*: imagens, fotos, figas, fitas, amuletos, medalhas, bentinhos, pedras, ervas, animais, que compõem o sistema simbólico do animismo brasileiro nas suas faixas mais pobres, embora, a rigor, não exclusivamente nelas.

O materialismo animista (fundado, como a própria análise semântica da expressão nos ensina, na junção dos opostos corpo/alma) transmitiu-se por séculos e séculos de vida predominantemente rural. Por isso, é muito respeitoso dos ciclos da natureza, separando bem as fases do ano, as idas e vindas da seca e da chuva, os fluxos e refluxos das marés, as fases da lua, as partes do dia, os ciclos biológicos da mulher, as idades da vida humana, dando a todos um peso, uma qualidade, um significado, cujo conhecimento é parte integrante da sabedoria popular em toda parte do mundo.

O materialismo animista tem uma visão cíclica da Natureza e da História, visão que parece estática à cultura nacionalista, mas que dispõe do seu dinamismo interno e tem plena consciência das passagens, dos riscos, do movimento incessante que ora apressa ora atrasa o cumprimento do ciclo.

A mesma visão tende a aceitar com facilidade a crença na reencarnação, o que se prova pelo altíssimo número de *católicos espíritas* no Brasil inteiro. Para o materialismo cíclico, nada morre, nem os mortos, todos podem voltar e estar junto de nós, não há pecado nem pena definitiva, e tudo o que foi pode voltar a ser, se assim o quiserem as forças que regem o nosso destino. No coração de cada homem do povo convivem uma resignação fundamental e uma esperança sempre renascente.

Seriam, portanto, caracteres constantes de nossa cultura popular: *materialismo, animismo, visão cíclica da existência* (ou *reversibilidade*). Fica implícito no termo *popular* que essa cultura é, acima de tudo, *grupal, supraindividual*, garantia, aliás de sua perpetuação, que resiste à perda de elementos individuais.

Quanto às potencialidades de expansão de cada uma dessas faixas da *cultura brasileira*: a cultura erudita cresce principalmente nas classes altas e nos segmentos mais protegidos da classe média: ela cresce com o sistema escolar. A cultura de massa, ou indústria cultural, corta verticalmente todos os estratos da sociedade, crescendo mais significativamente no interior das classes médias. A cultura popular pertence, tradicionalmente, aos estratos mais pobres, o que não impede o fato de seu aproveitamento pela cultura de massa e pela cultura erudita, as quais podem assumir ares popularescos ou populistas em virtude da sua flexibilidade e da sua carência de raízes.

RELAÇÕES ENTRE AS CULTURAS BRASILEIRAS

Não podendo, neste tipo de ensaio, desenvolver especificamente o tema, aliás matéria amplíssima dentro da Antropologia Cultural, limito-me a indicar algumas combinações de aspectos que operam entre si os subconjuntos assinalados.

Cultura erudita e cultura de massa

Aparentemente opostas do ponto de vista da sua formalização, a cultura erudita e a cultura de massa podem, no entanto, tocar-se em mais de um ponto. O profissional de nível universitário, especialmente se técnico, ou tecnocrata, se fascina pelos produtos da indústria cultural, que acionam uma verdadeira pletora de elementos mecânicos e eletrônicos, e, na verdade, multiplicam e distribuem objetos que só se tornaram possíveis depois de acuradas pesquisas da cultura universitária. Há, pois, uma evidente contiguidade entre a pesquisa científica e os produtos elétricos, ópticos, acústicos, mecânicos, farmacêuticos, cirúrgicos etc., que constituem o consumo especializado de toda a tecnologia e integram, *sob a forma de publicidade*, a cultura para massas.

Mas não é só no ambiente tecnicista que convergem a formação universitária e o consumo alto. Também no mundo das letras e das artes. No Brasil, por exemplo, alguns escritores e compositores de música de vanguarda estabeleceram, desde os fins da década de 50, um projeto de aproveitamento das conquistas da eletrônica e do computador, dando ao acaso e às suas combinações um peso estético dominante. Esta relação íntima com os meios técnicos levou alguns ideólogos experimentalistas a condenar toda forma de arte que não se valesse dos recursos mais modernos de programação e comunicação. Entrava nesse campo de prestígio sobretudo a televisão, que, na teoria-matriz de Marshall McLuhan, teria revolucionado a percepção de todos os homens, estourado as barreiras entre as classes sociais e instituído a Aldeia Global (*Global Village*), que retribalizou eletronicamente a humanidade e fez tábua rasa das mil e uma diferenças regionais e culturais que caracterizam, há milênios, os povos do planeta. Temos, aqui, um caso expressivo de incorporação dos mass media a um projeto de origem letrada, erudita.

Nas áreas profissionais mais ligadas às ciências aplicadas, como a Engenharia e a Economia, a cultura de massa é fonte importante de informação e de valores para um alto número de pessoas que prescindiram, em toda a sua história intelectual, do corpus da cultura humanística. Com isso a cultura de massa, apesar do nome, acaba sendo também a cultura média dos técnicos.

Tal inter-relação pode dar-se no sentido inverso. A cultura de massa, a indústria de objetos simbólicos em série, vale-se da cultura erudita, lança mão dela, para transformar em moda e consumo não poucas de suas representações. É o fenômeno do kitsch, estudado por Abraham Moles, que consiste em divulgar, junto aos consumidores das classes alta e média, palavras, gostos, melodias, enfim, bens culturais produzidos inicialmente pela chamada cultura superior.

A Universidade, por sua vez, é chamada a colaborar para, com as devidas adaptações ou concessões a um presumível gosto médio, fornecer imagens, palavras e ideias para fascículos de grande venda, ou para jornais e revistas de classe média ou alta. Hoje assistimos a uma solicitação intensa dos setores universitários pelas empresas de comunicação em busca de assunto. A indústria cultural, principalmente nas suas faixas de consumo mais exigentes, virou divulgadora, diluidora ou exploradora do trabalho universitário crítico e criador. Algumas figuras universitárias, antes circunscritas à vida acadêmica e à produção para reduzidíssimo público, viraram, em pouco tempo, personagens do consumismo cultural, diminuindo o intervalo que há não pouco tempo separava a escola superior do leitor médio desses periódicos. Esse uso dos meios de difusão não partiu, porém, da Universidade; chegou a ela, solicitou-a e até certo ponto assimilou-a ao projeto modernizante em curso.

Cultura de massa e cultura popular

O poder econômico expansivo dos meios de comunicação parece ter abolido, em vários momentos e lugares, as manifestações da cultura popular, reduzindo-as à função de folclore para turismo. Tal é a penetração de certos programas de rádio e TV junto às classes pobres, tal é a aparência de modernização que cobre a vida do povo em todo o território brasileiro, que, à primeira vista, parece não ter sobrado mais nenhum espaço próprio para os modos de ser, pensar e falar, em suma, viver, tradicional-populares. O que seria uma fatalidade do neocapitalismo introjetado em todos os países de extração colonial.

A cultura de massa entra na casa do caboclo e do trabalhador da periferia, ocupando-lhe as horas de lazer em que poderia desenvolver alguma forma criativa de autoexpressão: eis o seu primeiro tento. Em outro plano, a cultura de massa aproveita-se dos aspectos diferenciados da vida popular e os explora sob a categoria de reportagem popularesca e de turismo. O vampirismo é assim duplo e crescente: destrói-se por dentro o tempo próprio da cultura popular e exibe-se, para consumo do telespectador, o que restou desse tempo, no artesanato, nas festas, nos ritos. Poderíamos, aqui, configurar com mais clareza uma relação de aparelhos econômicos industriais e comerciais que exploram, e a cultura popular, que é explorada. Não se pode, de resto, fugir à luta fundamental: é o capital à procura de matéria-prima e de mão de obra para manipular, elaborar e vender. A macumba na televisão, a escola de samba no Carnaval estipendiado para o turista, são exemplos de conhecimento geral.

No entanto, a dialética é uma verdade mais séria do que supõe a nossa vã filosofia. A exploração, o *uso* abusivo que a cultura de massa faz das manifestações populares, não foi ainda capaz de interromper para todo o sempre o dinamismo lento, mas seguro e poderoso da vida arcaico-popular, que se reproduz quase organicamente em microescalas, no interior da rede familiar e comunitária, apoiada pela socialização do parentesco, do vicinato e dos grupos religiosos.

O povo assimila, *a seu modo*, algumas imagens da televisão, alguns cantos e palavras do rádio, traduzindo os significantes no seu sistema de significados. Há um filtro, com rejeições maciças da matéria impertinente, e adaptações sensíveis da matéria assimilável. De resto, a propaganda não consegue vender a quem não tem dinheiro. Ela acaba fazendo o que menos quer: *dando* imagens, espalhando palavras, desenvolvendo ritmos, que são incorporados ou re-incorporados pela generosa gratuidade do imaginário popular.

O torcedor do Corinthians poderá ter adquirido, à custa de suadas prestações, um televisor último-tipo com controle remoto ou mudança digital, mas nem por isso deixará de acender a sua vela a Nossa Senhora Aparecida ou, mesmo, a uma das muitas entidades da macumba, para conseguir a vitória do seu time.

Ou que importa que nos arrasta-pés suburbanos se dance o último iê-iê-iê lançado pelo comércio musical *yankee*, se o comportamento dos jovens no baileco ou no namoro corresponde a uma relação quase ritual entre os sexos que reproduz uma secular educação moral sertaneja?

Esse esquema de reação peculiar ao meio receptor vai regulando, até certo ponto, os conteúdos e as formas dos próprios meios de comunicação de massa, que procuram ir ao encontro dos gostos do povo, tornando-se então popularescos ou pseudotradicionalistas (já que não lhes é dado ser autenticamente tradicionais), como o fazem alguns programas de rádio e não poucas fotonovelas meio sentimentais, meio modernizantes, meio moralizantes. O *típico* popular, com todas as suas tendências para a caricatura, é um modo pelo qual a indústria cultural projeta o povo como o outro. O outro é o povo ao mesmo tempo explorado e intocado.

São, portanto, muito delicadas as relações entre cultura de massa e cultura popular. Do ponto de vista do dinamismo capitalista, a flecha parece sempre ir no sentido de uma desagregação da segunda pela primeira. Esse fenômeno existe, quer no plano moral, quer no plano estético, mas, como a destribalização do índio, é fruto mais de uma investida técnico--econômica violenta do sistema capitalista do que de uma eventual exposição do primitivo ou do rústico a certas formas de cultura de massa.

Cultura erudita e cultura popular

O uso que a indústria de bens simbólicos faz do folclore se parece com a expropriação. Assim como a indústria tira a força de trabalho do despossuído, pagando-lhe um salário mínimo, a cultura para massas surripia quanto pode da sensibilidade e da imaginação popular para compensá-la com um lazer mínimo, entrecortado de imagens e slogans de propaganda.

E, no entanto, ou talvez por isso mesmo, porque somos uma sociedade de consumidores de coisas, de notícias, de signos, essa indústria cultural é a que nos penetra mais assiduamente, nos invade, nos habita e nos modela. O consumidor culto é um voyeur enfastiado, um perverso.

Mas... e a cultura erudita?

Esta, ou ignora pura e simplesmente as manifestações simbólicas do povo, de que está, em geral, distante, ou debruça-se, simpática, interrogativa, e até mesmo encantada pelo que lhe parece forte, espontâneo, inteiriço, enérgico, vital, em suma, diverso e oposto à frieza, secura e inibição peculiares ao intelectualismo ou à rotina universitária. A cultura erudita quer sentir um arrepio diante do selvagem.

Desse contacto podem nascer frutos muito diferentes entre si, e que vão do mais cego e demagógico populismo, que é a má consciência estertórea do elitismo básico de toda sociedade classista, à mais bela obra de arte elaborada em torno de motivos populares, como a música de Villa-Lobos, o romance de Guimarães Rosa, a pintura de Portinari e a poesia negra de Jorge de Lima.

Para entrar no cerne do problema, só há uma relação válida e fecunda entre o artista culto e a vida popular: a relação amorosa. Sem um enraizamento profundo, sem uma empatia sincera e prolongada, o escritor, homem de cultura universitária, e pertencente à linguagem redutora dominante, se enredará nas malhas do preconceito, ou mitizará irracionalmente tudo o que lhe pareça popular, ou ainda projetará pesadamente as suas próprias angústias e inibições na cultura do outro, ou, enfim, interpretará de modo fatalmente etnocêntrico e colonizador os modos de viver do primitivo, do rústico, do suburbano.

Os equívocos do olhar etnocêntrico e as interpretações, simpáticas, mas distorcidas, da antropologia nacionalista (ultimamente, populista) significam, em última instância, um ver-de-fora-para-dentro; uma projeção, uma estranheza mal dissimulada em familiaridade. Essa estranheza, e os juízos que dela provêm, tem ancestrais conhecidos nos cronistas e nos catequistas dos séculos iniciais da colonização. Quem não leu, ou em Gabriel Soares de Sousa, ou em Gândavo, ou em algum jesuíta, a afirmação de que a língua dos tupis carecia de três letras, F, R, L e, por isso, eles não podiam ter nem Fé, nem Rei, nem Lei? Os enganos e os preconceitos da filologia colonialista vêm de longe; outro observador, do século XVIII, preocupado com os hábitos religiosos dos afro-brasileiros, procura na etimologia da palavra *calundu* a explicação do mal, e a interpreta estapafurdiamente como latina e significando *calo duo*, isto é, "calam os dois", e, quando dois calam, algum mau pensamento por certo deve estar circulando em ambas as cabeças; calam possuídos por Satanás, o demônio mudo. Mesmo Gregório de Matos, tão familiar à vida afro-baiana, atribuía ao demônio, ao *padre-mestre Satanás*, a ação dos candomblés, e os arrolava entre os pecados contra o Primeiro Mandamento.

A partir da Independência, a cultura erudita muda de tom, passando à exaltação nativista do tipo alencariano que, a rigor, se vale dos mitos e das imagens tupis para enfunar uma ideologia nacional--conservadora. De qualquer modo, porém, o interesse pelo selvagem e, já na segunda metade do século XIX, pelo negro e pelo sertanejo ganha corpo, saindo à busca de uma metodologia, que se empresta da Sociologia e da Etnologia nascentes. Então, a cultura alta brasileira assimila, o quanto pode, algumas noções do evolucionismo de Darwin a Haeckel, repartindo drasticamente a nossa população em estratos primitivos, arcaicos e modernos. Obras fundamentais são, desse ponto de vista, *O selvagem*, do general Couto de Magalhães (1877), *L'animisme fétichiste des nègres de Bahia*, de Nina Rodrigues (1900), e *Os sertões*, de Euclides da Cunha (1902), tratando respectivamente do índio, do negro e do sertanejo brasileiro.

Como se articulam nesses livros clássicos e na literatura etnológica do tempo o interesse pela cultura popular e a ciência preconceituosa e colonialista dos fins do século XIX? É ler os ricos ensaios escritos a cavaleiro dos dois séculos por grandes estudiosos do nosso folclore e da nossa *literatura oral*, um Sílvio Romero, um João Ribeiro. O índio, o negro, o mestiço, mulato ou caboclo são vistos como seres dignos de simpatia, embora mais toscos, mais rudes, mais instintivos, em suma, mais primitivos, e, palavra que escapa, *inferiores* aos brancos. Sublinha-se o seu caráter pré-lógico ou não lógico (preconceito que vem sendo desfeito no século XX) e postula-se uma série de alterações negativas ou degenerescentes peculiares à mestiçagem. Em Nina Rodrigues, médico, a atenção a esse aspecto patológico e delinquente dá o tom ao enfoque, que em Euclides, seu discípulo, é compensado por uma franca admissão do valor pessoal, da energia física e expressiva dos sertanejos observados de perto em Canudos. Um misto de interesse, condescendência e atribuição de inferioridade cerebral institui uma perspectiva que lembra, mutatis mutandis, a atitude de alguns cronistas do século XVI. Uma constante, que me parece curiosa e capaz de desdobramentos vários, é a atribuição ao primitivo de caracteres *naturais* mais pronunciados que os encontráveis nas populações civilizadas brancas: a força, o desejo, a intuição. A cultura erudita sente um fascínio pelo que lhe parece ser a energia inconsciente dos povos selvagens e das populações iletradas: energia que se estaria perdendo no processo da civilização. Ainda e sempre, Rousseau, presente, e, na palavra de Lévi-Strauss, "fundador das ciências humanas".

O tema do cruzamento entre culturas é proposto especificamente por alguns escritores modernistas como Mário de Andrade, Oswald de Andrade, Raul Bopp e Cassiano Ricardo. Fique apenas o registro de duas tendências: o nacionalismo estético e crítico de Mário de Andrade e o antropofagismo de Oswald de Andrade. Mário inclinava-se a uma fusão de perícia técnica supranacional com a sondagem de uma psicologia brasileira semiprimitiva, mestiça, fluida, romântica. Oswald pregava uma incorporação violenta e indiscriminada dos conteúdos e das formas internacionais pelo processo *antropofágico* brasileiro, que tudo devoraria e tudo fundiria no seu organismo inconsciente, entre anárquico e *matriarcal*. Ambas as teses, apesar de tão distintas na sua formulação, podem avizinhar-se enquanto postulam uma assimilação de códigos europeus por um presumido caráter (ou não caráter) nacional brasileiro, que se explicaria por uma combinação de *mentalidade pré-lógica* (a expressão era tomada a Lévy-Bruhl) e formas civilizadas sobrepostas por motivos históricos: colonização, catequese etc.

Os modos pelos quais essas hipóteses (em que a Antropologia ainda se entregava a uma discutível psicologia dos povos) serviram às obras literárias do modernismo devem ser objeto da análise, da interpretação e da história da poesia e da prosa brasileira coetâneas. Para o fio de nosso discurso, importa sublinhar que o modernismo, especialmente na sua versão paulista ou concentrada em São Paulo, trabalhou a relação entre cultura erudita e cultura popular segundo um vetor decididamente *mitopoético*. Cultura popular é entendida pelo autor de *Macunaíma* e pelo autor do *Manifesto Antropofágico*, em primeiro lugar, como expressão da sensibilidade tupi, articulada em lendas, mitos e ritos recontados pelos cronistas, pelos jesuítas e por alguns antropólogos contemporâneos. Em um segundo tempo, um estudioso infatigável como Mário de Andrade se pôs a pesquisar também o mundo do negro e do mestiço, já então como folclorista quase profissional; mas já não era o momento *heroico* das definições modernistas fundamentalmente primitivistas. A exploração do Brasil pobre moderno seria obra dos romancistas regionalistas, particularmente os nordestinos e os gaúchos que constituem a nossa melhor tradição neorrealista. De São Paulo, região industrial, capitalista, ponta de lança da modernização cultural, saiu a flecha do primitivismo radical, como se a alternativa real fosse a expressa no famoso trocadilho oswaldiano: "tupy or not tupy, that is the question". Mas essa alternativa era, apenas, uma alternativa estética do modernismo da década de 20: primitivismo puro ou futurismo, eis a questão *desse modernismo*. Deve, provavelmente, haver uma relação estrutural entre momentos históricos ultramodernizantes e programas estéticos irracionalistas ou, como se prefere dizer hoje, contraculturais. O apelo para fundir técnica e irracionalismo se fez ouvir sintomaticamente nos fins da década de 60, período em que o Brasil viveu uma primeira onda de saturação do consumo tecnológico e dos meios de comunicação de massa. Não por acaso é o momento áureo do tropicalismo que repropõe a volta ao pensamento antropofágico do modernismo. Evidentemente, agora os índios tupis são substituídos pelas massas cujos modos de sentir e dizer passam a integrar, por exemplo, o conto e o teatro da violência. A cultura erudita busca renovar-se pelo aproveitamento mais ou menos bruto, mais ou menos elaborado, do que lhe parece ser a espontaneidade e a vitalidade populares. Nesse processo, o risco mais comum é repetir, talvez sem as riquezas da fantasia estética modernista, o fenômeno ideológico e psicológico da *projeção*, de que os modernistas, aliás, não escaparam: projeção de neuroses, desequilíbrios, preconceitos, recalques e desrecalques do intelectual na *matéria* popular assumida como válvula de escape da subjetividade pequeno-burguesa. Mas não será esse risco uma tendência profunda de toda cultura engendrada no seio de uma sociedade de classes? Se assim for, o tema crucial das relações entre cultura erudita e cultura popular deverá começar por um autodiagnóstico da cultura erudita. Até o momento, as observações mais felizes que conheço sobre o comprometimento do intelectual com sua classe estão na obra de Antonio Gramsci, os *Cadernos do cárcere*, que seria necessário repensar para ver o quanto são aplicáveis às situações precisas da vida cultural brasileira.

Mais simples, porque abstrato e unilateral, é o confronto que certa cultura erudita, centrada em si mesma, faz com as manifestações folclóricas: ela as desclassifica enquanto cultura, acentuando, no seu julgamento, o teor *simples*, *pobre*, *elementar*, *grosseiro*, *vulgar*, ou as formas *monótonas*, *repetitivas*, *não originais*, dessas mesmas expressões. Trata-se aqui de um caso de pura e triste ignorância e, o mais das vezes, de confusão que a pseudocultura faz entre o folclore, que ela na verdade desconhece, e algumas de suas contrafações exibidas pelos meios de comunicação de massa.

Os intelectuais puramente acadêmicos assim como os profissionais tecnicistas estão, em geral, satisfeitos com as suas conquistas no esforço de se adequarem ao estilo internacional de vida e contentes com os rendimentos econômicos e sociais que lhes tem dado o seu status. Por isso, podem passar a vida sem conhecer a cultura popular, sem ocupar-se dela, sem entrar em contacto real com ela, bloqueados que estão, além do mais, pela própria barreira de classe ou de cor. Quando muito, vendo-a transposta para a televisão, ou no intervalo de lazer de suas excursões turísticas, recebem uma imagem no nível do espetáculo, imagem que só acentua o ponto de vista elitista de desprezo ou de pena pelo atraso do povo brasileiro.

O ponto nevrálgico do problema é sempre aquele: só há uma relação válida e fecunda entre o homem erudito e a vida popular — a relação amorosa. O populismo, descontada a sua simpatia fácil para com o objeto *povo*, é sempre um *uso* da cultura popular, uso fatalmente passageiro, de superfície, pois o intelectual (mesmo o adepto da contracultura) não tem condições ou projeto efetivo de partilhar o que Jacques Loew chamava de "comunidade de destino" com o pobre. O populismo jornalístico, ficcional, teatral etc. vale-se verbalmente ou iconicamente de fragmentos do cotidiano popular, como o populismo político se vale episodicamente (aliás, periodicamente) das aspirações e ilusões eleitorais da *massa*.

O horizonte do elitismo é, naturalmente, outro. Assentado em um esquema de fruição, ele goza voluptuosamente dos seus bens culturais que receberam a chancela de *os melhores* pelos bem pensantes universitários de todo o mundo. Ele comprou o melhor e quer patentear a excelência da escolha sempre que pode: é a cultura de citações, que sempre apoia o menor vestígio de uma ideia com a sanção incontrastável de "como dizia fulano" e, se possível, acrescenta o momento feliz e ciosamente arquivado em que, em conversa informal e amistosa, fulano lhe dizia, dizia que...

No seu culto, tantas vezes involuntário, da autoridade (afinal, o elitismo quer-se, pelo menos, liberal), o intelectual, consumidor *alto*, introjetou tão profundamente um esquema de dominação que já não se apercebe dele. Na sua alienação, consegue excluir do seu universo a existência concreta do dominado. Conhece-o de citação. Senta-se na poltrona requintada feita pelo artífice que ele nunca verá. Recebe os emolumentos, ou honorários, que provêm dos impostos de uma população *de poucas letras*, com a qual não tem tempo nunca de conversar. Mas pouco se inquieta com isso. Ele prossegue firmemente na sua carreira e nas suas mais íntimas convicções que são exatamente as mais públicas e correntes da ideologia pseudorracional dominante. Embora seja tema ingrato caracterizar esse tipo de cultura, não devemos ceder ao idealismo de ignorar que ela está metodicamente espalhada em milhares de cabeças de profissionais egressos das nossas universidades estatais e particulares, cabeças frequentemente planejadoras e executivas de nossa vida material e desse poderoso sistema simbólico que se chama propaganda. O seu motivo mais presente é a fruição do consumo alto, *sofisticado*, para usar de um adjetivo que não sai da boca desses usuários privilegiados. Não é preciso repetir que o povo só entra nesse universo como consumo do pitoresco, do malicioso, passageiramente aproveitado como desrecalque barato a que a alta burguesia brasileira nunca foi refratária. Ainda não foi estudada em profundidade, por exemplo, a ideologia entre epicurista e mórbida das publicações porno-grã-finas de alto preço que constituem, não raro, o único alimento *estético* do lazer que se permitem os executivos nacionais. Nela há um tal entrelaçamento de dinheiro, status, luxo e corpo humano que dificilmente se pode deixar de pensar em *alta* prostituição. E volta o esquema fundamental de dominação, agora em estilo mais exibicionista e seguro de si.

Mas... e a cultura popular receberá alguma coisa da cultura erudita ou institucional? Historicamente, não podemos esquecer que as camadas pobres da população brasileira (índios, caboclos, negros escravos, e depois forros, mestiços suburbanos, subproletários, em geral) foram colonizadas pela cultura rústica ou, eventualmente, urbana dos portugueses, e pelo catolicismo ritualizado dos jesuítas; e agora, já em plena mestiçagem e em plena sociedade de classes capitalistas, estão sendo recolonizadas pelo Estado, pela Escola Primária, pelo Exército, pela indústria cultural e por todas as agências de aculturação que saem do centro e atingem a periferia. A cultura expansiva é a dominante, é a cultura letrada repartida e diluída pelos meios oficiais ou privados, pela Escola e pela Fábrica. Até onde as imagens, as ideias e os valores dessas agências culturais estarão penetrando no imaginário e condicionando o sistema de valores do povo? Terão a mesma força, por exemplo, que teve a religião católica com seus ritos e preceitos durante os tempos coloniais?

Os exemplos de *passagem* de formas da cultura aristocrática medieval para a cultura popular sertaneja são conhecidos: os pares de França projetaram-se nas cavalhadas nordestinas e valem como paradigma aos crentes rebeldes do Contestado. O Carnaval, de origem europeia, serve de espaço e de tempo propício à expressão da música negra e mulata nos maiores centros urbanos. O candomblé nagô assimila, no seu sincretismo fundamental, os santos cristãos às entidades sobrenaturais africanas. O exemplo norte-americano dos *Negro Spirituals* é probante: para exprimir a esperança de liberação da sua raça e do seu povo, os negros se valem do livro sagrado de seus dominadores, a Bíblia. Um grande antropólogo, Herskovits, insistiu nesse fenômeno da *reinterpretação*, pelo qual toda cultura dominante é absorvida e descodificada pela cultura dominada, de tal modo que, nesta última, já não fica da cultura *superior* nada a não ser, talvez, o desejo que têm os dominados de apreender os dons e os poderes dos seus patrões. A refacção do *culto* pelo *iletrado* é matéria permanentemente aberta aos estudiosos da cultura popular. Veja-se a sorte da modinha no Brasil: passou dos salões burgueses às serestas de bairros. Veja-se essa coisa complexa e surpreendente que é a literatura de cordel: o cantador, homem que domina o alfabeto e está nos confins da cultura escolar e da cultura de massa, volta-se para um público, muitas vezes iletrado ou semianalfabeto, para explorar conteúdos e valores do homem rústico, já não em estado puro, mas em permanente contacto com a vida urbana. Ele também, de certo modo, *reinterpreta* em termos mágicos ou religiosos os acontecimentos exteriores à esfera estritamente sertaneja, e que vão desde a chegada do homem à Lua até a descida de Roberto Carlos no inferno. Remeto aqui os interessados aos belíssimos estudos de Mário de Andrade sobre as danças dramáticas do Brasil e sobre os cruzamentos culturais da arte do Aleijadinho. Outra fonte de informação e interpretação é a obra de Roger Bastide (v. as referências bibliográficas finais).

DA UNIÃO À CRIAÇÃO

O levantamento, em chave analítica, encontrou três conjuntos culturais bem diferenciados, e aponta, em seguida, os seus cruzamentos: *cultura erudita* (concentrada nas universidades), *indústria cultural* e *cultura popular*. Acrescenta uma quarta faixa, muito menos uniforme pela sua própria gênese: *a cultura criadora individualizada*. Esta última vive precisamente, mas de modo mais intenso e mais dramático, a relação intelectual-sociedade, com todas as consequências do *desenraizamento* e do *desencantamento* próprios dos sistemas de classes e do consumismo que marcam a vida de relação em nosso país.

Foto de Maureen Bisilliat.

"O que vive choca,
tem dentes, arestas, é espesso.
O que vive é espesso
como um cão, um homem,
como aquele rio."

João Cabral de Melo Neto,
O cão sem plumas

Foto de Maureen Bisilliat.

Obras-primas como Macunaíma *de Mário de Andrade,* Vidas secas *de Graciliano Ramos,* Grande sertão: veredas *de Guimarães Rosa e* Morte e vida severina *de João Cabral de Melo Neto nunca poderiam ter-se produzido sem que seus autores tivessem atravessado longa e penosamente as barreiras ideológicas e psicológicas que os separavam do cotidiano ou do imaginário popular.*

No sistema de classes regido por um Estado que oscila entre um liberalismo econômico e um autoritarismo político, a sorte das culturas brasileiras parece, à primeira vista, já selada. Estimuladas, reproduzem--se a cultura universitária (tecnicista) e a indústria cultural. Ignoradas, quando não exploradas, as várias formas de cultura popular. Absorvidas, até um limite, as manifestações criadoras individuais. Reprimidas, as formas abertamente críticas em qualquer faixa se pronunciem.

A instituição da censura é o signo ostensivo que mais preocupa os intelectuais. A este *não*, cheio de violência e arbítrio, convém acrescentar o *sim* planejador e impositivo que tem significado o estímulo que o Estado oferece ao ensino destinado a reproduzir, pura e simplesmente, com maior ou menor eficiência, o tipo de profissional que o mercado requer. Esse pragmatismo de curto fôlego, que sacrifica de pronto as Ciências Humanas e Sociais e os projetos científicos mais desinteressados nas suas várias áreas, é útil ao sistema imperialista quando conjugado com o Estado autocrático; para essa aliança nada mais incômodo do que o florescimento de uma cultura técnica nacional autossuficiente ou de uma cultura crítica organizada: uma e outra viriam pôr em risco o triunfo da tecnologia importada e da retórica política vigente para uso interno.

Vistas as coisas por esse prisma, fica bastante restringida a crença na democratização da cultura brasileira por obra da simples multiplicação da rede escolar. No máximo, poder-se-ia dizer que essa multiplicação possa repartir mais intensamente um certo modo de instrução que, não inovando sequer nos setores de técnica mais elementar, apenas transmite a um número maior de crianças e adolescentes o *mundo do receituário* a que nos referimos páginas atrás. A escola fundamental (hoje atando o primário e o ginásio antigos) e o colegial deveriam ser, em um regime plenamente democrático, uma via de acesso sempre renovada à Natureza, uma introdução larga ao conhecimento do Homem e da Sociedade, uma ocasião constante de desenvolvimento da própria linguagem, como expressão subjetiva e comunicação intersubjetiva; enfim, um despertar para o que de mais humano e belo tem produzido a imaginação plástica, musical e poética no Brasil ou fora do Brasil. Este ideal, que forma o ser consciente das conquistas do gênero humano, não pode ser barateado nem trocado por esquemas inertes ou migalhas de uma informação científica ou histórica. Esse ideal deve reger a *escola única* que o Estado democrático tem o dever estrito de proporcionar a todas as crianças e a todos os adolescentes brasileiros. O Estado neocapitalista, já que dificilmente chega a ser democrático, não pode ser menos que liberal.

Mas todas essas afirmações, porque entram no espaço problemático do dever ser, acabam constituindo um discurso propriamente político. Discurso de fins, discurso de valores. Nem poderia ser de outra maneira. Uma teoria da cultura brasileira ou é um espelho do sistema, uma duplicação das suas desigualdades e da sua irracionalidade de base, ou é um discurso que entra em tensão com esse mesmo sistema depois de tê-lo atravessado estruturalmente com os olhos postos na sua transformação.

No coração desse *dever-ser*, dessa política de propostas, aparece o processo cultural na sua imbricação de correntes eruditas, correntes criadoras personalizadas, correntes da indústria e do comércio dos bens simbólicos e correntes de expressão popular. Se o projeto educacional brasileiro fosse realmente democrático, se ele quisesse penetrar, de fato, na riqueza da sociedade civil, ele promoveria a um plano prioritário tudo quanto significasse, na *cultura erudita* (universitária ou não), um dobrar-se atento à vida e à expressão do povo; e, igualmente, tudo quanto fosse uma reflexão sobre as possibilidades, ou as imposturas, veiculadas pela indústria e pelo comércio cultural. Friso as duas direções: uma, de acolhimento e entendimento profundo das manifestações e aspirações populares; outra, de controle e de crítica, ou, positivamente, de orientação das mensagens veiculadas pelos meios que atingem a massa da população.

A principal ação do projeto educador, tal como se revela admiravelmente na teoria e na prática de Paulo Freire, é levar o homem iletrado não à letra em si (letra morta ou letal), mas à consciência de si, do outro, da natureza. Essa *consciência* é o verdadeiro vestibular das Ciências do Homem, das Ciências da Natureza, das Artes e das Letras. Sem ela, o letrado cairá no mundo do receituário e da manipulação.

A cultura fundamental deve ser um prolongamento e uma reflexão do cotidiano. É na experiência com a terra, com o instrumento mecânico, com a máquina, com o seu grupo de trabalho, com a própria família, que o homem se inicia no conhecimento do real e do drama da vida em sociedade, que as disciplinas escolares formalizam, às vezes precocemente.

A erudição e a tecnologia mais moderna não tiram, por si sós, o homem da barbárie e da opressão. Apenas dão-lhe mais um "meio de vida", isto é, um meio de defesa e ataque na sociedade da concorrência.

Até o momento presente, e excetuando algumas conquistas ocasionais, o Estado modernizante brasileiro tem trabalhado em conexão com o crescimento capitalista, às vezes um passo adiante, intervindo na implantação da rede universitária, às vezes um passo atrás, não conseguindo fornecer às indústrias e ao mercado de trabalho o número ideal de técnicos e profissionais que a divisão de trabalho vai exigindo. Mas, quando se dá esta última alternativa, o Estado tecnoburocrático *se desaperta* e cede às entidades particulares a função de ensinar e formar aqueles profissionais. E de democrático planejador passa, num abrir e fechar de olhos, a liberal capitalista.

Uma *filosofia da educação brasileira* não deveria ser elaborada abstratamente fora de uma prática da cultura brasileira e de uma crítica da cultura contemporânea. É importante, pois, fazer a descrição e a interpretação daqueles subconjuntos diferenciados (cultura erudita, de massa, popular, criadora individualizada); e ver como se interpenetram em formas históricas concretas, multiplamente determinadas pelo contexto econômico, pelas relações de classes, pelo dinamismo interno dos grupos e, até mesmo, pela sensibilidade individual dos criadores e dos receptores das várias culturas. Só nessa altura da análise e da interpretação histórica é que se pode responder à pergunta-matriz: *educar, sim, mas para qual cultura?* Presume-se que o estudo prévio tenha dado elementos para responder à outra pergunta, também prévia: *estamos educando e sendo educados em qual cultura?*

Tratando-se de um projeto democrático-socializante a resposta à pergunta pelos fins não deixará de ser pluralista e o mais abrangente possível. Educar para o trabalho junto ao povo, educar para repensar a tradição cultural, educar para criar novos valores de solidariedade; e, no momento atual, mais do que nunca, pôr em prática o ensino do maior mestre da Educação brasileira, Paulo Freire: educar para a liberdade.

A criação cultural "individualizada"

É relativamente mais fácil traçar as linhas de força atuais (ou projetáveis) das faixas culturais institucionalizadas, como a Universidade,

342

a Igreja, os Meios de Massa, do que mapear o presente e, mais ainda, o futuro da cultura criadora representada pelos escritores e artistas.

A literatura, ou a música, ou a pintura, ou o teatro estão e não estão dentro das instituições sociais, na medida em que vivem, ao mesmo tempo, tempos diversos e não raro conflitantes, como o tempo corporal da sensibilidade e da imaginação e o tempo social da divisão do trabalho.

A criação de um poema, de um romance, de um quadro, de um drama é, frequentemente, resultado de tensões muito fortes no interior do indivíduo criador, tensões dentre as quais é modelo exemplar o compromisso (bem ou mal resolvido) entre as forças anímicas ansiosas por exprimirem-se e a tradição formal já historicizada que condiciona os modos de comunicação. A *expressão pessoal* e a *comunicação pública* são duas necessidades que acabam regulando a linguagem do criador e situando o seu trabalho na intersecção do corpo e da convenção social.

Nessa luta, a obra é tanto mais rica e densa e duradoura quanto mais intensamente o criador participar da dialética que está vivendo a sua própria cultura, também ela dilacerada entre instâncias *altas*, internacionalizantes e instâncias populares. Obras-primas como *Macunaíma* de Mário de Andrade, *Vidas secas* de Graciliano Ramos, *Grande sertão: veredas* de Guimarães Rosa e *Morte e vida severina* de João Cabral de Melo Neto nunca poderiam ter-se produzido sem que seus autores tivessem atravessado longa e penosamente as barreiras ideológicas e psicológicas que os separavam do cotidiano ou do imaginário popular.

As contradições de nossa formação social estão pontualizadas no romance memorialista e regionalista de José Lins do Rego e na epopeia gaúcha de Erico Verissimo. A classe média e a pobreza suburbana encontraram sua voz no primeiro Dyonélio Machado e nos contos de Dalton Trevisan e João Antônio. A violência burguesa combinada estrategicamente com o seu oposto e correlato simétrico, os *bas-fonds* grã-finos, fala pelas narrativas de Rubem Fonseca. O regionalismo não está, como supuseram alguns mal-avisados, tão morto que não seja capaz de renascer nos romances e contos de Bernardo Élis, épico de Goiás, ou de ajustar-se às atmosferas de estranheza nas páginas sóbrias de J. J. Veiga. As pontes continuam lançadas ou em construção na música de Adoniran Barbosa, de Chico Buarque, de Gilberto Gil, de Caetano Veloso, de Milton Nascimento, de Geraldo Vandré, de Clementina de Jesus, de Edu Lobo, de Sérgio Ricardo e de tantos outros. O teatro de

Guarnieri, de Boal, de Oduvaldo Viana Filho, de Plínio Marcos, de Ariano Suassuna tem, apesar das diferenças de orientação estética, realizado a possível mediação entre público culto e temática, se não linguagem, popular. Nas artes do espetáculo (diferentemente da arte da escrita, de consumo individualizado) fica ainda mais difícil falar de cultura erudita separada da cultura de massa e da cultura popular. A presença física, a voz, o gesto, a procura de uma comunicação interpelante e provocadora e envolvente produzem uma forma nova de arte que aspira, no fundo, a superar aquelas barreiras há tanto tempo erguidas pela divisão social.

Para esse universo e, em geral, para todo trabalho criador, o essencial é assumir uma atitude de respeito e de esperança. Não é o Estado, nem a Universidade, nem a Igreja, nem a Imprensa, nem qualquer das instituições conhecidas que deverá *encarregar-se* do destino das letras e das artes. O clima natural destas é o da liberdade de pesquisa formal e de descoberta de temas e perspectivas. A arte tem seus modos próprios de realizar os fins mais altos da socialização humana, como a autoconsciência, a comunhão com o outro, a comunhão com a natureza, a busca da transcendência no coração da imanência.

REFERÊNCIAS BIBLIOGRÁFICAS DE APOIO

Não se trata, aqui, absolutamente, nem de uma *Bibliografia* sobre os temas, que seria extensíssima, nem sequer de uma lista de *Livros consultados*, mas unicamente de citação de obras de apoio que estiveram imediatamente presentes durante a elaboração do ensaio, servindo-lhe de fonte indispensável de consulta.

AMARAL, Amadeu. *Tradições populares.* 2ª ed. São Paulo, Hucitec, 1976. A primeira edição é de 1948, recolhendo artigos escritos ou inéditos na década de 20.

ANDRADE, Mário de. "O Aleijadinho" (1928). In *Aspectos das artes no Brasil.* São Paulo, Martins.

_____. *Danças dramáticas do Brasil.* São Paulo, Martins, 1959. 3 vols. Obra póstuma organizada por Oneyda Alvarenga, escrita entre 1928 e 1934.

BASTIDE, Roger. *Estudos afro-brasileiros.* São Paulo, Perspectiva, 1975. Reunião de vários estudos escritos entre 1944 e 1953.

BOSI, Ecléa. *Cultura de massa e cultura popular. Leituras de operárias.* Petrópolis, Vozes, 1972.

_____. "Problemas ligados à cultura das classes pobres". In *A cultura do povo*. Valle, Edênio et alii. São Paulo, Cortez e Moraes, 1979.

COUTO DE MAGALHÃES, general J. V. *O selvagem.* Belo Horizonte/São Paulo, Itatiaia/Edusp, 1975. A primeira edição é de 1875.

CUNHA, Euclides da. *Os sertões.* São Paulo, Cultrix, 1972. A primeira edição é de 1902.

ECO, Umberto. *Apocalittici e integrati.* Milão, Bompiani, 1965.

FREIRE, Paulo. *Educação como prática da liberdade.* Rio de Janeiro, Paz e Terra, 1967.

GRAMSCI, Antonio. *Obras escolhidas.* Lisboa, Estampa, 1974.

MCLUHAN, M. *Os meios de comunicação como extensões do homem.* São Paulo, Cultrix, 1969.

RAMOS, Arthur. *Introdução à antropologia brasileira.* 3ª ed. Rio de Janeiro, Casa do Estudante do Brasil, 1962. A primeira edição é de 1943.

ROMERO, Sílvio. *Folclore brasileiro.* Rio de Janeiro, J. Olympio, 1954. 3 vols.

WEIL, Simone. *A condição operária e outros estudos sobre a opressão.* Rio de Janeiro, Paz e Terra, 1979.

XIDIEH, Oswaldo Elias. *Narrativas pias populares.* São Paulo, USP, Instituto de Estudos Brasileiros, 1967.

POST-SCRIPTUM 1992

A hora já é tardia, e a opção entre o bem e o mal bate-nos à porta.

Norbert Wiener

O ensaio "Cultura brasileira e culturas brasileiras" foi redigido entre 1979 e 1980. Passados doze anos da sua elaboração, preferi deixá-lo quase intacto sem apor emendas de fundo que pareceriam remendos novos em roupa usada. Que ao menos sobrasse o caráter histórico do seu testemunho.

Mas a situação que aquelas páginas descreviam mudou, em parte, e convém repensar alguns aspectos em que as alterações foram significativas.

Mantendo firme o eixo do texto, que girava em torno da qualidade plural da cultura, creio que se possa hoje ir um pouco adiante na análise diferencial dos conjuntos então examinados.

Com os olhos fitos principalmente na cultura letrada, universitária ou não, e em amplos setores da comunicação de massa, o observador atual percebe uma tal ou qual aparência de desintegração, que o gosto dos rótulos vem atribuindo à pós-modernidade vigente nas sociedades capitalistas a partir dos meados dos anos 70.

Desintegração é a palavra; mas em qual sentido vem aqui adotada? Para começar, façamos um exercício de memória. Evoquem-se as abordagens sistemáticas e os conceitos fortes e bem travados que presidiam à leitura dos processos simbólicos até os anos 60. Sociologia weberiana, funcionalismo, marxismo, estruturalismo e semiologia dividiam entre si as convicções dos intelectuais dentro e fora da Universidade. Os cientistas sociais escudavam-se em modelos que conduziam as suas observações particulares à unidade, à continuidade, ao centramento da perspectiva; em suma, a uma interpretação coerente dos significados.

O que terá acontecido com esses esquemas de unificação e de fechamento do sentido?

Caíram ou vêm caindo sob suspeita de abstração, quando não de autoritarismo. Um exemplo ilustre: Roland Barthes, saudoso talvez do anarcossurrealismo ou enfarado do seu longo namoro com o método estrutural, disse em aula magna que a Língua, enquanto sistema, é "fascista". E na esteira dessa condenação provocadora (com sabor de maio de 68) receberiam o mesmo labéu a Ciência, a Universidade, a Escola em geral, para não falar da Empresa, da Igreja e do Estado, instituições que outras filosofias já haviam contestado. Mas o que Barthes e logo depois os seus repetidores no mundo inteiro estavam afrontando era, em última instância, *a ideia de sistema* com tudo o que ela implica de uno, completo, vinculante.

O olhar do observador cultural vaga hoje pelos reinos do múltiplo, do ambivalente, do esparso, do aleatório, do centrífugo. Uma questão de nova sensibilidade, de novo éthos?

Continuemos, porém, no plano descritivo. A Antropologia deste final de milênio abeira-se, dentro e fora do Brasil, das minorias, da diferença e do atípico, e o seu prazer maior seria desafiar a vetusta certeza aristotélica segundo a qual não existe ciência do individual, *individuum est ineffabile.* Aqui o magistério aliciante de Foucault se mostra eficaz e ubíquo tanto nos círculos universitários quanto nos seus subprodutos jornalísticos. A Sociologia universitária (*où sont les neiges d'antan?*), esteada em classes e funções, modelos e tipos que tudo amarravam, jaz sem galas à míngua de assunto que lhe seja peculiar. O que dela restou vai sendo filtrado ad hoc pela História Social, que vivia como sua prima pobre até os anos 60, mas agora cresce e se dilata, embora à custa de um certo *émiettement* de pesquisas documentais e orais, conforme advertiu aos seus leitores um perplexo editorial da revista *Annales.*

O ideal de uma História das Sensibilidades propiciou uma decidida virada para o estudo dos fenômenos em que a esfera do institucional se encontra com as pulsões do sujeito: terreno movediço explorado até bem pouco pela Psicologia Social. Faz-se história dos sonhos, das fantasias, das compulsões, das perversões sexuais, dos fetichismos, dos bruxedos e das suas repressões desde a aurora dos tempos modernos. E força-se, o quanto e até onde se pode, o limite que antes estremava, e ora aproxima, a crônica histórica e a prosa de ficção.

A queda dos muros que separavam as Ciências do Homem estimulou a ambição de forjar uma nova escrita que se comporia, em aparente paradoxo, de microanálises pontuais e prazerosa fluidez conceitual: algo que lembra aquela emissão de notas descontínuas, cada uma de per si contingente, que já foi vezo dileto do impressionismo na crônica literária do século XIX. Mutatis mutandis, porque não há retornos no sentido cabal do termo.

Mas no nível instrumental, isto é, no campo dos *meios* de que o saber dispõe, quanta coisa mudou! A expansão das técnicas informáticas, que passaram a reger não só as comunicações como também um sem-número de operações da indústria e dos serviços, aparece hoje como o caráter mais saliente da reprodução cultural. No Primeiro Mundo fala-se correntemente de *era pós-industrial* para dizer de um novo tempo de aparelhagem baseada na computação e na automação. Cibernética, Informática e Robótica entram como variáveis de peso em todo contexto que se preze de pós-moderno.

Na prática da erudição e da pesquisa científica são notórios os efeitos considerados positivos das novas técnicas. Os informes são procurados, obtidos, fixados, dispostos, indexados, combinados, multiplicados e retransmitidos, numa palavra, *processados*, com uma rapidez extraordinária, o que facilita todo tipo de captação e arranjo de dados em qualquer ramo do conhecimento.

A era da reprodutibilidade técnica, anunciada no célebre ensaio de Walter Benjamin, estaria atingindo o clímax? Tudo indica que os meios eletrônicos continuarão a ser acionados até os confins extremos da robotização pela qual se atribuiriam à "máquina" (hesito em usar esta velha palavra) as funções ativas e corticais da invenção e da organização do pensar. Atualmente, até onde me consta, os computadores, que os franceses chamam *ordinateurs*, são eficazes reatores, pois recebem e executam programas que o engenho humano lhes propõe. Mas... a ficção científica já chegou lá.

Se é verdadeiro dizer, seguindo a "razão pós-moderna", que uma quantidade maior de informação obtida em menor lapso de tempo se transmutaria, a certa altura, em melhor qualidade do processo intelectual envolvido, então há deveras a esperança de que os usuários peritos nos meios ultramodernos produzam obras de ciência e arte cada vez mais belas, profundas e complexas não só na sua preparação e apresentação material como também pelo seu valor cognitivo e expressivo.

> *Sarà vera gloria?*
> *I posteri diranno.*
> Alessandro Manzoni

Por enquanto, nas instituições de ensino e pesquisa tidas em alto conceito e nas agências mais sofisticadas de indústria cultural, os progressos trazidos pela informática se resumem na agilização dos meios de entesourar e transmitir signos. Daí provêm os efeitos de ordem, precisão, nitidez e velocidade que são percebidos e louvados como *sinais de modernização*, afinal coincidentes com a pós-modernidade alegada. Tais efeitos provocam a impressão de que o nível cultural do país está ascendendo, ao menos nas suas faixas internacionalizadas.

Seria mais justo afirmar que o andamento (dito timing) dessa cultura vem-se acelerando desde os anos 70 e pondo-se em sincronia com o tempo norte-americano, europeu ocidental e nipônico. Quanto ao problema substantivo da qualidade, que remete à questão crucial dos valores, sabe-se que as coisas são um pouco mais complexas.

O que motiva o trabalho do conhecimento é a vontade de valor. Por essa expressão entendo as aspirações que levam os indivíduos e os grupos à procura do saber e à sua comunicação. Só o que *vale*, vale a pena. Os in-formes em si e por si mesmos não produziriam uma teoria nova do real, ou daquela zona do real que interessa a alguém perscrutar. Só o sentimento do valor guia o esforço de compreender os homens e as coisas, elege os temas, bebe na fonte os dados originais, desperta áreas amortecidas da memória, aviva as brasas ocultas sob a cinza do vivido, aguça a percepção dos liames formais e quase compele a mente ao desenho de certas conclusões. (E, para que a ciência resultante não regrida a simples máscara do interesse que a motivou, faz-se ainda necessária a vigência de um metavalor, a *vontade de verdade*, que torna o sujeito honesto em face do seu objeto.)

Nessa ordem de reflexões, a pergunta pela qualidade da cultura letrada recente não incide tanto na eficácia visível dos meios eletrônicos em uso, quanto na identificação dos valores e das ideias mestras que estão sendo objeto de desejo dos consumidores das novas tecnologias. Qual seria, no plano axiológico, o equivalente do mosaico de tantas e tantas informações tão celeremente estocadas e reproduzidas? Minha resposta é mera tentativa: *A dispersão empírica de signos e temas corresponde à vontade e ao discurso do descentramento.*

A cultura dita superior e os seus canais de divulgação vivem hoje uma dissipação inédita de ícones, índices e símbolos, o que dá a impressão de ciclone, ou de turbilhão, de resto já experimentada pelas vanguardas futuristas da Segunda Revolução Industrial. De onde, a primeira equação que proponho:

pós-moderno = *plus*-moderno

Na hora da interpretação dessa bateria de estímulos imagísticos e sonoros recorre-se, às vezes sem plena consciência do processo, a uma singular mesmice de ideias.

O efeito-dispersão vem da pletora de objetos de prazer e de interesse que o mercado lança ao homem culto e ao consumidor de bens simbólicos sequioso de novos assuntos. A massa de bits disponíveis sobre um número alto de matérias exploráveis gera um cogumelamento de subáreas de especialização. Folhear uma revista de difusão científica, o catálogo de uma grande editora americana ou francesa, ou o elenco de disciplinas e eventos de uma universidade moderna produz vertigens e depressões cognitivas. A informatização urge então como remédio para aliviar a sensação de caos que a sarabanda de mensagens acorda até no mais glutão dos leitores; ao mesmo tempo, o uso do computador funciona como um convite para acrescer, ad infinitum e ad libitum, programas, acervos, memórias e arquivos. A Babel exige alerta, espírito de reordenação constante; o qual espírito, por sua vez, incita os babilônios a construírem novos patamares cada vez mais amplos para elevar a sua torre eletroinformática. O céu é o limite. O múltiplo e o unificado tentam ultrapassar um ao outro em uma corrida aparentemente sem ponto de chegada.

O espaço-tempo do consumidor culto satura-se com doses crescentes de poluição informativa. O aspecto patológico do processo resulta da impotência de se dar forma inteligível às demasias de conteúdo que proliferam como células avulsas no tecido da vida mental contemporânea. O receptor, cujas resistências internas nem sempre são bastantes, pode ficar literalmente intoxicado de signos-imagens, signos-palavras, signos-opiniões, signos-juízos, signos-estímulos...

Trata-se do mercado congesto de uma civilização que produz por produzir ou, mais exatamente, produz para que possam sobreviver os seus mecanismos de propaganda e venda de imagens e símbolos. O profissional, técnico ou liberal, que se vê imerso neste móvel contexto, onde se alarga a olhos vistos a distância entre informação e disciplina intelectual, defende-se na trincheira da sua especialização, não raro a preço de uma inópia cultural e política que pode beirar a idiotia.

Um engenheiro de produção assaz renomado entre os seus pares dizia-me com o desplante cândido dos néscios que a psicanálise é a última superstição do século XIX, opinião confortada por uma doutora em comportamento sexual de ratos engaiolados, a qual asseverava que Freud escreveu contos para babás ansiosas. No outro canto do salão (era uma festa acadêmica), uma sisuda titular de Semiótica lançava do alto dos seus sememas um anátema contra as Ciências Exatas que, a seu ver, não passariam de hábeis arranjos binários. Mais de um jornalista mal egresso da sua pós-graduação decretava o inglório passamento de Hegel e Marx atribuindo a causa mortis de ambos a golpes de automação. Em geral, uns e outros abonavam-se com citações de um autor japonês tido por genial que já constatara o fim da História, o óbito das ideologias e a entrada na era pós-utópica.

Os exemplos têm ar caricato, mas é pelos extremos que o estilo de uma época aparentemente sem estilo se mostra com maior veracidade.

O discurso sobre este *saber em migalhas* e sobre as fraturas que cortam o terreno da cultura superior levou-nos a contemplar uma situação espiritual de descentramento que se poderia chamar também de recusa da totalidade. Esta atitude tende, pela sua repetição tantas vezes inconsciente, a virar monotonia ideológica.

Trata-se de uma espécie nova e estranha de simplificação mental que conviria analisar de perto, pois nada tem a ver com os modelos de coesão semântica que a precederam.

352

Até os anos 60 a unidade teórica das Ciências do Homem fundava-se no suposto de que os fenômenos sociais e simbólicos se enucleavam em torno de *estruturas*. O marxismo nos dava uma explicação sistêmica que, começando pelas relações de produção, delineava um esquema de classes em conflito. Era tangível a inteireza de visão do mundo que daí decorria soldando uma Antropologia evolucionista com a crítica da Economia Política clássica, e abrindo caminho para uma práxis transformadora, tudo à luz do materialismo histórico. Por sua vez o estruturalismo, que avançou pelos anos 70, relegava entre parênteses os acidentes diacrônicos, não escondia o seu desdém pelas veleidades subjetivas, e não só mantinha como ossificava a imagem de um Sistema composto de elementos ao modo dos fonemas e morfemas recortados pela Linguística estrutural. Os elementos valiam conforme a sua posição na sintaxe do objeto, fosse este um totem australiano ou um poema sibilino de Mallarmé.

Em ambos os casos vinha à tona a ideia de um uno todo internamente articulado, só acessível ao rigor científico, o que desqualificava leituras de sabor aleatório ou impressionista.

Hoje, ao contrário, é o desejo do descontínuo e do descentrado, com suas figuras correlatas, que dá um ar de família às expressões culturais. O pendor para o informe e o atípico, para o desgarrado e o eventual, para o mutante e o volátil, trai um gosto difuso que se assume como já *não mais* moderno e, daí, à falta de melhor termo ou de imaginação conceitual, pós-moderno.

O arbítrio, o capricho autocomplacente, o trocadilho que surte de acasos fonéticos, a chulice, a mistura de registros tomada como um valor em si e o alheamento de qualquer vínculo epistêmico ocupam o lugar das doutrinas abrangentes e das certezas positivas ou dialéticas. Há teses universitárias que são fieiras de alusões e citações: as melhores padecem de uma erudição turística e carente de nexos lógicos; as piores fazem concorrência ao samba do crioulo doido. Não poucos romances se exibem autoencomiasticamente como pastiches e colagens estilísticas. Um artigo da grande imprensa ou uma notícia de telejornal apresenta como verdade objetiva a soma aritmética de duas opiniões que, a rigor, apenas mencionam aspectos díspares de uma dada situação. O princípio, em si razoável, de que é preciso conhecer mais de um ponto de vista degrada-se quando se concede o mesmo peso à versão do criminoso e à da vítima, ou à palavra do cúmplice e à do queixoso. O interesse bruto das partes é aceito, sem mediações, como testemunho válido a ser entregue à massa inerme dos leitores e espectadores. Barateia-se o juízo de verdade confundindo-o com o pinçamento de detalhes inflados e subtraídos ao seu contexto de significação. A pressa de informar de qualquer modo impele o jornalista a desistir precocemente de achar um critério que faça justiça à trama dos fatos e das palavras, operação que demandaria trabalho e paciência. Para não "perder tempo" renuncia-se a habitar o tempo da reflexão, o ir e vir das partes ao todo, e deste às partes, alvo digno por excelência do espírito científico. Quem testará a honestidade do simulacro?

Parece haver um certo éthos recorrente na cultura atual que enforma hábitos cognitivos, estéticos, éticos e políticos. Sobre os últimos, matéria entre todas ingrata, é escusado insistir: quem acompanhou pela TV as manobras eleitorais da campanha presidencial de 89 e, logo depois, o marketing dos planos e contraplanos econômicos, já recebeu uma imagem clara do que vem sendo, no circo político, a "pós-modernidade brasileira"; e, se for dotado de veia cética, concluirá que *plus ça change plus c'est la même chose*, frase que ao cabo dilui a consistência de todos os rótulos.

"Em política, o que parece é", dizia o finado ditador português António de Oliveira Salazar, que ninguém suspeitaria de pós-moderno *avant la lettre*. Diríamos, antes, que tal sentença achada na boca de um homem sabidamente conservador seria maquiavélica, jesuítica, barroca... Mas entrevemos com desconforto alguma semelhança entre aquele seu juízo e a cena contemporânea. O grande teatro do mundo das cortes de Viena, Madri e Versailles não passava de ingênuo *trompe-l'oeil* se comparado ao triunfo ultramoderno do simulacro. Agora sim, o que parece é, ou, pelo menos, tem de ser. A recente Guerra do Golfo projetou-se nos lares do mundo inteiro como um espetáculo feérico de videogame. O fulgor dos mísseis explodindo nos céus de Bagdá impediu que o horror físico da sangueira, que é a verdade nua da guerra, fosse visto por bilhões de espectadores. O planeta virou um telão descomunal (atente-se para o uso do termo *cenário* entre políticos e economistas) onde a antiga arte de aparecer foi potenciada pelos meios formidandos da comunicação de massa.

Se assim é, por que insistir na denominação *pós-moderno* aplicada à atual indústria das aparências? Afinal, não se trataria apenas da exasperação de certas tendências do capitalismo e do Estado modernos já descritas e deploradas pelos filósofos da Teoria Crítica? Benjamin, Bloch, Horkheimer e Adorno já não teriam posto em relevo com um misto de agudeza e melancolia os traços de alienação, descartabilidade, individualismo cínico, apatia política, prevalência do imediato, consumismo, brutalidade fria no trato das relações eróticas, indiferença pesada pela questão da verdade — temas que *Minima moralia* e a *Dialética da Ilustração* versaram luminosamente? Os tempos recentíssimos disporiam tão só de mais recursos técnicos para multiplicar a ocorrência desses comportamentos em escala inimaginável nas décadas de 30 e 40.

Chamaram-lhes, por isso, apocalípticos. Vieram depois os integrados, com Marshall McLuhan à frente. Com o tempo a polêmica arrefeceu nos círculos do Primeiro Mundo anestesiados pelas ondas de crescimento dos anos 70 e 80 e pelas seduções do neoliberalismo.

Mas o equilíbrio desta civilização *plus*-moderna parece ainda precário. Em um largo e profundo movimento de autodefesa, a inteligência que ainda não renunciou à possibilidade de compreender o todo vem agindo dialeticamente, não se importando em parecer defasada com a corrida geral pelos meios desvinculados dos seus fins. E aqui se formula uma segunda equação que traz em si o trabalho da negatividade:

$$\boxed{\textit{pós}\text{-moderno} = \textit{anti}\text{moderno}}$$

A revolução mundial do verde, que tomou impulso precisamente na década de 70, radicaliza-se contra os efeitos da industrialização cega e suja. Three Miles Island e Chernobyl foram catástrofes de alta visibilidade, mas não piores do que a disseminação do lixo atômico, as manchas ácidas, o efeito estufa, o envenenamento das águas, o risco dos agrotóxicos, o inferno das megalópoles.

A "modernidade" da agressão ao ambiente suscita protestos em todo o planeta, e a esperança de que uma indústria limpa venha substituí-la ainda é remota. Os recursos não renováveis da Terra continuam a ser dissipados e, nesse particular, a consciência dos povos pobres dá um tom dramático ao debate que o Norte já não pode ignorar. A dialética da colonização encontra aqui um dos seus desdobramentos de longo alcance.

Há alguma coisa de inquietante e promissor sob os fogos dos embates ecológicos. É a vontade de instaurar um convívio honesto entre a sociedade e a natureza. Põe-se em dúvida a tradição puramente ergótica da razão evolucionista que prega o domínio de todos os seres vivos pelo *Homo faber*. Os ambientalistas veem mais longe que os produtivistas, e pedem ao capital e à tecnocracia que parem para pensar. A linha do seu horizonte persegue o que Simone Weil exigia da cultura do século XX: que instaurasse um novo pacto do homem com o universo que o rodeia e o constitui. Entende-se o anticonsumismo austero professado pelos críticos do desperdício obsceno que as classes altas ainda cometem, e que ameaça arruinar a casa de todos. A polêmica que o relatório preparado para o Clube de Roma (*The limits of growth*, MIT, 1972) provocou ainda não foi interiorizada pelos agentes da superprodutividade.

Uma nova ciência, para a qual a Ética não é uma palavra vã, uma nova tecnologia e novas políticas públicas já estão surgindo estimuladas por essa consciência que em alguns casos chega tarde demais.

Assim, o que o *plus*-moderno desintegra na sua indiferença pela totalidade, o *anti*modernista tenta recuperar. O que o avanço da *ratio* instrumental continua a desunir (separando corpo e alma, economia e ética, meio e fim), uma nova mentalidade centrada na consciência do mundo da vida se esforça por reimergir no fluxo da experiência.

Se o projeto da modernidade ficou — na hipótese de Habermas — ainda *inconcluso*, logo aberto e passível de diferenciações, então será uma alegre tarefa da memória rastrear no pensamento que se formou da Renascença às Luzes uma tradição "moderna" de equilíbrio entre Homem e Natureza, indivíduo e sociedade. Leonardo, Montaigne, Vico, Montesquieu, Rousseau, Goethe, Schiller, Humboldt...

Uma civilização que foi capaz de sustentar, em meio a lutas fratricidas e em pleno surto feroz do capitalismo, o ideal dos Direitos do Homem e do Cidadão; e que conseguiu harmonizar, mediante a invenção da arte, a paixão libertária e as regras imanentes da forma nas sinfonias de Beethoven e nos poemas de Blake; e que pensou o destino do ser humano com a densidade e a beleza do *Fausto*, de *Guerra e paz* e dos *Irmãos Karamazov*: eis um passado que não se encontra apenas atrás de nós, mas dentro de nós. É o que o homem de hoje pode lembrar sempre que estão em jogo a sua identidade e a sua dignidade. Neste sentido, a cultura contemporânea está livre para escolher as suas matrizes, as suas estrelas-guia. O ato da escolha se impõe: aquele "escolher a escolha" que Sören Kierkegaard definia, no *Aut Aut*, como o primeiro passo da existência ética fora da qual o tempo do sujeito se escoa pelo ralo da curiosidade lábil e da desconversa.

É preciso escolher. *Vivre n'est plus qu'un stratagème*, dizia Louis Aragon em um dos poemas de *Le crève-coeur*. Da tradição de modernidade só deveria interessar o que aponta para algum sentido que aproxime inteligentemente as coisas e os signos, que faça habitável o planeta, que torne feliz (ou, pelo menos, digno) o convívio entre os homens.

A pós-modernidade que aceita o delírio do consumível e do descartável, do imediato e do competitivo, não tem recursos mentais e morais para enfrentar a dissipação dos bens, a disparidade das rendas, o desequilíbrio dos poderes e status. A recusa ideológica de olhar para o todo natural-humano, que nos constitui e nos convida a ser-no-mundo, pode dar-se ares de modéstia epistemológica (oxalá fosse); mas, a longo prazo, quem a sustenta como programa de pensamento e ação irá perdendo todo critério de valor, e se verá cúmplice das forças da desintegração e da morte. Diz o povo que o peixe fora d'água começa a apodrecer pela cabeça.

Levar adiante certas análises pacientes da Fenomenologia seria provavelmente uma atitude salutar hoje, depois que nos livramos das reduções do marxismo vulgar e do evolucionismo linear. Essa opção não significa que a inteligência deva submergir no *Lethes* dos desmemoriados, pois já se descobriu, de novo, que *Mnemosyne* é mãe das musas, e que o futuro se desentranha das leituras do mundo que herdamos dos que pensaram e agiram antes de nós. Sinto que muitos desejariam livrar-se do pesadelo da História, seguindo ao pé da letra o lema radical de Nietzsche. Não lhes faltam razões. Entretanto, também aqui se faz preciso escolher. Qual passado lançar fora do barco para aliviá-lo de um peso morto? E qual passado eleger como lastro bastante para que a nave resista às insolências da intempérie?

Há um pós-moderno que empurra o modernismo de ontem e anteontem a um grau hiperbólico; e há um pós-moderno que rejeita os efeitos traumatizantes da razão instrumental que um filósofo ale-

357

mão irado chamou (no bicentenário da kantiana *Crítica*) de *razão cínica*.

As duas equações propostas formam um sistema contraditório e simultâneo:

> Pós-moderno = plus-moderno
> Pós-moderno = antimoderno

PÓS-MODERNO = PLUS-MODERNO

Até mesmo um leigo em Ciências Físico-Matemáticas sabe que a evolução da Informática e da Robótica só se fez viável em continuidade com as pesquisas e as descobertas da Estatística e da Eletrônica que se vêm desenvolvendo desde os meados do século XIX. Foram as necessidades de grandes Estados como o Império Britânico, a Rússia dos czares e os Estados Unidos que solicitaram, para a apuração de censos e depois com fins militares, uma tecnologia capaz de lidar com grandes números. Durante a última Guerra Mundial, armaram-se os primeiros computadores. Nesses mesmos anos, Norbert Wiener preparava a sua obra-prima, *Cibernética*. Mas os desdobramentos da Teoria da Informação e os usos maciços do hardware e do software só se generalizaram a partir de 70. De onde, a impressão de novidade absoluta que justificaria a atribuição de *pós*-modernidade a um tipo de indústria que é, rigorosamente, *ultra*moderno.

Lê-se na edição para grande público de *O uso humano de seres humanos* de Wiener (1950):

> A tese deste livro é a de que a sociedade só pode ser compreendida através de um estudo das mensagens e das facilidades de comunicação de que disponha; e de que, no futuro desenvolvimento dessas mensagens e facilidades de comunicação, as mensagens entre o homem e as máquinas, entre as máquinas e os homens, e entre a máquina e a máquina, estão destinadas a desempenhar papel cada vez mais importante.

Uma previsão cuja veracidade o nosso cotidiano de 1992 comprova a cada momento.

As tecnologias de ponta são o resultado de esforços ingentes de cientistas e técnicos que, ao longo dos últimos quatro séculos (desde Galileu, pelo menos), não cessaram de sondar as propriedades e as aplicações da matéria e da energia, termos que ainda se usam, por força de hábito, apesar de todos os impasses teóricos da ciência contemporânea.

O que teríamos de novo, nas últimas décadas, em termos de ênfase cultural? A tônica vem incidindo nos processos de comunicação e de linguagem; primazia que contribuiu para envolver os cientistas sociais, os artistas e os escritores que até meados deste século viviam, em geral, de costas para as inovações tecnológicas. Os êxitos da Informática e da Cibernética construíram uma ponte de dupla mão entre as Ciências Físico-Matemáticas, em particular a Eletrônica, e os estudos centrados nos sinais de que a Linguística e a Semiótica são o fulcro. As artes voltadas para o grande público, a Música e o Cinema e, naturalmente, o veículo de comunicação por excelência do mundo atual, a televisão, interagem com as técnicas informáticas, o que lhes dá, *formalmente*, um modo de aparecer ultramoderno. Não foi por acaso que empreguei o advérbio *formalmente*; a racionalização extrema com que os meios eletrônicos trabalham hoje as mensagens que lhes são propostas nos faz lembrar que as primeiras máquinas de calcular do Ocidente nasceram sob o signo da matemática cartesiana: Pascal e Leibniz foram os seus criadores e ambos o fizeram no contexto do racionalismo clássico que teme as paixões e a imaginação como loucas da casa. A racionalização dos computadores e dos sintetizadores é filha de uma ciência numérica, ordenadora, calculadora, em suma, formalizadora. O paradoxo, que é afinal a verdade do mundo contemporâneo, reside no fato de que os meios de massa ultramodernos são o veículo apropriado para emitir as mensagens mais irracionais, em que todas as paixões (e sobretudo as mais desregradas e infamantes) e todos os delírios da imaginação se manifestam com violência não raro energumênica. A dialética do racionalismo clássico segue como uma sombra a dialética das Luzes. A demente estertora quando todas as celas são igualmente quadradas. Abstração na técnica: imediação da vontade. A passividade da máquina estimula e dá vazão ao mais grotesco voluntarismo. Faço o que quero porque a máquina é eficiente, não pensa e só obedece aos meus comandos.

Quando a razão é automatizada, só consegue reiterar as próprias regras intestinas; então, a vontade, que a domina, degrada-se em veleidade e não encontra, no discurso instrumental, argumentos que a esclareçam e detenham os seus gestos de capricho. Essa liberdade abstrata se crê onipotente e, como temia Hegel, pode cometer qualquer crime; e as razões que alega para fazê-lo parecem racionalizações de um delinquente.

Pascal, visitado pela graça, mudou de rumo: depois de suas invenções geométricas e mecânicas perseguiu a imagem de um ser humano que, para ser humano, não fosse *ni ange ni bête*, nem puro espírito nem pura matéria, e advertira, sagaz: quem quer fazer-se de anjo, vira besta. O cérebro, quando calculador solitário, é a sede de uma ordem ameaçadora: racional e obtusa, dócil e perigosa como os autômatos. Pascal ainda, com a simplicidade dos espíritos livres: "Os grandes pensamentos vêm do coração".

PÓS-MODERNO = ANTIMODERNO

"A hora já é muito tardia, e a opção entre o bem e o mal bate-nos à porta." Assim fecha Norbert Wiener o seu livro pioneiro sobre a automação.

O verdadeiro cientista também nos insta a escolher. Não foi por acaso que se instaurou, no cerne da inteligência dos anos 70, uma cultura de resistência, a que já me referi no ensaio sobre as variantes culturais no Brasil. A resistência prossegue apesar dos altos e baixos conjunturais. Meio Ambiente, Direitos Humanos, Democracia como valor substantivo, Desarmamento, Renda Mínima universalizada... Dir-se-ia que a luta para salvar as relações fundamentais entre o homem e a natureza, o homem e o homem, originou-se de uma reação interna às sociedades industriais contemporâneas que emitem anticorpos contra a patologia da modernização.

Seria este antimodernismo o impulso da boa negatividade contra a má positividade que produziram os donos do capital e do poder? A cultura de resistência se vê a si mesma como reação não reacionária. Ela combate para que o *Homo sapiens* do terceiro milênio não pague com a doença, a sujeira, a desintegração e a morte o preço de um crescimento cego e desigual entre os povos e no bojo de cada formação nacional.

A "modernidade" do século XX que se desviou por aqueles caminhos que foram ter nos campos de concentração nazistas, no sacrifício de Hiroxima pela bomba atômica, nas ditaduras do Leste, na Guerra do Vietnã, na Guerra do Golfo, decorreu de uma combinação de vontade de poder e uso de tecnologias novas indiferentes aos valores da humanização e da socialização. Só nos resta denunciar a inconsciência feroz que se ocultou sob a fachada de racionalização.

Uma razão mais alta, que só opera a partir de um certo grau de integração, e só recomenda o agir tendo em vista a salvaguarda de valores universais, poderá levar adiante o que foi o ideal de verdade construído por homens como Leonardo, Galileu, Newton e Einstein. Para um físico da têmpera de Ampère a palavra *cibernética* designava uma arte que, segundo o étimo grego (*kybernétes*: piloto), deveria "assegurar a todos os cidadãos a possibilidade de fruir plenamente dos benefícios deste mundo".[1]

A cultura de resistência, porque não desiste de pensar as partes como expressões de um todo, olha pela alça da mira o mesmo alvo de Ampère.

BRASIL 92

Quem já não ouviu dizer em tom de escárnio que as elites brasileiras se acreditam engolfadas no pós-moderno sem ter sequer atravessado a plena modernidade? As burguesias periféricas continuariam então sofrendo de um incurável provincianismo no momento mesmo em que afetam acertar o passo com os centros do Primeiro Mundo.

Mas não se ocultaria talvez um sutil preconceito, que se ignora a si mesmo, nessa propensão de ver o nosso país mental como substancialmente retardado e, daí, medir cada conjuntura nacional pelo metro do intervalo que, necessariamente, nos distanciaria dos países avançados?

A petrificação do conceito de colônia não seria responsável por essa obsessão do descompasso que às vezes empana a nitidez do olhar? Metrópole e colônia: haveria sempre e forçosamente duas linhas temporais paralelas — uma, longa, que já fez um percurso considerável em direção ao desenvolvimento, merecendo, portanto, o selo da modernidade; e a outra, mais curta, cujo ritmo lento a impediria de alcançar jamais a extensão da primeira?

Antes de tentar responder a essas indagações embaraçosas, mas capitais, conviria ler o que Sergio Solmi, o prefaciador da edição italiana dos *Minima moralia*, diz do seu "caso nacional", lembrando que a Itália também se industrializou tardiamente em relação à Inglaterra e à França:

> O mundo que Adorno nos descreve é a moderna sociedade americana; e o termo de comparação de que dispõe é a Alemanha nazista ou pré-nazista. O ambiente em que vive, quando redige *Minima moralia*, é o da imigração alemã nos Estados Unidos. É preciso ter presentes essas circunstâncias para uma avaliação integral do seu livro. O nosso país apresenta, em mais de um aspecto, um panorama muito diferente do que está sob os olhos de Adorno quando escreve estas páginas. Por outro lado, seria errôneo subestimar tudo o que há de comum entre uma sociedade monopolista avançada como a dos EUA e uma sociedade burguesa sui generis como a nossa. Apesar de todas as diferenças de nível estrutural, existe alguma coisa como um espírito do tempo. E isso é ainda mais verdadeiro hoje, quando o aparato técnico e os instrumentos da difusão da cultura de massa determinam uma *koiné* cultural que muitas vezes se antecipa ao desenvolvimento da economia. A exportação do *way of life* americano encontra um terreno particularmente favorável justamente onde não existem — e talvez não existam nunca — as condições econômicas onde se desenvolveu. O destino dos povos atrasados não é nada alvissareiro. Eles correm o risco de se acharem assimilados sem ter avançado um só passo, e de sofrerem todas as desvantagens do presente somadas às do passado. Não obstante as aparências, o mundo descrito nestas páginas é também o nosso. Valha como advertência aos críticos apressados: *de re vestra agitur*.[2]

Retenha-se esta ideia fecunda para o entendimento do Terceiro Mundo, e que já se formulava em textos de Trotski: o atraso tecnoeconômico na corrida capitalista não impede, por si mesmo, a eclosão de grupos ideológicos progressistas (antes, os punge), reformistas ou utópicos; nem bloqueia o surgimento de vanguardas artísticas e culturais em senso lato.

Sergio Solmi fala em *espírito do tempo*, expressão cara aos culturalistas e aos hegelianos; fala em *difusão*, termo que corrige o evolucionismo linear; e, o que me parece muito perspicaz, dá o justo relevo à *antecipação* de correntes culturais e de criações imaginárias em relação ao ritmo lento da infraestrutura.

Teoricamente, o que está em causa nos confrontos de centro e periferia é o verdadeiro alcance do determinismo econômico. Na medida em que se atribuem à linguagem e à cultura graus de liberdade que não as reduzam a epifenômenos dos sistemas de produção, corrigem-se as teses simplistas que dividem as culturas em avançadas e atrasadas conforme os índices de industrialização e urbanização dos seus respectivos países.

De qualquer modo, o jogo arriscado do tudo ou nada desserve a complexidade do tema e não ajuda a compreensão das situações particulares.

As reflexões constantes em outros capítulos do presente livro — sobre o pensamento avançado de Vieira em face da nobreza e do clero português, sobre o "novo liberalismo" do Segundo Reinado e sobre o positivismo social na República Velha — sugerem que a difusão das ideias não encontra barreiras em um sistema cultural progressivamente mundializado a partir dos descobrimentos e da expansão europeia dos séculos XVI e XVII.

A irradiação do pensamento é ou pode ser universal. Mas a pergunta formulada no início do tópico reponta: subsistirá uma diferença específica no modo de atuação das ideias quando se desenvolvem em um contexto colonizado?

Só a análise das conjunturas evitaria o risco de uma resposta precipitada. Nos países pobres e dependentes as ideias transplantadas dos centros modernos ora caem no vazio da impertinência e se estiolam na retórica dos epígonos e acadêmicos, ora conseguem vingar e, para surpresa dos céticos, dar frutos apreciáveis e duradouros.

Qual a razão dessa diferença de sorte?

No primeiro caso, trata-se do que John Dewey definiu agudamente como *ideias inertes*, que, na verdade, não passam de bolhas de espuma, poeiras de asteroides errantes que brilham e apagam como objetos erráticos sem luz própria nem energia capaz de congregar pessoas em torno de uma ação coerente. Nonadas. Pode ser que durem um pouco mais em círculos provincianos, pois nestes a posse de um jargão exotérico ou pseudo-original dá aura de prestígio a certos grupos letrados, mas continuam sendo o que são, palavras ocas, *vana verba*.

Formou-se na literatura brasileira uma picante tradição de sátira a essa farândola verbal ignorante do nosso contexto. Com alvos e acentos

363

diversos, a crítica das nossas compulsões miméticas se acha em textos de Machado de Assis, Raul Pompeia, Araripe Jr., Manuel Bonfim, Lima Barreto, Mário de Andrade, Oswald de Andrade, tendo-se estilizado com talho fino de lâmina no desprezo que Graciliano Ramos votava à linguagem postiça e "safada" da velha República das Letras. Eis um assunto à espera de um bom historiador de ideias no Brasil.

Pelo simples fato de existir e realimentar-se ao longo de mais de um século, essa tradição crítica (*que não se confunde com o nacionalismo vulgar e já se desenhou nas primeiras opções democráticas e abolicionistas*) revela a capacidade que têm as culturas ex-coloniais de exercer uma consciência alerta em face das meras repetições de ideias geradas nos centros dominantes. Quem elege entre doutrinas opostas (monarquia parlamentar ou ditadura republicana; conformismo belle époque ou anarcossindicalismo...) não é um receptor passivo, um gorila condenado a imitar os gestos dos bichos mais evoluídos. Tão verdadeiro quanto o "transoceanismo" dos nossos letrados advertido por Capistrano de Abreu é o pensamento que o reconhece buscando formas de dialetizá-lo.

Mas, na disjuntiva que foi proposta linhas acima, é a segunda alternativa que nos importa. Pode acontecer que ideias e correntes de opinião, nascidas fora da nação dependente, se enxertem em situações carentes de modelos conceituais. À medida que essas ideias vão sendo adaptadas ao movimento que as escolheu e as solicitou, a mundialização da cultura toma formas novas e singulares.

As ideias trazidas de fora deixam de ser inertes dependendo da correlação oportuna que as adotou. Filtradas por novos receptores, passam a animar, às vezes por longo tempo, as instituições que nelas se inspiraram. Assim ocorreu, por exemplo, com as noções de *regra* e *sistema* que migraram dos códigos napoleônicos de Direito e Administração para quase todos os estados europeus do século XIX e aportaram intactas à América Latina. Assim aconteceu com o positivismo educacional no México e no Uruguai, tão ativo no começo do século XX que deixou marcas em duas ou três gerações. Assim se deu, na abertura dos tempos modernos, com as doutrinas de livre exame da Bíblia que, nascidas na Alemanha de Lutero e na Genebra de Calvino, atingiram rápida e duradouramente os cristãos da Escandinávia, da Holanda, da Escócia e das colônias americanas onde lançaram raízes institucionais fundas. Ideias que não se confinaram nos seus espaços originais.

Como nos fenômenos de clima a altitude local corrige a latitude geral, assim também um correto entendimento dos processos tópicos de difusão e filtragem ideológica relativiza a teoria do evolucionismo linear pelo qual toda economia atrasada só terá ideias retardadas.

Isto posto, como vem reagindo a inteligência brasileira à dialética ultra/antimodernista que parece constituir a pós-modernidade em escala internacional?

O Brasil de hoje é um país diferenciado o bastante para dar lugar tanto aos que se negam a pagar um indevido "preço do progresso", quanto aos consumidores ávidos de toda introdução de hábitos, modas e signos importados a qualquer custo. Entre nós e, creio, em toda parte do mundo, coabitam apocalípticos e integrados.

Rejeitando o modelo de desenvolvimentismo, imposto *manu militari* pelo golpe de 64, os movimentos que combateram e ainda combatem pelo respeito aos Direitos Humanos e em defesa do equilíbrio entre natureza e civilização, tentam dissipar certas ilusões, vividas pela ideologia burguesa ou pela vulgata marxista, que emparelham aumento do parque industrial com democracia, ou estatização com justiça social.

A cultura de resistência é democrática (e, no limite, se confunde com a "desobediência civil"), porque nasceu sob o signo da ditadura; é ecológica, porque vê os estragos do industrialismo selvagem no campo e na cidade; e é distributivista, porque se formou em um país onde há uma das maiores concentrações de renda do mundo. Quando enformada por doutrinas religiosas (em particular, a Teologia da Libertação, formulada no começo dos anos 70 na América Latina), é aberta às correntes progressistas que militam ao seu lado e contra os mesmos alvos. Quando leiga, é respeitosa dos valores que chamam os crentes a lutar pela igualdade e pela liberdade. Em ambos os casos, provém de uma escolha política que não renunciou a detectar algum sentido no aparente caos da história contemporânea.

Em perspectiva oposta à dissipação *plus*-moderna, a cultura de resistência vê a sociedade dos homens plenamente humanizados como um valor a atingir; e essa marca teleológica a ensina a apreciar nos meios técnicos precisamente o que são: instrumentos, objetos úteis, produtos da inteligência prática, e não fins em si mesmos. Não é preciso dizer que, no jogo de mensagens descartáveis peculiar à bolsa de valores do neocapitalismo, essa posição intelectual pode ser julgada, a qualquer momento, como passadista. Ocorre que a natureza, o corpo e a mente dos homens têm um longuíssimo passado e, talvez, um não menos longo futuro, para cuja defesa se torna indispensável a ação da memória. Por isso, também faz parte da cultura de resistência o resgate da lembrança que alimenta o sentimento do tempo e o desejo de sobreviver.

Ainda é o criador da ciência da automação, Norbert Wiener, quem melhor esclarece as relações entre passado e presente: "Uma tradição de saber é como um bosque de sequoias que pode viver milhares de anos, e o seu lenho de hoje representa a chuva e o sol de muitos séculos atrás".

DA TEORIA DA DEPENDÊNCIA AO REFORMISMO INTERNO

A pergunta pela condição objetiva do homem brasileiro nos anos recentes é uma fonte de perplexidades. A tentação do pessimismo é difícil de esconjurar. O contexto mundial dos anos 80, visto em números brutos, nos ameaça e deprime. Juntamente com os outros países da América Latina e com a maioria das nações do Terceiro Mundo (hoje denominado Sul em oposição às riquezas do Norte), o Brasil entrou em recessão econômica visível a olho nu. A pobreza cresceu significativamente afetando pelo menos dois quintos da população. A estagnação nas atividades industriais gerou desemprego e subemprego. A miséria rural, especialmente dramática no interior do Nordeste, causou a migração de 15 milhões de brasileiros na última década. Houve queda geral na qualidade de vida de que são índices a desnutrição, a mortalidade infantil, a carência de saneamento básico, o precaríssimo atendimento médico-hospitalar para as massas, a má qualidade do ensino fundamental nas escolas públicas, o déficit de moradias e as mazelas crônicas do transporte urbano.[3]

A interpretação holística, que nos foi legada pelas Ciências Sociais no início dos anos 70, ou seja, a *teoria da dependência*, entrou em crise, tendo sido relativizada ou desertada pelos seus próprios criadores. Era uma variante latino-americana das doutrinas anti-imperialistas na medida em que atava estreitamente o nosso subdesenvolvimento ao desenvolvimento do Norte. A sua ênfase anticolonialista foi substituída por uma prioridade diversa, quando não oposta: é preciso olhar para dentro de cada nação pobre e "pôr ordem na casa". É um ideário que, dizendo-se abertamente social-democrata, ou evitando este rótulo por motivos ideológicos vários, acabou espalhando-se nas cabeças políticas da grande maioria dos intelectuais brasileiros, quer liberais, quer ex-esquerdistas.

Em termos descritivos, porém, a situação da América Latina, que a teoria da dependência analisava, não mudou dos anos 70 para o decênio atual; antes, piorou; o que mudou foi a sua interpretação e, daí, o teor dos projetos elaborados para sair da crise. O reformismo interno, preconizado hoje pela imprensa liberal e por muitos socialistas arrependidos, se apresenta e se vê a si mesmo como uma ideologia mais pragmática, mais eficiente, mais ágil, mais exequível e (por que não dizê-lo sem rebuços?) mais moderna do que o socialismo defendido até bem pouco. A social-democracia, que não se reduz à sigla partidária que a endossou explicitamente, é a própria expressão, tímida outrora, desenvolta agora, da perplexidade de uma cultura política já não mais anticapitalista, porque aceita todos os desdobramentos da modernidade, mas ainda não cabalmente integrada, pelo simples fato de que a sociedade brasileira é um terreno minado de desequilíbrios de toda ordem. Então, *em que* integrar-se? *Como* integrar-se? A um ideal, a um modelo que só estaria sendo realizado na Europa Ocidental ou no Japão? A um receituário aplicável a curto prazo?

As respostas a essas indagações são um convite ao estabelecimento de agendas táticas, um apelo ao reformismo imediato. Sem forçar a comparação, que de resto não representaria, a meu ver, desdouro para ninguém, eu diria que a social-democracia brasileira, aterrada por uma crise nacional sem precedentes, parece adotar o lema comtiano de "conservar melhorando". O positivismo cultuava os princípios republicanos de 1789, mas tinha horror às revoluções sangrentas e a todo tipo de anarquia, embora não fosse nem imobilista nem retrógrado. Comte e os seus discípulos acreditavam na força decisiva da inteligência, na função ordenadora dos cientistas, em particular dos "engenheiros sociais", e pregava uma progressiva e harmoniosa incorporação do operariado à sociedade industrializada que viera superar os estágios feudais e militares da humanidade. O filósofo se pronunciou, mais de uma vez, pela interferência supletiva, moderada, ainda quando enérgica, do Estado, mas respeitava como dogma o equilíbrio orçamentário partilhando com os economistas clássicos o receio da inflação. O seu reformismo era convicto; as suas táticas, graduais, pois cria no advento da Era positiva como se crê numa revelação divina que o tempo não desmente jamais.

A interação no sistema primeiro-mundista (alguns já recomendam abertamente a associação com a economia norte-americana) se daria mediante o exercício infatigável da *competência* no trabalho, que melhoraria o nível da produção, e da austeridade, que faria aumentar a poupança interna no momento em que se obtivesse alguma estabilidade monetária. Virtudes profissionais e cívicas, portanto, que apagariam da nossa memória vexada a frase dita pelo general De Gaulle: "O Brasil não é um país sério".

Empresários dinâmicos, competitivos e, presume-se, honestos; trabalhadores cônscios dos seus deveres, assíduos, proficientes; funcionários pontuais, solícitos, zelosos pelo êxito dos seus departamentos e instituições: eis o seio de Abraão a que aspiram os reformistas cansados de ver industriais cúpidos e impatrióticos, trabalhadores desqualificados ou importunamente reivindicativos, e sobretudo funcionários morosos, relapsos e irresponsáveis, incluídos aqui os médicos, os professores e demais agentes do serviço público. De novo, seriedade e eficiência, isto é, disposições morais e profissionais que, no interior da vida pública, iriam reverter o nosso quadro de pobreza, estagnação, inflação, corrupção, numa palavra, atraso. Regular os conflitos, trabalhar para merecer crédito lá fora, imitar o exemplo japonês ou alemão, ou, proposta dos modestos, ver como funcionam os tigres da Ásia, ou ainda, baixando mais as expectativas, conferir a "experiência chilena" e a "saída mexicana".

Esse estilo de pensar, ao qual não faltam as melhores intenções e uma declarada aversão à parolagem da velha esquerda, tem um projeto que não mira a pós-modernidade em si, ainda bem longínqua, mas a entrada na modernidade tout court, a qual estaria sendo bloqueada, não pela dependência externa, mas, acima de tudo, pela persistência de certos comportamentos do homem brasileiro. Quer dizer: do político brasileiro, do empresário brasileiro, do trabalhador brasileiro, do funcionário brasileiro.

Uma questão de "cultura nacional" (de novo), refratária aos apelos do espírito capitalista tal como o descreveu em termos inesquecíveis o gênio de Max Weber?

Um sentimento irritado de culpa e um consequente desejo de purgação pelo trabalho substituem o élan revolucionário de uma geração atrás pelo sobrolho franzido, a palavra severa e o dedo em riste contra a desídia crônica da vida pública brasileira.

A imagem de um sistema internacional vinculante — tão nítida nas obras de Celso Furtado e de Fernando Henrique Cardoso até o princípio dos anos 70 — é como que arredada ou posta entre cautos parênteses a fim de que avulte, em primeiro plano, uma teia psicossocial interna, uma rede de condutas mal orientadas contra as quais a tentação é aplicar uma bateria skinneriana de choques ou, se a reação for positiva, de estímulos-recompensa.

Produção em regime de competição seria a meta colimada pelo novo reformismo que já perdeu a paciência com visões utópicas e quer ver, o quanto antes, efeitos de uma *política de resultados.*

Mas por que um projeto tão realista e sensato encontra tantas dificuldades de realização em um país afinal capitalista?

A situação concreta ficou um tanto emaranhada, mas não por motivos de psicologia nacional, que hoje só aparecem na mais mofina das subliteraturas. O enredamento vem de outros fatores.

Em primeiro lugar, os regimes de produção e controle necessários para compor o modelo eficaz de modernidade proposto pelos social-democratas não coincidem, aliás, conflitam, com os valores ditos pós(*plus*)-modernos vigentes nas camadas altas e, por difusão, nas camadas médias da sociedade, que favorecem um éthos feito de dissipação, informalidade, desgarramento, capricho, desculpabilização e, se quisermos usar uma palavra acusatória, irresponsabilidade. Assim, a mesma cultura moderna, que quer jogar na lata de lixo da História a fé nas virtudes revolucionárias da classe operária, precisa pedir aos jovens de todas as classes que creiam e esperem firmemente na redenção pelo trabalho, visto pela ótica burguesa convencional como estrada única para a obtenção da felicidade individual.

Ergótico tanto quanto o marxismo, o reformismo propõe-se transferir para o campo das motivações pessoais a esperança em uma transformação material da sociedade. Para persuadir indivíduos é necessário usar a retórica do liberalismo, o que já vem ocorrendo assiduamente. Mas a social-democracia ainda é, ou se crê, bandeira de uma visão globalizante da sociedade pela qual o aumento da produção também deveria reverter-se em fator de equidade na hora H da distribuição. Esse ideal de sintonia entre industrialismo e justiça (seria indiscreto lembrar Saint-Simon e Comte?) exige uma regulação constante e alerta da descontinuidade social e requer de cada indivíduo a introjeção de razões supraindividuais; pede, numa palavra, uma *ordem-para-o-progresso*.

Ora, o homem *plus*-moderno se deleita com os bens e os sinais do progresso, mas não quer pagar tributo à ordem, a não ser que a compensação seja imediata e abundante, o que no Brasil é caso raro. Ao jovem nascido depois de 70 basta-lhe a regra imanente do computador na qual busca antes o prazer do jogo e a liberdade combinatória do que um padrão coercitivo de trabalho. A pós(*plus*)-modernidade das classes alta e média alta quer mais tempo livre, mais lazer, mais consumo, mais grifes descartáveis, mais *gadgets*, mais kits eletrônicos, mais videogames, mais shows alucinantes de sons e imagens; e não precisamente novos e estritos deveres cívico-profissionais com vistas a um decréscimo problemático da pobreza nacional.

A pedagogia reformista toma hoje ares neoconservadores, forçosamente bem-comportados em face da anomia intelectual e moral, que virou moeda corrente, a partir de 70. A novidade teórica desse "moderno" social-democrático parece agora pouca ou nenhuma: todos ainda nos lembramos do que significa "racionalização" no léxico weberiano. Mas a novidade política, no caso brasileiro, é apreciável: talvez pela primeira vez alguns traços peculiares à modernização clássica internacional venham a ser preconizados pela maioria dos agentes políticos brasileiros independentemente do seu matiz ideológico.

Mas vejamos de perto a natureza dos contrastes que a retórica produtivista tem de enfrentar. É só abrir qualquer um dos jornais de grande público de São Paulo ou do Rio. São parte conspícua de uma imprensa que se quer moderna e, com certeza, influi nas mentes e nos corações de alguns milhões de leitores cultos ou semicultos. O que vamos encontrar? Na segunda e na terceira páginas, editoriais sisudos que louvam o trabalho controlado, a economia austera, a administração proba, a escola rigorosa, a política responsável, um basta à inflação, ao desperdício, à corrupção, ao golpismo etc. Fala nesses textos o superego social-democrata do centro. Mais adiante, vêm os cadernos de "cultura", lazer, cotidiano, turismo, dinheiro e moda. Aí se amontoa toda sorte de iscas para o consumo desbragado, para o uso e abuso do descartável, para a especulação associal, para a transgressão, a anomia, a perversão, a barbárie. São instrumentos de uma orquestra imensa que, aparentemente, não podem afinar-se. "Vamos tocando!", é a sua lei imanente. Que leitores deveriam cumprir religiosamente o grande pacto da austeridade, da poupança, da produtividade? Os mesmos nos quais se excita o desejo de tudo comprar e vender, tudo consumir e consumar, e para os quais o jornal monta um espetáculo de venalidade universal, irresponsável pelos efeitos daquele vórtice de nonsense?

A orquestra não pode parar. Não há síntese, só aglutinação. O mercado internacional, objeto último do desejo de modernização, precisa de uma legião de homens e mulheres que com seus braços, mãos e olhos prestantes façam e refaçam sem interrupção as partes daquele "todo" vendável, logo mutante e substituível. Aliciar sem o menor pudor os instintos dos consumidores usando a vanguarda da propaganda e do comércio é *plus*-moderno, sem dúvida, mas não dispensa a constituição daquele exército mudo que na retaguarda opere *just in time* e com o devido autocontrole. Mas para o Brasil pobre qual viria a ser o sentido desse trabalho coletivo que se quer modernizar? Até agora, tem sido entrar mais eficazmente em uma vasta engrenagem de produzir desigualdades. Seguramente, pede a justiça que se diga, não é esta a intenção dos social-democratas, *all honourable men*, que juntam em suas falas competitividade *e* equidade.

Mas, bem pesadas as coisas, o grande óbice para a vitória do reformismo não vem da oposição entre a "moralidade" moderna do trabalho e a "imoralidade" ultramoderna do consumo: essa combinação, embora instável, logra manter-se em países ricos e altamente industrializados como a Alemanha e o Japão, onde a maior parte da população age como se estivesse persuadida de que vale a pena lutar duramente para gozar dos frutos de um mercado copioso e diferençado. Em numerosas firmas nipônicas o purgatório do trabalho árduo é aceito como condição necessária para adentrar o paraíso do consumo.

É no outro lado, no lado dos *de abajo* (valha a expressão latino--americana), que a mística da produção e da alta qualidade industrial não consegue, entre nós, empolgar senão uma reduzida faixa de operários qualificados. O achatamento salarial, que vem aviltando todas as economias periféricas, é um dado de realidade demasiado brutal e próximo da massa dos trabalhadores para que uma linguagem produtivista os convença a colaborar pronta e docilmente com os projetos do neocapitalismo. O moderno de alguns diz pouco ou nada ao cotidiano esquálido da maioria.

A estratégia oficial vem apostando ultimamente na reforma educacional como esperança única de sair do baixo patamar de desenvolvimento onde vegeta grande parte do povo brasileiro. Mas, repito, faltam ao pobre as motivações imediatas e fortes para tentar coletivamente o salto no escuro para as luzes redentoras. Nem parece haver condições culturais objetivas para empreender uma formidável lavagem cerebral de tipo asiático que reverta o estado de indiferença da maioria absoluta dos brasileiros.

Caso, porém, um movimento dessa natureza viesse a desencadear-se, veríamos a busca de alguma unidade e alguma coerência no campo dos valores e um correlato discurso de integração social, provavelmente já não mais nacionalista no estilo dos anos 30 a 50, mas produtivista, neoliberal e competitivo. Entretanto, por ora, e se acertamos o alvo nas observações iniciais deste escrito, *é na direção contrária que vão as coisas*, tanto no interior da cultura letrada quanto nas várias agências da indústria cultural: basta abrir os jornais e as revistas de maior tiragem para avaliar o grau de dispersão, decomposição, inconsistência e anomia que vivem o Brasil mental e o Brasil moral.

A linguagem da modernização, que aqui e ali se faz ouvir com insistência, é assaz vaga e retórica, pois carece de conteúdos sociais precisos, resumindo-se em propostas de atualização técnica tidas como passos no sentido da... pós-modernidade. Por outro lado, a precariedade das nossas teorias de conjunto em face da deterioração da economia latino-americana, acrescida à perplexidade que em muitos suscitou a crise do Leste Europeu, vêm lançando mais água no moinho da razão cética. Com isso se desestimulam os esforços de síntese, a disciplina intelectual a longo prazo, a procura de metas globalizantes, enfim a própria vontade de mudar o que está aí.

Toda crise política é uma crise cultural que envolve diretamente representações e valores coletivos. Daí a extrema oportunidade de aprofundar o significado ético das formações de resistência que estão presentes na equação crítica: pós-moderno = antimoderno. São elas que entendem desmontar os mecanismos perversos do que Vico chamou de *barbárie da reflexão*, expressão paradoxal já no seu tempo dominado pela mente cartesiana. Barbárie da reflexão: aquele momento cruel da História em que a razão instrumental alheia ao sentido do todo natural-humano serve aos poderes da opressão e da destruição.

A ciência e a prática ambientalista, a militância no campo dos Direitos Humanos, incluído o direito de viver em uma comunidade internacional, a crença na democracia como valor substantivo, a garantia de renda mínima universalizada fazem parte desse complexo de ideias e valores que também no Brasil se propõe como agenda de sobrevivência com dignidade.

Se o coração da inteligência se voltar firmemente para esse ideário, os planos táticos de crescimento econômico deverão assumir, na mente dos planejadores e executivos, o seu justo lugar de instrumentos. Meios necessários à consecução material de fins que os transcendem de todos os lados.

A mediocridade e o vazio do social-liberalismo apregoado pelos círculos oficiais e pelas agências privadas anexas devem-se à falta de uma reflexão aturada sobre os valores de fundo e as suas prioridades. A impressão que deixam os discursos pragmáticos sobre a eficácia e a competitividade necessárias à retomada do crescimento é a de que esses meios tomam na cabeça dos que os professam o lugar de valores-fins. Ora, é justamente como valores-fins do processo de humanização que essas qualidades inerentes ao capitalismo clássico perderam o seu apelo e a sua confiabilidade. Elas já provaram copiosamente na Alemanha e no Japão do Eixo fascista, por exemplo, que, por serem instrumentais, podem servir a qualquer formação ideológica, inclusive às mais incompatíveis com a prática da cidadania. De resto, depois dos anos 70 e 80, todos sabemos, na América Latina, que não há relação íntima entre produtivismo e democracia. Quando o crescimento é tomado como um fim, os outros valores ou são descartados ou lhe são subordinados.

A desintegração intelectual e a anomia ético-política evidentes nos últimos anos atingiram mais fundamente a cultura de nível universitário e as agências de indústria e comércio de bens simbólicos. Como pude observar em estudo anterior, a Universidade e os meios de comunicação avizinharam-se nos anos 70; e esse contacto estreitou-se na década de 80. Chegou-se, às vezes, a um estado de quase-indiferenciação, havendo aulas e seminários que imitam o estilo "descontraído" de programas de televisão, ao passo que estes glosam ou saqueiam, à sua maneira, discursos elaborados na academia.

A mesmice procura contrabalançar a dispersão, e o faz por algum tempo, mas não consegue (nem se propõe) impedir as tendências à dissipação e ao descentramento que atacam por dentro a vida da cultura.

* * *

Enquanto polos de modernização, a Universidade e a mídia tendem a crescer e a receber uma certa atenção do Estado e da sociedade civil; atenção que evidentemente não se dá ao cotidiano simbólico popular.

As relações entre este *tertius* e as demais formações culturais foram objeto de análise no ensaio precedente; revendo-as não me pareceu que devesse acrescentar-lhes nada de substancial. As condições de enraizamento sem as quais a cultura popular não sobrevive continuaram precárias e até mesmo agravaram-se, considerando o que foi a "década perdida" para o Brasil e toda a América Latina. Mas o que subsistiu mostra, à evidência, que os caracteres nucleares da cultura popular (flexibilidade, reversibilidade, materialismo animista, gregariedade) ainda asseguram a sua identidade.

Quanto ao *uso* que da vida simbólica do povo fazem os pesquisadores universitários e os meios de massa à cata de assunto, diz respeito, em primeiro lugar, aos próprios vaivéns ideológicos da cultura dominante. Esta pretende dar sentidos aos seus objetos. É forçosamente a cultura dominante que faz leituras, ora redutoras, ora abertas, da vida popular. A rejeição elitista, a crítica racionalista ou a adesão romântica não concernem aos significados internos vividos pelo povo; a rejeição, a crítica ou a adesão deixam entrever apenas movimentos ideológicos das camadas letradas; enquanto pontos de vista, guardam um nexo direto com a divisão em classes de nossa sociedade.

Uma tarefa mais árdua do que a de avaliar os modos pelos quais a Universidade ou a Imprensa vê o éthos da pobreza seria a de desvendar as possíveis mudanças internas que estariam afetando as representações, os símbolos e os sentimentos que constituem o cotidiano popular. Nesse campo de conhecimento, temos avançado pouco.

No terreno do imaginário o que se vem constatando é o convívio de uma religiosidade arcaica e providencialista com certos comportamentos e até mesmo certas expressões leigas próprias da racionalidade moderna. Assim, por exemplo, os devotos das seitas carismáticas e pentecostais, que continuam em franca expansão juntamente com os terreiros de umbanda e de candomblé, aliam muitas vezes o pensamento mágico e a experiência do transe a condutas orientadas pelas normas econômicas do individualismo concorrencial que a todos condiciona.

Ir ao fundo da questão significaria descobrir na intencionalidade real das práticas religiosas o que há de defesa (pessoal, familiar, grupal, racial), o que há de resistência às ameaças de um dia a dia inseguro, o que há de consolação e o que há de fé enquanto vivência gratuita do sagrado.

As abordagens sociológicas e psicanalíticas ortodoxas pecam pelo vezo das reduções drásticas, que se supõem desmistificadoras, mas que não apanham os modos de ser e de aparecer inerentes aos processos simbólicos. Pretendem alcançar sempre o que estaria "por trás" desses comportamentos e acabam tocando o que estes, fenomenologicamente, não são.

No outro extremo, a hermenêutica de fundo existencial deseja sondar os fenômenos na sua interioridade, o que, sem dúvida, é insubstituível, mas se arrisca a abstraí-los da rede de condições, meios e fins que lhes dão inteligibilidade social.

Essa disjunção de olhares (ou de fora, ou de dentro), que só uma renovada e livre Antropologia poderia superar, tem sido responsável por enfoques unilaterais da cultura popular. Entre nós padecem dessas leituras mutuamente excludentes não só as manifestações religiosas como todas as linguagens simbólicas do pobre, sejam elas plásticas ou musicais, lúdicas ou dramáticas, resignadas ou rebeldes.

Há, portanto, os que veem o pobre cada vez mais atado ao processo consumista em curso, dando por agonizante a identidade da cultura arcaico-popular. E há os que percebem nesta uma rede simbólica dúctil, vivaz e resistente à coisificação das relações humanas operada pela universalização da mercadoria.

Registro aqui apenas mais uma formulação perplexa da renascente questão da cultura popular. A sua relevância no contexto atual de crise da modernidade convencional não é pequena.

OLHAR EM RETROSPECTO

Se há um fio que costura os ensaios deste livro, é uma ideia que se poderia assim formular sinteticamente:

A colonização é um processo ao mesmo tempo material e simbólico: as práticas econômicas dos seus agentes estão vinculadas aos seus meios de sobrevivência, à sua memória, aos seus modos de representação de si e dos outros, enfim aos seus desejos e esperanças.

Dito de outra maneira: não há condição colonial sem um enlace de trabalhos, de cultos, de ideologias e de culturas.

As relações entre essas instâncias fundamentais de todo processo civilizatório (que o marxismo resumiu nos níveis da infra e da superestrutura) aparecem, ao longo do tempo, afetadas por determinações positivas de ajuste, reprodução e continuidade. Armam-se, porém, situações nas quais são as assimetrias e, no limite, as rupturas que se dão aos olhos do historiador e do antropólogo da vida colonial.

Nessa lavra de antigas semeaduras e novos transplantes, nem sempre os enxertos são bem logrados. Às vezes o presente busca ou precisa livrar-se do peso do passado; outras, e talvez sejam as mais numerosas, é a força da tradição que exige o ritornelo de signos e valores sem os quais o sistema se desfaria.

Arrisca-se, de todo modo, a perder-se em fórmulas cerebrinas quem se propuser descobrir leis geométricas ou invariantes que teriam regido as interações entre a metrópole e a colônia, ou, mirando no eixo vertical, entre o econômico e o simbólico. Uma dialética de potencialidades, ora atualizadas, ora frustres, dirá melhor como as coisas se passaram.

A conquista do Novo pelo Velho Mundo juntou práticas de violência e barbárie, como a reinvenção do trabalho escravo, e estímulos ao progresso, como em geral se considera o trânsito do feudalismo ao lento, árduo mas irreversível ascenso da burguesia que ocorreu nos séculos posteriores aos descobrimentos.

Enquanto máquina mercante e sistema, a colonização preparava o surto do capitalismo mundial em que o país futuro iria ingressar na qualidade de nação dependente. Mas, enquanto condição, a vida cotidiana nas colônias reproduzia, *intra muros*, velhos estilos de pensar, sentir e dizer. A ideologização desse lastro existencial seria mais tarde responsável por vezos conservadores como o luso-tropicalismo, o bandeirismo e algumas síndromes tenazes de regionalismo de classe. Caberia distinguir o que está vivo e o que está morto em cada uma dessas tendências, separando com cuidado tudo quanto remete à memória de experiências enraizadas, que a arte decanta, e o que já virou reificação, autoengano clânico, fonte de preconceito.

Voltando aos efeitos principais da ação colonizadora na esfera das criações simbólicas: temos ora *reflexos de inovações eruditas* ibéricas ou italianas, visíveis na arte maneirista, arcádica e neoclássica; ora *expressões de fronteira*, em cuja realização o imaginário do artífice semiculto se conformava apenas parcialmente aos padrões estéticos de uma instituição potentemente unitária como era a da Igreja tridentina.

No primeiro caso, o olhar do historiador contempla fenômenos de importação e difusão de motivos e temas comuns entre os intelectuais dos estratos dominantes. No segundo, porém, adverte certas singulares alianças que os estilos rústico e letrado operam quando concorrem no gesto de afeiçoar sentimentos de uma devoção popular viva e inteira. Dessa arte de fronteira são exemplos as figuras dos Passos em Congonhas do Campo, as *paulistinhas* do século XIX e os romances de cordel que até hoje se reproduzem.

* * *

Vistas em retrospecto, as correntes de pensamento e ação que se realizaram, de fato, produzindo na cena histórica o que Maquiavel chamava de *verità effettuale*, acabaram resolvendo-se em posições claramente antagônicas. Se a abertura a várias direções vigora em tempos de paz, na hora da guerra a escolha se impõe. Então o múltiplo se reduz a um imperioso *ou isto ou aquilo*.

Voltemos à História.

I. O que pretendiam os jesuítas?

Transplantar para o Novo Mundo um culto universalista — *Ide e pregai a boa-nova a todos os povos* —, de base cristã-medieval e animado pelos fervores salvacionistas ibéricos. O projeto da Companhia, já esboçado nas Constituições de Loyola, percorre sem mudanças de fundo os escritos missionários de Nóbrega, de Anchieta, de Simão de Vasconcelos, de Vieira, de Montoya e dos fundadores das reduções paraguaias. Os seus planos revelaram-se, a médio e longo prazo, incompatíveis com a expansão dos "portugueses de São Paulo" e com os interesses estratégicos dos Estados espanhol e luso ao sul do continente. Assim, esses complexos coloniais, a Companhia, de um lado, as bandeiras e o Exército, de outro, vieram a chocar-se, do que resultou o massacre da obra civilizadora dos Sete Povos seguido em breve tempo pela expulsão dos jesuítas.

O contraste entre uma ordem religiosa militante e uma frente econômica predatória, sublimada como lógica imanente à conquista na prosápia dos linhagistas e no *epos* ilustrado (é ler a *Nobiliarquia paulistana*, o *Uraguai* e *Vila Rica*), pode ser interpretado como o primeiro momento forte da dialética da colonização mercantil. O domínio material e moral sobre o trabalho indígena deu o conteúdo bruto a uma antinomia de visadas e vontades políticas.

II. Um segundo recontro, ainda em função da almejada mão de obra, iria travar-se entre os anos 60 e os 80 do século XIX.

O país já alcançara a independência no plano jurídico e gravitava, como as demais formações colonizadas, ao redor do imperialismo britânico. A questão nodal era entrar, ou não, no regime de trabalho livre, e aceder, ou não, aos mecanismos do capitalismo pleno.

A linguagem do escravismo, dura e pragmática, honrava-se com o nome então sagrado de liberal. O adjetivo, posto naquele contexto, não era de todo impróprio nem paradoxal na medida em que recobria os princípios do livre comércio e da não ingerência do Estado na órbita da produção. Ambos os lemas tinham recebido o aval de Adam Smith e, entre nós, de um smithiano precoce e convicto, o Visconde de Cairu, abridor de portos e portas. A esse liberalismo afinal já moderno, em confronto com o antigo pacto monopolista, mas ainda conservador, enquanto agrário e escravista, vai opor-se o liberalismo novo de Tavares Bastos, Joaquim Nabuco, Rui e André Rebouças, propugnadores de um mercado de trabalho assalariado, logo abolicionistas.

Duas ideologias: uma, rente aos negócios clânicos do açúcar e do café valparaibano, a que o teatro parlamentar dava ares de vontade geral; a outra, aberta para um horizonte amplo, internacional. Uma, agarrada ao presente imediato e, daí, aparentemente mais sensata e próxima das suas raízes; a outra, clarividente e lungimirante, e por isso malvista pela primeira como descompassada e importuna em face da realidade nacional.

III. Sobrevindo a Abolição e a República, pareciam vitoriosas as correntes que haviam apostado no futuro. A crítica demolidora que realistas, evolucionistas e positivistas tinham desfechado contra o ramerrão do Império surtira efeitos visíveis na forma das instituições e não só na retórica dos discursos.

Novamente, porém, o historiador se depara com uma divisão de águas.

No ramo principal, os interesses da classe dominante manobram uma estrutura federativa, pseudonacional, garantindo-se com um Estado padrinho da lavoura cafeeira à qual tudo o mais se subordina. Reedita-se, nessa República que já nasceu Velha, o modelo da hegemonia saquarema do Segundo Reinado com a agravante de se ter consolidado o coronelismo provinciano.

O liberalismo darwiniano das maiores agremiações estaduais, o PRP e o PRM, o Partido Republicano Paulista e o Partido Republicano Mineiro, alia a estreiteza sufocante das paixões regionalistas ao cosmopolitismo dos seus *enfants gâtés*, logo *terribles*, mistura interessante que ainda se entremostra nos vaivéns e nas ambiguidades dos modernistas de 22.*

Em ramos periféricos, grupos políticos e culturais existencialmente distintos do eixo privilegiado orientam-se para outros estilos de pensamento que, embora tão europeus quanto os de seus antagonistas, lhes

---

* Não me pareceu necessário explicitar as visões do Brasil que os modernistas produziram, nem o seu jogo polar de primitivismo e internacionalismo de *tupi* e *not tupi*, pois já o fiz nos ensaios "Moderno e modernista no Brasil" e "Situação de Macunaíma", incluídos em *Céu, Inferno* (Ática, 1989). Valeria a pena matizar a descrição com uma referência à ideologia modernizante do Partido Democrático, fundado por dissidentes do PRP, intelectuais que namoraram a Revolução de 30, mas logo tornaram ao velho aprisco movidos pelos vapores ultrapaulistas de 32.

permitiam conceber o Estado-Nação como um sistema ainda a construir: uma formação integrada e "orgânica", um país menos pendente de uma só classe e do seu destino. O positivismo social que juntou os republicanos gaúchos da Geração de 1907 e a fronda dos tenentes constituiu uma animosa posição alternativa que tornou possível o movimento de 30. Ainda uma vez, um modo totalizante de ver a sociedade brasileira iria contrapor-se aos hábitos mentais de uma oligarquia cuidosa de si e cada vez menos capaz de gerir o complexo político e econômico da nação.

Os castilhistas do Sul, escorados nos tenentes (espécie de neojacobinos que cultuavam a memória de Benjamin Constant e de Floriano Peixoto), conquistaram o poder central e absorveram taticamente alguns traços ideológicos de doutrinas que — à direita e à esquerda — rejeitavam os dogmas do *laissez-faire* deveras abalados com a crise de 29. Edificou-se então o Estado-Providência brasileiro, que, para bem e para mal, ainda se mantém em pé.

A filiação estrangeira de todas essas vertentes, não excluídas as nacionalistas radicais, levou-me a julgar pouco estimulante a discussão em torno das suas origens. Bastaria, de resto, examinar as passagens que as ideias-mães efetuaram na trama das culturas ocidentais desde a Idade Média e, com maior vigor e rapidez, a partir da formação de um sistema mundial no século XVI, para livrar-nos do apego à consideração do locus matricial desta ou daquela teoria. Importa seguir pela história social adentro os caminhos da difusão ideológica, e analisar os contextos específicos que solicitaram e foram incorporando a si certos esquemas de valores, ao mesmo tempo que filtravam as mensagens que lhes soavam estranhas.

O Portugal dos nautas e mercantes, a Espanha dos inquisidores, a Roma dos jesuítas, a Inglaterra de Smith e de Spencer, a França da Enciclopédia ou de Comte, a Alemanha de Bismarck, a Rússia de Lenin, a Itália do *fascio*... converteram-se em *topoi* quase míticos de onde irradiaram movimentos ideológicos para as outras nações da Europa e para a América. A situação colonial terá apenas aprofundado, sobretudo no imaginário das elites, o sentimento da distância ou da alteridade étnica. Mas à medida que se iam articulando estruturas comuns à expansão do capitalismo urbano e industrial, as enxertias provaram a sua necessidade. A lógica das funções patenteia-se e, com ela, as suas arestas e violências, pois aqui, como em toda parte, a marcha da modernização não consegue ocultar por muito tempo os seus aspectos pseudorracionais.

A dialética da colonização perseguida nestas páginas não é tanto a gangorra de nacionalismo e cosmopolitismo (que se observa também em culturas europeias) quanto a luta entre modos de pensar localistas, espelho dos cálculos do aqui e agora, e projetos que visam à transformação da sociedade recorrendo a discursos originados em outros contextos, mas forrados de argumentos universais.

* * *

Este sumário não seria fiel ao espírito do livro se deixasse em branco um dos seus passos de método reiterados: o reconhecimento da presença de laços míticos que amarram expressões culturais várias, não só as conservadoras, também as que exerceram funções progressistas.

A virtude da significação realimenta-se de metáforas e alegorias que gerações pretéritas elaboraram. Quem lida com redes simbólicas, como são poemas, sermões e romances, acaba descobrindo, na malha das frases, imagens trazidas pela memória social ("o que lembro, tenho", diz Guimarães Rosa) e ecos de velhas melodias que entoaram movimentos da alma renascentes, o amor e o ódio, a esperança e a angústia. Os fantasmas assomam vivos nas ideias, ensina Vico, e o que outrora foi ímpeto agora é razão.

Na história da colonização ouço o diálogo não raro abafado entre a escrita da mente e os impulsos da paixão; e vejo a osmose que o imaginário do poeta e do profeta entretém com as figuras da tradição. Recordem-se os mitos titânicos e o seu avesso nas vozes contraditórias d'*Os Lusíadas*, os pecados e as penas medievais na Bahia barroca de Gregório de Matos, a cruz do negro de engenho em Vieira, o calvário da cana em Antonil, o apocalipse nativo em Gonçalves Dias, a imolação voluntária do guarani em Alencar, a sina de Prometeu e o signo de Cam em Castro Alves, as sombras do ser murado e da alma exilada em Cruz e Sousa e em Lima Barreto.

Situações vividas ou imaginadas no circuito apartado da experiência individual ou grupal deram à escrita, que as revelou, a sua potência primeira, aquele corpo de intuições e afetos que nada pode substituir. Mas a vivência original precisou absolutamente da mediação de uma forma que a universalizasse, sem a qual não teria franqueado o limiar da expressão literária. O que se vive não se diz sem que se constitua um ponto de vista.

Da conjunção de força e forma significante, de evento e palavra, nasce a simbolização, que se mantém e se transmite na história do culto e da cultura.

As metáforas, que irrompem na zona magnética das translações, e as alegorias, que tendem a cristalizar o sentido, são protoconceitos, quase-conceitos, "universais fantásticos" (Vico) de que os homens se valeram e se valem sempre que aguilhoados pelas suas carências de comunicação. Nesses átimos, vitais para o exercício da significação, resultaria em gesto precoce de abstração reduzir as figuras a universais lógicos, a puros conceitos. É então que imagens míticas de outros tempos se atualizam na memória das culturas tentando fazer justiça à densidade sempre nova da condição humana.

No caso da formação colonial brasileira, essas transferências simbólicas, que varam tempos e lugares, operam com experiências sociais peculiares à nossa história; mas, enquanto modos de produzir significados e valores, elas confirmam uma constante do processo de aculturação tal como o conhecemos desde, pelo menos, a Antiguidade oriental e mediterrânea.

*   *   *

Enfim, à proporção que o nosso olhar se move no rumo da vida mental contemporânea, uma teia de signos tecnicamente nova marca a sua presença imperiosa: são os *meios de comunicação de massa*. Dos meados do século xx em diante, passa a ser colonizada em escala planetária a alma de todas as classes sociais.

Colonizar quer dizer agora massificar a partir de certas matrizes poderosas de imagens, opiniões e estereótipos.

Apesar dos mil e um estudos científicos e de todos os hosanas ou maldições que há meio século pairam sobre a indústria cultural e, particularmente, sobre a televisão, continua em aberto a tarefa da inteligência que pretenda decifrar o que vem acontecendo com as mentes e os corações de um público vastíssimo e, de algum modo, ainda trabalhado pela cultura erudita ou pela cultura popular.

O último capítulo deste livro — sobre o caráter plural das culturas — e o seu pós-escrito nasceram dessa perplexidade, que o curso dos anos só tem feito crescer.

Que a dialética da civilização tenha gerado esparsos pensamentos, palavras e atos de uma cultura de resistência ainda não vencida pelas forças da desintegração — eis um tênue lume de esperança que bruxuleia no termo deste percurso.

POSFÁCIO 2001[1]

Como historiador da literatura brasileira, sempre me despertaram a atenção textos de poetas, narradores e ensaístas que se esforçam por encontrar algum *sentido* na teia dos processos materiais e simbólicos que compõem a história do nosso povo. Passados tantos anos e sobrevindas tantas interpretações (algumas evolucionistas e eurocêntricas; outras românticas e nacionalistas; algumas psicológicas visando a captar o nosso "caráter nacional"; outras economicistas sob a égide de certo marxismo dito ortodoxo...), o que parece ter permanecido e ainda solicita novas pesquisas é a hipótese já testada de uma formação múltipla e mestiça.

Múltiplo e mestiço tem sido o nosso processo cultural, que vai da constituição de uma língua, o *português brasileiro*, à coexistência, ora ingrata, ora pacífica, de costumes, crenças, valores e expressões poéticas e lúdicas.

As páginas precedentes não pretendem ser uma nova história de uma cultura que, apesar de contar com cinco séculos de existência, ainda está em processo, não completou absolutamente a sua formação e se faz cada vez mais densa, tanto objetivamente, graças à interação acumulada de seus fatores, como subjetivamente, em razão das experiências vividas por seus agentes. Quantas pesquisas de campo, de arquivo e de biblioteca estão ainda à espera de estudiosos e apaixonados para que se recolha um número mais alto de dados e se possa traçar ao menos um esboço de síntese!

O objetivo do livro é mais modesto: assinalar e interpretar alguns momentos da nossa produção simbólica, quer ideológica, quer contraideológica; produção que vem revelando desde os tempos coloniais aspectos contraditórios de nossa vida em sociedade e, portanto, de nossa história cultural. Contradição implica multiplicidade e simultaneidade das tendências divergentes.

Os contrastes gerados dentro e fora dos textos podem ser captados na palavra de Anchieta, de Gregório de Matos, de Vieira, de Alencar, de Joaquim Nabuco, de Castro Alves, de Cruz e Sousa, de Euclides da Cunha, de Lima Barreto e de outros intelectuais engajados no conhecimento ou na crítica da sociedade em que lhes foi dado viver.

Cabe apontar algumas balizas desse já longo processo:

O projeto jesuítico sobreviveu sob o patronato da monarquia católica portuguesa até o momento em que o dinamismo interno da conquista luso-bandeirante no Sul e a expansão colonizadora no Norte (Pará e Maranhão) o assediaram e afinal o desintegraram *manu militari*. As atitudes de hábil compromisso ou de aberta resistência dos missionários mostram as faces diversas de uma tensão em que o vasto plano jesuítico pediu à teologia escolástica armas para compor ora discursos de autojustificação ora manifestações impotentes de protesto. No bojo desse confronto, que percorre a história do Brasil colonial até meados do século XVIII (quando a Companhia foi expulsa e os Sete Povos destruídos), importa ver como aquela bivalência de compromisso com o colono e defesa do índio se interiorizou e ganhou acentos dramáticos nos escritos de um Antônio Vieira. E quão tenso e sofrido nos pareceu o seu discurso quando comparado com o estilo frio e coerentemente colonial-mercantil de um Antonil, também jesuíta, secretário de Vieira, mas, de um certo ponto de vista, o anti-Vieira.

Passando ao período que se segue à Independência: José de Alencar funda o romance nacional, luta pela vigência de uma língua literária *brasileira*, polemiza com críticos portugueses: é, enfim, o patriarca do indianismo romântico. No entanto, os seus índios mais heroicos e poéticos, símbolos da nova brasilidade, Peri e Iracema, prestam culto voluntário ao colonizador branco e "nobre", em atitude de "doce escravidão", como a qualificou agudamente Machado de Assis. Trata-se de um nó ideológico feito de rebeldia e veneração, altivez e sacrifício, ainda à espera de cabal decifração.

Vindo uma geração mais tarde, Castro Alves daria em *Vozes d'África* o primeiro toque de clarim do movimento abolicionista que, naquele ano de 1868, ainda não invadira a praça pública nem tomara a imprensa e o Parlamento, como aconteceria em 1871 e na década de 1880. Mas a África do seu poema é figura antes trágica do que épica: o negro que chora por ela é o descendente de Cam, a vítima de uma maldição absurda e sem resgate possível, e não o esperado Titã rebelde a conclamar os irmãos de sangue para a luta contra a injustiça do cativeiro. Mas quem pode afirmar que o discurso trágico não será talvez a mais intensa expressão de uma dialética negativa que afronta com a linguagem do desespero tudo quanto foi posto arbitrariamente pelos deuses e pelos homens? Sabemos hoje que o sentimento e a percepção do trágico têm uma face progressista na medida em que nos dão o avesso de um otimismo superficial e ilusório.

O fim do século XIX viu a Abolição e assistiu à proclamação da República. A modernidade, enfim? Os brilhos da belle époque europeia reverberando na Capital federal! Eis o que constata uma história da cultura vista como coleção de faits divers. Mas o contraste entre a voz libertária e o darwinismo racial desse tempo áureo do imperialismo europeu será vivido dramaticamente pelo grande poeta negro Cruz e Sousa, o *Emparedado*, e pelo romancista mulato Lima Barreto, este intelectual humilhado e ofendido, leitor dos russos e dos anarquistas, que se recusou a integrar-se nas rodas literárias do Rio de Janeiro do começo do século. Então, ciência determinista e liberdade individual, antropologia racista e igualdade dos povos seguiam caminhos opostos. O desencontro podia ser sentido e ressentido com mais força nas ex-colônias mestiças e pobres do que nas metrópoles fascinadas pelas invenções do novo século. Cruz e Sousa, Euclides da Cunha e Lima Barreto nos mostram a fisionomia de um Brasil que é rigorosamente o *avesso da imagem amena* dos tempos de "O Rio civiliza-se" da República Velha.

AS LUTAS IDEOLÓGICAS E SEU LUGAR SOCIAL: OS LIBERALISMOS E O POSITIVISMO

Quando o corpus dos discursos da contradição é constituído de fontes políticas, o rendimento do método é igualmente promissor. Pareceu-me que, falando de dialética na cultura brasileira, não deveria omitir o estudo em branco e preto dos dois liberalismos que se enfrentaram a partir do decênio de 1860 em torno da questão candente da escravidão negra.

O exame das razões expostas pelos agentes políticos do Segundo Império, quando envolvidos na discussão do projeto de libertação dos filhos de escravos (1871), levou-me a distinguir entre o velho liberalismo intraoligárquico, logo excludente, e o "novo liberalismo" (a expressão é a de seu militante Joaquim Nabuco), voltado para a generalização do trabalho livre e para as ideias de representação democrática.

A análise dos *Anais do Parlamento* desse período esclarece o alto grau de funcionalidade e de ajuste do velho liberalismo ao contexto de um Brasil agromercantil e escravista. Nesse contexto o liberalismo intraoligárquico encontra o seu lugar adequado. Em paralelo, proponho que se pesquise a ideologia *ao mesmo tempo liberal-clássica e escravista* das classes políticas dominantes em Cuba e no Old South nos meados do século XIX a fim de compreender o quanto essas bandeiras liberais se ajustavam aos interesses dos detentores do poder na economia de plantagem. E o quanto um novo liberalismo da cidade e do trabalho livre precisou levantar-se em oposição àquele sólido bloco histórico, para servir-nos da expressão sintética de Gramsci. *Dois liberalismos em oposição, e cada um ancorado no seu lugar social.*

Avançando um pouco mais no tempo: a coerência de uma prática política regional (gaúcha), fundada na doutrina de Auguste Comte, me impressionou vivamente. No contexto de uma república ortodoxamente liberal, escorada na exportação do café, o estado do Rio Grande do Sul viveu durante quarenta anos uma política própria na qual se acentuava a interferência do Poder Executivo ao mesmo tempo que se promoviam a pequena indústria urbana, a propriedade rural familiar, o mercado interno e a estatização dos serviços públicos; medidas que despertaram a ira dos grandes proprietários de gado e exportadores de carne, líderes do Partido Liberal.

A contradição *positivismo versus liberalismo oligárquico* não se esgotou na história da província gaúcha. Quando, em 1930, os líderes republicanos do Sul conquistaram o poder federal na esteira de um movimento nacional liderado por Getúlio Vargas, os mesmos ideais de industrialização e controle central encontraram maior espaço para se concretizarem. É o início do Estado-Providência brasileiro que se sustentou como pôde até o começo da década de 1990 e ora vacila sob os golpes do neoliberalismo introjetado no grupo político dominante.

As ideologias, como de novo se verifica, se enraízam no solo dos interesses e das aspirações dos grupos que as defendem. Pouco importa a sua origem (de fora ou de dentro do território nacional), mas muito importam a sua função e a sua capacidade de cimentar as instituições. Por isso, noções como *difusão*, *filtragem*, *enxerto* e *remodelagem ideológica* me parecem mais pertinentes e fecundas do que a antiquada discussão em torno do lugar estrangeiro ou nacional das ideias.

CINCO HIPÓTESES DE TRABALHO

Examinando a dinâmica da cultura brasileira desde os tempos coloniais, acabei formulando algumas hipóteses de trabalho que vão abaixo enunciadas sinteticamente:

1) *Colonização, culto e cultura*

A colonização é um processo em que se imbricam pelo menos três planos:

a) o da *conquista da terra e exploração da força de trabalho* (para indicar esta dimensão econômico-política escolhi o verbo latino *colo*, no presente do indicativo: ocupo, cultivo, domino);

b) o da memória dos colonizadores e dos colonizados, responsável por grande parte das suas expressões afetivas e simbólicas (indiquei pelo particípio passado *cultis* esta dimensão religiosa e, em senso lato, tradicional);

c) o dos *projetos*, em geral leigos, que visam à construção de um futuro *moderno* e de uma identidade nacional. Dei aqui à palavra *cultura*, tirada do particípio futuro, esta dimensão intelectual e técnica que tende a autonomizar-se a partir das Luzes.

Na raiz do nome *colônia* e do verbo *colonizar* está o mesmo verbo *colo*, de cujas formas participais derivam *culto* e *cultura*.

As relações entre essas três dimensões podem passar por fases de ajuste e harmonização: formam-se então os blocos históricos de que falava o pensador italiano quando se referia à solidez da burguesia nacional francesa vitoriosa no século XIX. Então enlaçaram-se firmemente economia, poder político e ideologia dominante. Mas não é raro que ocorram conflitos e descompassos. Lembro que na epopeia por excelência da aventura marítima e conquistadora, *Os Lusíadas*, Camões inseriu paradoxalmente a fala do Velho do Restelo, em que a voz da tradição (*cultus*) se insurge contra a empresa dos descobrimentos e os valores modernos do Renascimento português.

Conhecemos combinações em que o poder político (*colo*) e a religião tradicional (*cultus*) se unem contra a liberdade da cultura: casos em que forças reacionárias se apegam ao passado para impedir a difusão democrática das Luzes. São as chamadas épocas de restauração em que vigoram os fundamentalismos. Ou então, em situações inversas, a religião, já afetada pela cultura leiga, se une a esta contra o poder abusivo do dinheiro e do status: vemos, desde a década de 1960, a Esquerda leiga brasileira e latino-americana aliar-se estrategicamente às alas progressistas das igrejas para desmascarar os detentores da finança internacional e seus títeres internos. Enfim, há também a aliança de *colo* e *cultura* contra *cultus*: os fetichistas da modernização burguesa fabricam um mundo de coisas e valores que marginaliza todas as formas da tradição rebaixando-as à condição de mercadorias em desuso.

Essa hipótese geral e combinatória percorre o livro inteiro e supõe a revisão do dogma pelo qual as superestruturas seriam sempre reflexos da infraestrutura. Tal dogma, apesar do seu tosco reducionismo, ou talvez por causa dele, tem sobrevivido às críticas agudas que lhe fizeram o historicismo alemão, o culturalismo, o idealismo crociano, a sociologia weberiana, a psicanálise, a fenomenologia, o existencialismo, a hermenêutica e a teoria crítica da Escola de Frankfurt.

2) *Uma cultura abaixo do limiar da escrita*

Nos três séculos de colonização portuguesa e ao longo da história nacional que se seguiu à Independência, a cultura do povo se caracterizou por produzir-se e reproduzir-se *abaixo do limiar da escrita*. O caráter de oralidade combinado com a sua condição gregária e seu materialismo animista ainda persiste e resiste a despeito da cultura de massas abrangente, embora com esta entre, às vezes, em estreita intimidade.

Um efeito surpreendente do contacto da cultura letrada com a linguagem oral e tradicional é a criação de obras-primas como *Grande sertão: veredas* de Guimarães Rosa.

3) *Cultura de fronteira*

Entre a cultura oral tradicional e as práticas da cultura letrada, formou-se uma zona intersticial que chamo *cultura de fronteira*. Trata-se de fenômenos de contacto que trazem em si a bivalência do seu processo de constituição. Exemplos: os escultores rústicos de imagens religiosas (as "paulistinhas", encontradas no interior do estado de São Paulo) tiveram sob os olhos modelos cultos ou semicultos da arte devota medieval ou barroca, mas efetivamente criam uma arte cujos caracteres formais e cuja função devocional continuam sendo populares. Observações semelhantes podem ser feitas quando analisamos a imaginária das missões jesuíticas dos Sete Povos só recentemente recolhida e avaliada. Ou então, em outro contexto, autores de folhetos de cordel adaptam situações da cultura de massa a imagens e a ritmos provindos da tradição oral. A cultura de fronteira ignora os compartimentos do espaço geográfico e do tempo cronológico: a sua generosidade é ecumênica, o que não lhe tira o enraizamento regional.

4) *Dois sentidos opostos da pós-modernidade*

Chegando a tempos recentes: o Brasil também conhece, desde a década de 1970, o fenômeno planetário da pós-modernidade. A hipótese que pretendi testar no último capítulo aponta para a dualidade contraditória do termo. *Pós-moderno* pode não ser mais do que o desenvolvimento extremo do capitalismo globalizado: neste caso, pós-moderno é simplesmente ultramoderno, *plus*-moderno. Mas pós-moderno pode ser também um movimento de crítica e reação aos aspectos deteriorados da modernização capitalista; aspectos que se agravaram no Terceiro Mundo em crise: a destruição da natureza gerou um movimento nitidamente antimodernista, o ambientalismo, lastreado pela ciência ecológica. Além disso, o capitalismo selvagem acoplado com a cegueira tecnológica provocou anticorpos éticos que hoje falam em nome da preservação das comunidades e da urgência da participação das minorias (e, no Brasil, também das maiorias) na condução da coisa pública. *Qualidade de vida, comunidade* e *cidadania* são valores que ocupam hoje, no vocabulário da Esquerda, o lugar que ocupava a expressão leninista "ditadura do proletariado".

Em paralelo, vários fenômenos da chamada contracultura da década de 1970 se alinharam na crítica à arrogância da modernização tecnicista. Em suma, quem se diz pós-moderno deve hoje precisar se se filia à ultramodernidade ou à antimodernidade. O difícil, porém, é saber, na situação presente, o que é, a rigor, "modernidade"...

5) *Cultura de resistência*

Enfim, um tema em parte aparentado com certas modulações inconformistas da teoria crítica é o da cultura de resistência, que me preocupa desde a redação do ensaio "Poesia-Resistência".[2]

O sentimento de que há nas grandes obras literárias uma tensão entre a escritura e as ideologias dominantes está no coração da hipótese de uma cultura de resistência. Na medida em que o poeta e o narrador singularizam os objetos da sua intuição, eles os subtraem à rotina mental que tudo tipifica ou reifica. O resultado estético é uma forma peculiar, estranha, que representa o avesso da convenção estabelecida. Essa concepção de resistência pode coincidir com a de *estranhamento* elaborada pelas poéticas do formalismo russo, mas a sua forte impregnação dialética e moral a aproxima, antes, das proposições de Benjamin e de Adorno, que encareceram a *negatividade* do sujeito em face da *positividade* do sistema capitalista e da mentalidade burguesa alienadora.

Provavelmente a mesma ideia de resistência despertará nos leitores franceses a memória de uma tradição revolucionária que, no século XX, passa pelos surrealistas e conhece os seus momentos fortes durante a Segunda Guerra. Embora o conceito de resistência ultrapasse os limites dessa tradição, devo reconhecer, para terminar, que as figuras de Antígona, de Prometeu e de Sísifo, tão amadas por Simone Weil e Camus, continuam sendo para este leitor brasileiro símbolos indeléveis do que há de mais digno na natureza humana.

NOTAS

1. COLÔNIA, CULTO E CULTURA (pp. 11-63)

1. Ensina Augusto Magne: "*Colo* provém de *Kwelo*, mover-se à volta de, circular. O sentido da raiz se depreende com clareza do segundo elemento de compostos como os substantivos masculinos gregos *bou-kólos*, boiadeiro; *ai-pólos*, cabreiro; *amphí-pólos*, criado, referente a pessoa que se move em torno de boi, cabra, dono de casa, e cuida deles. O sentido de 'tomar a seus cuidados', manifesto nestes compostos, explica parte das acepções latinas de *colo*; pelo contrário, a acepção agrícola se explica pelo caráter rural da classe que dominava em Roma durante o período mais antigo. Enquanto nas línguas congêneres, a raiz *Kwel-* tem o sentido de 'mover-se', 'achar-se habitualmente em', o latim *col-* se especializou no sentido de 'habitar' e 'cultivar'; compare-se o significado de 'ocupar-se com' o dos compostos acima sinalados. As duas acepções aparecem igualmente abonadas desde a época mais antiga por terem conexão entre si para uma população rural" (*Dicionário etimológico da língua latina*, Rio de Janeiro, MEC, 1962, vol. IV).

2. A. Magne, ibidem. No *Lexicon totius latinitatis*, Aegidio Forcellini distingue, com definições lapidares, colônia e município. "*Colonia* differt a *municipio*: municipes enim sunt cives alicuius municipii, legibus suis et suo jure utentes: coloni sunt cives unius civitatis in aliam deducti, et eius jure utentes, a qua sunt propagati" [*Colônia* difere de *município*: os munícipes em verdade são cidadãos de um município, os quais se valem de suas próprias leis e do seu próprio direito; os colonos são cidadãos de uma cidade levados para outra, e que usam do direito daquela cidade de onde se espalharam]. E especificando uma acepção de colônia: "Colonia est pars civitatis, aut sociorum deducta in aliquem locum, colendi et inhabitandi gratia: itemque ipse locus" [Colônia é a parte de uma cidade [estado] ou de uma sociedade deslocada para algum lugar a fim de cultivá-lo e habitá-lo; colônia é igualmente o próprio lugar] (4ª ed., Pádua, Typis Seminarii, 1940, pp. 692-3).

3. Consulte-se Vitorino Magalhães Godinho, *Economia dos descobrimentos henriquinos*, Lisboa, 1962.

4. Gordon Childe, *Los orígenes de la civilización*, 2ª ed., México, Fondo de Cultura Económica, 1959, pp. 129-30. Sobre a ancianidade dos ritos funerários, veja-se a sucinta mas bem fundamentada exposição de Henri Gastaut, "Alguns comentários a respeito do culto do crânio", in *A unidade do homem. Invariantes biológicos e universais culturais*, org. Centro Royaumont para uma Ciência do Homem, São Paulo, Cultrix/Edusp, 1975, vol. III, pp. 254-6.

5. Cf. Werner, Jaeger, *Paideia. A formação do homem grego*, São Paulo, Martins Fontes, 1979 (a primeira edição alemã é de 1936); Henri-Irénée Marrou, *Historie de l'éducation dans l'Antiquité*, Paris, Seuil, 1948.

6. Em *Riflessioni sulla storia universale*, Milão, Rizzoli, 1966, p. 81.

7. Em *Il materialismo storico*, Roma, Ed. Riuniti, 1975, passim.

8. Refiro-me aqui a toda a *crítica progressista* que vem, desde os anos 20 deste século, relativizando as certezas do pensamento burguês ilustrado e dos seus desdobramentos positivistas ou evolucionistas: Max Scheler, Mannheim, W. Benjamin, M. Horkheimer, Th. W. Adorno, Sartre, Merleau-Ponty.

9. *El capital*, México, Fondo de Cultura Económica, vol. II, p. 638.

10. Op. cit., vol. III, p. 320.

11. Em Rex González y Pérez, *Argentina indígena, vísperas de la conquista*, Buenos Aires, 1972, citado por M. Galich, *Nuestros primeros padres*, Havana, Casa de las Américas, 1979, p. 390.

12. Sobre o conhecimento de Las Casas por Montaigne, ver "Bartolomé de Las Casas y M. de Montaigne: escritura y lectura del Nuevo Mundo", in *Revista Chilena de Literatura*, nº 37, Santiago, Universidad de Chile, abr. 1991. O tema da *leyenda negra* foi retomado com brio por Gustavo Gutiérrez em *Dios o el oro en las Indias. Siglo XVI*, Lima, Instituto Bartolomé de las Casas Rimac, 1989.

13. "Os países novos são um vasto campo aberto às atividades individuais, violentas, que, nas metrópoles, se chocariam contra certos preconceitos, contra uma concepção prudente e regrada de vida, mas que, nas colônias, podem desenvolver-se mais livremente e melhor afirmar, em consequência, o seu valor. Assim, as colônias podem, em certa medida, servir de válvulas de segurança para a sociedade moderna. E essa utilidade, fosse embora a única, seria imensa" (apud Aimé Césaire, *Discours sur le colonialisme*, Paris, Présence Africaine, 1955, p. 20).

14. Rio de Janeiro, Paz e Terra, 1975, p. 110.

15. *O capital*, vol. I, p. 260.

16. O tema da centralização e, como seu correlato, o da tradição autoritária foram superiormente tratados por Raymundo Faoro em *Os donos do poder. Formação do patronato político brasileiro*, Porto Alegre, Globo, 1958.

17. Caio Prado Jr., *Formação do Brasil contemporâneo*, São Paulo, 1942; Nelson Werneck Sodré, *Formação da sociedade brasileira*, Rio de Janeiro, José Olympio, 1944; Celso Furtado, *Formação econômica do Brasil*, Rio de Janeiro, Fundo de Cultura, 1959; Fernando Novais, *Portugal e Brasil na crise do antigo sistema colonial*, São Paulo, Hucitec, 1979; Jacob Gorender, *O escravismo colonial*, São Paulo, Ática, 1977; Maria Sylvia Carvalho Franco, "Organização social do trabalho no período colonial", in rev. *Discurso*, nº 8, São Paulo, USP — Depto. de Filosofia, Hucitec, 1978.

18. Em *Raízes do Brasil*, 3ª ed., Rio de Janeiro, José Olympio, 1956, p. 188. A tese mais geral do autor assenta na hipótese de que "na capacidade para amoldar-se a todos os meios, em prejuízo, muitas vezes, de suas próprias características raciais e culturais, revelou o português melhores aptidões de colonizador do que os demais povos, porventura mais inflexivelmente aferrados às peculiaridades formadas no Velho Mundo" (idem, ibidem).

19. K. Marx, *Critique of Hegel's philosophy of right*, Cambridge, University Press, 1970, p. 131.

20. T. S. Eliot, *Notas para uma definição de cultura*, Rio de Janeiro, Zahar, 1965, p. 64.

21. Em *L'acculturazione. Per un nuovo rapporto tra ricerca storica e scienze umane*, 3ª ed., Turim, Einaudi, 1971, p. 89.

22. Em *Cartas, informações, fragmentos históricos e sermões* (*1554-94*), Rio de Janeiro, Academia Brasileira de Letras, 1933, p. 334.

23. Idem, ibidem.

24. Idem, ibidem.

25. Idem, p. 375.

26. Cf. Eduardo Hoornaert, "Rio de Janeiro, uma igreja perseguida", in *Revista Eclesiástica Brasileira*, Petrópolis, Vozes, 1971; Américo Jacobina Lacombe, "A Igreja no Brasil colonial", in *História geral da civilização brasileira*, dir. S. B. de Holanda, Difel, 1977, t. 1, vol. 2. Sobre a situação na Bahia, o livro exemplar de Thales de Azevedo, *Igreja e Estado em tensão e crise*, São Paulo, Ática, 1978.

27. O texto de Vico pode-se traduzir assim: "Nas crianças é vigorosíssima a memória; portanto, é vívida até o excesso a fantasia, que nada mais é do que memória ou dilatada ou composta" (*La scienza nuova*, Livro 1, seção 2ª, sentença L. Bari, Laterza, 1953. A edição segue o texto de 1744).

28. "L'histoire nous montre tous les peuples supérieurs en civilisation fondant des colonies, mûs par une force instinctive et parfois malgré eux" (*Enciclopédia Larousse do século XIX*, verbete "colonisation").

29. Por que o poeta escolheu para ser porta-voz dos descontentes a figura de um ancião anônimo do qual não se sabe mais que a idade avançada e o "aspecto venerando"? O lastro da experiência entrou decerto como um motivo forte, mas também pesou outro fator, o da raridade dessa mesma experiência. O pouco que sabemos da composição demográfica de Portugal na época autoriza a estimar que a esperança de vida não deveria ir além dos quarenta anos. Vasco da Gama não completara trinta anos de idade quando d. Manuel lhe confiou a chefia da frota Índica. Cabral tinha 32 anos quando aportou às costas brasileiras. Calcule-se a mocidade das tripulações. A senectude trazia uma aura de sabedoria incomum que, em face do atrevimento dos jovens nautas, faria o contraponto de prudência e apego à terra.

30. Em *A literatura portuguesa e a expansão ultramarina*, Hernani Cidade se detém no que chama expressivamente "as sombras do quadro". O autor alinha vários passos literários e históricos que exprimem tristeza, angústia ou mesmo aberta indignação pelos males sobrevindos com a empresa do Ultramar. Entre os "acordes da grande elegia" encontram-se trechos do *Cancioneiro geral* de Garcia de Resende, das *Décadas* de João de Barros e do *Soldado prático* de Diogo de Couto; mais tarde a lancinante *História trágico-marítima* com a sua narração de doze naufrágios daria testemunho cabal dos desastres portugueses no Atlântico e no Índico. O lado funesto da aventura expansionista era bem conhecido de Camões: perjúrios, saques, matanças (que envolveram até mesmo tentações de antropofagia por parte de náufragos portugueses famélicos...), estupros, fugas, suicídios — em suma, farta matéria para compor uma antiepopeia da colonização.

31. Lembro três obras exemplares: *O messianismo no Brasil e no mundo*, de Maria Isaura Pereira de Queiroz (São Paulo, Dominus, 1965); *Messianismo e conflito social*, de Maurício Vinhas de Queiroz (2ª ed., São Paulo, Ática, 1977); e *Os errantes do novo século*, de Duglas Teixeira Monteiro (São Paulo, Duas Cidades, 1976). Por trás de todas, *Os sertões* de Euclides da Cunha, de 1902.

32. O. E. Xidieh, *Narrativas pias populares* (1967) e *Semana santa cabocla* (1972), ambas publicações do Instituto de Estudos Brasileiros da Universidade de São Paulo. "Cultura popular", diz Xidieh, "é um fenômeno que se marca historicamente, mas cuja data de instauração só pode ser estabelecida, sociológica e antropologicamente, mediante a constatação de situações em que novos e velhos modelos de vida socioculturais entram em conflito. Quando

a história 'fala', o fato já foi consumado [...] Ora, o que pretendemos sublinhar é que a cultura popular, não sendo mais a cultura primitiva, perpetua, no entanto, por herança ou por descoberta, inúmeros de seus traços e padrões: a *tradição*, a *analogia*, a *consideração dos fatos da natureza*, a *disposição mágica perante o mundo*, o *sentido da repetição*. Mas um ditado popular expressa também a sua dinâmica: 'De hora em hora Deus melhora' e está a indicar a sua possibilidade de renovação e de reelaboração" ("Cultura popular", texto inserto no folheto da *Feira Nacional da Cultura Popular*, São Paulo, Sesc, 1976, p. 14).

33. Em Sílvio Romero, *Folclore brasileiro. Cantos populares do Brasil*, 3ª ed., Belo Horizonte/São Paulo, Itatiaia/Edusp, 1985, p. 294. Ver o comentário de João Ribeiro em *O folclore*, XXVII.

34. Ver *Imagens religiosas de São Paulo*, de Eduardo Etzel, São Paulo, Melhoramentos, 1971.

35. Luís Saia, *Escultura popular brasileira*, São Paulo, Gaveta, 1944.

36. V. Etzel, op. cit.

37. Nina Rodrigues, "Ilusões da catequese", in *Revista do Brasil*, 1896; e *Os africanos no Brasil*, 5ª ed., São Paulo, Nacional, 1977 (escrito em 1916).

38. O primeiro ensaio de análise artística e interpretação social da obra do Aleijadinho deve-se a Mário de Andrade, "O Aleijadinho" (1928), integrado mais tarde nos *Aspectos das artes plásticas no Brasil*. A ótica de Mário de Andrade valoriza o expressionismo plástico e a condição mulata do escultor.

39. Morales de los Rios, citado por Afonso Taunay, in *A missão artística de 1816*, Rio de Janeiro, MEC, 1956, p. 51.

40. Em *O seminarista*, "romance brasileiro", publicado em 1872. Para a crítica desse passo, leia-se o artigo de Lourival Gomes Machado, "Muito longe da perfeição", in *Barroco mineiro*, São Paulo, Perspectiva, 1978.

41. Segundo Pierre Verger, o termo *candomblé* só teria sido adotado no Brasil a partir do começo do século XIX ou, mais precisamente, desde 1826. "Antes dessa data, em todo Brasil, o termo mais comum para as práticas religiosas coletivas de origem africana parece ter sido *Calundu*, uma expressão angolana. Outro termo corrente é *batuque*, mas aqui rituais religiosos e divertimentos seculares se confundem" (*Notícias da Bahia — 1850*, Salvador, Corrupio, 1985, p. 227).

42. Nuno Marques Pereira (Bahia, 1652 — Lisboa, 1731), *Compêndio narrativo do Peregrino da América. Em que se tratam vários discursos espirituais, e morais, com muitas advertências e documentos contra os abusos que se acham introduzidos pela malícia diabólica no Estado do Brasil*. 6ª ed., Rio de Janeiro, Academia Brasileira de Letras, 1939, vol. 1, p. 123.

2. ANCHIETA OU AS FLECHAS OPOSTAS DO SAGRADO (pp. 64-93)

1. *Joseph de Anchieta S. J. — Poesias. Manuscrito do século XVI, em português, castelhano, latim e tupi*, transcrição, tradução e notas de Maria de Lourdes de Paula Martins, São Paulo, Comissão do IV Centenário, 1954, p. 556.

2. Veja-se a reconstrução das crenças tupi-guaranis feita por Helène Clastres, in *Terra sem mal* (São Paulo, Brasiliense, 1978). Até o momento não há acordo entre os antropólogos sobre o grau de pertinência da equação Deus=Tupã, que é parcialmente admitida por H. Clastres, cujo eixo de interpretação gira em torno das crenças apocalípticas dos guaranis (de onde o relevo dado à figura destruidora de Tupã), mas que é tida por arbitrária e imaginada pelos jesuítas segundo as leituras de Alfred Métraux, Egon Schaden e Léon Cadogan.

Conforme o juízo de Curt Nimuendaju, que conviveu intimamente com os ñandeva-guarani no começo do século XX, a correspondência entre Tupã e o Deus criador cristão é um produto da "fantasia dos missionários", não encontrando respaldo nas narrativas colhidas por ele próprio: de consulta imprescindível são *As lendas da criação do mundo como fundamentos da religião dos apapocuva-guarani*, São Paulo, Hucitec/Edusp, 1987 — o original alemão saiu em Berlim, 1914.

3. Carta ao geral Diogo Lainez, de São Vicente, a 16 de abril de 1563, em *Cartas, informações, fragmentos históricos e sermões*, Belo Horizonte/São Paulo, Itatiaia/Edusp, 1988, pp. 199-200.

4. *Cartas, informações...*, cit., p. 339.

5. *Poesias*, cit., pp. 684-6.

6. *Poesias*, cit., pp. 684-6.

7. *Tarraón* ou *tarrascón*. "Aumentativo de *tarasca* (fr. *tarasque*; prov. mod. *tarasco*): fantasma; ser fantástico; serpente monstruosa, de boca enorme, em atitude de morder, que, em certas regiões, aparecia por ocasião da procissão de Corpus Christi. Em português a palavra começa a surgir no século XVI" (Edith Pimentel Pinto, *O auto da ingratidão*, São Paulo, Conselho Estadual de Artes e Ciências Humanas, 1978, p. 258).

8. Walter Benjamin, *A origem do drama barroco*, São Paulo, Brasiliense, 1984. O original alemão é de 1925.

9. George Lukács, *Estética*, 1, vol. 4 (cap. "Símbolo y alegoría"), Barcelona, Grijalbo, 1967, p. 405.

10. Diz Helmut Hatzfeld: "São João da Cruz efetivamente considera o lirismo um grito estilizado e esclarece na introdução de sua *Llama de amor viva* que às vezes um poema deve conter exclamações como *oh!* e *ah!* pata exprimir adequadamente o inefável. Da mesma maneira declara Valéry: 'Poesia é um intento de representar por meio de linguagem articulada aquelas coisas, ou coisa, que se trata de exprimir vagamente por meio de gritos, lágrimas, carícias, beijos, suspiros etc.'" (*Estudios literarios sobre mística española*, Madri, Gredos, 1968, p. 329).

3. DO ANTIGO ESTADO À MÁQUINA MERCANTE (pp. 94-118)

1. O belo soneto de Francisco Rodrigues Lobo, "Formoso Tejo meu", vem de imediato à memória, pela semelhança do jogo estilístico:

> *Fermoso Tejo meu, quão diferente*
> *Te vejo e vi, me vês agora e viste:*
> *Turvo te vejo a ti, tu a mim triste*
> *Claro te vi eu já, tu a mim contente.*
>
> *A ti foi-te trocando a grossa enchente*
> *A quem teu largo campo não resiste:*
> *A mim trocou-me a vista em que consiste*
> *O meu viver contente ou descontente.*
>
> *Já que somos no mal participantes,*
> *Sejamo-lo no bem. Oh! quem me dera*
> *Que fôramos em tudo semelhantes!*
>
> *Mas lá virá a fresca primavera:*
> *Tu tornarás a ser quem eras de antes,*
> *Eu não sei se serei quem de antes era.*

Se há identidade de formas léxicas e gramaticais, não há, porém, analogia de função. No soneto de Rodrigues Lobo a palavra lírica invoca e evoca o pátrio rio tocada por um sentimento de união: "Oh! quem me dera/ Que fôramos em tudo semelhantes!". Em Gregório, censura e castigo apartam duramente o homem e a sua cidade. Mais uma vez, um poeta maneirista dos Seiscentos vale-se de um procedimento ilustre para nobilitar a sua dicção, tornando-a rica de reminiscências clássicas. Mas, na concha acústica do seu espaço poético, o eco assume outra finalidade de sentido.

2. Ver Roberto Simonsen, *História econômica do Brasil (1500-1820)*, 3ª ed., São Paulo, Nacional, 1957; Magalhães Godinho, "Portugal, as frotas do açúcar e as frotas do ouro", in *Revista de História*, nº 15, 1953, pp. 69-88; Frédéric Mauro, *Nova história e Novo Mundo*, São Paulo, Perspectiva, 1969.

3. Mauro, op. cit., p. 2.

4. Apud Celso Furtado, *Formação econômica do Brasil*, Rio de Janeiro, Fundo de Cultura, 1959, p. 46.

5.

> *Queixa-se a Bahia dos invasores*
> *"Eu me lembro que algum tempo*
> *(isto foi no meu princípio)*
> *a semente, que me davam,*
> *era boa, e de bom trigo.*
> *Por cuja causa meus campos*
> *produziam pomos lindos,*
> *de que ainda conservam*
> *alguns remotos indícios.*
> *Mas depois que vós viestes*
> *carregados como ouriços*
> *de sementes invejosas,*
> *algumas de maus vícios;*
> *logo declinei convosco,*
> *e tal volta tenho tido,*
> *que o que produzia rosas*
> *hoje só produz espinhos"*

6. Cf, a "Vida do excelente poeta lírico, o doutor Gregório de Matos e Guerra", transcrita no sétimo volume das *Obras completas* de Gregório de Matos, org. James Amado, Salvador, Ed. Janaína, pp. 1689-721.

7. Cf. *Gli intellettuali e l'organizzazione della cultura*, Roma, Ed. Riuniti, 1977, pp. 3-23.

8. *Diálogos*, Lisboa, Sá da Costa, 1944, p. 167. Páginas atrás, fr. Amador Arrais já exclamara: "Bem-aventurada a terra, cujo rei é nobre!" (p. 132).

9. Abdias do Nascimento retoma o problema do sentido de mestiçagem em "Nota breve sobre a mulher negra", inserta em *O quilombismo*, Petrópolis, Vozes, 1980, pp. 229-44.

10. M. Bakhtin, *La cultura popular en la Edad Media y en el Renacimiento. El contexto de François Rabelais*, trad. esp., Barcelona, Barral Ed., 1974. A edição russa é de 1965.

11. Bari, Ed. Laterza, 1956.

12. Ver para todo esse tópico a análise complexa e abrangente de João Adolfo Hansen em *A sátira e o engenho, Gregório de Matos e a Bahia do século XVII*, São Paulo, Companhia das Letras, 1989.

13. Gracián, *El Comulgatorio — Meditación XLIV* [1655], Barcelona, Ed. Labor, 1947, p. 163.

4. VIEIRA OU A CRUZ DA DESIGUALDADE (pp. 119-48)

1. Cf. o estudo de Artur Cézar Ferreira Reis, "O comércio colonial e as companhias privilegiadas", in *História geral da civilização brasileira* (dir. Sérgio Buarque de Holanda), 1, *A época colonial*, 2 vols., São Paulo, Difel, 1977, pp. 311-51.

2. *Sermões*, Porto, Lello, vol. III, t. 8, pp. 55 ss. Todas as citações de Vieira foram tiradas dessa edição.

3. Idem, 1, 1, pp. 42 ss.

4. Idem, 1, 1, pp. 56-7.

5. Idem, 1, 1, pp. 57-8.

6. Idem, 1, 1, p. 58.

7. Idem, 1, 1, p. 212.

8. Idem, 1, 1, p. 208.

9. Em *Esboço de uma crítica da economia política*. O texto de Engels foi publicado pela primeira vez nos *Deutsch Französische Jahrbücher* em Paris, 1844. A tradução para o português de que me vali é de Maria Filomena Viegas com revisão de José Paulo Netto, in revista *Temas de Ciências Humanas*, nº 5, São Paulo, Hucitec, 1979.

10. *Sermões*, cit., III, 1, p. 155.

11. Idem, III, 1, p. 157.

12. Idem, III, 1, p. 158,

13. Idem, IV, 11, p. 372.

14. Idem, II, 4, pp. 203-4.

15. A presença de um veio antibarroco ou, mais precisamente, anticultista, na obra, em última instância, barroca, de Vieira está a exigir um estudo que avalie o peso da razão mercantilista no discurso do grande pregador. A perplexidade que perpassa o ensaio de Antônio José Saraiva sobre o *Sermão da Sexagésima* me parece um sinal de que as contradições de Vieira já começam a inquietar os seus leitores modernos. V. *O discurso engenhoso*, São Paulo, Perspectiva, 1980, pp. 113-24.

16. *Sermões*, cit., pp. 210-1.

17. Idem, 1, 2, p. 44.

18. Idem, 1, 2, pp. 42-3.

19. Ler, a propósito, o estudo de José Oscar Beozzo, *Leis e regimentos das missões*, São Paulo, Loyola, 1983. Para o levantamento dos textos, incluindo várias cartas de Vieira, é ainda indispensável a *História da Companhia de Jesus no Brasil*, de Serafim Leite, Lisboa/Rio de Janeiro, 1938, esp. tomos III e IV.

20. *Sermões*, cit., 1, 2, p. 32.

21. Ver a *Defesa perante o Tribunal do Santo Ofício* com introdução e notas de Hernani Cidade, Salvador, Publicações da Universidade da Bahia, 1957, 2 t.

22. Idem, 1, 3, p. 16.

23. Idem, 1, 3, p. 20.

24. "Segundo a *Informação que por ordem do Conselho Ultramarino deu sobre as coisas do Maranhão ao mesmo conselho*, Vieira informou que a população indígena do Maranhão diminuíra de 2 milhões entre 1615 e 1652! Ora, a população portuguesa no Maranhão não passava de oitocentas pessoas em 1650. Esses números na verdade se comparam com os que Bartolomé de Las Casas deu em relação à matança dos índios na conquista espanhola na região do Caribe" (Eduardo Hoornaert et alii, *História da Igreja no Brasil. Primeira época*, Petrópolis, Vozes, 1977, p. 88).

25. *Sermões*, cit., IV, 11, p. 315.

26. Idem, IV, 11, p. 315.

27. Marx, nos *Manuscritos econômicos e filosóficos*, trad. Octavio Alves Velho, Rio de Janeiro, Zahar, p. 77.

28. *Sermões*, cit., IV, 12, p. 330.

29. Idem, IV, 12, p. 331.

30. Idem, IV, 12, p. 81.

31. Idem, IV, 12, p. 91.

32. Idem, IV, 12, p. 82.

33. Idem, IV, 20, p. 357.

34. Idem, IV, 20, p. 358.

5. ANTONIL OU AS LÁGRIMAS DA MERCADORIA (pp. 149-75)

1. Serafim Leite, *História da Companhia de Jesus no Brasil*, t. VIII, Lisboa/Rio, INL, 1949.

2. É o *Compendium vitae pereximii patris Antonii Vieyrae*, cujo autógrafo se encontra no Arquivo da Companhia em Roma (Lusitania 58 (2), 520-7). Nos *Anais da Biblioteca Nacional do Rio de Janeiro*, XIX (1897), publicou-se com o título de "Carta do p. reytor do Collegio da Bahia em que dá conta ao p. geral da morte do p. Antonio Vieyra e refere as principais acçoens de sua vida. Bahia, 20 de julho do ano de 1697".

3. V. a carta de Vieira ao bispo de Pernambuco, em *Cartas*, ed. da Universidade de Coimbra, III, 554.

4. Em *História geral do Brasil*, 9ª ed., São Paulo, Melhoramentos, 1978, t. IV, vol. 2, p. 98.

5. *Cartas*, ed. de Lúcio de Azevedo, Universidade de Coimbra, 1928, vol. III, p. 670.

6. Exclamação de Acosta, apud Lewin Hanke, *Aristóteles e os índios americanos*, São Paulo, Martins, s. d., p. 116.

7. Apud Serafim Leite, *História da Companhia de Jesus no Brasil*, cit., t. VII, p. 111. Traduzo o advérbio *statim* por "desde já", mas poderia vertê-lo por "estavelmente, regularmente", conforme me alertou o latinista Flávio Vespasiano DiGiorgi, que considera esta alternativa também condizente com a pretensão de Andreoni.

8. Em *La Sinagoga disingannata, ovvero via facile a mostrare a qualunque ebreo la falsità della sua setta e la verità della legge Cristiana*, Bolonha, per il Longhi, 1694. A tradução de Andreoni saiu em Lisboa pela Officina da Musica em 1720.

9. Em Francisco Rodrigues, "O p. Antônio Vieira. Contradições e aplausos. À luz de documentação inédita", in *Revista de História*, Lisboa, 1922, XI, p. 114. Encontra-se no Arquivo Romano o autógrafo do *Index manuscriptorum p. Antonii Vieyrae, quae post mortem in eius cubiculo inventa sunt. Bahiae, 22 Juli 1697*, que é a lista dos autógrafos encontrados na cela de Vieira e encerrados por Andreoni no cofre que remeteu à sede italiana da Companhia.

10. Ver a substanciosa introdução de Alice Canabrava à oitava edição de *Cultura e opulência do Brasil*, São Paulo, Nacional, 1967.

11. Foi o que viu com acuidade José Paulo Paes em "A alma do negócio" (*Mistério em casa*, São Paulo, Comissão de Literatura, 1961).

12. Isaías, LXIII, 3. A Bíblia de Jerusalém verte este passo com a frase: "Sozinho pisei a dorna". Isaías refere-se à cuba onde as uvas eram esmagadas pelos pés dos vinhateiros. Informa-nos Ruy Gama que "prensas de tórculo foram usadas nos engenhos de açúcar mais primitivos anteriormente à invenção da moenda de três rolos verticais" (*Engenho e tecnologia*, São Paulo, Duas Cidades, 1983, p. 97).

13. Vieira, *Sermões*, Porto, Lello & Irmão, 1959, vol. IV, tomo 11, pp. 305-6.

14. Idem, p. 312. Conservamos a pontuação desta edição.

6. *UM MITO SACRIFICIAL: O INDIANISMO DE ALENCAR* (pp. 176-93)

1. O leitor encontrará farto exemplário do pensamento regressista brasileiro, dominante até a década de 1860, consultando os *Anais do Parlamento* impressos no Rio de Janeiro pela Tipografia Villeneuve. V. adiante o capítulo "A escravidão entre dois liberalismos".

2. A expressão é tirada de um clássico da historiografia latino-americana, *La patria del criollo*, de Severo Martínez Peláez, que a aplicou à formação nacional da Guatemala (Costa Rica, Editorial Centroamericana, 1973).

3. Machado de Assis, "*Iracema*, por José de Alencar", in *Diário do Rio de Janeiro*, 23 de janeiro de 1866.

4. Augusto Meyer, "Alencar e a tenuidade brasileira", in José de Alencar, *Ficção completa e outros escritos*, Rio de Janeiro, Aguilar, 1964, vol. II, pp. 11-24.

5. Edição brasileira: Porto Alegre, L&PM, 1985.

6. *Apocalipse*, cap. VI. Para compreender a linguagem própria do apocalipse tupi-guarani, a fonte é sempre Curt Nimuendaju, *As lendas da criação e destruição do mundo*, já citado. Nada indica que G. Dias pudesse ter notícia dessas lendas que Nimuendaju iria colher e traduzir só no começo do século XX. De qualquer modo, as figuras dos relatos guaranis, centradas na erosão e principalmente no dilúvio, não correspondem aos sinais cataclísmicos evocados no "Canto do piaga".

7. Por volta de 1972, a pedido de Anatol Rosenfeld, escrevi um ensaio intitulado "Imagens do Romantismo no Brasil". É o primeiro tópico desse estudo que, com alguns acréscimos, vem aqui inserto sob o intertítulo: Um castelo no trópico?

7. *A ESCRAVIDÃO ENTRE DOIS LIBERALISMOS* (pp. 194-245)

1. A. Figueira, *Anais do Parlamento*, Rio de Janeiro, Tip. Villeneuve, 1871, Apêndice, p. 26.

2. *Casa-grande & senzala* e *Sobrados e mocambos*, de Gilberto Freyre; *Formação do Brasil contemporâneo*, de Caio Prado Jr.; *História do café no Brasil*, de Affonso de Taunay; *Capitalismo e escravidão*, de Eric Williams; *Formação econômica do Brasil*, de Celso Furtado; *Grandeza e decadência do café no vale do Paraíba*, de Stanley Stein; *Capitalismo e escravidão no Brasil meridional*, de Fernando Henrique Cardoso; *As metamorfoses do escravo*, de Octávio Ianni; *Da senzala à colônia*, de Emília Viotti da Costa; *Homens livres na ordem escravocrata*, de Maria Sylvia Carvalho Franco; *A formação do povo no complexo cafeeiro*, de Paula Beiguelman; *Os últimos anos da escravatura no Brasil*, de Robert Conrad; e *O escravismo colonial*, de Jacob Gorender nos dão a análise do processo pelo qual os senhores de engenho e os fazendeiros de café regularam a vida econômica da nova nação e compuseram, desde a ruptura com o pacto colonial, a sua hegemonia em estreita conexão com o comércio internacional e o tráfico negreiro. Quanto à obra política dessa classe, encontrou intérpretes de pulso em Tavares Bastos (*A província*, *Cartas do solitário*), Joaquim Nabuco (*Um estadista do Império*), José Maria dos Santos (*A política geral do Brasil*), Victor Nunes Leal (*Coronelismo, enxada e voto*), Raymundo Faoro (*Os donos do poder*), José Honório Rodrigues (*Conciliação e reforma no Brasil*) e Sérgio Buarque de Holanda (*Do Império à República*).

3. R. Conrad, *Os tumbeiros*, São Paulo, Brasiliense, 1985, pp. 103-4.

4. Ibidem, p. 118. Veja-se também a análise de Stanley Stein: "O aumento das importações de escravos na década de 1840 beneficiou tanto os fazendeiros como os cofres públicos; em 1848 perto de 60% das contribuições do município de Vassouras, Província do Rio de Janeiro, procediam de impostos sobre a venda de escravos" (*Grandeza e decadência do café no vale do Paraíba*, São Paulo, Brasiliense, 1961, p. 161).

5. O. Duque-Estrada, *A abolição (esboço histórico)*, Rio de Janeiro, Leite Ribeiro & Maurílio, 1918, p. 28.

6. L. Bethell, *A abolição do tráfico escravo no Brasil*, São Paulo, Edusp, 1976, pp. 73-4.

7. Ibidem, p. 74.

8. W. Cohen, *Français et Africains. Les Noirs dans le regard des Blancs (1530-1880)*, Paris, Gallimard, 1981, pp. 42-9, 271-8.

9. A preocupação maior de Tocqueville parece ter sido a de garantir a passagem imediata do liberto para a condição operária; o que explicaria esta sua proposta (que Aimé Césaire julga "cínica") de proibir aos alforriados a posse da terra a fim de apressar a sua entrada na classe proletária: "Se os negros emancipados, não podendo nem permanecer na vagabundagem, nem obter para si um pequeno lote de terra, fossem obrigados para viver a alugar os seus serviços, é muito verossímil que a maior parte deles acabaria ficando nos engenhos... Atente-se mais de perto para a questão e se verá que *a interdição temporária de possuir a terra* é não só, de todas as medidas excepcionais a que se pode recorrer, a mais eficaz, mas também a menos opressiva. Interditando temporariamente aos negros a posse da terra, o que se faz? Nós os colocamos artificialmente na posição em que se acha naturalmente [sic] o trabalhador da Europa. Seguramente não há nisso tirania, e o homem ao qual se impõe essa restrição ao sair do cativeiro não parece ter o direito de queixar-se". V. Victor Schoelcher, *Esclavage et colonisation*, com prefácio de Aimé Césaire, Paris, PUF, 1948, p. 9.

10. R. Faoro, "Existe um pensamento político brasileiro?", in *Estudos Avançados*, São Paulo, (1):44, out./dez. 1987.

11. Apud Joaquim Nabuco, *Um estadista do Império*, 2ª ed., Rio de Janeiro, Nova Aguilar, 1975.

12. Idem, ibidem.

13. O. Tarquínio de Sousa, *Evaristo da Veiga*, Belo Horizonte/São Paulo, Itatiaia/Edusp, 1988, p. 153.

14. P. Silva, "O Brasil no Reinado do sr. d. Pedro II", in *Escritos políticos e discursos parlamentares*, Rio de Janeiro, Garnier, 1862, p. 28 (escrito em língua francesa e publicado na *Revue des Deux Mondes*, de 15 de abril de 1858).

15. O. Tarquínio de Souza, *Bernardo Pereira de Vasconcelos*, Belo Horizonte/São Paulo, Itatiaia/Edusp, 1988, p. 77.

16. Saint-Hilaire, *A segunda viagem do Rio de Janeiro a Minas Gerais e a São Paulo*, trad. rev. e prefácio de Vivaldi Moreira, Belo Horizonte/São Paulo, Itatiaia/Edusp, 1974, p. 94.

17. J. Nabuco, *Um estadista...*, op. cit., p. 77.

18. E. Hobsbawm, *A era das revoluções. Europa. 1780-1848*, 5ª ed., Rio de Janeiro, Paz e Terra, 1986, p. 262.

19. J. Nabuco, *O abolicionismo*, 4ª ed., Petrópolis, Vozes, 1977, pp. 117-8.

20. P. Malheiro, *A escravidão no Brasil*, 2ª ed., Petrópolis, Vozes, 1976, vol. II, p. 301.

21. *A treatise upon trade from Great-Britain to Africa; humbly recommended to the attention of government by an African merchant*, Londres, R. Baldwin, nº 47, Pater-Noster Row, 1772.

22. C. Furtado, *Formação econômica do Brasil*, Rio de Janeiro, Fundo de Cultura, 1959, p. 123.

23. Citado, elogiosamente, por Sílvio Romero, na *História da literatura brasileira*, 5ª ed., Rio de Janeiro, J. Olympio, 1953, vol. v, pp. 1727-9. A referência ao pedido que Diógenes fez a Alexandre ("Retira-te do meu sol!") já estava nos escritos de Bentham contra o protecionismo à indústria nacional...

24. R. Walsh, *Notícias do Brasil*, Belo Horizonte/São Paulo, Itatiaia/Edusp, 1985, p. 109.

25. J. Dorfman, *The economic mind in American civilization*, Nova York, Augustes M. Kelley Publishers, 1966. Ver especialmente o capítulo "The Southern tradition of laissez-faire". A involução do liberalismo do Sul para uma ideologia escravista total chamou a atenção de um ensaísta contemporâneo, lido por Marx e Engels, John Cairnes, que escreveu *The slave power* em 1863.

26. J. H. Franklin, *From slavery to freedom*, 5ª ed., Nova York, Alfred Knopf, 1980.

27. A. J. Mello Moraes, *A Inglaterra e seos tractados...* (opúsculo), Bahia, Tip. Correio Mercantil de F. Vianna e Comp., 1844, p. 26.

28. Ibidem, p. 33.

29. Idem, ibidem, p. 41.

30. G. Myrdal, *An American dilemma: the negro problem in a modern democracy*, Nova York, Harper & Brothers, 1944, p. 442.

31. Ibidem, p. 441.

32. F. W. Knight, "Slavery, race and social structure in Cuba during the 19th Century", in R. B. Toplin, org., *Slavery and race relations in Latin America*, Connecticut, Greenwood Press, 1970, p. 221. A fusão de liberalismo, nativismo antiespanhol e defesa da escravidão em Cuba foi também observada por Eugenio D. Genovese em *O mundo dos senhores de escravos*, Rio de Janeiro, Paz e Terra, 1979, pp. 75-80.

33. T. Bastos, *Cartas do solitário*, 4ª ed., São Paulo, Nacional, 1945, Carta xi.

34. S. Martínez Peláez, *La patria del criollo*, Costa Rica, Editorial Universitaria Centroamericana, 1973.

35. A. Smith, *A riqueza das nações*, Lisboa, Calouste Gulbenkian, 1983, vol. ii, p. 137.

36. Ibidem, p. 139.

37. Idem, ibidem, p. 138.

38. Jean-Baptiste Say, *Tratado de economia política*, São Paulo, Nova Cultural, 1986, Livro i, cap. 19.

39. Ibidem.

40. Idem, loc. cit.

41. O. Tarquínio de Sousa, *Evaristo da Veiga*, cit., p. 61.

42. Em *O Independente*, 14 de março de 1832, apud Augustin Werner, *Sociedades políticas* (1831-2), São Paulo, Cultrix, 1978, p. 67.

43. Apud J. Nabuco, *O abolicionismo*, op. cit.

44. Apud J. Nabuco, *Um estadista...*, op. cit., pp. 217-8.

45. J. Nabuco, *Um estadista...*, op. cit., p. 319.

46. L. Gama (Getulino), *Primeiras trovas burlescas*, 3ª ed., São Paulo, Tip. Bentley Júnior & Comp., 1904.

47. J. M. V. Santos, *A política geral do Brasil*, São Paulo, J. Magalhães, 1930, pp. 133-54.

48. J. Nabuco, "O terreno da luta", in *Jornal do Comércio*, 19 de julho de 1884.

49. T. Bastos, *Cartas do solitário*, op. cit., p. 268.

50. "Na região nordestina de Pernambuco, por exemplo, onde o trabalho escravo predominara nas fazendas da época da Independência, já na década de 1870 o trabalho livre tornara-se mais importante" (Peter L. Eisenberg, "A abolição da escravatura: o pro-

cesso nas fazendas de açúcar em Pernambuco", in *Estudos Econômicos*, São Paulo, 2(6):181, dez. 1972).

51. Apud S. B. de Holanda, *Do Império à República*, 4ª ed., São Paulo, Difel, 1985, p. 204.

52. J. Nabuco, *Minha formação*, Rio de Janeiro, J. Olympio, 1957, p. 34.

53. Ibidem, p. 201.

54. Idem, ibidem, p. 59.

55. Em *O País*, 9 de dezembro de 1886; transcrito por Paula Beiguelman, *Joaquim Nabuco. Política*, São Paulo, Ática, pp. 136-7.

56. J. M. Cardoso de Melo, *O capitalismo tardio*, São Paulo, Brasiliense, 1982.

57. Ibidem, p. 72.

58. *O Centro Liberal*, Brasília, Ed. Senado Federal, 1979, p. 44.

59. Ibidem, p. 1000.

60. Idem, ibidem, p. 102.

61. *Um estadista...*, op. cit., p. 662.

62. Idem, ibidem.

63. Trata-se de uma carta confidencial do ministro Nabuco a Saraiva quando este presidia à província de São Paulo. A data é 22 de setembro de 1854 (*Um estadista...*, op. cit., p. 207).

64. Q. Bocayuva, *A crise da lavoura*, Rio de Janeiro, Tip. Perseverança, 1868.

65. J. Nabuco, *Minha formação*, cit., p. 196.

66. Richard Graham. *A Grã-Bretanha e o início da modernização no Brasil*. São Paulo, Brasiliense, 1973. Para os detalhes dos projetos de reforma agrária, a leitura mais enriquecedora é a dos artigos de André Rebouças, escritos a partir de 1874 para o *Jornal do Comércio*, e depois reunidos nesta obra capital do novo liberalismo, *A agricultura nacional. Estudos econômicos. Propaganda abolicionista e democrática*, Rio, Lamoureux, 1883.

67. Sílvio Romero. Explicações indispensáveis (Prefácio), in T. Barreto, *Vários escritos*, Ed. do Estado de Sergipe, 1926, pp. XXIII-XXIV. Euclides de Cunha fala em *Era Nova* para caracterizar o período pós-68 (*À margem da história*).

68. "Senhores Deputados, os abaixo-assinados operários da capital têm a honra, em virtude do artigo 45 da Carta Constitucional, de vir solicitar-vos que vos digneis abolir, nesta sessão, a escravidão. Essa lepra, que não é mais de nossa época, existe ainda em algumas possessões francesas. É para obedecer ao grande princípio da fraternidade humana que nós vimos fazer-vos ouvir a nossa voz em favor de nossos infortunados irmãos, os escravos. Sentimos também a necessidade de protestar em alta voz, em nome da classe operária, contra os mantenedores da escravidão, que ousam pretender, eles que agem em conhecimento de causa, que a sorte dos operários franceses é mais deplorável que a dos escravos. Pelos termos do *Código Negro*, edição de 1685, artigos 22 e 25, os proprietários devem alimentar e vestir o seu gado humano; resulta das publicações oficiais feitas pelo ministério da Marinha e das Colônias que eles se desincumbem dessa obrigação concedendo o sábado de cada semana aos escravos. Os da Guiana francesa não têm mais do que um *sábado negro* por quinzena contrariamente às proibições do artigo 24 do Código Negro e às penalidades do artigo 26.

Quaisquer que sejam os vícios da atual organização do trabalho na França, o operário é livre, sob certo ponto de vista, mais livre que os assalariados defensores da propriedade pensante.

O operário se pertence a si mesmo; ninguém tem o direito de açoitá-lo, de vendê-lo, de separá-lo violentamente de sua mulher, de seus filhos, de seus amigos. Mesmo que os escravos fossem nutridos e vestidos por seus proprietários, não se poderia ainda estimá-los felizes, pois, como tão bem o resumiu o senhor duque de Broglie, seria preciso para tanto dizer que a condição de animal é preferível à do homem, e que mais vale ser um bruto que uma criatura racional. Orgulhosos da santa e generosa iniciativa que tomamos, estamos seguros de que nossa petição encontrará eco na nobre pátria, e temos confiança na justiça dos deputados da França. Paris, 22 de janeiro de 1844. *Assinado*: Julien Gallé e 1505 assinaturas." (V. Schoelcher, *Esclavage et colonisation*, prefácio de Aimé Césaire, Paris, PUF, 1948, p. 11.)

69. J. Nabuco, *Um estadista...*, cit., p. 613.

70. O tipo de mentalidade que Machado de Assis ironiza — e autoironiza enquanto narrador — é o de parte da classe dominante que, ainda nos últimos anos do regime imperial, sustentou *in abstracto* a norma liberal moderna, ao mesmo tempo que racionaliza o uso do trabalho escravo, seu maior suporte econômico e político. Nesse contexto, o liberalismo clássico alardeado é, visto de fora, um despropósito, mas nem por isso deixa de ter consequências para o cotidiano da burguesia nacional. Esta é, em síntese, a hipótese que Roberto Schwarz propôs e testou com felicidade em seu estudo sobre Machado de Assis, *Ao vencedor as batatas* (São Paulo, Duas Cidades, 1977).

71. *Atas* da Assembleia Legislativa de São Paulo de 1870, apud Emília Viotti da Costa, *Da senzala à colônia*, São Paulo, Difel, 1966, p. 132.

72. In *Biblioteca da Associação Industrial*, "O trabalho nacional e seus adversários", Rio de Janeiro, 1881, p. 13, apud Edgard Carone, *O pensamento industrial no Brasil (1880-1945)*, São Paulo, Difel, 1977, p. 151.

73. J. M. Santos, *Os republicanos paulistas e a abolição*, São Paulo, Martins, 1942, pp. 118-9.

74. Ibidem, p. 150.

75. Idem, ibidem, p. 225.

76. Carta a Rebouças, Rio de Janeiro, 14 de janeiro de 1893, transcrita em Joaquim Nabuco, *Cartas a amigos*, São Paulo, Ipê, vol. 1, p. 219.

77. *Jornal do Comércio*, 11 de setembro de 1884.

8. SOB O SIGNO DE CAM (pp. 246-72)

1. O original de Heine pertence ao ciclo *Gedichte, 1853-54*. Os parênteses com *sic* são do tradutor brasileiro. Comenta Augusto Meyer comparando o texto de Heine, primeiro com "Les nègres et les marionettes" de Béranger, e depois com o poema de Castro Alves: "Heine tratou o tema com uma objetividade realista que não se observa nos outros. Para ele a questão do escravo integrava-se na questão das relações de classe e da estrutura econômica do capitalismo. Já num escrito de 1832, coligido em *Französische Zustade*, ao criticar o liberalismo inócuo de certos círculos da nobreza alemã, representados no caso pelo conde Moltke, dizia o poeta: "O conde Moltke certamente considera a escravidão o grande escândalo da nossa época, e uma aberta monstruosidade. Mas, na opinião de Myn Heer van der Null, traficante de Rotterdam, o comércio de escravos é uma atividade natural, justificada; o que, pelo contrário, lhe parece monstruoso, são os privilégios da aristocracia, os títulos e bens de herança, o absurdo preconceito da nobreza de sangue" (A. Meyer, "Os três navios negreiros", in *Correio da Manhã*, 19/8/67). Agradeço a Marcus Vinicius Mazzari a gentileza de ter-me obtido a tradução e o artigo de Augusto Meyer.

2. Em artigo publicado no *Jornal do Comércio*, 14 de agosto de 1899.

3. Lê-se uma alusão ao castigo de Cam na crônica de Zurara que narra as primeiras

capturas de escravos nas costas d'África. A teologia escolástica, *codificada nos séculos anteriores aos descobrimentos ibéricos* (c. 1100-1400), não precisou elaborar um discurso que justificasse a escravidão. Santo Tomás vincula o cativeiro à guerra, e a guerra à degeneração que os homens sofreram por causa do pecado original: "in statu innocentiae non fuisset tale dominium hominis ad hominem" (S. T, 1, 9.96, 4c). Santo Tomás fala de modo genérico sobre "o domínio de um homem sobre outro"; concretamente, o que a teologia do seu tempo conheceu foi a servidão feudal da qual a escravidão negra, colonial e mercantil, dos tempos modernos iria diferençar-se sob vários aspectos.

4. Exemplos numerosos dessa interpretação do cativeiro africano acham-se em *The problem of slavery in Western culture*, de David B. Davis, Ithaca, Cornell University Press, 1966. A teologia conservadora das missões católicas e protestantes recorreu, durante o século XIX, à maldição de Cam para justificar as suas atitudes colonialistas na África. V. Albert Perbal, "La race nègre et la malédiction de Cham", in *Revue de l'Université d'Ottawa*, vol. IV, 1940, pp. 156-77.

5. In *Careta*, Rio de Janeiro, 24/1/1920; transcrito em *Coisas do reino do Jambon*, São Paulo, Brasiliense, p. 110.

6. Ver as observações de D. Brookshaw em *Raça e cor na literatura brasileira*, Porto Alegre, Mercado Aberto, 1983, p. 169.

7. Para a análise do tema na obra de Lima Barreto, ver o ensaio de Zenir Campos Reis, "Vidas em tempos escuros", in *Nossa América*, São Paulo, Memorial da América Latina, nº 3, jul./ago. 1990, pp. 32-8.

9. A ARQUEOLOGIA DO ESTADO-PROVIDÊNCIA (pp. 273-307)

1. A. Gerschenkron, *Economic backwardness in Historical perspective*, Massachusetts, The Belknap Press, 1966, pp. 22 ss.

2. Gerschenkron, op. cit., p. 24.

3. J. Cruz Costa, *Contribuição à história das ideias no Brasil*, Rio de Janeiro, J. Olympio, 1956; I. Lins, *História do positivismo no Brasil*, São Paulo, Nacional, 1964.

4. Op. cit., p. 285. Na interpretação de Carpeaux, seriam os lados autoritários de nossa história política que melhor teriam assimilado a mensagem positivista.

5. Sérgio da Costa Franco, *Júlio de Castilhos e sua época*, 2ª ed., Porto Alegre, Editora da Universidade, 1988 (a primeira edição saiu em 1967); Joseph Love, *O regionalismo gaúcho*, São Paulo, Perspectiva, 1975. Trabalhos universitários de mérito são: Sandra Jatahy Pesavento, *A burguesia gaúcha. Dominação do capital e disciplina do trabalho*, Porto Alegre, Mercado Aberto, 1988; Guilhermino César et alii (org. J. Dacanal e S. Gonzaga), *RS: economia e política*, Porto Alegre, Mercado Aberto, 1979; Décio Freitas et alii, *RS: cultura e ideologia*, Mercado Aberto, 1980 (ver, em particular, o ensaio de Nelson Boeira, "O Rio Grande de Augusto Comte"); Hélgio Trindade, "La 'Dictature Républicaine' au Rio Grande do Sul: positivisme et pratique politique au Brésil", in *Cahiers du Brésil Contemporain*, nº 12, Paris, Maison des Sciences de l'Homme, dez. 1990; Hélgio Trindade, *Poder Legislativo e autoritarismo no RGS*, Porto Alegre, Sulina, 1980; Céli Regina Pinto, *Positivismo. Um projeto político alternativo* (*RS: 1889-1930*), Porto Alegre, LP&M, 1986; Pedro Cézar Dutra Fonseca, *Vargas: o capitalismo em construção*, São Paulo, Brasiliense, 1989. Anterior à safra gaúcha é o artigo de Tocary Assis Bastos, "O positivismo e a realidade brasileira", em que o A. vincula as medidas intervencionistas dos anos 30 e 40 aos valores positivistas de Getúlio e de seus assessores diretos (in *Revista Brasileira de Estudos Políticos*, Belo Horizonte, 1956).

6. V. "A escravidão entre dois liberalismos".

7. V. Terezinha Collichio, *Miranda Azevedo e o darwinismo no Brasil*, São Paulo, Edusp, 1988. Ver também uma nota incisiva de Miguel Lemos que, na qualidade de Presidente Perpétuo da Sociedade Positivista, verbera certas opiniões de Pereira Barreto sobre os benefícios que os africanos teriam recebido com o tráfico. Aos artigos do médico paulista, publicados em 1880 na *Província de São Paulo*, M. Lemos contrapõe a doutrina categórica de Comte (em *O Positivismo e a escravidão moderna*, Rio de Janeiro, Sociedade Positivista, 1884, p. 6).

8. Miguel Lemos, *O positivismo e a escravidão moderna*, Boletim do Centro Positivista Brasileiro, Rio de Janeiro, 1884. Comte propunha que as Antilhas francesas fossem entregues aos negros libertos de todo o continente americano. Veja-se também: *A incorporação do proletariado escravo: protesto da Sociedade Positivista do Rio de Janeiro contra o recente projeto do governo*, onde Miguel Lemos exclama indignado: "Não! Mil vezes não! Como indenização nem o ar que respiramos podem reclamar" (Recife, Typographia Mercantil, 1883, p. 3).

9. Em *Ideias políticas de Júlio de Castilhos* (org. Paulo Carneiro), Senado Federal, 1982, pp. 163-4.

10. S. B. de Holanda, "Da maçonaria ao positivismo", in *O Brasil monárquico*, São Paulo, Difel, 1977, II, p. 290.

11. Em *A incorporação do proletariado na sociedade moderna*, 2ª ed., Rio de Janeiro, Templo da Humanidade, 1908, p. 10.

12. Cruz Costa, op. cit., p. 247.

13. In *A cruzada*, Rio de Janeiro, julho de 1883.

14. S. B. de Holanda, *Raízes do Brasil*, Rio de Janeiro, J. Olympio, 1936, p. 120.

15. Para entender as tensões entre os jacobinos e o governo de Prudente de Moraes, consulte-se o estudo de Suely Robles de Queiroz, *Os radicais da República*, São Paulo, Brasiliense, 1986.

16. O *Cours de philosophie positive* saiu entre 1830 e 1842. Há testemunhos de sua leitura no Brasil a partir dos anos 50.

17. *Cours de philosophie positive*, Paris, J. Baillière et Fils, 1877, IV, 200.

18. "Os mais clássicos dentre eles se esforçaram por representar dogmaticamente, sobretudo em nossos dias, o assunto geral dos seus estudos como inteiramente distinto e independente do conjunto das ciências, do qual eles timbram sempre em isolá-lo perfeitamente" (*Cours*, IV, 191).

19. Vale a pena seguir a cerrada argumentação de João Neves da Fontoura em defesa do conceito comtiano de ditadura republicana. Em discurso proferido na Assembleia gaúcha, em 11 de outubro de 1927, João Neves faz a apologia reverente do Apostolado, de Benjamin Constant e de Castilhos. A peça é um corpo de doutrina que comprova o elo gaúcho entre o grupo ortodoxo inicial e os homens de 1930.

20. V. Milton Vanger, *El país modelo. José Batlle y Ordóñez, 1907-1915*, Montevidéu, Arca, 1983.

21. Getúlio Vargas, "Discurso de abertura do III Congresso Rural", in *Correio do Povo*, Porto Alegre, 25 de maio de 1929.

22. Deve-se a Joseph Love a cunhagem da expressão Geração de 1907, em que se incluem políticos da segunda leva republicana, admiradores de Júlio de Castilhos (que, morto em 1903, já se transformara em mito) e apaniguados por Borges de Medeiros. Eram sete os nomes principais: Getúlio Vargas, Flores da Cunha, Osvaldo Aranha, João Neves da Fontoura, Lindolfo Collor, Maurício Cardoso e Firmino Paim Filho. A maioria deles integrou o Bloco Acadêmico Castilhista em 1907, ano em que entraram para a vida pública. Todos fo-

ram deputados estaduais ou federais do PRR; todos seriam participantes ativos da Revolução de 30 ocupando postos-chave no Governo Provisório.

23. *Cours*, IV, 189.

24. *Cours*, IV, 202.

25. Mensagem de Borges de Medeiros à Assembleia, lida em 24 de setembro de 1901.

26. Texto constante do Parecer da Comissão, lido em 23 de novembro de 1920.

27. Trata-se de uma variante da frase de Henry George: "Quando os governos não dirigem diretamente as Estradas de Ferro, são por elas dirigidos". A sentença vem transcrita na revista *Egatéa* de dezembro de 1914, órgão da Escola de Engenharia de Porto Alegre que ministrava então subsídios técnicos para calçar os projetos de encampação dos serviços públicos.

28. In *A política positiva e a liberdade bancária*, princípios de nº 14 e 15 — Publicação nº 81 do Apostolado Positivista no Brasil, apud Tocary Assis Bastos, cit., pp. 141-2.

29. Campos Salles, *Da propaganda à presidência*, São Paulo, 1908, p. 301, apud Tocary Assis Bastos, cit., p. 149.

30. *Anais*, sessão de 30 de novembro de 1923.

31. Costa Franco, *Júlio de Castilhos e sua época*, cit., pp. 93-5.

32. Rio de Janeiro, Imprensa Nacional, 1918.

33. Cf. Nícia Vilela Luz, *A luta pela industrialização no Brasil*, São Paulo, Difel, 1961; Edgard Carone, *O pensamento industrial no Brasil (1888-1945)*, São Paulo, Difel, 1977. Um dado importante: em 1934 foi criado por Getúlio o Conselho Federal de Comércio Exterior onde se teria gestado o projeto de substituição das importações que se concretiza poucos anos depois.

34. Carta datada do Rio de Janeiro, maio de 1932, apud John Wirth, *A política do desenvolvimento na era de Vargas*, Rio de Janeiro, FGV, 1974, p. XXI.

35. Discurso proferido em 4 de maio de 1931, transcrito em *A nova política do Brasil*, Rio de Janeiro, J. Olympio, 1938, I, p. 11. As relações entre o Governo Provisório e os industriais paulistas ficam bem esclarecidas nos textos de Jorge Street, o pioneiro dos nossos empresários protecionistas. V. *Ideias sociais de Jorge Street*, volume organizado por Evaristo de Morais Filho, Senado Federal, 1981.

As medidas racionalizadoras que o consulado getuliano implantou foram extensas e abrangeram de modo sistemático todas as esferas do Estado. Cf. "O Governo Provisório de 1930 e a reforma administrativa", de Beatriz de Souza Wahrlich, in *Revista de Administração Pública*, dez. de 1975, pp. 5-68. Para conhecer por dentro a ação do poder público entre 30 e 45, creio que o melhor depoimento seja o de Gustavo Capanema, editado por Simon Schwartzman, em *O Estado Novo: um autorretrato*, Universidade Nacional de Brasília, 1983.

36. V. "As greves no RGS (1890-1919)", de Sílvia Ferraz Petersen, em *RS: economia e política*, cit.

37. Para uma visão mais geral do problema, v. o ensaio de Roberto Rowland, "Classe operária e Estado de compromisso: origens estruturais da legislação trabalhista e sindical", in *Estudos Cebrap*, nº 8, 1974, pp. 5-40.

38. V. "Os positivistas e as greves", in Cruz Costa, *O positivismo na República*, pp. 56-66.

39. Entendem-se melhor as articulações táticas entre positivismo e reformismo socialista no Brasil lendo o ensaio de Evaristo de Morais Filho, estudioso do jovem Comte e perito em Direito do Trabalho: "Sindicato e sindicalismo no Brasil desde 30", in *Tendências do Direito Público*, Rio de Janeiro, Forense, 1976. V. também *A invenção do trabalhismo* de Ângela de Castro Gomes, Rio de Janeiro, IUPERJ, 1988.

40. In *Ideias políticas de Júlio de Castilhos*, pp. 478-9.

41. O artigo saiu no jornal republicano *A Federação*, em 4 de outubro de 1887; esse

diário, mais tarde editado por Lindolfo Collor, é um exemplo impressionante de imprensa doutrinária que se reproduziu durante toda a República Velha.

42. Miguel Lemos, recém-chegado das reuniões da rua Monsieur-le-Prince, dissera, categórico: "O industrialismo, quando não regulado, torna-se uma força imoral e perturbadora, que pode determinar com o tempo a decomposição de uma sociedade" (apud Ruyter Demaria Boiteux, "A questão social e o positivismo", in *Anais da IV Reunião de Positivistas*, Rio de Janeiro, 1981, p. 101.

43. *Discours sur l'ensemble du positivisme*, p. 165.

44. P. Arbousse-Bastide, *La doctrine de l'éducation universelle dans la philosophie d'Auguste Comte*, 2 vols., Paris, PUF, 1957.

45. Caracas, Ayacucho, 1980

46. Mensagem à Assembleia, setembro de 1913.

47. Parecer da Comissão de Orçamento em resposta à mensagem do Executivo, dado em 10 de novembro de 1908.

48. V. *Ideias políticas de João Pinheiro*, volume organizado por Francisco de Assis Barbosa para o Senado Federal em 1980.

49. Osvaldo Aranha, "Discurso na Assembleia Nacional Constituinte", de 30 de abril de 1934, in Moacyr Flores, *Osvaldo Aranha*, Porto Alegre, IEL, 1991, pp. 61-2

POST-SCRIPTUM 1992 (pp. 347-75)

1. Li a citação em *Nombre et pensée*, de A. Kondratov, Moscou, Éditions Mir, 1967, p. 7.

2. Sergio Solmi, prefácio a *Minima moralia*, Turim, Einaudi, 1954, pp. XVI-XVII.

3. Um apanhado idôneo da situação presente lê-se no trabalho coletivo coordenado por Hélio Jaguaribe, *Brasil: reforma ou caos* (Rio de Janeiro, Paz e Terra, 1989). Para uma visão abrangente do Terceiro e Quarto Mundo, veja-se *Desafio ao Sul*, relatório final da South Commission (Lisboa, Ed. Afrontamento, 1991).

POSFÁCIO 2001 (pp. 385-92)

1. Trata-se, com poucos retoques, da apresentação da edição francesa: *Culture brésilienne. Une dialectique de la colonisation*, versão de Jean Briant, Paris, L'Harmattan, 2000.

2. Em *O ser e o tempo da poesia*, 6ª ed., São Paulo, Companhia das Letras, 2000. 1ª ed. Cultrix, 1977.

ÍNDICE ONOMÁSTICO

Aborim, pe. Mateus, 33
Acosta, Joseph de, 153, 400
Adorno, Theodor, 317, 321, 355, 362, 392
Afonso VI, rei de Portugal, 120, 134
Agostinho, santo, 85
Aleijadinho, Antônio Francisco Lisboa, dito, 35, 36, 48, 58, 57, 58, 337, 396
Alencar, José de, 176, 177, 179, 180, 181, 185, 186, 187, 189, 190, 193, 197, 208, 211, 220, 238, 239, 246, 247, 248, 382, 401
Alencastre, d. João de, 103
Almeida Rosa, Francisco Octaviano de, 230, 231
Alves de Carvalho, João Simplício, 303
Amado, James, 398
Amado, Jorge, 249
Amaral, Amadeu, 52
Anchieta, pe. José de, 31, 47, 64, 65, 66, 67, 68, 69, 73, 74, 75, 80, 81, 82, 84, 86, 90, 91, 92, 93, 116, 150, 379, 396
Andrade, Gomes Freire de, 34
Andrade, Mário de, 264, 324, 332, 333, 337, 343, 364, 396
Andrade, Oswald de, 332, 333, 364
Antonil, João Antônio Andreoni, dito André João, 34, 149, 150, 151, 152, 153, 154, 155, 157-67, 169, 172-5, 213, 382, 400
Aragon, Louis, 357
Aranha, Osvaldo, 293, 305, 407, 409
Araripe Jr., Tristão de Alencar, 100, 364

Araújo Lima, Pedro de, 196, 241
Araújo Porto Alegre, Manuel José de, 58
Arbousse-Bastide, Paul, 300, 301, 409
Arrais, Amador, 102, 123, 126, 398
Assis Bastos, Tocary, 291, 406, 408
Azeredo Coutinho, José Joaquim da Cunha de, 34
Azevedo, João Lúcio de, 400
Azevedo, Miranda, 278
Azevedo, Thales, 395
Azevedo Amaral, Inácio Manuel, 269

Bacon, Francis, 17
Bakhtin, Mikhail, 109, 398
Barata, d. Gaspar, 99
Barbosa, Adoniran, 343
Barbosa, Francisco de Assis, 409
Barbosa, Rui, 129, 201, 225, 230, 234, 238, 249, 292, 304, 379
Barbosa Lima, Alexandre José, 292
Barreto, Manuel Pereira, 100
Barreto, Tobias, 404
Barros, João de, 395
Barros, Moraes, 244
Barthes, Roland, 348
Bastide, Roger, 57, 337
Bastos, José Tavares, 212, 224, 230, 231, 235, 237, 238, 241, 248, 379, 401, 403
Batlle, José, 281, 285, 289
Baudelaire, Charles, 81
Beethoven, Ludwig van, 356

411

Beiguelman, Paula, 401, 404
Benci, Jorge, 151, 153, 213
Benjamin, Walter, 80, 81, 349, 355, 394, 397
Bentham, Jeremy, 213, 403
Bento, Antônio, 234, 241
Beozzo, José Oscar, 399
Béranger, Pierre Jean de, 405
Bernardes, Manuel, 126
Bethell, Leslie, 402
Bilac, Olavo, 267
Bismarck, Otto von, 275, 296, 381
Blake, William, 356
Bloch, Ernst, 355
Boal, Augusto, 344
Boas, Franz, 62
Bocayuva, Quintino, 221, 224, 233, 278, 404
Boeira, Nelson, 406
Boiteux, Ruyter Demaria, 409
Bonfim, Manuel, 248, 249, 364
Bonifácio, Bernardo, 221
Bonifácio, José, 204, 225, 238
Bopp, Raul, 332
Borges de Medeiros, Antônio Augusto, 284, 285, 287, 288, 289, 290, 291, 293, 294, 295, 296, 302, 303, 306, 407, 408
Braga, Roberto Carlos, 337
Brecht, Bertolt, 81
Brito, Saturnino Rodrigues de, 292
Broglie, duque de, 405
Brookshaw, David, 406
Brougham, lord, 205
Buarque de Holanda, Chico, 343
Buarque de Holanda, Sérgio, 27, 279, 395, 399, 401, 404, 407
Burckhardt, Jakob, 17
Burke, Edmund, 211
Byron, Lord, 255

Cabral, Pedro Álvares, 395
Cabral de Melo Neto, João, 337, 343
Cadogan, Léon, 396
Cairnes, John, 403
Cairu, visconde de, 207, 219, 379
Calado, Frei Manuel, 36
Calvino, João, 164
Caminha, Pero Vaz de, 34

Camões, Luís de, 37, 43, 44, 46, 108, 395
Campos, Martinho, 225
Campos Reis, Zenir, 406
Campos Salles, Manuel Ferraz de, 244, 276, 291, 408
Canabrava, Alice P., 157, 400
Capanema, Gustavo, 408
Capistrano de Abreu, João, 157, 364
Cardim, Fernão, 46
Cardoso, Fernando Henrique, 369, 401
Cardoso, Maurício, 407
Cardoso Melo, João Manuel, 228, 404
Cardozo, Jakob Newton, 208
Carlos Magno, rei dos francos, 55
Carneiro, Édison de Souza, 249
Carone, Edgard, 405, 408
Carpeaux, Otto Maria, 273, 277, 406
Castilhos, Júlio de, 279, 283, 284, 285, 292, 293, 294, 296, 297, 298, 407
Castro Alves, Antônio de, 238, 246, 248, 249, 254, 255, 256, 258, 260, 264, 265, 382, 405
Castro Gomes, Angela de, 408
Cavalcanti, Amaro, 292
Césaire, Aimé, 239, 240, 394, 402, 405
César, Guilhermino, 406
Chateaubriand, Francisco de Assis, 176
Chichorro da Gama, Antônio Pinto, 230
Childe, Gordon, 14, 393
Cidade, Hernani, 395, 399
Clastres, Helène, 396
Clemente x, papa, 149
Cochin, Augustin, 240
Coelho, Jorge de Albuquerque, 36
Coelho Neto, Henrique Maximiano, 268
Cohen, William, 402
Collichio, Terezinha, 407
Collor, Lindolfo, 237, 286, 287, 294, 295, 296, 305, 407, 409
Comte, Augusto, 235, 236, 273, 274, 276, 279, 281, 282, 288, 289, 294, 295, 298, 300, 301, 307, 367, 370, 381
Conrad, Robert, 196, 197, 242, 401, 402
Constant, Benjamin, 203, 236, 237, 276, 278, 280, 292, 303, 381, 407
Cooper, Thomas, 208
Correia, Diogo Álvares, 36

Correia, Serzedelo, 292
Costa, Cláudio Manuel da, 37
Costa, Cruz, 276, 277, 278
Costa, pe. João, 33
Costa, João Cruz, 406, 408
Costa, Sá da, 398
Costa Franco, Sérgio da, 277, 284, 292, 406, 408
Coutinho, José Joaquim da Cunha d'Azevedo, 175
Coutinho, Vasco Fernandes, 76
Couto, Diogo de, 395
Couto de Magalhães, José Vieira, 332
Croce, Benedetto, 80
Cruz e Sousa, João da, 248, 266, 271, 272, 382
Cunha, Euclides da, 248, 249, 332, 395, 404
Cunha, Flores da, 407

Dantas, Conselheiro, 206
Dante Alighieri, 80
Darwin, Charles, 278, 331
Davis, Davis B., 406
Davis, Jefferson, 212
De Gaulle, Charles, 368
Debret, Jean-Baptiste, 58
Dewey, John, 237, 363
Dias Carvalho, José Pedro, 230
Dias, Antônio, 37
Díaz, Porfirio, 286
DiGiorgi, Flávio Vespasiano, 400
Dorfman, Joseph, 403
Du Bois, William Edward Burghardt, 201
Dupront, Alphonse, 30
Duque-Estrada, Osório, 402
Durão, frei José de Santa Rita, 36
Dutra Fonseca, Pedro César, 284, 406

Eco, Umberto, 317, 321
Einstein, Albert, 361
Eisenberg, Peter L., 403
Eliot, T. S., 30, 394
Élis, Bernardo, 343
Elisabeth I, rainha da Inglaterra, 120
Encina, Juan de, 87
Engels, Friedrich, 128, 194, 399, 403
Etzel, Eduardo, 396

Fagundes Varela, Luís Nicolau, 247, 255
Faoro, Raymundo, 199, 278, 394, 401, 402
Faya, pe. Ignatio, 156
Feijó, pe., 200, 201
Fernandes Vieira, João, 36
Ferreira Filho, João Antônio, 343
Ferreira Reis, Artur Cézar, 399
Figueira, Andrade, 195, 401
Filipe II, rei da Espanha, 76, 99
Filipe, Luís, rei da França, 198, 239
Flores, Moacyr, 409
Fonseca, Rubem, 343
Fontoura, João Neves da, 292, 407
Fózio, pe., 155
Franco, Bernardo de, 230
Franco, Maria Sylvia Carvalho, 26, 394, 401
Franklin, John Hope, 209, 403
Frederico, Sérgio, 57
Freire, Napoleão Moniz, 292
Freire, Paulo, 341, 342
Freitas, Décio, 406
Freyre, Gilberto, 22, 27, 28, 63, 107, 401
Furtado, Celso, 26, 207, 369, 394, 398, 401, 402
Furtado, Francisco José, 230

Galich, Manuel, 21, 394
Galileu Galilei, 359, 361
Gallé, Julien, 240, 405
Gama, Basílio da, 34
Gama, Luís, 234, 236, 241, 244, 248, 266, 403
Gama, Ruy, 400
Gama, Vasco da, 38, 39, 42, 46, 395
Gândavo, Pero de Magalhães, 68, 331
Garibay, Angel María, 184
Gastaut, Henri, 393
Genovese, Eugenio D., 403
George, Henry, 408
Gerschenkron, Alexander, 273, 275, 296, 406
Gide, André, 264
Gil, Gilberto, 343
Gladstone, William Ewart, 197
Glycério, Francisco, 244
Goethe, Johann Wolfgang von, 80, 86, 356
Góis, Zacarias de, 217, 229, 248

413

Góis e Vasconcellos, Zacarias de, 217, 222, 229, 230, 240, 248
Gomes Machado, Lourival, 396
Gonçalves de Magalhães, Domingos José, 58
Gonçalves Dias, Antônio, 181, 185, 246, 247, 382, 401
González, Tirso, 155
González y Pérez, Rex, 394
Gorender, Jacob, 24, 26, 242, 394, 401
Gracián, Baltasar, 116, 398
Graham, Richard, 404
Gramsci, Antonio, 17, 33, 100, 101, 334
Grimaldi, Luísa, 76
Grotius, Hugo de Groot, dito, 153
Guarnieri, Gianfrancesco, 344
Guimarães, Bernardo, 58, 59
Guizot, François, 198
Gusmão, Alexandre de, 152, 153
Gutiérrez, Gustavo, 394

Haeckel, Ernst, 278, 331
Hamilton, Alexander, 207
Hanke, Lewin, 400
Hansen, João Adolfo, 398
Hatzfeld, Helmut, 397
Hegel, Friedrich, 352, 360
Heine, Heinrich, 249, 250, 405
Herder, Johann Gottfried, 261
Hermeto, Honório, 196, 200
Herskovits, Melville Jean, 57, 337
Hertz, Gustav, 303
Hobsbawm, Eric, 204, 402
Homem, Francisco de Torres Sales, 217, 220
Hoornaert, Eduardo, 395, 399
Horácio, 36
Horkheimer, Max, 321, 355, 394
Hugo, Victor, 246, 264
Humboldt, Wilhelm von, 356

Ianni, Octávio, 401
Itaboraí, visconde de, 211, 219, 229

Jaeger, Werner, 16, 394
Jaguaribe, Hélio, 409
Jesus, Clementina de, 343
Jesus, Tomé de, 126

João I, rei de Portugal, 38
João IV, rei de Portugal, 120, 138
João V, rei de Portugal, 158, 159
João VI, dom, 58, 99

Kafka, Franz, 81
Kempis, Thomas de, 87
Kierkegaard, Sören, 357
Klee, Paul, 81
Knight, Franklin, 213, 403
Kondratov, Aleksandr, 409

Lacombe, Américo Jacobina, 395
Laffitte, Pierre, 276, 277, 281, 301
Lainez, Diogo, 397
Las Casas, frei Bartolomé de, 22, 153, 394, 399
Leal, Victor Nunes, 401
Leibniz, Gottfried Wilhelm, 359
Leite, Serafim, 149, 150, 151, 399, 400
Lemos, Miguel, 236, 237, 276, 278, 279, 281, 407, 408
Lenin, Vladimir Ilitch Ulianov, dito, 381
León-Portilla, Miguel, 184
Leonardo da Vinci, 356, 361
Leroy-Beaulieu, Paul, 285
Léry, Jean de, 46, 68
Lévi-Strauss, Claude, 332
Lima Barreto, Afonso Henriques de, 245, 248, 266, 267, 268, 269, 364, 382, 387, 406
Lima, Hermes, 201
Lima, Jorge de, 330
Lins, Ivan, 276, 292
Lisboa, João Francisco, 221
Lisle, Rouget de, 274, 275
List, Friedrich, 275
Littré, Émile, 301
Lobo, Edu, 343
Lobo, Francisco Rodrigues, 397, 398
Lopes Trovão, José, 278
Lopes, Duarte, 152
Loureiro, Antônio de Mariz, 33
Love, Joseph, 277, 284, 406, 407
Loyola, Inácio de, 84, 87, 164
Luís, pe. Manoel, 149, 153
Luísa, rainha de Portugal, 134, 136
Lukács, György, 80, 81, 397

McLuhan, Marshall, 327, 355

Machado, Dyonélio, 343

Machado de Assis, Joaquim Maria, 33, 179, 187, 222, 266, 364, 401, 405

Magalhães Godinho, Vitorino, 98, 393, 398

Magne, Augusto, 394

Maistre, Xavier de, 176

Malheiro, Agostinho Marques Perdigão, 235, 237, 238, 240, 402

Mallarmé, Stéphane, 353

Manchester, Alan K., 99

Mannheim, Karl, 18, 394

Manuel, rei de Portugal, 38, 39, 42, 46, 395

Manzoni, Alessandro, 350

Maquiavel, Niccolò, 378

Marcos de Barros, Plínio, 344

Marcuse, Herbert, 321

Marrou, Henri-Irénée, 16, 394

Martins, Maria de Lourdes de Paula, 67, 396

Martins Pena, Luís Carlos, 196

Marx, Karl, 20, 22, 23, 30, 94, 144, 165, 194, 352, 394, 400, 403

Matos, Cunha, 197

Matos, Gonçalo de, 110

Matos, Gregório de, 26, 34, 61, 94, 95, 96, 98, 99, 100, 101, 102, 103, 105, 106, 107, 108, 109, 110, 112, 114, 115, 116, 119, 123, 331, 382, 398

Mauro, Frédéric, 98, 398

Maus, Marcel, 28

Mazzari, Marcos Vinicius, 405

Mazzini, Giuseppe, 254

Mello Moraes, A. J., 210, 403

Mendes, Teixeira, 236, 237, 276, 278, 279, 280, 296

Mendonça, reverendo Lourenço, 33

Mendonça, Lúcio de, 248

Mendonça, Ribeiro de, 276

Merleau-Ponty, Maurice, 394

Mesquita Filho, Júlio de, 29

Métraux, Alfred, 34, 396

Meyer, Augusto, 181, 249, 250, 401, 405

Moles, Abraham, 327

Molina, Luís, 153

Molinos, Miguel de, 127

Moltke, Helmut von, 405

Montaigne, Michel de, 22, 356, 394

Monteiro, Douglas Teixeira, 395

Montesquieu, 356

Montoya, Antonio Ruiz de, 379

Moraes, Prudente de, 244, 276

Morais, Evaristo de, 296, 305, 408

Moreira, Vivaldi, 402

Muller, Geraldo, 284

Murtinho, Joaquim, 291

Myrdal, Gunnar, 211, 403

Nabuco, Joaquim, 202, 222, 223, 224, 225, 228, 230, 231, 233, 234, 235, 240, 241, 242, 244, 245, 246, 248, 249, 266, 304, 379, 401, 402, 403, 404, 405

Nabuco de Araújo, José Tomaz, 217, 219, 229, 230, 231, 232

Napoleão I, imperador da França, 206, 216

Napoleão III, imperador da França, 273, 296

Nascimento, Abdias do, 398

Nascimento, Milton, 343

Nazareth, Agripino, 296

Nhá-Leonor, de Vila Camargo, 49

Nietzsche, Friedrich, 357

Nimuendaju, Curt, 397, 401

Nóbrega, Manuel da, 379

Novais, Fernando, 26, 394

Oliva, Paolo, 152

Oliveira Viana, Francisco José de, 269, 305

Ottoni, Teófilo Benedicto, 230, 231

Paes, José Paulo, 400

Paim Filho, Firmino, 407

Paraná, marquês do, 211, 217, 220, 232

Paranaguá, João Lustosa da Cunha, 217, 230

Pascal, Blaise, 359, 360

Patrocínio, José do, 234, 235, 241, 266

Paulo III, 136

Paulo Netto, José, 399

Pedro I, imperador do Brasil, 203

Pedro II, imperador do Brasil, 204, 214, 248, 238, 296

Peixoto, Floriano, 280, 381

Peláez, Severo Martínez, 213, 401, 403

Perbal, Albert, 406

Pereira, pe. Bartolomeu Simões, 33
Pereira, Clemente, 197
Pereira, Nuno Marques, 47, 60, 396
Pereira Barreto, Luís, 278, 407
Pesavento, Sandra Jatahy, 284, 406
Pessoa, Fernando, 140
Petersen, Sílvia Ferraz, 408
Petrarca, Francisco, 108
Pignataro, Giuseppe, 303
Pimenta, Joaquim, 296
Pimentel Pinto, Edith, 397
Pinamonti, Gian Pietro, 154
Pinheiro, João, 292, 303
Pinto, Céli Regina, 406
Pinto, Heitor, 126
Plauto, 18
Plebe, Armando, 110
Pompeia, Raul, 236, 248, 267, 278, 364
Portinari, Candido, 330
Porto Seguro, visconde de, 238
Pound, Ezra, 37
Prado, Antônio, 242
Prado Jr., Caio, 26, 394, 401
Prestes, Antônio, 281
Prestes, Luís Carlos, 280

Queirós, Eusébio de, 217, 218
Queiroz, Maria Isaura Pereira de, 395
Queiroz, Maurício Vinhas de, 395
Queiroz, Suely Robles de, 407
Quevedo, Francisco de, 113
Quintiliano, 125

Rabelais, François, 109, 110
Ramalho, João, 32
Ramos, Arthur, 308
Ramos, Graciliano, 51, 343, 364
Ravel, Maurice, 264
Rebouças, André, 224, 230, 234, 235, 241, 242, 244, 248, 266, 380, 404, 405
Rego, José Luís do, 343
Reis, Aarão, 292, 293
Resende, Garcia de, 395
Ribeiro, João, 332, 396
Ricardo, Cassiano, 332
Rio Branco, visconde de, 217

Rios, Morales de los, 396
Rodrigues, Francisco, 155, 400
Rodrigues, José Honório, 401
Rodrigues, Nina, 57, 332, 396
Rodrigues Torres, Joaquim José, 217
Rolland, Jacob, 151
Romero, Sílvio, 52, 235, 237, 278, 332, 396, 403, 404
Rosa, Guimarães, 273, 324, 330, 343, 382
Rosenfeld, Anatol, 401
Rousseau, 332, 356
Rowland, Roberto, 408

Sá de Miranda, Francisco de, 44
Sahagún, Bernardino, 184
Saia, Luís, 54, 56, 396
Saint-Hilaire, Auguste de, 203, 402
Saint-Simon, Claude Henri, 274, 275, 282, 295, 370
Salazar, António de Oliveira, 354
Saldanha, Gaspar, 285, 287
Saldanha Marinho, Joaquim, 225
Santos, José Maria dos, 242, 401, 403, 405
São Vicente, marquês de, 225
Saraiva, José Antônio, 206, 217, 225, 229, 399, 404
Sartre, Jean-Paul, 394
Say, Jean-Baptiste, 201, 213, 214, 215, 216, 282, 403
Schaden, Edon, 396
Scheler, Max, 394
Schiller, Friedrich von, 356
Schoelcher, Victor, 239, 240, 402, 405
Schwarz, Roberto, 405
Schwartzman, Simon, 408
Scott, Walter, 176, 192
Sebastião, dom, 99
Sérgio Ricardo, 343
Siger, Carl, 22
Silva, João Manuel Pereira da, 402
Silva, Rodrigo, 241
Silva Jardim, Antonio de, 236, 278
Silveira Martins, Gaspar, 225
Simonsen, Roberto, 98, 293, 398
Sinimbu, João Lins Vieira de, 217, 225
Smith, Adam, 206, 213, 214, 282, 381, 403

Soares de Sousa, Gabriel, 34, 68, 331
Sodré, Nelson Werneck, 26, 394
Solmi, Sergio, 362, 409
Solorzano Pereyra, Juan de, 153
Sousa, Irineu Evangelista, 235
Sousa, Octávio Tarquínio, 202, 402, 403
Sousa, Paulino de, 217
Sousa e Almada, Manoel de, 33
Spencer, Herbert, 235, 278, 290, 381
Staden, Hans, 46, 68
Stein, Stanley, 401, 402
Steuart, James, 214
Street, Jorge, 293, 305
Suárez, Francisco de, 153
Suassuna, Ariano, 344
Sue, Eugène, 255

Tamburini, pe. geral, 154
Taunay, Afonso d'Escragnolle, 150, 396, 401
Teixeira, Bento, 36
Thevet, André, 68
Tibiriçá, João, 244
Timandro, pseudônimo de Francisco Sales Torres Homem, 220
Tocqueville, Alexis de, 198, 402
Toplin, Robert Brent, 403
Torres, Alberto, 269
Trevisan, Dalton, 343
Trindade, Hélgio, 406
Trotski, Leon, 362
Tucker, George, 208
Turgot, Anne Robert Jacques, 214

Ungaretti, Giuseppe, 57

Valéry, Paul, 397
Van der Null, Myn Heer, 405
Vandré, Geraldo, 343
Vanger, Milton, 407
Vargas, Getúlio, 237, 286, 287, 288, 289, 290, 293, 294, 295, 296, 305, 306, 407, 408
Vargas, Protásio, 281
Varnhagen, Francisco Adolfo de, 152, 211, 237
Vasconcelos, Bernardo Pereira de, 196, 197, 200, 202, 203, 205, 207, 208, 211, 216, 217, 219

Vasconcelos, Simão de, 379
Veiga, Evaristo, 216
Veiga, José J., 343
Veiga e Barros, Evaristo Ferreira da, 200, 202, 216, 217
Velho, Octavio Alves, 400
Veloso, Caetano, 343
Veloso, José Mariano da Conceição, 159
Verger, Pierre, 396
Verissimo, Erico, 343
Veríssimo, José, 254
Viana Filho, Oduvaldo, 344
Vico, Giambattista, 35, 261, 356, 382, 383, 395
Viegas, Maria Filomena, 399
Vieira, pe. Antônio, 33, 34, 35, 119, 120, 122, 123, 124, 125, 126, 127, 128, 129, 130, 131, 132, 133, 134, 135, 136, 137, 138, 139, 142, 143, 144, 145, 146, 147, 148, 149, 150, 151, 152, 153, 154, 155, 157, 158, 162, 172, 174, 175, 363, 379, 399, 400, 401
Vigny, Alfred de, 256, 261
Vilela Luz, Nícia, 408
Villa-Lobos, Heitor, 330
Vinci, Leonardo da, 52
Viotti da Costa, Emília, 401, 405
Virgílio, 36
Vitória, Francisco de, 153

Wahrlich, Beatriz de Souza, 408
Wallon, Henri, 240
Walsh, Robert, 202, 208, 403
Weber, Max, 164, 325, 368
Weil, Simone, 51, 356
Werner, Augustin, 403
Wiener, Norbert, 358, 360, 366
Williams, Eric, 401
Wirth, John, 408

Xidieh, Oswaldo Elias, 51, 395

Yancey, William L., 209
Yrigoyen, Hipólito, 281, 289

Zea, Leopoldo, 301
Zurara, Gomes Eanes de, 39

CRÉDITO DAS ILUSTRAÇÕES

p. 40 *Aleijadinho: Passos e profetas*, Myriam Andrade Ribeiro de Oliveira, Belo Horizonte: Editora Itatiaia; São Paulo: Edusp, 1984.

p. 41 *Barroco* nº 4, Belo Horizonte, Universidade Federal de Minas Gerais, 6º Festival de Inverno de Ouro Preto, 1972. Foto: Maurício Andrès e Daniel Ribeiro de Oliveira.

p. 88 Museu Padre Anchieta, São Paulo. Foto: Ivson.

p. 89 *Poesias*, José de Anchieta, Comissão do IV Centenário da Cidade de São Paulo, 1954.

pp. 104/105 Acervo Emanuel Araújo. Foto: Ivson.

p. 140 Museu Padre Anchieta, São Paulo. Foto: Ivson.

p. 141 *Revista do Serviço do Patrimônio Histórico e Artístico Nacional*, nº 5, 1941. Foto: Eric Hess.

pp. 168/169 *Engenho e tecnologia*, Ruy Gama, São Paulo, Livraria Duas Cidades, 1983.

p. 182 *Vida de Carlos Gomes*, Ítala Gomes Vaz de Carvalho, Rio de Janeiro, Editora A Noite, 1935.

p. 183 *Do sonho à conquista — Revivendo um gênio da música: Carlos Gomes*, Juvenal Fernandes, São Paulo, Fermata do Brasil, 1978.

p. 226 Alencar: Óleo de Alberto Henschel, Museu de História Nacional, Rio de Janeiro. In *Do sonho à conquista...*
Rebouças: Óleo de Tulio Mugnaini, Museu Paulista, São Paulo. In *Do sonho à conquista...*

p. 227 *Vida de Joaquim Nabuco*, Carolina Nabuco, José Olympio.

p. 298 Comte: *Historia de la filosofía*, Nicolas Abbagnano, tomo III, Barcelona, Montaner y Simon, 1956.
Castilhos: Acervo Sérgio da Costa Franco. Foto: Ivson.

p. 338 *O cão sem plumas*, João Cabral de Melo Neto e fotos de Maureen Bisilliat, Rio de Janeiro, Editora Nova Fronteira, 1984.

p. 339 *A João Guimarães Rosa*, ensaio fotográfico de Maureen Bisilliat, 3ª ed., 1979.

> Todos os esforços foram feitos para localizar a origem e a propriedade do material iconográfico publicado neste livro. No caso de qualquer dúvida quanto ao uso de algum texto ou foto, a Editora Companhia das Letras, expressando o seu pesar por qualquer erro que tenha sido inadvertidamente cometido, ficará contente em poder fazer as necessárias correções nas futuras edições.

1ª EDIÇÃO [1992] 3 reimpressões
2ª EDIÇÃO [1993] 2 reimpressões
3ª EDIÇÃO [1995] 6 reimpressões
4ª EDIÇÃO [2001] 13 reimpressões

ESTA OBRA FOI COMPOSTA PELA PÁGINA VIVA EM GARAMOND
Nº 49 E IMPRESSA PELA BARTIRA GRÁFICA EM OFSETE SOBRE
PAPEL PÓLEN BOLD DA SUZANO S.A. PARA A EDITORA SCHWARCZ
EM AGOSTO DE 2021.

A marca FSC® é a garantia de que a madeira utilizada na fabricação do papel deste livro provém de florestas que foram gerenciadas de maneira ambientalmente correta, socialmente justa e economicamente viável, além de outras fontes de origem controlada.